에세

몽테뉴 지음
박순만 옮김

에세(Les Essais)
Korean Translation Copyright ⓒ 1971 Jipmoondang, Seoul, Korea.
All rights reserved.
This Korean edition was published by Jipmoondang in 2024 Seoul, Korea.

이 책의 한국어판 저작권은 **(주)집문당**에 있습니다.
이 책의 한국어판 출판권은 **(주)집문당**에 있습니다.
저작권법에 의하여 보호를 받는 저작물이므로 무단 전재와 복제를 금합니다.

에세

몽테뉴 지음 | **박순만** 옮김

집문당

에세

1971년 9월 15일   1판 1쇄
1991년 2월 10일   2판 1쇄
2024년 4월 30일   3판 1쇄
2025년 4월 10일   3판 3쇄

지은이 | 몽테뉴
옮긴이 | 박순만
발행인 | 임동규
발행처 | **(주)집문당**
등록 | 1971. 3. 23. 제2012-000069호
주소 | 03134 서울시 종로구 돈화문로 82, 5층
전화 | +82-1811-7567
이메일 | sale@jipmoon.com
홈페이지 | www.jipmoon.com

ISBN 978-89-303-1962-1   03160

가격 20,000원

(주)집문당 이순신돋움체B (저작권자 아산시, 무료글꼴)

독자들에게

독자들이여, 이 책은 자못 정성을 다하여 기록된 것이다. 여기 실린 작품은 오직 나의 집안일이나 사사로운 일을 이야기해 보려는 것으로, 그 밖의 아무런 의도도 없음을 밝혀두고자 한다. 따라서 그것은 조금도 당신을 위해 이바지하거나, 내 개인의 영광을 위한 것이 아니다. 그런 일은 내 힘에 겨운 것이다. 다만 나의 일가권속이나 친구들을 위한 것으로 내가 세상을 떠난 연후에(조만간 나는 그렇게 될 터이지만) 그들이 이 책에서 나의 어떤 모습이나 감정의 특징을 몇 가지 찾아보고, 나에 대하여 알고 있는 일들을 더욱 온전하고 생생하게 갖도록 하려는 것이다.

이 글이 세상 사람들의 호의를 사려는 의도에서 씌어졌다면, 나는 좀 더 나 자신을 장식하고 조심스럽게 검토하여 세상에 내보냈을 것이다. 여러분은 여기서 생긴 그대로의 나를, 자연스럽고 평범하고 꾸밈이 없는 아무것도 아닌 나 자신을 보아 주기를 바란다.

내가 묘사한 것은 나 자신이기 때문이다. 따라서 나의 결점들이 그대로 나타나 있다. 나는 되도록 흉금을 터놓고 타고난

나 자신 그대로를 내놓으려는 것이다. 만일 내가 아직도 태초의 대자연의 법칙 아래 오붓한 자유를 누리며 살아가는 국민 속에 태어났더라면, 나는 기꺼이 나 자신을 깡그리 적나라하게 묘사하였을 것이라고 장담한다.

독자들이여, 그러므로 여기 나 자신이 곧 이 책의 소재인 것이다. 이렇게 경박하고 부질없는 일을 저지른 것이니, 당신에게는 한가한 시간이나마 허비할 거리도 못 될 것이다.

1580년 3월 1일
몽테뉴

차 례

독자들에게 ·· v

1. 비애에 대하여 ·· 1
2. 무위에 대하여 ·· 7
3. 거짓말에 대하여 ·· 10
4. 지조에 대하여 ·· 17
5. 행복과 불행은 대체로 생각하기에 달려 있다 ··················· 21
6. 인간의 행복과 불행은 죽은 후에야 판명된다 ··················· 58
7. 철학을 연구하는 것은 죽는 법을 배우기 위해서이다 ·········· 63
8. 상상력에 대하여 ·· 92
9. 내게 이로운 것은 남에게 해롭다 ······································ 112
10. 습관에 대하여 ··· 114
11. 동일한 의도에서 일어나는 잡다한 결과 ·························· 141
12. 현학에 대하여 ··· 159
13. 우정에 대하여 ··· 178
14. 절도에 대하여 ··· 199
15. 고독에 대하여 ··· 208
16. 불평등에 대하여 ··· 229
17. 수면에 대하여 ··· 247
18. 판단력의 불성실성에 대하여 ·· 251

19. 절약에 대하여 ………………………………………… 262
20. 카이사르의 말 한마디 ……………………………… 264
21. 기도에 대하여 ………………………………………… 267
22. 나이에 대하여 ………………………………………… 279
23. 양심에 대하여 ………………………………………… 284
24. 수련에 대하여 ………………………………………… 291
25. 부성애에 대하여 -데스티사크 부인에게- …………… 311
26. 잔인성에 대하여 ……………………………………… 323
27. 죽음에 대하여 ………………………………………… 340
28. 욕망에 대하여 ………………………………………… 352
29. 영광에 대하여 ………………………………………… 363
30. 교만에 대하여 ………………………………………… 383
31. 순수성에 대하여 ……………………………………… 399
32. 카이사르의 전쟁법에 대하여 ……………………… 403
33. 위대한 인물에 대하여 ……………………………… 418
34. 후회에 대하여 ………………………………………… 431
35. 대화술에 대하여 ……………………………………… 442
36. 경험에 대하여 ………………………………………… 464

후기 …………………………………………………………… 475

1. 비애에 대하여

나는 이 비애의 감정에서 가장 멀리 떠난 자의 축에 속한다. 사람들은 마치 이런 심정에 무슨 공정가격이라도 매겨놓은 듯이 저마다 이러한 심정을 특별히 존중하는 경향이 있지만, 나는 별로 그것을 좋아하지도 않고 또 존중하지도 않는다. 사람들은 이것으로 예지와 도덕과 양심을 장식한다. 어리석고 남부끄러운 장식이다. 이 비애라는 낱말을 이탈리아 사람들은 제법 어울리게 '흉악하다'는 뜻으로 해석하고 있다. 왜냐하면 이러한 심정은 언제나 이롭지 못하고 또 철딱서니가 없기 때문이다. 그리고 스토아학파는 이 비애의 감정을 언제나 겁 많고 비굴한 것이라고 하여 그 학파의 주장을 숭상하는 학자들에게 이러한 감정을 억제하라고 한다.

이런 이야기가 전해지고 있다. 일찍이 이집트의 프사메니투스왕이 페르시아의 캄비세스왕에게 패하여 사로잡혔을 때에, 함께 잡혀간 자기 딸이 노예의 옷을 걸치고 물 길러 가기 위해 자기 앞을 지나가는 것을 보고 그의 주위에서 사람들이 저마다 아우성을 치는데도 왕만은 말없이 땅을 내려다보고 잠자코 있었다. 그리고 얼마 후에 자기의 아들이 죽음의 길로 끌려가는 것을 보고서도 같은 태도를 취하였다. 그런데 그의 부하 중의 한 사람이 포로들 속에 끼어 끌려가는 것을 보자 주먹으로 머리를 치면서 대성통곡을 하였다는 것이다.

이와 비슷한 이야기가 또 있다. 최근 우리나라 태공 한 분이 트리엔트에 있을 적에 자기의 맏형이 죽었다는 소식을 듣고 나서(그 형은 온 집안의 기둥이요, 또 자랑이었다), 얼마 후에 다시 두 번째로 기대를 걸고 있던 동생의 부고를 듣게 되었다. 그는 그대로 이 슬픔을 꿋꿋이 버티어 나갔으나 며칠 후에 하인 하나가 죽었다. 그가 이 마지막 재앙에는 도저히 마음을 억제할 수 없어 슬퍼하며 안타까워하는 모습을 보고 사람들은 그가 이 마지막 충격에만 상심한 줄 알고 있었다. 그러나 실은 슬픔이 가득 차 있는데 다시 비애가 겹쳐 왔으므로 인내의 한계를 벗어나게 되었던 것이다.

나는 여기에 다음과 같은 말을 덧붙일 필요를 느끼지 않는다. 즉 캄비세스가 프사메니투스를 보고 어찌하여 아들이나 딸의 불행에 대하여는 마음이 통하지 않았는데 부하의 불행은 참을 수 없었느냐고 묻자, 「이 마지막 불행은 눈물로 심정을 표현할 수 있지만 처음 두 참사는 무엇으로도 내 마음을 표현할 도리가 없었네.」라고 대답하였던 것이다.

아마도 저 고대 화가의 착상도 이 경우와 비슷할 것이다. 그는 이피게니아가 희생되는 현장을 목격하는 자들이 슬퍼하는 표정을 묘사할 때, 이 죄 없는 아름다운 소녀의 죽음을 보고 각자가 느끼는 관심의 정도에 따라서 그의 예술의 극치를 발휘하고 나서 이 소녀의 아버지는 도저히 그 슬픔의 정도를 표현할 수 없는 듯이 그 얼굴을 가리고 묘사하였다.

사정이 이러하므로 시인들은 저 가련한 어머니 니오베가 아들 일곱 형제를 잃어버리고 연이어 같은 수의 딸을 잃었을 때, 이 참혹한 비극 앞에 그만 바윗돌로 화해버렸다고 묘사하였던 것이다.

그녀는 슬픔에 겨워 돌이 되었도다. (오비디우스)

이것은 인간이 어떤 참상을 감당할 수 있는 한계를 넘었을 때, 멍청하니 말문이 막히고 귀에 멍이 들도록 넋을 잃어버리는 심정을 묘사한 것이다.

비애를 참는 것이 극도에 이르면 인간의 혼백 전부를 뒤집어엎고 행동의 자유를 빼앗아 갈 것이다. 그것은 마치 우리가 크게 불행한 소식을 듣고 놀랐을 때 몸이 얼어붙은 듯하여 모든 동작이 굳어버렸다가 눈물과 통곡으로 토해내게 되면 슬픔이 한꺼번에 쏟아져 나와 얼어붙었던 마음도 풀리고 몸도 평정을 되찾는 것과 같은 것이다.

1. 비애에 대하여

드디어 고통은 가까스로 울음의 길을 터놓는다.
(베르길리우스)

페르디난트 왕이 부다 시 부근에서 헝가리의 왕 요한네스의 과부와 싸울 때, 독일 장수 라이샤크는 어느 기사의 시체를 보고 그 죽음을 크게 슬퍼하였다. 그 기사가 용감하게 싸우는 것을 목격하였기 때문이다. 그런데 이 장군이 그 기사의 신원을 확인하려고 갑옷과 투구를 벗겨 보았더니 바로 자기의 아들이었다. 주위의 사람들이 이 사실을 알고 저마다 통곡을 하였으나 그는 눈물 한 방울 흘리지 않고 아들의 시체를 바라보다가 나중에는 그 비애로 인하여 정신을 잃고 그대로 빳빳이 죽어 땅바닥에 쓰러졌다.

애통한 심정을 입 밖에 낼 수 있는 자는
아직도 슬픔이 미지근한 것이어서 (페트라르카)

다음은 참을 길 없는 정열을 표현하려는 애인들의 노래이다.

가엾은지고—
사랑은 내 감각마저 앗아가는도다.
그대를 한 번 보고 레스비아여, 나는 넋을 잃고
말문이 막혀버렸노라.

혀는 굳어버리고 야릇한 불길이 사지에 뻗어가더이다.
고동치는 가슴속
귀가 윙윙거리고 겹겹이 에워싼 어둠
빛은 허둥지둥 사라지도다.

그러므로 생기발랄하고 타는 정열의 발작에 이르러서는 좀처럼 비탄에 잠길 수도 없거니와 그 슬픔을 달랠 수도 없는 것이다. 그런 경우에는 심각한 고민으로 하여 마음이 무거워지고 온몸이 사랑에 녹아버린다.

그리하여 난데없이 별안간 무기력하게 되고, 모처럼 열띤 애인들끼리 즐기려던 기회도 놓치고 만다. 따라서 마음껏 맛볼 수 있는 정열이란 실상 평범한 정열에 지나지 않는 것이다.

가벼운 심려는 떠들게 하고 커다란 심려는 넋을 잃게 한다.
(세네카)

뜻하지 않은 기쁨이 갑자기 닥쳐와도 역시 우리는 놀라게 마련이다.

내가 가까이 접근하자 트로이 군사들이 사방에서
내게 밀려오는 것을 보고 그녀는 넋을 잃고
황천길에 이르는 환상에 짓눌린 듯

이 광경에 온몸이 얼어붙고,
체온은 그녀의 몸에서 떠났으며,
넋을 잃고 쓰러졌다가 얼마 후에야 비로소 말문을 열었다. (베르길리우스)

저 로마의 여인이 칸네의 전투에서 아들이 살아 돌아온 것을 보자 기쁨에 놀라서 죽어버린 사실이라든지, 너무 기뻐서 죽어버린 소포클레스나 폭군 디오니시오스 또한 로마 상원이 자기에게 영예로운 표창을 하였다는 소식을 듣고 기쁨에 겨워 코르시카에서 죽어버린 탈바의 이야기 등은 제외하고서라도, 오늘날에도 교황 레오 10세가 그토록 바라던 밀라노 함락의 소식을 듣고 기뻐서 어쩔 줄을 모르다가 열병으로 죽은 일도 있다. 또한 인간이 어리석은 존재임을 입증하는 한 예로서 변증법 학자 디오도루스는 학교에서 그리고 대중들 앞에서 학술 토론을 하는데 자기 주장을 전개하지 못하고 극도의 수치감에 빠져 현장에서 죽어버린 일이 있어 옛사람들의 입에 오르내리고 있다.

나는 이런 걱정에 사로잡히는 일이 거의 없다. 나는 본래 감수성이 무딘 편인 데다가 날마다 사유의 거적을 씌워 그 감수성을 더욱 무디게 하고 있다.

2. 무위에 대하여

  비어 있는 땅이 비옥하면 여러 가지의 잡초들만 무성하게 자라므로 그 땅을 쓸모 있게 이용하기 위해서는 논밭을 만들어 씨를 뿌릴 수 있게 하여야 하는 것처럼 또한 여자들은 멋대로 두면 못난 후손을 마구 낳아놓으므로 혈통이 좋은 훌륭한 세대를 이룩하려면 다른 좋은 씨를 받도록 하여야 하는 것처럼, 정신에 있어서도 이치는 마찬가지이다. 정신에게는 어떤 문제에 전념하도록 강요하는 어떤 일거리를 맡겨줘야 한다. 그렇게 하지 않으면 여러 가지 흐리멍덩한 공상의 들판을 헤매게 되는 것이다.

    청동분에 담긴 물이 흔들려
    햇빛이나 달 그림자를 반사하면
    빛이 사방에 흩어져 공중에 날며
    저 높다란 벽에 부딪친다. (베르길리우스)

  이러한 동요 속에서 정신은 온갖 잡념과 망상을 일삼는다.

환자의 몽상처럼
그들은 헛된 생각을 한다. (호라티우스)

마음은 어떤 일정한 목표를 저버렸을 때 갈피를 잡지 못한다. 왜냐하면 흔히 사람들이 말하는 바와 같이 사방 어디나 있다는 것은 아무 데도 없다는 것과 같기 때문이다.

막시무스여, 어디나 있는 자는 아무 데도 없는 자이니라. (마르티알리스)

나는 최근에 은퇴하여 내 여생을 되도록 편안하게 혼자서 살아가려고 작정하고 나니 이렇게 한가한 마음으로 자기 일만 전념하고 자기 안에서 안정을 도모하는 것보다 정신에 더 좋은 일은 없을 것 같다. 나이가 들어 더욱 성숙해지면 이런 경지에 한결 쉽게 들어갈 수 있기를 바라고자 한다. 그러나 나는,

한가함은 언제나 정신을 산만하게 한다. (루카누스)

는 것을 알고 있으므로 오히려 풀어놓은 말처럼 몇백 배나 더 많은 일거리를 끌어오고자 한다. 또한 나는 여러 가지 헛된 생각과 부질없는 수작을 닥치는 대로 목적도 없이 계속하여 해나가면서 그 허망하고 괴상한 꼴을 마음껏 관찰하기 위해 그리고 때가

지나가면 부끄러움을 자초하기 위해 이런 것을 쓰기 시작하였다.

3. 거짓말에 대하여

아마도 기억력으로 말하면 나보다 못한 사람은 없을 것이다. 나는 머릿속에서 기억의 흔적 같은 것을 조금도 찾아볼 수 없다. 세상에 이렇게 기억력이 없는 사람은 또 있을 것 같지 않다. 그러나 나는 다른 모든 점에서는 평범하다. 다만 이 한 가지 기억력에 있어서만은 나는 매우 특이하고 보기 드문 인간이다. 그러므로 이 점에서는 명성을 얻을 만하다고 생각한다.

그로 인하여 내가 타고난 불편을 느껴왔을 뿐만 아니라, 사실 그 필요성으로 보면 일찍이 플라톤이 이 기억력을 가리켜 강력한 여신이라고 부른 것은 지당한 말이다. 우리 고장에서는 아무개가 지각이 없다고 말하는 대신 흔히 기억력이 없다고 말하며, 또한 내가 나의 기억력의 결함을 한탄하면 사람들은 내가 분별없음을 스스로 변호하는 것처럼 생각하고 인정해 주지 않고 믿어 주지도 않는다. 그들은 기억력과 이해력을 구별하지 못한다. 이것은 분명히 나로서는 억울한 일이다. 그들은 나를 원망하고 있다. 경험에 의하면 뛰어난 기억력은 흔히 판단력이 약한 사람에게 더 많은 법이다.

그런데 나는 그들과의 우정은 어느 누구보다도 소중히 생각하는데 그들은 나더러 기억력이 빈약하다는 것을 내세워 그들에게 내가 곧잘 배은망덕함을 탓하는 것이다. 그들은 박약한 나의 기억력 때문에 나의 우정까지도 의심한다. 그리고 타고난 이 결함을 양심의 결함으로 간주하는 것이다. 그들은 말한다. 「저 친구는 이런 청탁, 저런 약속을 저버렸다. 그는 친구 생각을 조금도 하지 않는다. 그는 나를 위해 이러저러한 것을 말하고 행하고 또는 눈을 감아주고 해야 할 텐데 전부 잊어버리고 있다.」라고. 아닌 게 아니라 나는 곧잘 잊어버린다. 그러나 친구의 청탁을 소홀히 생각하는 일은 절대로 없다. 이것을 제발 나의 기억력의 결함으로 생각하고 단념해 주었으면 한다. 절대로 악의로 생각하지 않기를 바란다. 악의란 나의 기질로 보아 원수나 마찬가지니까 말이다.

나는 그럭저럭 자위하고 있다. 첫째로 이러한 병폐야말로, 자칫하면 내 마음속에 일어나기 쉬운 더욱 고약한 병폐, 즉 야심을 고칠 방도를 강구하는 기반이 된 것이다. 그도 그럴 것이 세상과 어울리려는 자에게는 이것이야말로 가장 큰 결함이 되기 때문이다. 그리고 천성의 발전 과정에서 많은 실례가 말해 주듯이 자연은 나에게 이러한 성능이 약하기 때문에 다른 많은 성능을 강하게 만들어 준 것이다. 사실 이 기억력 덕택에 남들의 창의나 의견이 언제나 내 마음속에 오락가락한다면, 나도 세상 사람들과 마찬가지로 내 정신과 판단력은 남들이 해놓은 성과 위에서 시들어 갔을 것이다. 그리고 기억력의 부족으로 내가 하는 말은 어느 정도 간결하게 되었다. 기억의 창고는 사고의 창고보다도 많은 것을 보관하고 있는 것이다. 만일 내가 기억력이 좋았다면 나는 수다를 떨며 친구들의 입을 봉해버렸을 것이다. 여러 가지 주제는 내가 다소 지니고 있는 변명의 성능을 자극하여 나로 하여금 더욱더 떠들게 하였을 것이다.

그렇게 되면 가련한 일이다. 나는 그것을 몇몇 친구들이 보여준 실례에서 느끼고 있다. 즉 기억력이 그들의 마음속에 사물의 모습을 고스란히 그대로 제공하기 때문에 그들은 이야기를 너무 먼 옛날로 끌고 올라가서는 시시한 이야기를 곧잘 지껄이곤 한다. 그리하여 모처럼 좋은 이야기를 하다가도 그 때문에 잡치게 되는 것이다. 만일 그들의 이야기가 시시하게 되면 여러분은 그들의 강한 기억력을 저주하거나, 그들의 약한 판단력을 한탄하게 될 것이다. 아무튼 이야기에 신이 나면 좀처럼 이를 가로막아 중단시키기란 어려운 것이다. 한 마리 준마의 역량은 그 말이 적절히 발길을 멈출 수 있느냐의 여부에서 뚜렷이 엿볼 수 있다.

그런데 분수 있는 사람까지도 그 이야기를 좀처럼 적절히 중단하지 못 하는 경우를 때때로 목격하게 된다. 그들은 이야기를 끝마칠 계기를 찾고 있으면서도 마치 허약한 사람이 쓰러지듯 이야기를 질질 끌고 가기가 일쑤이다. 특히 늙은이들은 대체로 지난날의 기억은 남아 있는데 그 말을 되풀이한 것을 잊어버리고 있기 때문에 이런 위험이 더 많다.

원래는 매우 재미있는 이야기였는데 한 귀족의 입을 통하여 들으니 진력이 나는 경우를 경험한 일이 있다. 동석한 사람들은 거의가 그 이야기를 몇 백번이나 들어왔기 때문이다.

둘째로 나는 이 무딘 기억력 때문에 전에 받은 모욕이 잘 생각나지 않는다. 옛사람이 말한 바와 같이 다리우스가 아테네인들에게서 받은 모욕을 머릿속에 언제나 새겨두기 위해 식탁에 앉을 때마다 시종을 시켜서 귀에 대고 세 번씩 「대왕님, 아테네 놈들을 잊지 마십시오.」라고 일깨워 주도록 한 것과 마찬가지로 나도 어떤 방도를 마련해야 할 처지이다. 덕분에 내가 자주 보는 장소와 객들도 언제나 새 맛을 풍겨준다.

「기억력이 둔한 사람은 거짓말쟁이가 될 생각은 아예 말라.」는 말에는 일리가 있는 줄 안다. 나는 문법학자가 「거짓을 말한다.」와 「거짓말을 한다.」는 두 말을 구별하고 있는 것을 잘 알고 있다. 「거짓을 말한다.」 함은 거짓을 말하면서도 그것이 참인 줄 생각하는 것이고, 라틴어에서 유래된 우리 프랑스어인 「거짓말을 한다.」고 함은 자기 양심에 반대된다는 의미를 내포하여 자기가 알고 있는 바와는 반대되는 것을 말하는 경우를 가리킨다고 한다. 내가 문제 삼는 것도 이런 자들이다. 이들은 찌꺼기나 알맹이를 가리지 않고 모두 꾸며대거나, 참된 것을 토대로 변질시키는 것이다. 그런데 이렇게 꾸며서 변질시킨 말을 이야기하라면 말문이 막히게 마련이다. 왜냐하면 보고 듣고 느끼는 사실은 그대로 인식이나 지식의 통로를 거쳐서 기억에 남아 있으므로 원래 근거 없는 거짓말을 떼밀고 번번이 마음속에 떠오르며, 당초에 인식된 것이 나중에 첨가된 허위와 변질된 것에 대하여 기억을 소멸시키기 때문이다. 한편 그들이 전적으로 꾸며댄 것은 그들의 거짓말에 저촉되는 반대의 인상이 없으므로 그만큼 실패할 우려가 없는 듯이 생각되지만 그 대신 그것은 근거 없는 허망한 것이므로 기억에서 사라지기 쉽다.

그러므로 결국 은인의 기억이 선명하지 않으면 안 된다. 이 점에 대하여 나는 때때로 체험하곤 한다. 더욱 우스운 것은 그들이 현재 교섭하고 있는 일에 맞장구를 치며, 윗사람들의 비위를 맞추기 위해 그렇게 할 수밖에 없다고 말하는 자들이 당하는 꼴이다. 그들로 하여금 그 소신과 본심을 굽히게 하는 주위의 사정이란 여러 가지 변화에 따라 태도가 달라져야 하므로 그들의 말도 역시 그때그때 달라져야 한다. 그리하여 그들은 같은 것에 대하여 때로는 검다고 하고 또 때로는 노랗다고 말해야 하여, 또 A에 대해서는 이렇게 말하고 B에 대해서는 저렇게 말을 바꿔야 한다. 만일 우연히 그들이 각각 들은 것과는 전혀 다른 이야기의 내용을 따지는 경우라도 생기면, 제아무리 그럴듯한 이야기라도 망신만 당하게 되는 것이다. 그리고 그들은 자기의 올가미에 자기가 걸려드는 경우도 흔히 있다. 왜냐하면 같은 재료를 그렇게 여러 가지로 꾸며댄 것이니 무슨 기억력으로 모두 머릿속에 넣어두느냐 말이다.

오늘날 사람들은 이런 뛰어난 재주를 갖고 있다는 자들을 부러워하기도 하지만, 나는 결국 그것이 조금도 실속 없는 짓이라고 생각한다.

거짓말을 한다는 것은 저주스러운 악덕이 아닐 수 없다. 우리가 인간으로서 서로 의지하고 있는 것은 오직 말에 안팎이 없기 때문이다. 만일 우리가 거짓말이 얼마나 가공할 만한 것인가를 안다면, 우리는 다른 어떤 범죄자보다도 이 거짓말쟁이를 마땅히 화형에 처해야 될 줄 믿는다. 세상 사람들은 흔히 어린이들의 죄 없는 실수를 부당하게 처벌한다. 아무런 흔적이나 결과를 가져오지 않으며 무심코 저지른 행위에 대하여 그들을 곧잘 괴롭히는 것이다. 다만 거짓말을 하고 고집을 부리는 것만을 우리는 경계하여 그 순이 싹터 자라는 것을 저지하여야 한다. 이 두 가지 악은 그들이 성장함에 따라서 커져간다. 따라서 한번이고 약한 버릇을 붙이면 그것을 시정하기란 여간 어려운 것이 아니다. 나는 어엿한 신사이면서도 이 악습을 도저히 버리지 못하는 자를 가끔 목격한다. 나의 단골 양복점 주인은 참으로 얌전한 사나이다. 그런데 나는 그가 아직까지 한 번도 사실을 그대로 말하는 것을 본 적이 없다. 그대로 말하는 것이 그에게 이득이 될 경우에도 그는 거짓말을 하는 것이었다.

만일 진실과 마찬가지로 거짓말도 한 가지뿐이라면 우리는 그나마 다행일 것이다. 왜냐하면 우리는 거짓말쟁이가 말하는 반대로만 해석하면 될 테니까. 그러나 진실의 반대는 백 가지, 천 가지로 갈라져 넓은 천지를 뒤덮고 있다.

피타고라스학파[1])에서는 선은 확실하고 한정되어 있으며, 악은 한정되어 있지 않고 불확실한 것으로 주장하고 있다. 수천의 미로 속에서 오직 한 길만이 목적지에 이르게 된다. 하긴 나도 분명한 큰 위험을 모면하기 위해서는 엄숙한 표정으로 그럴듯하게 거짓말을 하는 경우가 전혀 없다고 단언할 수 없다.

옛날에 한 교부가 「말이 통하지 않는 사람과 함께 있으니 차라리 친한 개와 함께 있는 편이 낫다.」고 말하였다. 「이 방언은 인간이 아니다(플리니우스).」라고 하지 않았는가. 어쨌든 거짓말은 침묵보다 얼마나 고약한 것일까?

---

1) 피타고라스 : B. C. 570~490년경의 그리스 철학자. 수를 우주의 본질로 보고, 종교에 있어서 윤회전생설, 금욕설을 주장, 10여 개의 계율을 따름.

4. 지조에 대하여

　결의와 지조는 원칙적으로 말하면 우리를 위협하는 불행이나 실패에 대하여 힘껏 자기를 방어하거나 또는 그런 일이 닥치는 것을 두려워함을 금물이라고 생각하지 않는다. 오히려 불행을 막기 위한 모든 정당한 방도는 허용될 뿐만 아니라 치하할 만한 일이다. 그리고 지조의 덕은 주로 피치 못할 불행을 끈기 있게 참아 나가는 데 있다. 그러니 우리에게 닥쳐오는 피해를 막아낼 수만 있다면, 아무리 민첩하게 손을 써도 무방하며 무기를 들고 나서도 나쁠 것이 없다.

　전쟁을 잘하는 여러 백성들은 무력으로 싸우는 마당에서 도주를 좋은 특기로 삼았으며 그들은 얼굴보다는 등을 더욱 자주 적에게 내보이곤 하였다. 터키인들은 이런 방법을 잘 쓰고 있다.

　일찍이 플라톤이 말하기를, 소크라테스는 라케스가 용기를 가리켜 「적에 대하여 자기 자리를 굳게 지키는 것」이라고 정의를 내렸을 때, 이를 비웃으면서 「그럼 자기 자리를 내주어 적을 쳐부수는 것은 비굴한 일이란 말인가?」라고 반문하여, 호머가 아에네아스의 도망가는 재간을 칭찬한 귀절을 인용하였다. 이에 라케스는 생각을 돌려, 그것을 스키타이족의 풍습이며 대체로 말 타고 싸우는 자들의 장기라고 말하자, 그는 다시 라케데모니아의 예를 드는 것이었다. 즉 그들은 말을 타지 않고 도보로 싸우도록 훈련을 받아왔는데, 플라테아 전투에서는 페르시아군의 방어진을 뚫을 수 없어, 일부러 후퇴함으로써 적이 이것을 도망치는 줄 오인케 하여 추격해 오도록 유인한 연후에 적진을 흩어지게 함으로써 그들은 승리하였던 것이다.

다리우스가 일찍이 스키타이족을 정복하러 갔을 때, 그들의 왕더러 언제나 후퇴만을 일삼아 싸움을 회피한다고 욕설을 퍼부었다. 그러자 인다티르세스 왕은 대답하기를, 자기들은 누구나 무서워서 후퇴하는 것이 아니라 적이 빼앗아 갈 만한 농토나 도시의 가옥이 없으니 굳이 방어할 것도 없고 또 두려울 것도 없기 때문에 후퇴하는 것이니 이 후퇴는 곧 자기의 백성들이 전진하는 한 방법이라고 하였다. 그러나 만일 굶주린 나머지 자기들의 조상의 뼈가 묻힌 곳까지 쳐들어오면, 그때는 상대가 어떻다는 것을 알게 될 것이라고 하였다.

그러나 전쟁터에서 포격전을 전개하는 마당에 이르러 그 위협에 마음이 흔들리는 것은 있을 수 없는 일이다. 마음이 흔들린들 그 긴박한 위협을 피할 길이 없는 것이다. 이때에 손을 들거나 머리를 숙여서는 동료들의 웃음거리밖에 되지 않는다.

칼 5세가 우리나라 프로방스 지방에 쳐들어왔을 때의 일이다. 드 가스트 후작이 아를른 시를 탐정하러 가서 풍차에 의지하여 몰래 접근하다가 바깥으로 나왔을 때 마침 경기장 무대 위에 바람을 쐬러 나온 본느발 대신과 아쥬노아 가신에게 발각이 되었다. 그들이 포병 대장 빌리에 대신에게 이 사실을 알리고 곧 그에게 총을 겨누자 그 후작은 불길을 멀리서 바라보고 곧 몸을 옆으로 비켰다. 만일 그러지 않았던들 총탄의 세례를 받았을 것이다. 이것도 이와 비슷한 이야기이지만, 몇 해 전에 지금 폐하의 모후인 여왕의 부친 우르바노 공작 로렌조 데 메디치는 이탈리아의 요새 도시 비카리아테에 있는 몬돌포를 포위하고 공격할 때, 자기를 향해 대포를 쏘는 것을 보자 곧 몸을 푹 숙였다. 만일 그러지 않았던들 머리 위를 스쳐가는 탄환이 영락없이 배를 꿰뚫고 지나갔을 것이다. 이러한 행동은 생각 끝에 취해지는 것이 아니다. 이렇게 긴박한 마당에 조준이 높다든가 낮다든가 하는 것을 어떻게 판단한단 말인가? 그러나 이들은 운이 좋아 두려움에서 적절한 행동을 취하게 된 것이며 경우에 따라서는 이런 행동이 오히려 화근이 되는 수도 있다.

나는 갑자기 어디서 총소리가 들리면 엉겁결에 몸을 부르르 떨기도 한다. 나보다 더 용감한 자들도 나와 마찬가지로 떠는 것을 목격한 일이 있다.

스토아학파들도 현자의 심령이 자기에게 나타나는 환영이나 공허한 생각을 물리칠 수 있다고 생각하지 않는다. 그리하여 그들은 예컨대 하늘에서 무엇이 무너지는 굉장히 큰소리라도 나면 절로 얼굴이 새파랗게 질리고 전신이 오그라들며 쩔쩔매는 것이었다. 다른 격동에 대하여도 마찬가지이다. 그러나 다만 그렇다고 그의 사고가 동요되거나 이성의 작용에 손상이나 변화를 가져오는 일이 없고 이 공포나 고뇌의 영향을 받지 않을 때와 같다. 현명치 못한 자는 이 경우에 처음에 크게 놀라는 것은 물론, 그 다음 단계에 가서 마음에 충격을 받은 인상이 그에게 피상적으로 머무르지 않고 이성까지도 침해하여 독소를 불어넣어 그를 타락시킨다. 그리하여 그는 그 격정에 휩쓸려 판단하고 이에 순응해 간다. 스토아학파의 현자들의 심정은 얼마나 달변으로 충만하여 있는가!

아무리 눈물을 흘려도 그 심령은 굽히지 않는도다.
(베르길리우스)

페리파토스(아리스토텔레스) 학파의 현자들도 이런 격동을 면치 못하지만 다만 그 마음을 조절하는 것이다.

5. 행복과 불행은 대체로 생각하기에 달려 있다

 인간은 (고대 그리스의 격언이 말하는 바와 같이) 사물 자체에 의해서가 아니라 그 사물에 대하여 갖고 있는 생각에 의해 괴로움을 당하곤 한다. 만일 이 명제가 사실이라면, 우리들의 비참한 인간 조건을 개선하는 데 크게 도움이 될 것이다. 만일 불행이 오직 우리들의 판단에 의하지 않고서는 우리에게 찾아오지 않는다면 뜻대로 그 불행을 무시할 수도 있겠고, 또한 행복으로 전환시킬 수도 있을 것이다. 그리하며 사물이 우리의 뜻대로 된다고 하면, 어찌 이것을 이용하지 않을까보냐. 어찌 이것을 우리에게 유리하게 처리하거나 조절하지 않을까보냐. 우리가 불행하다고 생각하고 고통스럽다고 생각하는 것이 그 자체의 불행도 고통도 아니고, 다만 우리들의 상상이 그런 성질을 부가하는 것이라면 이것을 시정하는 것은 우리들의 자유이다. 그리고 우리에게 선택의 자유가 있고, 우리를 구속하는 것이 아무것도 없다면 우리가 부질없이 병이나 궁색이나 경멸 같은 것노 달게 받아들일 수 있으며, 또한 운은 우리에게 다만 재료만 제공할 따름이고, 이에 어떤 옷을 입히는 것을 우리들 자신이라면 우리가 자기 자신을 괴롭히고 고약하고 쓰디쓴 입맛을 다신다는 것은 어리석은 짓이다. 그런데 우리가 불행이라고 부르는 것은 원래가 불행한 것이 아니며 적어도 그것이 어떤 성질의 것이라 하더라도 여기에 색다른 모습으로 변장시키는 것이 우리 자신이라는 논법은 (결국은 같은 말이지만) 과연 유지될 수 있을까. 어디 좀 생각해 보기로 하자.

만일 우리가 두려워하는 여러 가지 사물들의 근원이 그 자체의 권한으로 우리들 마음속에 들어앉을 만한 힘을 갖고 있다면 그것은 모든 사람들의 마음속에 같은 모습으로 들어앉을 것이다. 인간은 저마다 하나의 가문에게 속하는 정도의 차이는 있으나 사유하고 판단을 내리기 위해 같은 기관을 지니고 있는 것이다. 그런데 우리가 이런 사물에 대하여 구구한 의견들을 갖는다는 것은 분명히 그 의견들이 우리들 각자의 찬성을 얻어 비로소 각각 마음속에 들어오게 된 것임을 말해주는 것이다. 어떤 사람은 아마도 그것을 진정한 모습으로 받아들일 터이지만, 다른 많은 사람들은 다른 정반대의 모습으로 받아들일 것이다.

우리는 죽음과 가난과 고통을 우리의 중요한 적수라고 생각한다. 그런데 이 죽음을 어떤 사람들은 「두려운 것 가운데서도 가장 두려운 것」이라고 생각하지만 다른 사람들은 「이 세상의 괴로움을 벗어나는 유일한 지주」라고 생각하는 것이다. 즉 「자연이 주는 가장 큰 혜택이요, 우리의 자유의 유일한 지주요, 모든 불행에 대하여 가장 잘 듣는 약방문」이라고 부르고 있는 것이다. 그리고 어떤 사람들은 공포에 떨면서 이 죽음을 기다리고 있는가 하면 어떤 사람들은 삶보다 더 쉽게 이를 당해내는 것이다.

> 죽음이여, 비겁한 자의 목숨을 앗아가는 것을 부끄럽게 여기라. 그리고 덕의 소유자만이 너를 차지할 수 있게 하여라. (루카누스)

그런데 이 영광스러운 용기는 방임해 두기로 하자. 데오도로스는 자기를 죽이겠다고 대드는 리시마코스에게 대답하기를 「너는 똥파리를 죽이는 데 그렇게 애쓸 것이 뭐냐.」고 했다는 것이다. 대부분의 철인들은 자기 의사로 그들의 죽음을 미리 앞당기거나 재촉하거나 또는 방조하였던 것이다.

일반 사람들 중에서도 죽음을 맞이하여, 그것도 보통 죽음이 아니라 수치와 때로는 심한 가책까지도 따르는 죽음을 맞이하여, 혹은 고집으로 혹은 천성이 단순했기 때문에 실로 태연자약한 태도로 조금도 평소의 얼굴을 변치 않는 자들을 얼마든지 볼 수 있다. 즉 그들은 집안일을 정리하고 사후의 일을 친구에게 부탁하고 노래를 부르고 군중을 향하여 설교나 연설을 하고 때로는 농담까지도 섞어가면서 친구를 위해 축배를 들고 마치 소크라테스처럼 죽어갔던 것이다. 어떤 사나이는 단두대에 끌려가는 도중에 「이러저러한 길목은 지나가지 않도록 해주시오. 거기는 묵은 빚이 있어요. 빚쟁이가 뛰쳐나와 내 멱살을 잡을지 모르니까요.」라고 말했던 것이다. 또 어떤 사나이는 사형 집행인에게 「내 목에 손을 대지 말아요. 간지러워서 웃음을 터뜨리면 곤란하니까요.」라고 말했다고 한다. 그리고 어떤 사나이는 「오늘 저녁에는 주님과 함께 만찬을 들게 되었다.」고 타이르는 선교사에게 「당신이 대신 가면 좋겠구려. 나는 지금 수도에 힘쓰는 중이니까.」라고 대답하였던 것이다. 그런가하면 어떤 사나이는 마지막으로 물을 한 모금 마시려고 주문하였는데 사형 집행자가 먼저 마신 것을 보고 「당신이 마시고 난 뒤에 내가 마시면 마마에 걸릴까 걱정이오.」라고 말하였다고 한다. 아마도 저 피카르디인의 이야기는 누구나 알고 있을 것이다. 그가 드디어 교수대의 계단에 발길을 옮길 때 웬 여자를 데려다가 보이면서 결혼을 하면 목숨을 살려주겠다(우리나라 법률은 때때로 이것을 허용한다)고 제의하자 한참 여자를 바라보던 그는 그녀가 절름발이임을 알고 「목을 매 줘요, 목을 매 줘요, 저 여자는 절름발이예요.」라고 말했던 것이다. 또한 이런 이야기도 있다. 덴마크에서 있던 일인데 어떤 사형수가 단두대에 오르자 이와 비슷한 조건을 제시하였더니 그 여자의 뺨

이 늘어지고 코가 너무 뾰족하다는 이유로 거절했다는 것이다. 툴루즈에서 어떤 하인은 이단이라는 죄로 고발을 당하였는데 자기의 신앙이 올바르다는 것을 주로 주인의 믿음에 의해 입증하였다. 그 주인은 함께 감옥에 잡혀온 젊은 대학생이었다. 그는 주인의 주장에 잘못이 있다는 지적을 당하느니 차라리 죽음을 택하였다.

우리는 루이 11세가 아라스 시를 침략하였을 때, 그 시민의 대다수가 「대왕 만세!」라고 부르느니 차라리 단두대의 이슬로 사라진 이야기를 읽어서 알고 있다.

나르싱가 왕국에서는 오늘날까지도 승려들의 아내는 죽은 남편과 함께 산 채로 매장되었으며 그 밖의 일반 여성들은 남편의 장례를 치를 때 태연한 것이 아니라 기꺼이 산 채로 불에 타 죽었던 것이다. 그리고 죽은 임금의 시체를 화장할 때는 그의 아내와 첩과 사랑하던 궁녀들은 물론 모든 관리들과 하인들은 저마다 기꺼이 같은 불 속에 몸을 던지는 광경은 마치 군주의 죽음에 동반자가 되는 것을 영광으로 생각하는 것같이 생각되는 것이었다.

또한 천한 광대들 가운데도 죽는 마당에 이르러서 우스개 타령을 버리지 않으려는 자들이 있었다. 어떤 사나이는 사형 집행인이 밧줄을 잡아당기려는데 「될 대로 되려무나.」하고 여느 때 되풀이하던 말을 뇌까렸으며, 어떤 자는 벽난로 옆에 놓인 짚자리 위에 누워 숨을 거두면서 「어디가 괴로운가?」 하고 묻는 의사의 말에 「당신의 의자와 난로 사이 거리가 떠서 괴롭소.」라고 대꾸하였으며, 신부가 마지막 성유를 바르기 위해 아파서 웅크리고 있는 발을 찾으니 「다리 끝을 보시오.」라고 말하였다. 「그럼 마지막 기도를 올려요.」라고 권고한즉 「대체 누가 거기 가게 되나요?」 하고 묻기에 「당신이 곧 그리로 갈 거요.」 하고 대답하니까, 「그렇지만 내일 밤까지만 기다려 줬으면 좋겠어요.」 하고 대답하는 것이었다. 신부가 다시 「다만 하느님에게만 축원을 올리시오. 당신은 곧 그리로 가게 될 거요.」 하고 말한즉 그는 「그럼 내 축원장은 내가 갖고 가는 편이 좋겠소.」 하고 그는 덧붙여 말했다고 한다.

최근에 밀라노 전쟁에서 하도 여러 번 탈취와 탈환이 되풀이되어 승부가 언제 날지 알 수 없어 우리 국민들은 드디어 초조한 나머지 저마다 죽음을 각오하였는데 부친이 전하는 말에 의하면 스스로 목숨을 던진 가장들이 한 주일 동안에 25명이나 된다고 하였다. 이에 관련되어 생각나는 것은 크산토스 시에서 일어난 참사이다. 브루투스의 공격을 받은 이 거리의 시민들은 남녀노소 할 것 없이 다투어 죽음을 택하였던 것이다. 그들은 죽음을 굳이 회피하려고 들지 않고 도리어 삶을 피하였다고 말할 수 있을 정도이다. 그리하여 브루투스의 손에서 살아남은 사람은 몇 사람 되지 않았다.

어떤 사상을 막론하고 그 힘은 대단히 강하여 사람들은 자주 목숨을 버리는 한이 있더라도 이것을 좀처럼 버리려 하지는 않는다. 페르시아 전쟁1) 때에 그리스인들이 맹세하고 지킨 저 훌륭한 서약의 제1조는 「그리스의 법률을 페르시아의 법률로 바꾸느니 차라리 목숨을 죽음과 바꾸겠다.」는 것이었다. 그리스와 터키 싸움에서는 할례를 받아 사교를 믿으니 차라리 비참한 죽음을 택하려고 하였던 것이다. 이러한 예는 어떤 교에서나 찾아볼 수가 있다.

카스틸라의 왕들이 그 국토에서 유대인을 추방하였을 때, 포르투갈의 주앙왕은 그들이 약속한 날짜에 그 땅을 떠나야 한다는 조건으로 한 사람 앞에 8에퀴씩 받고 자기 나라에 피난해 오는 것을 허용하였던 것이다. 그리고 그 날짜가 돌아오면 그들을 아프리카로 실어다 주겠다는 것이었다. 이윽고 그 날짜가 돌아오자 「기한이 지나도 그대로 머물러 있는 자는 노예로 삼겠다.」고 일러주었다. 그런데 그날에 마련한 배는 몇 척 되지 않았다. 게다가 배에 간신히 몸을 실은 사람들은 뱃사람들로부터 심한 학대를 받게 마련이었다. 여러모로 모욕을 당하였을 뿐 아니라 바다 위를 이리저리 몰고 다니며 날짜를 끌다가 그들이 갖고 있는 식량을 다 소비하자 비싼 식비를 물게 하였고,

---

1) 페르시아 전쟁 : B. C. 5세기에 페르시아의 다리우스가 2차에 걸쳐 그리스에 침입한 전쟁.

간신히 기슭에 상륙하였을 때에는 빈털터리가 되어 있었다. 이러한 행위를 나중에 육지에 남아 있던 자들이 전해 듣고 그들은 할 수 없이 노예가 되기로 작정하였다. 어떤 사람들은 개종한 듯이 가장하였다. 임마뉴엘은 왕위에 오르자 먼저 그들에게 자유를 주었는데 나중에 생각을 달리하여 그들을 국위로 나가라고 기한을 정해 주고 세 항구도 지정해 주었다.

오늘의 가장 뛰어난 라틴어 역사가인 오소리우스 주교의 말에 의하면 그는 「내가 유대인들에게 자유를 주었는데, 그들을 기독교로 개종시킬 수 없으니 그 동포가 당한 것처럼 뱃놈들에게 약탈을 당하는 괴로움과 지금까지 이 부유한 나라에 살다가 알지도 못하는 낯선 땅으로 가야 한다는 괴로움이 결국은 그들을 개종시키게 될 것이라.」고 기대했다는 것이다. 그러나 이러한 기대도 허사로 돌아갔으니 그들이 모두 도피를 결심하자 왕은 처음에 약속한 세 항구 가운데서 두 항구를 폐쇄하였다. 이리하여 도항을 질질 끌면서 그들이 이에 따르는 여러 가지 불편을 느끼게 하여 그 결심을 돌이키려고 하였다. 그들을 한 고장에 집합하여 거주하게 하여 최후의 처치를 하는데 편리하도록 획책하였다. 최후의 처치란 11세 미만의 어린이를 부모들의 손에서 빼앗아 그들이 보지 못하는 먼 고장에 데려다가 종교 교육을 시키도록 명령한 것이었다. 이러한 교육은 무서운 광경을 빚어내었다. 부모 자식 간의 자연스러운 애정과 옛 신앙에 대한 정열은 이 가혹한 명령에 반항하기에 이르렀기 때문이다. 부모들은 곳곳에서 손수 자기 목숨을 끊었다. 아니 이보다 더 비참한 것은 자식이 귀엽고 가엾은 나머지 우물 속에 던져 이교로 개종을 면하게 한 점이다. 이윽고 그들에게 미리 약속한 기한도 지났으므로 그들은 부득이 다시 노예의 신세가 되었다. 어떤 사람은 드디어 기독교도가 되었으나 이 사람들의 신앙을 그때로부터 100년이 지난 오늘날에도 진심으로 믿는 포르투갈인은 거의 없는 것이다. 오랜 세월에 걸친 습관은 어떤 강제보다도 힘이 강한 권유자인 것이다. 키케로는 말하였다.

「우리 장군들뿐만 아니라 졸병에 이르기까지 얼마나 여러 번 죽음을 향해 줄달음쳤던가.」

나는 친한 친구의 한 사람이 진실한 애정으로 하여 죽음을 갈망하는 것을 보았다. 그 애정은 아무리 설욕하려고 하여도 끝내 깨우치지 못하는 여러 논거로 하여 그의 마음속에 깊이 뿌리박고 있었던 것이다. 그러므로 영광의 죽음이 그의 눈앞에 이르자 이렇다 할 이유도 없이 마치 목마른 자가 샘을 갈망하듯이 이에 줄달음쳐 갔던 것이다.

우리는 오늘날에도 사람들이 아니 어른들까지도 극히 사소한 불쾌를 문제시하여 자살한 실례를 얼마든지 볼 수 있다. 이에 대하여 옛사람들은 이렇게 말하고 있다. 「비겁한 자들까지도 도피의 방법으로 택하는 죽음 따위를 우리가 두려워한다면 세상에 두렵지 않은 것이 무엇이겠는가.」 태연히 죽음을 맞이하였다거나 죽음을 기다린다거나 또는 비단 이 세상의 고통을 면하기 위해서뿐만 아니라, 혹은 단지 살기에 지쳐서 저승으로 피난하기 위해 혹은 보다 좋은 환경을 구하기 위해 자진하여 죽음을 택하였다는 보다 복된 시대의 귀하고 천한 남녀들의 커다란 목록을 찾아내려면 한정이 없을 것이다. 그 수는 헤아릴 수 없을 터이므로 차라리 죽음을 두려워한 자들의 수를 드는 것이 손쉬울 정도이다.

다만 하나의 예를 들기로 한다. 철학자 피론은 폭풍이 들이치는 어느 날 배를 타고 항해하고 있었는데 주위의 사람들이 무서워서 아우성을 치는 것을 보고 함께 배를 타고 있으면서 이 폭풍을 조금도 염두에 두지 않는 돼지를 가리키며 그들을 격려하였다. 우리가 만물의 영장인 소치라고 해서 그렇게 소중히 생각하는바 이성은 결국 우리 고뇌의 원인에 불과한 것이 아니겠는가? 여러 가지 지식이 대체 무슨 소용이 있단 말인가? 만일 이것이 있기 때문에 오히려 이것이 없었더라면 누릴 수 있는 마음의 평정을 잃게 된다면 그리하여 이것이 있기 때문에 피론의 돼지보다도 불행하다면 무슨 소용이 있겠는가? 우리는 우리를 명망으로 인도하기 위해 우리에게 모처럼 최대의 행복을 위해 주어진 이 예지를 사용하려는가? 대자연의 의도, 우주의 경륜은 우리들 각자가 그 도구나 방편을 자기 편익을 위해 사용하려고 하는데 어찌하여 이에 거역하려고 하는가?

사람들은 나에게 말할 것이다. 당신의 견해는 죽음에 대해서는 그대로 적용된다. 그런데 궁핍이나 고통에 대해서는 말문이 막힐 것이라고. 아리스티푸스와 히에로니무스, 그 밖의 현자들의 대부분이 궁핍을 최대의 악으로 간주하지 않았던가. 입으로 이것을 부인하던 자도 실제로 당하고 이를 긍정하지 않았던가. 포시도니우스가 심한 병에 시달리고 있을 때 폼페이우스가 찾아와서 「공교롭게도 못마땅한 때에 내가 철학의 가르침을 들으러 찾아왔나 보오.」하고 말하였더니, 포시도니우스는 「천만에, 그 정도의 고통을 이기지 못한대서야 말이 됩니까. 괴롭기는 하여도 철학을 생각하고 이야기할 수는 있습니다.」라고 대답하였다. 그리고 나서 그는 고통을 멸시해야 하는 까닭을 신이 나서 이야기하였다. 「고통이여, 너를 불행이라고 부를 수는 없다.」고 그는 잘라서 말하였다. 이 이야기는 세상 사람들의 입에 곧잘 오르내리지만 이렇게 말한다고 해서 그것이 고통을 멸시하는 이유가 될 수 있을까? 그것은 다만 하나의 이론에 불과한 것이다. 그런데 그 고통의 자극이 그의 마음을 조금도 움직일 수 없었다면 어찌하여 그는 말을 중단하였던가? 어찌하여 고통을 악이라고 부르지 않는 것을 장한 듯이 생각하였던가?

이렇게 생각하고 보니 문제는 상상으로 해결되지 않는다는 것을 알 수 있다. 이 경우에 분명한 판단을 내릴 수 있는 것은 명확한 각성이다. 즉 감각 자체가 사리를 판별할 수 있는 것이다.

여러 감각이 분명치 않을진대 이성도 거짓을 일삼느니라.
(루크레티우스)

우리는 우리의 피부에 닿는 회초리의 아픔을 가렵다고 느낄 수 있는가? 우리의 혀에 쓰디쓴 알로에의 맛을 그라브산 포도주 맛으로 간주할 수 있는가? 피론의 돼지도 배에 함께 타고 있을 때에는 우리의 동료일지 모른다. 그리하여 그 돼지는 아닌 게 아니라 죽음 앞에서 태평스러운 태도를 취하지만, 몽둥이로 때리면 아파서 소리 지를 것이다. 천하의 모든 생물들은 고통을 당하면 두려워 떤다는 자연 일반의 법칙을 우리가 무시할 수 있는가? 나무도 상처를 입히면 신음하는 듯이 보인다. 죽음은 순간적인 작용이기 때문에 오직 생각으로만 느껴진다.

그것은 이미 지나가 버렸는가, 또는 앞으로 닥쳐올 것인가.
그 속에 현재는 없도다. (라 보에시)

죽음 자체는 죽음을 기다리는 것처럼 괴롭지는 않느니라.
(오비디우스)

수많은 짐승들과 인간들은 순식간에 죽어간다. 그러므로 우리가 죽음을 두려워하는 것은 언제나 그 앞에 따르는 고통이다.

그러나 우리는 거룩한 어느 교부님의 말을 믿어야 한다. 「죽음에 뒤따르는 것이 없다면 불행할 리도 없다.」(성 아우구스티누스) 그러나 나는 「앞에 따르는 것이나 뒤에 따르는 것은 모두 죽음의 속성은 아니다.」라고 말하고자 한다. 이 말이 진리에 가깝다고 생각한다. 죽음에 대한 우리들의 변명은 거짓말이다. 나의 경험에 의하면 죽음을 생각하는 괴로움이 우리로 하여금 못 견디게 구는 것이다. 고통이 죽음으로써 위협하기 때문에 우리는 그것을 두 배나 고통스럽게 느끼는 것이다. 그러나 이성이 이렇게 당돌하고 불가피하고 감각적이 아닌 것을 두려워하는 비겁함을 비난하기 때문에 우리는 차라리 좀 더 용납될 수 있는 다른 구실을 내세우려는 것이다.

고통이 있을 뿐이고 다른 위험이 없는 모든 병을 우리는 대수롭게 생각하지 않는다. 치통이나 통풍은 아무리 아파도 목숨을 앗아가지 않았으므로 아무도 이것을 병으로 간주하려 들지 않는다. 그러나 우리는 죽음 속에 주로 고통을 생각한다. 예컨대 가난은 조금도 두려운 것이 아니지만 다만 일단 그 품에 안기면 목마름이나 추위나 불면 등 시달림을 받아야 하므로 역시 이것을 두려워하는 것이나 마찬가지이다.

우리는 여기서 다만 고통만을 문제 삼으려고 한다. 나는 그것이 인간에게 가장 고약한 것이라는 의견에 기꺼이 찬동한다. 사실 나는 이 고통을 무엇보다도 싫어하는 사나이다. 고마운 것은 지금까지 별로 고통과 인연이 없었으므로 그만큼 이것을 회피하는 사나이다. 그러나 우리는 이것을 절멸할 수는 없어도 인내로 경감시킬 수는 있다. 육체가 고통으로 쩔쩔 맬 때에도 심령과 이성을 저버리지 않을 수 있다.

　만일 그것이 불가능하다면 우리는 덕, 용기, 힘, 담대함, 용단 등을 누가 명예롭게 생각하겠는가? 이러한 덕이 도전할 고통이 없어졌다면 어디서 그 힘을 발휘할 수 있겠는가.「덕은 위험에 굶주리고 있느니라.」(세네카) 만일 바깥에서 자고 무장한 채 남국의 죄는 햇빛에 타고, 말과 당나귀의 고기로 배를 채우고 살을 째고 뼈 속의 탄환을 꺼내고 다시 살을 꿰매고 지지고 쑤시고 하는 수술을 참아내는 고통이 없다면 무엇으로 속세에서 벗어날 수 있겠는가? 현자들은 고통을 피하기는커녕 반대되는 말을 하고 있다. 즉 두 개의 선행 가운데서 고통이 많은 편이 더 이상적이라는 것이다. 우리의 행복은 경박한 환락 속에 있지 않고 오히려 슬픔과 고통 속에서 이를 능히 참아 나가는 데 있다.(키케로) 그러므로 우리의 아버지들은 전쟁의 위험을 무릅쓰고 무력으로 얻은 정복이 안전한 가운데서 교묘한 지혜로 얻은 정복만 못하다고 도저히 생각할 수 없었다.

덕은 이를 행하는 데 고통이 따를수록 높다. (루카누스)

여기에 우리를 위로해 주는 것이 있다. 그것은 자연의 조화로 심한 고통은 짧고, 가벼운 고통은 길다는 것이다. 「심하면 짧고, 가벼우면 길다.」(키케로) 그러므로 당신이 고통을 몹시 느끼게 되면 그것은 결코 오래가지 않을 것이다. 그리고 그 고통은 스스로 종말을 짓거나 그렇지 않으면 당신에게 종말을 지어줄 것이다. 그 어느 편이건 같은 결과를 가져온다. 당신이 고통을 이기지 못하면 고통이 당신을 이기게 될 것이다. 「죽음은 큰 고통을 증식시킨다는 사실을 알라. 또한 작은 고통은 끊기 쉽고 중간 고통은 억제할 수 있음을 상기하라. 이리하여 고통의 부담이 가벼워지면 우리는 이를 감당해 나가리라. 감당하기가 어려우면 극장 문을 나서는 것처럼 인생을 벗어나 고통을 면하게 되느니라.」(키케로) 우리가 고통을 감당하기 어려운 것으로 생각하는 것은 우리가 소중한 만족을 심령 속에 구하는 데에 익숙하지 못하기 때문이다. 즉 심령의 힘에 기대하지 않기 때문이다. 즉 심령이야말로 인간의 환경과 행위를 주관하는 지상의 상전인 것이다. 육체는 정도의 차이는 있지만 오직 한 가지 존재 방식밖에 지니고 있지 않다. 그러나 심령은 여러 가지 모습으로 변화된다. 그리하여 육체의 감각을 위시하여 그 밖의 외계의 사건들을 자신의 지배 아래 둔다. 그러므로 우선 이것을 찾고 그 목소리에 귀를 기울여야 한다. 이론도 명령도 폭력도 심령의 움직임이나 심령의 선택에 대하여는 거역할 수 없다. 심령이 뜻대로 할 수 있는 여러 가지 방책들 가운데서 우리의 안정과 존재에 가장 적합한 것을 채택하면 우리는 모든 위험에서 보호를 받을 뿐만 아니라, 때로는 위험이나 재난으로부터 애무와 아첨을 받을 수도 있는 것이다.

심령은 모든 것을 닥치는 대로 자기 이용물로 만든다. 마치 변치 않는 실체가 우리를 보호하고 우리에게 만족을 가져다주는 것처럼 심령에게는 그릇된 일, 헛된 생각도 쓸모가 있다.

우리의 고통과 쾌락을 날카롭게 하는 것이 정신의 예리함에 있다는 것은 손쉽게 알 수 있다. 짐승들은 정신이 결박을 당하여 천연스러운 모든 감각을 육체에게 맡기고 있다. 그러므로 그들의 동작은 거의 비슷비슷하다. 그것은 그들의 육체가 언제나 한결같은 움직임을 보여주는 것으로도 알 수 있다. 만일 우리가 우리의 여러 가지 기관의 기능을 방해하지만 않는다면 우리는 한결 행복할 것이다. 그리고 자연이 그 기관에 각각 알맞은 통증과 쾌감을 부여하고 있다는 사실도 알 수 있다. 그것은 한결같이 평등하므로 공정할 수밖에 없는 것이다. 그러나 우리는 이미 이 자연의 규범을 저버리고 자유로운 우리의 망상에 몸을 맡겨버렸다. 그러니 이제 우리는 이 망상을 가장 유쾌한 방법으로 유도하도록 힘써야 할 것이 아닌가.

플라톤은 우리가 너무나 고통과 쾌락에 구애되는 것을 우려하였다. 그것은 영혼을 너무나 육체에 얽어매는 것이라고 생각하였기 때문이다. 그러나 내가 우려하는 것은 그와 반대이다. 그러한 집착은 영·육의 양자를 너무 떼어놓는 결과가 되기 때문이다. 우리가 도망치면 적은 더 악을 쓰며 쫓아오는 것처럼 고통도 역시 우리가 그 앞에서 벌벌 떠는 것을 보면 더욱 으스대게 마련이다. 그러나 거기에 항거하는 자의 앞에서는 한결 손쉽게 항복할 것이다. 우리는 모름지기 그 앞에서 마음껏 어깨를 으쓱거려야 한다. 뺑소니를 치면 칠수록 무서운 파멸을 불러일으킬 따름이다. 힘껏 대항하면 육체가 견고해지는 만큼 영혼도 강해지는 것이다.

실례를 들기로 하자. 그 편이 나와 같이 담이 약한 사나이에게 잘 어울릴 것이다. 우리는 고통이란 마치 보석이 놓인 자리의 여하에 따라서 빛을 내기도 하고 희미하게 보이기도 하는 것과 마찬가지이며 또한 그 고통은 우리가 내어주는 자리만큼만 차지함을 알 수 있다. 「슬프다고 생각하면 할수록 그 고통은 심해 가느니라.」 하고 성 아우구스티누스는 말하고 있다. 우리는 외과 의사가 메스를 한 번 대는 것을 치열한 전투에서 칼을 열 번 맞는 것보다 더 아프게 생각한다. 또한 출산의 고통 같은 것을 보더라도 그것은 의사는 물론 하느님에게도 굉장한 것으로 간주되며, 더구나 우리들 사이에서는 끔찍한 일로 생각하는데 그런 것쯤 아무렇지도 않게 생각하는 국민들도 얼마든지 있다. 라케데모니아의 여인들에 대한 이야기는 잠시 덮어두기로 하자. 저 우리네 하인들 가운데 끼어 있는 스위스의 여인들을 보라. 그녀들은 출산을 평소와 조금도 다름없이 생각하고 있다. 다만 그 남편의 뒤를 총총히 따라가는 그녀들은 어제까지만 하여도 뱃속에 품고 있던 어린애를 오늘은 벌써 젖가슴에 품고 있는 것이 다를 뿐이다. 그리고 우리나라에서도 때때로 찾아볼 수 있는 저 초라한 집시 여인들은 자기가 낳은 아기를 손수 씻고 자기는 근처의 강에 가서 목욕을 한다. 그것은 비단 날마다 사생아를 몰래 낳곤 하는 많은 처녀들만이 아니다. 로마의 귀족 사비누스의 정숙한 부인도 남의 폐를 끼치지 않으려고 혼자 신음소리도 깨물어가면서 쌍둥이를 거뜬히 낳았던 것이다.

라케데모니아의 한 소년은 여우를 한 마리 훔쳐서 외투 속에 감추었는데 「그들은 도둑질을 수치로 알기를 우리가 형벌을 두려워하는 것 이상이었다.」세 여우가 자기 배를 뜯어먹어도 참고 견디었다. 탄로 나는 것이 그렇게 두려웠던 것이다. 또 어떤 소년은 제물을 바칠 때에 향불이 옷소매에 떨어졌지만 의식을 소란스럽게 하지 않으려고 뼈대까지 타들어 가도록 잠자코 있었다. 그 밖에 많은 소년들은 다만 이 나라 교육의 격식에 따라 겨우 일곱 살밖에 되지 않지만 용기를 시험하는 마당에 조금도 안색을 변치 않고 죽음에 이르기까지 모진 매를 묵묵히 견디었던 것이다. 키케로는 어린이들이 두 패가 되어 싸우면서 서로 때리고 차고 물어뜯고 하다가 기절하여 쓰러져도 끝내 항복하지 않는 것을 목격하였다. 「습관은 결코 천성을 이기지 못할 것이다. 천성은 당할 자가 없기 때문이다. 그러나 우리는 유약, 열락, 무위, 게으름, 방정 등에 의해 우리의 심령을 타락시켰다. 우리는 그릇된 생각과 고약한 습성에 의하여 심령을 연약하게 만들었다.」(키케로)

저 스카에볼라[2]의 이야기는 누구나 알고 있다. 그는 적의 대장을 죽이고 적진에 몰래 잠복하였으나 그만 실패하자, 더욱 희한한 계략으로 그 목적을 달성하여 조국을 구출하려고 하였다. 그는 적국의 임금 포르센나 앞에 나아가 그 계략을 자백하고 자기 진중에는 뜻을 같이하는 로마인이 많은 것을 덧붙여 말하고는 그 용감성을 과시하기 위해 불을 가져오게 하고 팔을 태우며 천연스럽게 바라봤고, 드디어 적의 편에서 무서운 생각이 들어 불을 치우라고 명령하였다는 것이다.

그런데 자기의 몸에 칼을 받으면서도 책을 읽기를 계속한

---

[2] 무키우스 스카에볼라 : B. C. 507년에 에트루스크족들이 로마를 포위하였을 때 적장을 죽이려고 적진에 들어가 그의 비서를 수령인 줄 알고 죽인 다음에 잡혔는데 그는 자기 손이 자기를 속였다고 해서 손을 불 속에 넣어 태웠다고 해서 왼손잡이(스카에볼라)라는 별명을 가졌다.

사나이 경우는 어떠한가. 그리고 고문을 하면 할수록 더욱 이를 비웃는 고로 옥리가 꾀를 내어 잔인한 모든 수단 방법을 총동원하여 고문하여도 끝내 그의 의지를 꺾을 수 없던 사나이 (소크라테스)의 경우는 또 어떠한가? 그런데 그는 철학자였다. 카이사르의 검투사 한 사람은 그의 상처를 도려내고 훑어내는 동안에도 줄곧 웃으면서 참았다고 한다. 「평범한 검투사라고 하더라도 신음소리를 내거나 안색이 변하는 일이 있었던가? 대적할 때는 물론 쓰러지려고 할 때에도 비굴한 태도를 보인 일이 있었던가? 심지어 목을 찌르려는 순간에도 고개를 돌리는 일이 있었던가?」(키케로)

이제는 부인들의 경우를 예로 들어보자. 파리에서 오직 싱싱하고 새로운 피부의 색깔이 탐나 그 얼굴 가죽을 벗긴 여인의 이야기는 누구나 들어서 잘 알고 있는 바이다. 그 목소리를 좀 더 부드럽고 아름답기 위해서 또는 그 치열을 고르게 하기 위해서 생니를 뽑는 여자들이 있다. 이렇듯 고통을 가볍게 생각하는 실례는 여인들 사이에서도 얼마든지 찾아볼 수 있다. 그녀들은 무슨 일이든지 해치우려 한다. 조금이라도 그 아름다움에 보탬이 되기만 하면 두려워하는 일이 없다.

그 백발을 뽑고,
그 살갗을 벗겨 아름다운 얼굴을 만들기 위해 애쓰는

여인도 있다니. (티불루스)

나는 얼굴빛을 희게 하려고 모래나 재를 먹고 위장을 일부러 해치는 여자를 본 일이 있다. 완전히 스페인식 스타일을 내기 위하여 가죽띠로 머리를 동여매어 생살에 상처를 내는 등 갖은 고통을 그녀들은 달게 받아들인다. 그리하여 심지어 목숨을 잃는 것도 그녀들은 두려워하지 않는 것이다.

오늘날 여러 나라 국민들 사이에는 그들의 언약을 보충하려는 의도에서 자기 자신에 일부러 상처를 입히는 것을 흔히 찾아볼 수 있다. 또한 우리 임금님은 핀란드에서 자기를 위하여 이런 일을 행하였다고 이야기 한 적이 있다.[3]

나는 프랑스에서 몇몇 사람이 이런 것을 한 것을 알고 있는데, 그 밖에도 한 소녀[4]가 자기의 언약이 견고하고 지조가 굳다는 것을 보여주기 위하여 머리에 꽂고 있던 바늘을 뽑아서 팔에 너댓 번 찔러 살갗에 피가 마구 흐르게 한 것을 본 일이 있다.

터키인들은 사랑하는 여자를 위해 살갗에 곧잘 커다란 흉터를 만들곤 한다. 그리하여 그 흔적이 그대로 오래 남아 있게

---

[3] 폴란드 왕 앙리 3세가 프랑스 왕이 되어 떠날 때 그 나라 재상이 이 왕에게 충성심을 입증하려고 단도로 팔을 찔러 상처를 내보였다고 한다.
[4] 몽테뉴에게 사숙하던 마리 드 구르네양이라고 함.

하려고 상처에 불을 갖다 대고 끔찍스럽게도 오랫동안 묵묵히 참고 있더라는 것이다. 그것을 목격한 사람들은 거짓말이 아님을 글로 써서 내게 맹세하였다. 그들 가운데는 10아프르(터키 화폐)만 주면 자기 팔뚝이나 엉덩이에 이런 흉터를 깊숙이 만들어 주는 사람을 찾아볼 수 있다.

이러한 증거는 우리 주위에서 얼마든지 찾아볼 수 있다. 기독교는 그것을 우리에게 많이 제공해 준다. 우리의 성스러운 예수를 본받아 많은 사도들이 그 신앙심에서 십자가를 짊어지려고 하였다. 우리가 믿을 만한 목격자들이 전하는 바에 의하면 성 루이왕은 언제나 고행을 위해 말총셔츠를 입고 지내다가 노후에 그의 참회승의 허락을 받고 나서야 비로소 그 셔츠를 벗었으며, 금요일마다 신부를 시켜서 쇠사슬 다섯줄로 자기의 어깨를 치게 하였고 그 때문에 언제나 쇠사슬을 곽에 넣어 두었다. 기엔의 마지막 성주인 기욤 공작은 이 땅을 프랑스와 영국의 두 나라 왕가에서 양도한 저 알리에놀의 부친으로 그는 말년에 10년 내지 12년 동안 언제나 고행으로서 교직자의 옷 속에 갑옷을 입고 있었다고 한다. 양쥬 백작 풀크는, 멀리 예루살렘까지 가서 목에 밧줄을 걸고 주의 무덤 앞에 엎드려 두 사람의 하인으로 하여금 매질을 하게 하였다. 그런데 주지하는 바와 같이 성 금요일마다 많은 선남선녀들이 방방곡곡에서 뼈가 노출될 때까지 자기의 살이 에이도록 치고 있지 않는가. 그런 광경을 나는 가끔 목격하였는데 조금도 감동을 받지 못하였다. 소문에 의하면 그들 가운데는 가면을 쓴 자도 있다. 그 중에는 남의 신앙을 위해 이들은 돈이 탐나서가 아니라 신앙의 동기에서 감당할 수 있는 고통을 한층 더 경멸하면서 돈을 받고 이런 짓을 하는 자들도 있다는 것이다.

Q. 막시무스는 집정관인 자기의 아들을, M. 카토는 재판관으로 임명된 아들을, 그리고 L. 폴루스는 며칠 사이에 두 아들을 매장하고도 태연한 얼굴로 조금도 상심한 빛을 보이지 않았다.

나는 전에 어떤 사람에게 「당신은 하느님의 정의를 훔쳤구려.」 하고 농담을 한 적이 있다. 그는 호된 천벌이라도 받는 것처럼 하루 동안에 다 큰 자식 셋이 죽는 재앙을 당하였는데 정말인지 거짓말인지는 잘 모르겠지만 이것을 하느님의 무슨 은혜나 되는 것처럼 생각하였다고 한다. 하긴 나도 아이들 셋을 잃었는데 슬프지 않은 것은 아니지만 크게 억울하지는 않았다. 적어도 비탄에 빠지지는 않았다. 그러나 이보다 더 사람의 가슴을 아프게 하는 일은 좀처럼 없는 것이다. 그 밖에도 세상 사람들이 저마다 슬퍼하는데 나는 거의 개의치 않는—비록 그것을 내가 당하더라도—것들이 흔히 있었다. 사실 나는 실제로 그런 불행을 당하여도 이를 무시해 버렸다. 다만 그것을 세상 사람들이 너무나 두려워하므로 나도 그것을 자랑하게 되면 얼굴이 붉어질 지경이다. 「이것으로 보면 비애는 사물의 본성에서 비롯되는 것이 아니고 생각에서 비롯됨을 알 수 있다.」(키케로)

소신이란 일종의 강력한 성질을 지니고 있어 안하무인으로 밀고 나가게 마련이다. 사람은 누구나 알렉산더와 카이사르가 불안하고 어려운 처지를 탐낸 정도로 평안을 열심히 희구한다고 할 수 있을까? 시탈케즈의 부친 테레즈는 「전쟁을 하지 않을 때는 자기와 그의 마부 사이에 아무런 차이가 없다.」고 언제나 말하고 있었다.

집정관 카토가 스페인의 여러 도시를 손아귀에 넣기 위하여 그 주민들에게 무기 휴대를 금하였더니 오직 그 때문에 많은 시민들이 자살해 버렸다. 「무기 없이는 살맛이 나지 않는다고 생각하는 용감한 국민들」(키케로)이었기 때문이다. 우리는 많은 사람들이 집에서 친구들과 함께 편안히 살아가는 즐거움을 버리고 굳이 인적을 찾아볼 수 없는 광야로 떠나가는 것을 알고 있지 않는가. 그리고 자진하여 비천한 가운데 몸을 던져 세상을 등지고 살면서 커다란 희열을 느끼는 자도 많은 것이다.

최근 밀라노에서 죽은 보로메 추밀경은 귀족이요, 부유할 뿐더러 그 젊음을 향락하기 위해 이탈리아 풍속대로 방탕의 길에 접어들 법도 하였지만 그는 엄격히 자기를 지켜 여름에 입는 옷을 겨울에 입고 짚방석 위에서 자며 공무의 여가에는 책을 옆에 두고 꿇어앉아 공부만 하였었다. 그는 물과 빵 이외에는 아무것도 먹지 않았으며 공부 이외에는 시간을 내지 않았었다. 그리고 이것은 말만 들어도 끔찍한 일이지만 그 내용을 알면서도 자기 아내가 간음을 해서 돈을 벌고 승진의 혜택까지 입은 자들을 나는 알고 있다. 시각은 우리의 감각 가운데서 가장 필요한 것이 아닐지 모르지만 적어도 가장 유쾌한 감각이다. 그러나 우리의 기관 가운데서 가장 유익하고 또 가장 유용한 것은 생식을 영위하는 그것이 아닌가 한다. 한데 많은 사람들은 그것이 너무나 유용하다는 이유로 금기로 알아왔던 것이다. 다시 말하면 오직 그 지닌 바 가치 때문에 이를 배척하였었다. 자기 눈을 멀게 한 자들은 시각을 그렇게 생각했던 것이다.

절대 다수의 가장 건전한 사람들은 자식들이 많은 것을 큰 복이라고 생각하고 있다. 그러나 나와 그 밖의 몇몇 사람들은 자식이 없는 것을 복으로 간주한다.

어떤 사람이 탈레스에게 「어째서 결혼을 하지 않느냐?」고 물으니, 「자식을 남기기 싫어서.」라고 대답했다고 한다.

우리들의 생각이 사물에 어떤 가치를 부여한다고 함은 흔히 우리가 사물 자체의 가치 평가를 할 뿐만 아니라 그것을 자기와 관련시켜 생각하는 것을 보아서 알 수 있다. 사실 우리는 그 성질도 효용도 생각하지 않고 다만 그것을 얻는데 얼마나 값을 치렀느냐에 따라서 마치 그것이 사물의 실체의 한 부분이라도 되는 것처럼 생각하며 그 사물이 우리에게 주는 것을 가리켜 가치라고 하지 않고, 그 사물에게 우리가 주는 것을 가리켜 가치라고 한다. 그리하여 나는 우리가 비용을 아끼는 까닭을 알게 된다. 돈은 그 무게만큼 소중히 생각한다. 우리는 결코 돈 쓴 값어치를 헛된 비용으로 하지 않는다. 사들인 값이 다이아몬드를 귀하게 만들고 덕은 그 수도의 어려움으로, 신앙은 그 고행으로 그리고 약은 쓴맛이 가치를 정한다.

어떤 자는 가난뱅이가 되기 위하여 돈을 모두 바다에 던져 버렸다. 그런데 많은 사람들은 그 바다에서 돈을 벌기 위해 사방을 뒤지며 고기를 잡는다. 에피쿠로스는 이렇게 말하였다. 「부자가 된다는 것은 심려로부터 떠나는 일이 아니라, 또 다른 심려를 얻는 일이다.」 아닌 게 아니라 인색하게 되는 것은 가난이 아니라 부유한 데에 그 이유가 있다. 나는 이 점에 대하여 나의 경험을 이야기하고자 한다.

나는 소년시절을 마치고 나서 세 가지 다른 환경 속에서 살게 되었다. 나는 그동안에 돈이라고는 그때그때 남의 유통과 원조로 들어오는 것뿐이었는데 그것도 닥치는 대로 써버리곤 하였다. 나는 모든 일을 운명에 맡기고 있었으므로 선심도 곧잘 쓰며 마구 낭비하였던 것이다. 나로서는 그때만큼 좋은 시절은 없었다. 친구들의 돈줄이 끊어지는 일이 없었다. 그것은 내가 돈을 갚는 날짜를 꼬박꼬박 지켰기 때문이다. 그러나 돈

갚는 날짜도 그들은 여러 번 연기해 주었다. 내가 그들의 마음을 조금이라도 손상하게 하지 않으려고 애쓰는 줄 그들이 알고 있었기 때문이다. 덕분에 나는 꼬박꼬박 이를테면 인색을 부리면서 그런대로 의리를 지킬 수 있었다. 나는 마치 어깨의 무거운 짐을 내리는 것처럼 또는 노예의 옷을 벗어버리는 것과 같이 빚을 갚는 데 어떤 즐거움마저 느끼곤 하였다. 그렇게 함으로써 「잘하였다.」, 「남을 만족시켰다.」 하는 약간의 흐뭇함을 맛보게 되는 것이었다. 다만 금액의 과다를 조정할 필요가 있을 경우는 별도로 치고 이런 경우에 일을 맡길 만한 사람이 없으면 수치스럽고 언짢은 일이지만 나는 되도록 이 일을 뒤로 미룬다. 내 성격이나 구변이 그런 일을 감당하기에 적합하지 않으며, 따라서 그 뒤처리가 두렵게 생각되기 때문이다. 나로서는 흥정보다 더 싫은 일은 없다. 그것은 순전히 사기와 가면을 쓴 거래이다. 한 시간 동안이나 말씨름을 하고 깎은 다음에 양편이 다 언질도 약속도 뒤집고 겨우 댓 푼의 소득을 보는 것이다. 어쨌든 나는 돈을 꾸는 일에 익숙하지 못하다. 직접 가서 돈을 꿔달라고 말할 용기가 없어 흔히 편지를 띄운다. 그런데 이 편지가 전혀 믿을 만한 것이 못 되어 상대편으로 하여금 손쉽게 거절하게 만든다. 나는 그 당시 궁색을 하늘의 별(운)에 맡기곤 하였는데, 나중에 이런 일에 대하여 내 의사와 **분별**에 맡기던 때보다도 훨씬 기분 좋고 마음 편하였다.

살림에 알뜰한 사람들은 이런 불안정한 생계를 유지하여 살아가는 것을 두렵게 생각하고 있다. 첫째로 그들은 세상의 많은 사람들이 그렇게 살아가리라고는 꿈에도 생각하지 않는다. 그러나 명문에 속하는 많은 사람들이 그 안정한 생활을 버리고 바람과 같이 지금도 임금의 은총이나 좋은 운을 찾아 헤매고 있지 않는가? 카이사르는 카이사르가 되기 위해, 그 재산을 탕진하였을 뿐만 아니라 그 위에 수만금의 빚을 졌던 것이다. 그리고 많은 상인들은 농토를 팔아 무역을 시작하여 멀리 인도에까지

사나운 파도를 헤치고 (카툴루스)

그 돈을 벌러 가지 않았던가.

신앙심이 큰 기근을 면치 못하고 있는 오늘날, 우리들 사이에는 백 갈래, 천 갈래의 학파가 있어 많은 사람들은 여기서 하늘의 은총으로 생계 수단이 생기기를 기다리며 마음 편히 살고 있다. 둘째로 그들이 바탕으로 삼고 있는 그 확실성이라는 것이 우연에 못지않게 위태롭고 불확실한 것임을 꿈에도 모르고 있다. 나는 연수입이 2천 에퀴를 넘는데도 마치 가난이 눈앞에 다가오기라도 한 것처럼 운명은 우리들의 부유 속에 가난의 구멍을 백 군데나 뚫어놓고 있다(부자와 가난뱅이 사이에는

아무런 중간 상태가 놓여 있지 않다).

재물은 유리와 같다. 광채가 잘 날수록 더 약하다.
(푸블리우스 시루스)

운명은 우리의 모든 방비와 축대를 허물어 버릴 힘을 갖고 있을 뿐만 아니라, 나는 여러 가지 이유에서 재산의 과다를 막론하고 궁핍은 언제나 깃들어 있다는 것을 알고 있다. 아마도 궁핍은 재물이 없이 외톨이로 지낼 때가 많은 재물을 거느리고 지낼 때보다 덜 괴로울 것이다. 재물은 수입에서 비롯되기보다 오히려 규모 있는 살림에서 비롯된다.「각자는 자기 부의 직공이다.」(살루스티우스) 그러므로 부자이면서 불안하고 궁색하고 분주한 자는 가난뱅이보다 더 비참하게 보인다.「부유의 품속에 안긴 궁핍은 가장 무서운 가난이다.」(세네카)

가장 지위가 높고 부유한 임금들도 궁핍 때문에 때때로 곤궁에 몰리는 수가 있다. 폭군이 되어 그 신하의 재산까지도 부당하게 빼앗지 않을 수 없을 정도로 곤궁에 빠질 수 있을까.

나의 두 번째의 생활 태도는 돈을 모으는 일이었다. 나는 이 일에 몰두하여 드디어 내 처지로서는 상당한 돈을 모았다. 나는 생활비를 쓰고 남은 돈 이외에는 재산이란 있을 수 없다고 생각하였으며 아무리 가능성이 많더라도 실제로 손 안에 들어와 있지 않은 돈을 기대하려고 생각하지 않았기 때문이다. 나는 때때로 혼잣말을 뇌까렸다. 「만일 내가 무슨 재난이라도 당하면 어떻게 할까?」 하고 이를테면 이런 부질없고 옹졸한 생각 끝에 쓰고 남은 돈을 저축하여 모든 불행에 대비하려고 바둥거리며 살아왔었다. 그리하여 「인간에게 수없이 불행이 곧잘 찾아드는 걸세.」 하고 말하는 사람에게 「그 모든 불행이 아니라 몇몇 불행에 대비하려고 돈을 모아두네.」 하고 대답해 줄 수는 있었다. 그러나 이렇게 돈을 모아두기 위해서는 괴로움도 당해야 하였다. 나는 돈을 모아두는 것을 되도록 비밀에 붙여 왔었다. 즉 나 자신의 이야기는 닥치는 대로 지껄이는 나이지만 내 돈에 대하여는 거짓말만 해왔었다. 하긴 이것은 흔히 있는 일이기도 하다. 누구나 부유하면서도 가난뱅이인 것처럼 가난뱅이면서도 부유한 듯이 말하는 것이다. 이렇게 저마다 자기가 갖고 있는 재물에 대하여 바른대로 말하려 들지 않는다. 이 얼마나 우습고 수치스러운 일인가. 여행을 하면 돈이 아무리 많아도 모자랄 것같이 생각되기도 하였다. 그러나 돈을 넉넉히 갖고 가면 그만큼 걱정거리가 된다. 즉 어느 때에는 도중에 사고라도 일어나지 않을까, 또 어느 때에는 짐짝을 끌고 가는 짐꾼이 도망하지 않을까 하여 걱정이 되었다. 그리하여 보따리를 언제나 눈앞에 놓아주지 않으면 마음이 놓이지 않았다. 이것은 친구들도 저마다 그렇게 말하고 있다. 더구나 돈 궤짝을 집에 놓아두고 오면 걱정이 이만저만이 아니다. 게다가 이런 걱정거리는 아무한테도 말할 수도 없는 것이다. 그러므로 나는 혼자서 언제나 그것에 마음이 쏠릴 수밖에 없었다. 결국 돈을 수중에 넣는 것보다 돈을 간수하는데 더 많은 걱정을 하게 마련이다. 이런 걱정을 하지 않으려고 하면, 거기에 또 힘이 들곤 하였다. 결국 여기서 얻는 이득이란 거의 아니 전혀 없었다. 원금은 점점 늘어갔는데 축내게 되면 마음이 괴로웠다.

　비온이 말한 바와 같이, 털보도 대머리도 누가 머리칼을 뽑으면 똑같이 화를 내는 법이다. 돈을 모으는 데 재미를 붙여 돈더미에 정신을 팔게 되면 벌써 그것은 당신에게 조금도 유용한 것이 못 된다. 당신은 도저히 거기에 손도 대지 못할 것이다. 그것은 상상 그대로 건드리면 곧 무너져 버리는 건축물이다. 그러므로 끝내 궁핍이 당신의 목을 조르지 않는 한 함부로 손을 댈 것이 못 되리라. 그러므로 남과 금전 관계를 일절 맺지 않고 옷가지를 전당포에 맡기기도 하고 말을 팔기도 하여 그럭저럭 꾸려 나갈 때와는 달리 그 무렵에는 몰래 모아둔 소중한 돈에는 좀처럼 손을 대려고 하지 않았던 것이다. 그러나 유감스러운 것은 사람들이 좀처럼 이 욕심에 어떤 일정한 한계를 짓지 못하는 점(좋은 일에 한계를 짓기는 어려운 일이다)이다. 즉 축재를 어느 한도까지만 하지는 못 하는 것이다. 사람들은 언제나 이 축재의 덩어리를 더욱 크게 하고 그 수를 더욱 늘여

간다. 그리하여 나중에는 자기 돈을 향락할 줄 모르고 오로지 이를 굳게 간수하여 한 푼도 쓰지 않으려고 드는 것이다.

이러한 풍습으로 말미암아 제일 돈이 많은 자들이 도시 성문이나 성벽을 지키는 일도 담당하게 되는 것이다. 내가 보기에 부자는 다 노랑이다.

플라톤은 육체적 또는 인간적 행복을 아래와 같이 분류하였다. 즉 「건강, 미모, 힘, 부」의 순서로 분류하고 「부는 예지의 빛을 받으면 장님이 되기는커녕 천리안이 된다.」고 말하였다.

디오니시오스 2세는 이 점에서는 점잖았다. 누가 그에게 그의 부하로 있던 시라쿠사인 한 사람이 땅 속에 보물을 묻어두었다고 말하였다. 그는 곧 그것을 가져오라고 명하였다. 그 사나이는 명령에 좇았으나 몰래 절반을 감추어 두었다가 나중에 그것을 갖고 다른 도시로 도망쳐 버렸다. 그런데 그곳에 가서는 벌써 축재의 욕심을 버리고 한결 홀가분한 마음으로 살게 되었다. 이윽고 디오니시오스 2세가 이 소문을 전해 듣고 빼앗은 재물도 돌려주면서 「너는 이제 겨우 돈을 쓰는 법을 알았으니, 내가 기꺼이 이것을 돌려주겠다.」고 말했다는 것이다.

아무튼 나는 그렇게 돈을 모아가면서 몇 해 동안 지냈었다. 그런데 어느 고운 수호신의 소치인지는 몰라도 다행히 나를 마치 저 시라쿠사인처럼 그런 축재의 버릇을 없애주었다. 어떤 긴 여행을 하는 재미가 그 어리석은 생각을 몰아냈던 것이다.

그리하여 나는 다시금 제 3의 생활로 접어들었다. 그것은 분명히 전보다는 훨씬 즐겁고(나는 느낀 그대로 말한다) 절도 있는 생활이었다. 나는 수입과 지출을 일체 자연에 맡겨버린 것이다. 그리하여 지출이 더 많아질 때도 있고 수입이 많아질 때도 있었다. 그러나 어느 한쪽으로만 기울어지는 경우는 거의 없었다. 나는 날마다 하루살이 생활을 하였다. 다만 눈앞에 닥친 일상생활의 비용이 충당되면 그것으로 만족하였다. 하긴 비상시 필요에 대비하려면 온 세계의 재물을 다 모아두어도 모자랄 것이다. 그리고 「문명이 그 무기를 우리를 위해 빌려줄 것」을 기대하는 것은 어리석기 짝이 없는 일이다. 내가 돈을 모아두는 것은 곧 쓸 데가 있기 때문이며 그것도 땅 같은 것을 사려는 것이 아니다. 나는 그런 것은 필요 없다. 이를테면 즐기기 위한 것이다. 「얻으려는 욕심을 내지 않음은 재산이다. 사려는 욕심을 내지 않음은 수입이다.」(키케로) 나는 재산이 없어지는 것을 두려워도 하지 않고 재산이 많아지는 것을 원하지도 않는다. 「부의 과실은 풍요이며 풍요의 표준은 만족이다.」(키케로) 그리고 나는 이러한 마음이 자연히 인색해지기 쉬운 나이에 찾아온 것을 기뻐하여 덕분에 노인들에게서 흔히 찾아볼 수 있는 **병폐**, 즉 모든 인간의 광기 가운데서 가장 웃음거리가 되는 이 **병폐**를 일소하게 된 것을 기뻐하는 바이다.

페라울레스는 빈부의 두 가지 운을 다 겪고 나서 재산이 많아졌다고 먹고 자고 아내 곁에 가려는 욕심이 증가되는 것이 아님을 깨달았을 뿐만 아니라, 나와 마찬가지로 재물이 거추장스러움을 더욱 짐스럽게 생각하고 그의 다정한 친구이며 언제나 돈벌이에 여념이 없는 어느 가난한 청년을 즐겁게 하여 주려는 마음에서 그 막대한 재산뿐만 아니라, 그의 선량한 주인 키로스의 선심과 전쟁 등으로 날로 늘어가던 수입까지도 모두 그에게 줘버렸다. 그리고 다만 그 두 사람은 각각 변화된 환경에 만족하며 매우 행복스럽게 살아갔었다. 이것이야말로 내가 결단을 내어 본받으려는 것이다.

또한 어느 늙은 사교의 경우도 부럽기 짝이 없다. 그는 자기 하인들에게 자기의 돈자루는 물론 수입 지출에 관한 모든 관리는 깨끗이 맡겨버리고 자기는 완전히 손님이나 다름없이 살림에 대하여는 전혀 모르고 오랫동안 생활해 나갔었다. 남의 호의를 믿는다는 것은 대체로 그 사람의 마음이 선량함을 입증하는 것이다. 그러므로 신은 기꺼이 그런 사람을 돌봐주시는 것이다. 이것은 그의 경우를 보더라도 알 수 있는 것이다. 나는 그의 집 내부만큼 언제나 훌륭하게 정돈되어 있는 곳을 본 일이 없다. 실로 자기 욕구를 그렇게 올바로 정돈하고 자기 재물을 위해 걱정하지도 않고 아무런 불평도 느끼지 않는 사람, 다시 말해서 재화의 집산에 조금도 골치를 썩이지 않고 그보다도 훨씬 합당하고 평안하고 자기 마음에 맞는 일에 종사하는 사람이야말로 행복한 사람이 아니겠는가.

그러므로 부유함과 가난함은 각자의 생각 여하에 달려 있는 것이다. 그리고 부유함과 명예와 건강도 이를 소유하고 있는 자가 거기에 부여하는 것만큼의 아름다움과 쾌락을 갖고 있을 뿐이다. 다시 말하면 인간은 자기 생각에 따라서 행복하기도 하고 불행하기도 한 것이다. 남이 행복할 것이라고 믿는 그 장본인이 뜻밖에도 만족을 누리지 못하고 살아가는 경우가 허다하다. 따라서 만족은 남이야 뭐라 하든지 자기가 실제로 그렇게 느껴야 하는 것이다. 즉 그렇다고 믿는 마음이 참된 것을 소유할 수 있는 것이다.

운명은 인간을 행복하게도 할 수 없고 불행하게도 할 수 없다. 다만 행복과 불행의 재료와 씨앗을 우리에게 제공할 뿐이다. 그 행·불행을 그것보다 더 강력한 우리의 마음이 자유롭게 옷을 입히는 것이다. 이것이 우리를 행복하게 하거나 불행하게 하는 유일한 그리고 가장 중요한 원인이 되어 있는 것이다.

외부를 둘러싼 여러 가지 물건은 내부의 색과 맛을 지니게 마련이다. 예컨대 옷은 우리를 따뜻하게 보호해 주지만 그것은 옷 자체의 온기로서가 아니라, 우리의 체온으로 그렇게 되는 것이다. 옷은 다만 체온을 뒤덮고 보존하는 역할을 할 뿐이다. 만일 그 옷으로 차디찬 물체를 싸면 그것은 역시 그 물체의 냉기를 보존하는 것이다. 얼음이나 눈은 그렇게 해서 보존된다.

게으른 자에게는 학문 연구가, 술꾼에게는 금주가 큰 고통인 것과 같이 사치를 즐기는 자에겐 검소한 생활이 고행이며, 연약한 자에게는 노동이 고역이 아닐 수 없다. 그 밖에 모든 일이 다 이 모양새인 것이다. 사물 자체는 그렇게 괴롭게 굴거나 까다롭게 구는 것이 아니다. 오히려 우리가 연약하고 비굴하기 때문에 그렇게 되는 것이다. 위대하고 고매한 일에 대하여 판단을 내리려면 역시 위대하고 고매한 마음이 필요하다. 그렇지 못하면 우리는 거기에 우리 자신의 부덕을 전가시킨다. 곧은 삿대도 물속에서는 굽어보인다. 다만 사물을 바라보는 것이 문제가 아니다. 어떻게 보느냐가 문제인 것이다.

 그런데 세상에는 죽음을 경멸하고 고통을 참아내라는 가르침이 많은데 어찌하여 우리는 그 가운데서 자기에게 합당한 것을 취하지 않는가? 그리고 그렇게 많은 사상이 이것을 여러 사람들에게 가르치고 있는데, 어찌하여 우리는 그 가운데서 자기 기질에 맞는 것을 택하여 이것을 적용시키지 않는가.

 병의 뿌리를 뽑기 위해 강하게 씻어내는 약을 소화하지 못한다면 적어도 고통을 더는 진통제라도 마셔야 하지 않는가. 「우리는 쾌락에 있어서나 고통에 있어서 여자처럼 연약하다. 그리고 우리는 그토록 연약한 가운데 곤죽이 되어 있기 때문에 벌이 한 번 쏘아도 울상이 된다. 모든 일에 자제력을 길러야 한다.」(키케로) 그런데 고통이 심하고 인간이 약하다는 것을 아무리 강조하여도 철학에는 당해내지 못한다. 그런 소리를 하면 철학은 다음과 같이 꼼짝 못하게 반박할 것이다. 「궁하게 하는 것이 고역이라면 적어도 궁하게 살아가면서 목숨을 연장할 필요는 없지 않는가?」라고.

인간이 오랫동안 불행 속에 산다는 것은 역시 오직 그 사람의 불찰인 것이다. 죽음도 삶도 감당할 용기가 없어 거기에 항거하려고도 하지 않고 피하려고도 하지 않는 사나이에게 대체 무엇을 어떻게 해주어야 하는가?

6. 인간의 행복과 불행은 죽은 후에야 판명된다

인간은 언제나 마지막 날을 기다려 보아야 하느니,
죽어서 장사지낸 후가 아니면
아무도 행운아라고 말 못하느니라. (오비디우스)

어린아이들까지도 이 문제에 관련된 크로이소스왕의 이야기를 알고 있다. 그는 키로스 대왕에게 사로잡혀 사형 선고를 받고 이를 집행하는 마당에 이르자 「오, 솔론이여, 솔론이여!」하고 외쳤다. 이 말을 전해들은 키로스 대왕이 그 뜻을 물으니 그는 이렇게 대답하였다. 「나는 옛날 솔론으로부터 얻어들은 말의 참뜻을 지금에 와서 분명히 알게 되었습니다. 그는 인간의 일이란 유동적이며 변화무쌍하여 극히 사소한 일 때문에 운명이 180도로 바뀌기도 하므로 운이 아무리 좋아도 생애의 마지막 날까지는 스스로 행복하다고 생각되어서는 안 된다고 하였습니다.」 실로 그 때문에 아게실라우스는 「페르시아왕 같은 행운아는 없을 거요. 그렇게 젊은 나이에 그런 강대국의 제왕이 되었으니 말이오..」 하고 말하는 자에게 「그렇지만 프리아모스도 그 나이에 불행하지는 않았네.」하고 대답하였다. 저 위대한 알렉산더 대왕의 뒤를 이은 마케도니아의 왕들 가운데도 로마 거리에서 목수가 된 사람도 있고 서기가 된 사람도 있다. 시실리아의 군주들 중엔 코린토스에서 학교 선생이 된 사람도 있다. 세계의 태반을 정복하여 수많은 군사를 한 손으로 움직이던 장군도 이집트의 병사들 앞에서 목숨을 애걸하였던 것이다. 실로 불과 5·6개월 더 연명하는 데 저 위대한 폼페이우스는 그런 봉변을 당해야만 했던 것이다. 또한 우리 조상대에는 저 밀라노시의 제 10대 공작인 루도비코 스포르차는 그렇게 오랫동안 이탈리아의 천지를 뒤흔들더니 로슈에서 포로가 되어 죽은 것은 누구나 알고 있는 사실이며 그것도 10년 동안이나 최고의 불운 속에 허덕인 끝에 당한 일이었다. 기독교 국가에서 가장 위대하던 왕의 미망인으로 미모인 여왕은 최근 옥졸의 손에 죽지 않았던가. 이런 실례는 수천 가지나 된다. 마치 폭풍우가 거만하게 높이 솟은 건물에 부딪치는 것처럼 저 위에는 사바 세계의 위대성을 시기하는 악령이 있기 때문인지도 모른다.

운명은 때때로 오랫동안 애써 쌓아올린 공을 순식간에 허물어 버리는 위력을 자랑하기 위해 우리로 하여금 라베리우스처럼 「나는 내 생애에서 이 하루를 헛되이 더 살았구나.」하고 외치게 하기 위해 특히 우리의 일생의 마지막 날을 노리고 있는 것처럼 보인다.

그러므로 우리가 솔론의 훌륭한 충고를 지당한 것으로 생각하게 된다. 그러나 그는 철학자로서 운명의 은총이나 증오 같은 것은 행·불행으로 간주하지 않았으며 권세나 영달은 거의 거들떠보지 않았으므로 훨씬 앞을 내다보고 있었다고 생각된다. 우리 일생의 행복이란 천성을 잘 타고난 마음의 평정과 만족 및 조용한 영혼의 견고성과 편안하고 태평함에서 오는 것이므로 인간이 그 희극의 최후의 막, 필경 가장 어려운 대목이 연출되는 것을 보지 않고서는 함부로 행복을 말할 수 없다는 의미에서 말한 것이라고 생각된다. 다른 모든 일에 있어서 가면을 쓰는 경우가 있을 수 있다. 저 당당한 철학적 이론도 우리에겐 체면을 위한 겉치레로 보인다. 또한 여러 가지 이변들도 우리의 폐부를 깊숙이 찌르지 못하고 태평스러운 모습을 유지할 수 있는 여유를 우리에게 허용한다. 그런데 우리가 죽음을 대하는 마지막에 이르러서는 도저히 가장이 용납되지 않는다. 그때 가서는 분명한 프랑스 말을 해야 한다. 항아리 속에 감추었던 진짜 물건을 내보여야 한다.

> 이때 비로소 진실한 말이 가슴에서 우러나오며
> 가면은 벗겨지고 참모습이 나타나게 된다.
> (루크레티우스)

그러므로 이 최후의 순간에 우리의 일생에 걸친 모든 업적이 시험을 받게 마련이다. 그것은 중대한 날이다. 다른 모든 지난날들을 판정하는 날인 것이다. 나는 내가 연구한 결과를 시험해 달라고 이 죽음에게 의탁한다. 그때 내 주장이 입에서 나오는지 가슴속에서 나오는지 알게 될 것이다.

나는 많은 사람들이 그 죽음에 의해 그의 생애에 좋은 평판을 남기기도 하고 또는 나쁜 평판을 남기기도 하는 것을 보아 왔었다. 폼페이우스의 장인 스키피오는 훌륭한 최후를 마침으로써 그가 받아온 악평을 일소하였다. 에파미논다스는 카브리아스와 이피크라테스와 그 자신이 세 사람 가운데서 누가 가장 훌륭하냐는 질문을 받고 「세 사람 다 죽은 후가 아니고서는 알 수 없다.」고 대답하였다. 사실 그의 마지막 명예와 위대성을 보지 않고 그를 평가한다면 그의 많은 면을 놓치게 될 것이다. 신은 그것이 뜻에 합당하기 때문에 원했을 터이지만 우리 시대에 가장 추악하고 비루한 세 사람은 침착하고 여러 가지 점에서 완전하다고 할 수 있으리만큼 의젓이 죽어갔었다.

죽음 가운데는 용감하고 복스러운 것도 있다. 나는 어떤 사람의 경우에는 그러한 죽음으로 눈부신 출세의 줄이 그것도 한창 나이 때 끊긴 것을 볼 수 있었다. 아닌 게 아니라 그 최후는 훌륭하였다. 내 생각으로는 그 웅대하고 장한 인생 목표도 그 중단보다 더 고매하지는 못했던 것으로 본다. 그는 자기가 달성하려던 목표를 이루지 못했지만 희망하고 의도한 것 이상으로 훌륭하고 영광스러운 종말에 도달한 것이다. 즉 그는 그 일생 동경해 마지않던 권력과 명예를 갑자기 엄습한 그 죽음으로 선취하였던 것이다.

   남의 일생을 평할 때 나는 언제나 그 종말이 어떠했던가를 살펴보기로 한다. 그리고 내 인생의 가장 주요한 관심은 이 종말이 훌륭할 것 즉 엄숙하게 조용히 죽어가는 일이다.

7. 철학을 연구하는 것은
죽는 법을 배우기 위해서이다

 키케로는 철학을 연구함은 죽음에 대비하기 위해서라고 말하였다. 즉 철학을 연구하고 철학을 생각함은 우리 심령의 눈을 밖으로 돌리게 하여 육체 이외의 일에 관심을 갖게 하는 동시에 죽음을 공부하여 죽음에 익숙해지려는 것이다. 요컨대 세상의 모든 예지와 사유는 결국 죽음을 두려워 말라고 가르치는 것을 목적 삼고 있다. 실로 이성이 농간만 부리지 않는다면 이 목표를 달성하여 우리에게 만족을 줄 수 있을 것이다. 그 모든 노력은 성서에도 기록되어 있는 바와 같이 결국 우리가 평안히 살 수 있는 길을 찾아주는 일이라야 하는 것이다. 세상의 모든 견해를 종합해 보건대 그 방향은 다르다고 하더라도 우리들의 목표가 쾌락에 있다는 점에서는 일치한다. 그렇지 않다면 우리는 처음부터 그러한 견해를 배격할 것이다. 그럴 수밖에 없는 것이 인간의 고통과 불안을 목표로 삼는 자의 말을 누가 듣겠는가?
 철학의 여러 학파들 사이에 의견이 구구한 것은 결국 언어

표현상의 차이에 불과하다. 「그렇게 교묘한 어리석은 이론은 묵과해 버리자.」(세네카) 엄숙한 철학적 표명에는 정당 이상의 고집과 논란이 있다. 그러나 인간은 언제나 자기 역할을 할 따름이다. 그들이 무어라고 말하던지 도덕적인 견지에서 보더라도 인간이 지향하는 구경의 목적은 쾌락에 있는 것이다. 이런 말이 사람들의 귀에 거슬릴지라도 즐겨 이렇게 주장한다. 그것이 분명히 최고의 쾌락이나 커다란 만족을 의미한다면 무엇보다도 도덕에 도움의 힘을 입은 것이다. 이 쾌락은 즐겁고 줄기차고 억세고 벅차며 따라서 성실하다. 우리는 힘(virgueur)이라는 낱말에서 도덕(vertu)이라는 낱말을 만들었지만 그보다도 차라리 더 부르기 좋고 내용이 충실하고 친근감을 주는 「쾌락」이라는 말로 이 도덕을 표시해야 할 것이다.

우리의 생애의 종말은 죽음이다. 이것은 우리가 외면할 수 없는 목표이다. 만일 죽음이 우리를 그토록 두렵게 할진대 어찌 우리가 태연히 한 발짝인들 앞으로 떼어놓을 수 있으랴. 대중의 치료에는 병을 심각케 하지 않는 것이 필요하다. 그런데 얼마나 짐승 같은 바보이면 그렇게 사리를 분간 못하는 장님이 될 수 있단 말인가? 마치 당나귀 꼬리를 고삐 삼아 거꾸로 끌고 가는 격이다.

    당나귀는 곧잘 뒷걸음을 치노니 (루크레티우스)

그가 자주 함정에 빠진다고 해서 놀랄 것이 못 된다. 사람들은 죽음을 말하기만 하여도 놀라며 악마의 이름을 들은 듯이 십자를 긋는다. 그리고 유언을 하는 경우를 보더라도 으레 죽음에 대하여 언급해야 하므로, 의사로부터 최후의 선언을 받기까지는 유언할 엄두를 내지 않는다. 그런데 그때 고통과 공포 속에서 대체 얼마나 올바른 판단 아래 그 소중한 유언서를 작성할 수 있을는지 의심스럽다. 그것은 신만이 알 수 있는 일이다.

이 죽음이라는 말의 여음이 너무나 거세고 또 불길하게 들리기 때문에 로마인들은 완곡한 말씨로 그 인상을 한결 부드럽게 만들 줄 알고 있었다. 예컨대 「그는 죽었다.」고 말하는 대신에 「그는 살기를 그쳤다.」 또는 「그는 다 살았다.」라고 말하는 것이다. 「산다.」는 말만 끼어도 그들은 죽어도 일종의 위안을 받았던 것이다.

아마도 사람들이 말하는 바와 같이 「날짜가 연기되면 은 덩어리를 벌게 된다.」[1]는 말이 맞기 때문일 것이다. 나는 1533년 2월 그믐날 11시와 정오 사이에 출생하였다. 오늘날에는 정월 초하루부터 나이를 계산하니까 나는 39세를 넘은 지 꼭 15일이 된다. 앞으로 적어도 이만큼의 세월은 더 살아야 할 것이

---

[1] 「반환 기일의 연기는 채무자에게 이득이다.」라는 의미, 즉 여기서는 죽음에 대한 생각을 되도록 뒤로 연기하는 것을 가리킴.

다. 그렇다면 그동안에 그렇게 먼 후일 있을 죽음을 자꾸 생각한다는 것은 얼빠진 일이다. 그렇지만 어찌하랴.[2] 므두살렘[3]의 나이에 이르지 않는 동안은 자기의 여생이 아직 20년쯤은 남아 있다고 생각하지 않는 자가 없는 것이다. 참으로 얼마나 가련한 바보인가. 대관절 누가 너의 수명이 얼마라고 약속했는가. 너는 의사의 말을 믿는다. 그러나 차라리 사실과 경력을 소중히 여겨야 하지 않는가. 삼라만상의 모습을 보건대 너는 이미 오래 전부터 특별한 은총에 의해 살아오고 있는 것이다. 너는 이미 인간의 평균 수명을 넘은 셈이다. 이 말을 믿지 못하겠거든 너의 친지들 가운데서 네 나이까지 살지 못하고 죽어간 자가 몇이나 되는지 세어 보라. 너보다 젊은 나이에 죽은 자의 수가 훨씬 더 많을 것이다. 그리고 명성으로 그 일생을 빛낸 사람들 중에서도 너보다 젊은 나이에 죽은 자들을 적어보아라. 35세 전에 죽은 자의 수가 그 나이보다 더 오래 산 자보다 더 많으리라고 나는 단언한다. 그리스도가 이 세상에 살아 계신 햇수를 예로 드는 것이 좋으리라고 생각되지만 황송하기 짝이 없는 일이다. 그는 33세로 일생을 마치셨던 것이다. 인간으로 가장 위대했던 알렉산더 대왕도 같은 나이에 세상을 떠났다.

---

[2] 1564년에 1년의 시작을 1월 1일로 정하였으며 그 전에는 부활절에서 시작하였다.
[3] 므두살렘은 969세를 살았다고 성서에 기록되어 있다.

죽음은 실로 여러 가지 방법으로 우리를 기습해 오는 것이다.

> 인간은 그때그때 닥쳐오는 위법을 끝내 예측할 수 없도다. (호라티우스)

열병이나 늑막염 같은 것은 제쳐놓기로 한다. 드 부르타뉴 공작 같은 분이 내 이웃으로 지내던 교황 클레멘스[4]가 리용에 입성할 때, 군중들에게 치여 죽을 줄을 누가 미처 생각할 수 있겠는가. 그런가 하면 우리 임금[5]의 한 분이 경기를 하다가 죽는 것을 보지 않았던가? 그리고 그의 조상 한 분[6]은 돼지와 충돌하여 죽지 않았던가. 아이스킬로스는 집에 깔려 죽을 것이라는 위협을 받고 언제나 집 밖에서 잤지만 끝내 죽음을 모면할 수 없었다. 그는 하늘을 나는 독수리 발에서 떨어진 거북의 잔등에 맞아서 죽었던 것이다. 그리고 포도씨 한 알 때문에 죽은 자도 있다. 그런가 하면 어느 황제는 머리를 빗다가 빗에 찔려 죽었다. 에밀리우스 레피두스는 자기 집 문지방에 발이

---

[4] 교황 클레멘스 5세(1305~1314년 재위)는 본명이 베르트랑 드 고트이며 교황청을 로마에서 아비뇽으로 옮긴 인물이다. 그는 본시 보르도 대주교였으므로 몽테뉴는 그를 이웃간이라고 부른 것이다.
[5] 앙리 2세는 1559년에 무술 시합에서 부상을 입고 죽었다.
[6] 루이 6세의 아들 필립은 돼지에 부딪쳐 놀라 말에서 떨어져 죽었던 것이다.

부딪혀 죽었으며 아우피디우스는 회의실에 들어가다가 문에 부딪혀서 죽었다. 집정관 코르넬리우스 갈루스는 여자의 허벅다리 사이에서 죽었고, 로마의 경비대장 타길리누스, 만토바 후작, 기도 데 곤자가의 아들 루도비코 등도 그랬으며, 유감스럽게도 플라톤학파의 철학자 스페우시포스와 우리의 교황의 한 분도 그렇게 죽었던 것이다. 불쌍하게도 재판관 베비우스는 죄인에게 판결의 집행을 한 주일 연기해 주는 동안에 자기 생애가 끝나버렸다. 의사 카이우스 율리우스는 환자의 눈을 치료하다가 갑자기 죽음이 닥쳐와서 도리어 자기 눈을 감아 버렸다. 굳이 내 집안일을 하나 첨부하면 아우 생 마르탱 대위는 스물세 살 때에 이미 용감한 무관으로 알려졌으나 하루는 공받기를 하다가 오른쪽 귀 조금 위를 공으로 얻어맞았는데 충혈되거나 다친 흔적도 보이지 않아 앉아서 쉬지도 않았지만 그 얻어맞은 것이 원인이 되어 대여섯 시간 후에 졸도하여 죽어버렸다. 이런 예는 얼마든지 있다. 그러니 이렇게 죽음이 대수롭지 않은 일로 흔히 우리 눈앞에서 일어나는 것을 보고 어찌 우리가 죽음에 대한 생각에서 벗어날 수 있으며, 한순간인들 죽음이 우리의 목덜미를 잡고 있는 것을 보지 않을 수 있으랴.

당신네들은 이렇게 말할는지 모른다.「그건 어떻게 찾아오건 상관할 게 뭐냐. 그걸 걱정만 않으면 되는 거다.」나도 동감이다. 어떻게 해서든지 죽음의 내습을 피할 수 있는 방법이 있으면 송아지 가죽이라도 뒤집어 쓸 용의가 있다. 나는 그 앞에서 결코 뒤로 물러서며 주저하지는 않을 것이다. 안락하게 살 수만 있다면 나는 만족이다. 내가 취할 수 있는 최상의 방법이라면 사양치 않으련다.

> 만일 내 결함이 나를 즐겁게 하고 눈에 뜨이지 않는다면
> 차라리 바보가 되기를 원하노라.
> 현명한 자로서 괴로움을 겪기는 싫도다.

그러나 이렇게 해서 죽음을 초월할 수 있다고 생각하는 것은 어리석은 일이다. 사람들은 가고 오고 달리고 춤추고 하면서 죽음의 소식은 조금도 아랑곳없다. 천하는 바야흐로 봄이다. 그러나 한 번 죽음이 그들에게 또는 처자나 식구들에게 갑자기 그들의 허점을 뚫고 찾아와 보라. 그들은 얼마나 고민하고 흐느끼고 발버둥치고 허탈상태에 빠지는지 알 수 없다. 일찍이 이렇게 절망하고 이렇게 돌변하고 이렇게 기절한 꼴을 본 적이 있던가. 그러므로 우리는 모름지기 죽음에 대한 대비가 있어야 할 것이다. 죽음에 대한 저 짐승과 같은 무관심이 간혹 지각 있는 인간의 머리를 차지하는 경우가 있다고 하더라도(나는 그런 일은 선혀 불가능하다고 생각하지만) 그 대가는 너무나 비싼 것이다. 만일 죽음이 피할 수 있는 적이라면 비겁을

무기로 빌려와도 무방할 것이다. 나는 이를 권장하련다. 그러나 그렇게 피할 수 없는 것이다. 그리하여 죽음은 그대가 도망치는 겁쟁이건 태연한 용사이건 마찬가지로 그 죽음은 붙잡으러 온다.

> 죽음은 어른이 도망쳐도 뒤쫓아오고
> 비겁한 젊은이의 등도 뒷다리도 사양치 않도다.
> (호라티우스)

> 또한 아무리 단단한 강철식 갑옷으로도 막아내지 못하며,
> 아무리 조심스레 강철과 청동의 갑옷을 걸쳐도
> 죽음은 손쉽게 그 목을 앗아가는도다.
> (프로페르티우스)

우리는 든든히 버티고 서서 죽음을 물리치는 법을 배워야 하지 않겠는가? 이에 우리는 죽음이 지닌 최대의 강점을 빼앗기 위해 일반적인 방법과는 전혀 다른 길을 택할 필요가 있다. 죽음의 괴이함을 제거하고 차라리 이에 친숙해져야 할 것이다. 우리는 가나 오나 앉으나 서나 항상 죽음의 모습을 마음속에 그려보자. 발이 헛디딜 때나 기왓장이 떨어질 때나 그리고 바늘 끝에 찔렸을 때마다 「만일 이것이 곧 죽음을 가져온다면?」 하고 마음에 되새기며 자기를 단련해야 할 것이다. 축제의 마

당에서도 즐거운 놀이터에서도 언제나 우리네 인간 조건을 거듭 머릿속에 그려보아야 할 것이다. 환희에 도취되어 이러한 우리의 환락이 어떻게 죽음을 내포하고 있으며 죽음은 어떻게 이 환락을 위협하는가를 잊지 말자. 이집트인들은 연회석에서 진수성찬을 즐기면서도 사람의 백골을 가져다가 외식자들에게 경고하였던 것이다.

>그날그날을 생애의 마지막 날로 생각하라.
>그렇게 하면 뜻하지 않은 오늘을 즐길 수 있으리라.
>(호라티우스)

어디서 죽음이 우리를 기다리고 있을지 알 수 없다. 그러므로 우리는 가는 곳마다 죽음을 기다려야 할 것이다. 죽음을 미리 생각하는 것은 자유를 미리 생각하는 것이다. 죽음을 배운 자는 굴종을 모른다. 죽음의 도는 모든 예속과 억압에서 우리를 해방한다. 목숨을 빼앗기는 것이 불행이 아닌 까닭을 깨닫는 자에게는 이 세상에 불행이 있을 수 없는 것이다. 파울루스 에밀리우스는 자기의 포로가 된 불행한 마케도니아왕이 「제발 나를 개선식에 끌고 가는 것만은 사양해 달라.」고 사신을 시켜 전해오자, 「그런 요정은 자기 자신에게 하는 게 좋을 것이다.」라고 대답하였던 것이다.

무슨 일에 있어서나 자연이 인공을 다소 거들어 주지 않으면 꼼짝달싹도 못하는 법이다. 나 자신은 우울한 인간이 아니지만 몽상가이기는 하다. 나는 죽음처럼 언제나 마음속에 그려 본 것은 없다. 나는 가장 분주하던 시절에도,

    내가 한창 나이로 청춘을 즐겼을 때, (카툴루스)

여자들에게 둘러싸이고 생활을 즐길 때에도 그러했었다. 어떤 사나이는 나더러「혼자서 무슨 질투라도 하면서 끙끙 앓고 있는 게 아니냐. 혹은 무슨 절망에 빠져 신세를 한탄하는 게 아니냐.」하고 멋대로 생각하고 있지만 실은 나는 며칠 전에 이와 같은 환락에 젖어 나와 마찬가지로 머리에는 사랑과 행운으로 충만되었는데 갑자기 열병에 걸려 죽은 자의 생각을 하고 있었던 것이다. 그리하여 더욱 내 귓가에 쟁쟁하게,

    이윽고 현재는 지나가고 다시는 돌아오지 않으리니
    (루크레티우스)

라는 구절이 들려왔던 것이다.

    나는 그런 생각에 잠기면서도 이맛살을 구기지는 않았다. 다른 것을 생각할 때와 조금도 다름이 없었다. 하긴 누구나 전혀 이러한 상상의 자극을 받지 않을 수는 없는 것이다. 그러나

가끔 그것을 주물럭거리는 동안에 반드시 이에 익숙하게 마련이다. 그렇지 않다면 나도 끊임없이 공포와 초조 가운데 살아갔을 것이다. 나처럼 자기 생명을 의심한 자는 없을 것이다. 또 나처럼 자기의 수명을 믿지 않은 자도 없을 것이다. 건강(나는 지금까지 대단히 건강하여 언제나 계속해서 건강의 혜택을 받아왔었다)도 내 생명에 대한 희망을 길러주지 못하고 병도 그것을 줄여주지 않는 것이었다. 나는 시시각각으로 생명이 내게서 빠져나가는 성싶다. 그러나 나는 「후일에 일어날 수 있는 일은 오늘도 일어날 수 있다.」고 언제나 되뇌는 것이다. 사실 우연이나 위험이라고 해서 우리를 죽음으로 인도하는 경우는 거의 없더라도 그 밖에 우리가 미처 알아차리지 못하는 사건들이 우리의 머리 위에 많이 놓여 있다고 생각한다면, 죽음이 언제나 우리 곁에 있다는 것을 깨닫게 될 것이다. 「아무도 그 이웃 사람보다 더 수명이 짧다고 단정할 수 없다. 아무도 내일을 보장받았다고 단정할 수 없다.」(세네카) 내가 죽기 전에 하고자 하는 일을 반드시 이루고자 하면 아무리 여가가 많아도 모자란다. 비록 한 시간 내에 할 수 있는 일이라도 마찬가지이다. 어떤 사람이 며칠 전에 내 수첩을 뒤적거리다가 마침 내가 죽은 뒤에 원하는 바를 거기 적은 것을 유심히 바라보기에 나는 솔직하게 이렇게 말하였다. 「내가 우리 집에서 10리밖에 되지 않는 곳에 갔을 때 내가 건강하고 기력이 왕성하였다고 하더라도 내가 과연 집까지 무사히 가게 될는지 의심스러워 불안하므로 급히 그걸 적어두었네.」 나는 언제나 내 생각을 정리하여 속에 간직하고 언제나 있을 수 있는 여러 가지 일에 대비하고 있는 것이다. 그러므로 죽음이 찾아오더라도 내게는 새삼스러운 소식이 아닌 것이다.

언제나 구두는 신고 있어야 한다. 그리하여 수시로 출동할 준비가 되어 있어야 하는 것이다.

어찌하여 우리는 이렇듯 짧은 생애에
그토록 많은 일을 계획하는가. (호라티우스)

사실 우리는 그때 다른 용무가 있을 수 없는 것이다. 거기 진짜 용무가 있기 때문이다. 어떤 사람은 죽음 자체보다도 죽음이 자기 눈부신 승리의 성취를 가로막는 것을 한탄한다. 또 어떤 사람은 딸을 출가시키지 못 하고 또 자식들을 교육시키지 못하고 세상을 떠나는 것을 슬퍼한다. 그런가 하면 어떤 자는 아내나 자식의 곁을 떠나는 것을 자기의 최대의 행복으로서 애석하게 생각한다.

나는 고맙게도 이 죽음에 대하여 마음의 준비가 되어 있다. 그리하여 하느님께서 좋으실 때에 언제나 불러가셔도 아무 미련도 남기지 않고 이 세상을 떠날 수 있게 되어 있다. 물론 목숨에 대하여 전혀 미련이 없지는 않으며 그것을 잃는다는 것은 슬프지 않을 리가 만무하다. 그러나 나는 모든 속박에서 벗어나 있다. 이 세상에 대한 나의 마지막 작별 인사는 주위 사람들에게 절반은 고한 셈이다. 이제 남아 있는 것은 나 자신과의 작별인사이다. 일찍이 아무도 나만큼 철저히 이 세상을 떠날 마음의 준비를 한 사람은 없으리라. 나만큼 일반적인 세상 연줄을 품은 사람은 없을 것이다.

그들은 말한다.

> 오 불행한지고, 불행한지고.
> 오직 불길한 하루가 내 생애의 모든 기쁨을 앗아가누나.
> (루크레티우스)

라고. 또 한 건축가는 말한다.

> 내 일은 중단되었도다. 높다란 벽을 아직 쌓지 못한 채.
> (베르길리우스)

그런 대규모의 계획을 세울 필요는 없다. 그리고 반드시 일을 성취하려는 지나친 열의를 가져서도 안 된다. 우리는 다만 일하기 위하여 이 세상에 태어난 것이나.

죽음이여, 원컨대 내가 열심히 일하고 있는 도중에 찾아오라. (오비디우스)

나는 사람들이 힘이 닿는 데까지 일하며 인생의 임무를 연장시키기를 바란다. 그리고 죽음은 내가 양배추를 심는 동안에 와주되, 죽음이 찾아왔다고 거리끼지도 않고 정원이 완성되지 않은 것을 염두에도 두지 않기를 바란다. 나는 어떤 사람이 임종할 때에 그가 저술하던 역사의 줄기를 우리 임금의 15대와 16대에서 운명이 끊어놓는다고 한탄하며 죽는 것을 보았다.

사람들은 잊어버렸도다. 이렇게 재물을 아끼는 마음도
이윽고 썩어버림을. (두크레시우스)

이런 저속하고 해로운 심정은 모름지기 벗어던져야 한다. 우리의 공동묘지가 교회당 옆에 붙어서 도시 사람들이 자주 찾아가는 곳에 설치되어 있는 것은 천한 사람들이나 여자나 아이들이 죽은 사람을 보고 놀라지 않게 하고, 우리가 해골, 무덤, 장례 등을 언제나 보고 눈에 익혀서 우리의 인간 조건을 알려주기 위한 것이라고 리쿠르고스는 말하였다.

옛날에는 식객들이 즐겁도록 살상으로 향연을 장식하고
검투사들의 연기를 이에 첨가하였나니

그들은 때때로 술잔에 쓰러져
식탁을 피로 물들게 하였느니라.
(시리우스 이탈리쿠스)

 이집트인들은 잔치가 끝난 다음 사람을 시켜 좌중에 커다란 죽음의 환상을 보여주고 「마셔라, 즐겨라, 죽으면 그대도 이 모양 이 꼴이로다.」 하고 떠들어대었거니와 나도 마음속으로 죽음을 생각하였을 뿐만 아니라, 언제나 입으로 죽음을 운운하는 것이 버릇이 되었다. 아닌 게 아니라 사람들의 죽음처럼 다시 말하면 사람들이 죽음에 대하여 어떤 언사와 표정과 태도를 취하느냐 하는 점에 대해서처럼 내가 알고 싶은 것은 없다. 역사를 읽을 때에는 나는 무엇보다도 그런 부분에 깊이 주목하고 있다. 이것은 내가 열거하는 실례들 가운데서 이런 종류의 소재를 특히 좋아하는 데서도 나타나 있다. 만일 내가 저술가라면 나는 여러 가지의 죽음에 대하여 주석을 붙여서 기록해 나갈 것이다. 사람들에게 죽는 법을 가르치는 자는 곧 사는 법을 가르쳐 주게 되는 것이다.

 디카이아르코스는 이런 제목으로 책을 썼지만 의도가 다르고 또 그 내용이 신통치 못하였다.

 사람들은 나에게 말할 것이다. 「현실은 상상 이상의 것이다. 아무리 마음의 준비를 잘 하여도 막상 당하게 되면 아무 쓸모도 없게 되는 것이다.」라고. 그렇게 말하는 자는 방임해 두고자 한다. 미리 생각을 가다듬어 둔다는 것은 분명히 이로운 일이다. 그리고 적어도 죽음 직전까지는 분명히 태연스럽게 나갈 수 있는 것이다. 그것 하나만 갖고 보더라도 결코 쓸모없다고 할 수 없지 않는가. 게다가 자연까지도 우리를 거들어 주며 우리에게 용기를 준다. 만일 급격한 죽음을 당하게 되면 우리는 이것을 두려워할 여유가 없는 것이다. 나는 병세가 무거워짐에 따라서 자연히 어느새 삶을 저주하게 될 것이다. 그러나 나는 벌써 그다지 인생의 즐거움에 집착하지 않게 되고, 그 효용과 쾌락을 점차 잊어버리게 되었으므로 전처럼 두렵지 않은 눈으로 죽음을 바라보고 있다. 그러므로 나는 그러한 희망을 갖게 된 것이다. 이리하여 점점 삶에서 멀리 떠나 죽음에 가까이 가면 그만큼 손쉽게 생사의 교체에 응할 수 있을 것 같다. 나는 가끔 「사물은 가까이 볼 때보다 멀리서 볼 때 더 크게 보인다.」는 저 카이사르가 한 말을 실제로 경험해 보았는데 그와 마찬가지로 나는 오히려 건강한 때가 병에 걸렸을 때보다 훨씬 병을 두려워하였다는 것을 알아차리게 되었다. 건강할 때에는 쾌락과 기력이 병과 멀리 떠나 있는 것으로 생각하게 하는 고로 나는 상상의 힘으로 그 병의 불쾌감을 갑절이나 크게 확대하여 생각하게 되었던 것이다. 그리하여 병이란 생각만 하여도 괴로운 것으로 보인다. 그러나 막상 병에 걸려 보면 그렇게까지 괴로운 것은 아니다. 죽음도 이와 마찬가지였으면 한다.

우리가 당하는 이 일상적인 변화와 쇠퇴 속에서 자연이 우리에게 이 손실과 악화에 따르는 괴로움을 제거해 주는 모습을 찾아보기로 하자. 노인에게 지나간 인생의 무엇이 남아 있는가. 청춘 시절의 몸을 찾아볼 수 있는가?

아아, 늙은이에게 인생의 어느 부분이 남아 있는가?
(막시미아누스)

카이사르의 호위대에서 근무하는 병졸이 기진맥진하여 쇠약한 몸으로 차라리 그만 죽으러 가겠다고 퇴직을 요구하자 카이사르는 그 쇠잔한 모습을 보고, 「너는 아직 살아 있다고 생각하는구나.」하며 놀려주었다는 것이다. 누구나 갑자기 그런 상태에 빠지면 이런 육체의 변화를 감당할 수 없을 것이다. 그러나 자연의 손에 이끌려 쇠퇴의 가벼운 내리막길을 부지불식간에 차차로 한 단계씩 걸어가면 자연은 우리를 비참한 상태로 끌고 가면서도 거기에 길들게 하여 준다. 청춘의 죽음은 노인의 죽음보다 더욱 가혹한 것이지만 우리는 거기 아무런 충격도 받지 않게 된다. 감미롭고 꽃피는 생명으로부터 고달프고 괴로운 생명으로 옮아갈 때져럼 불우한 존재에서 무로 비약은 그렇게 힘겨운 것이 아니다.

7. 철학을 연구하는 것은 죽는 법을 배우기 위해서이다

육체가 굽어지고 휘어지면 무거운 짐을 지는 데 힘이 든다. 우리의 영혼도 마찬가지다. 그러므로 우리는 이 영혼을 이 적수(죽음)의 공격에 대항케 하여 연단을 시켜 강하게 만들어야 한다. 심령이 이 적수를 두려워하는 동안은 마음의 안정을 얻을 수 없다. 인간의 조건에 넘치는 일인지 모르지만 우리가 굳은 결의로써 이 죽음에 대항하여 나간다면 불안, 고뇌, 공포 그리고 사소한 불쾌감까지도 심령을 침범할 수 있다고 자랑하게 될 것이다.

> 폭군의 부라리는 눈길도,
> 아드리아 바다를 뒤엎는 남풍도,
> 벼락을 집어던지는 주피터의 억센 손아귀도,
> 그 밖의 아무것도 굳건한 마음의 자세를
> 흔들어 놓을 수 없도다. (호라티우스)

심령은 정욕과 망상을 극복하고 궁핍과 수치, 가난, 그 밖에 운명의 모든 농간을 극복한다. 우리는 가급적 이 힘을 기르도록 하자. 여기 참된 최고의 자유가 있으니 그것은 불의와 폭력을 우롱하고 감옥과 쇠사슬을 경멸하는 힘을 준다.

> 그대의 손발은 쇠사슬에 묶어
> 흉악한 옥졸의 감시하에 두리라.

― 내가 원하면 신이 몸소 풀어 주리라.
― 이 사람의 말은 「나는 죽으련다.」는 뜻이로다.
죽음은 사물들의 끝이다. (호라티우스)

우리들의 종교는 이 삶을 경멸하는 것밖에 더 확고한 인간적인 기초를 갖고 있지 않다. 비단 이성이 우리에게 삶을 경멸하도록 인도하는 것이 아니다. 사실상 없어져봐야 아까울 것 없는 것을 잃어버린다고 해서 무엇이 두렵단 말인가. 게다가 우리 인간은 어차피 여러 가지 죽음에 위험을 당하고 있으니 그 모든 것을 두려워하느니 차라리 그 하나에 부딪쳐 보는 편이 훨씬 손쉽지 않겠는가.

어차피 피할 수 없는 일이라면 그것이 언제 찾아온들 상관이 없지 않는가? 어떤 사람이 소크라테스에게 「30명의 폭군들이 당신을 사형에 처하였습니다.」 하고 말하자 그는 「그리고 자연은 그들에게 사형을 내렸지.」라고 대답하였다.

모든 고통을 떠나는 경지를 슬퍼하다니 얼마나 어리석은 짓인가.

우리의 출생이 우리에게 만물의 출생을 초래한 것처럼 우리들의 죽음은 만물의 죽음을 가져올 것이다. 그러므로 지금부터 100년 후에 우리가 이 세상에 살아 있지 않으리라고 해서 슬퍼하는 것은 지금부터 100년 전에 우리가 살아 있지 않았다고 해서 슬퍼하는 것처럼 어리석은 수작이다. 죽음은 다른 삶의 시작이다. 우리는 울었다. 그래서 이 세상에 들어올 때 우리는 고생했으며 그때 우리는 낡은 복면을 벗어던졌던 것이다.

무엇이든지 한 번으로 그치는 것은 괴로울 리가 없다. 그렇게 순간적으로 그치는 일을 그와 같이 오랫동안 두려워하는 것이 도리에 합당할까? 오래 사나 짧게 사나 죽으면 마찬가지가 된다. 이미 무로 돌아가면 장수도 단명도 있을 수 없기 때문이다. 아리스토텔레스의 말에 의하면 히파니스강에는 하루밖에 살지 못하는 작은 벌레가 있다고 하였다. 그러니까 아침 여섯 시에 죽은 것은 청춘을 버린 셈이 되고 저녁 다섯 시에 죽은 것은 늙어서 죽은 셈이 된다. 이 짧은 시간을 두고 행복하니 불행하니 하고 생각한다면 누가 비웃지 않을 수 있겠는가. 우리 인생을 영원에 비교해 보라. 아아 그보다도 산악, 강물, 별, 나무 또는 어떤 동물에 비교해 보라. 좀 더 살거나 덜 살거나 하는 따위는 우스운 일이 아니겠는가?

더구나 자연은 우리에게 삶을 멸시할 것을 강요한다. 자연은 말하고 있다. 너희가 이 세상에 올 때처럼, 그렇게 이 세상을 나가라. 너희는 일찍이 감개가 없고 공포가 없이 죽음에서 삶에 옮겨온 것처럼 이제 다시 삶에서 죽음으로 옮겨가라. 너희의 죽음은 우주의 질서 가운데 한 부분을 이루고 있다. 그것은 세계의 생명의 한 단편이다.

사람들은 그 목숨을 서로 양도한다.
마치 경주하는 자들이 횃불을 넘겨주듯이.
(루크레티우스)

나는 그대들을 위해 만물의 아름다운 구조를 변경시킬 수는 없다. 결국 죽음은 그대들이 창조된 조건으로 죽음이란 곧 그대의 한 부분이다. 그대들은 스스로 자기를 도피시키고 있는 것이다. 그대들이 지금 누리고 있는 존재는 똑같이 삶과 죽음으로 갈라져 있다. 그대가 이 세상에 나온 첫날은 삶으로 향하는 첫걸음인 동시에 죽음으로 향하는 첫걸음인 것이다.

우리들의 최초의 시간은 우리에게 생명을 주는 동시에
벌써 생명을 끊어버린다. (세네카)

태어나는 것은 죽어가는 첫걸음이니라.
사망은 탄생의 결과이다. (마닐리우스)

그대들은 살아나갈수록 그대들의 생명을 단축하고 있다. 살아간다는 것은 그만큼 생명을 손상시킴을 의미한다. 그대들의 끊임없는 생명의 영위는 곧 죽음의 건설인 것이다. 그대들은 삶 속에 있는 한 죽음 속에 있는 것이나. 그러므로 그대들이 삶 속에 있지 않을 때 그대들은 이미 죽음을 초월해 있는 것이다.

이 말의 다른 표현을 원한다면 그대들은 살아가다가 나중에 죽는다고 말해도 무방하다. 그 대신 그대들은 살아 있는 동안은 죽어가고 있다. 그리고 죽음은 죽는 자보다 죽어가는 자에게 더욱 억세게 닥쳐온다. 더욱 맹렬하게 본격적으로 침해한다.

만일 그대들이 인생에서 이득을 얻었다면 그대는 거기에 싫증이 났을 것이다. 그러니 기꺼이 물러가라.

포식하고서도 어찌하여 인생을 하직하지 않느뇨.
(루크레티우스)

만일 그대들이 인생을 이용할 줄 몰라 인생이 무용지물이었다면, 그까짓 걸 잃었다고 서러울 것 없지 않느냐, 뭣 때문에 삶을 바라느냐?

어찌하여 하루라도 더 많이 살려고 하느뇨.
내일도 또한 어제와 같이 덧없이 사라질 것을.
(루크레티우스)

인생은 그 자체로서는 좋을 것도 나쁠 것도 없다. 그것은 그대들의 할 탓에 따라서 좋기도 하고 나쁘기도 한 것이다.

그대들은 하루만 살았어도 인생의 모든 면을 볼 만큼 본 것이다. 하루는 다른 모든 나날과 비슷하다. 다른 햇빛과 다른 암흑은 없는 것이다. 저 날, 저 달, 저 별, 저 질서—그것은 그대들의 조상이 즐긴 것이며, 또한 그대들의 자손들이 대대손손 즐길 것이다.

저것은 우리의 조상들이 본 것이요.
저것은 우리의 자손들이 볼 것이요. (마닐리우스)

기껏해야 내 희극의 모든 장면의 배치나 변화는 1면 안에 완결된다. 그대들은 네 계절의 추이를 세밀히 관찰한 적이 있는가. 그것은 세계 소년, 청년, 장년, 노년기에 해당한다. 세계는 이미 그 연기를 마쳐 버린 것이다. 이제 세계는 여전히 같은 일을 되풀이할 수밖에 없는 것이다. 그것은 언제 보나 마찬가지일 것이다.

우리는 저마다 같은 궤도를 돌며
거기서 결코 벗어나지 않는다. (루크레티우스)

해마다 같은 발자취를 따라서 자리를 맴돌고 있다.
(베르길리우스)

나는 달리 더 신기한 소일거리를 꾸며줄 생각은 없다.

나는 이밖에 너희를 즐겁게 할 방법이 없노라.
그것은 언제나 한결같노니. (루크레티우스)

이제 다른 사람들에게 자리를 내어주라. 일찍이 남들이 그대를 위해 이를 양보한 것처럼.

평등은 공평의 첫째 요소이다. 누가 만물이 다 당하는 일을 당하는데 한탄한단 말인가. 그러므로 그대들은 아무리 오래 살아도 소용없다. 그대들이 죽어 있어야 하는 시간을 그렇다고 조금이라도 단축시킬 수는 없는 것이다. 그것은 헛수고이다. 역시 그대들은 그대들이 두려워하는 그 상태 속에 마치 유모의 품속에 잠든 것처럼 오랫동안 있어야 한다.

마음껏 날아보라, 몇백 살까지라도,
그러나 영원한 죽음은 언제나 기다리고 있느니라.
(루크레티우스)

또한 그대를 아무런 불평 없는 상태에 놓아주어도,

모르느뇨, 죽으면 이미 그대는 존재치 않음을.
죽어 없어질 몸을 슬퍼함도 살아서의 일이거늘.
(루크레티우스)

이제 그토록 아끼던 목숨을 원치도 않으리라.

그때 사람들은 아무도 자기 육체와 자기 생명을 걱정하지 않는다. 그때 우리에겐 자신에 대한 아무런 애착도 없게 된다. (루크레티우스)

죽음은 무보다 두려워할 것이 못 된다. 만일 세상에 무보다 더 적은 것이 있다면—.

무보다도 더 적은 것이 있다면
우리에게 죽음은 그보다 훨씬 더 못한 것으로 보일 것이다.
(루크레티우스)

죽음은 그대가 살아 있을 때나 죽었을 때나 그대에게 관여하지 않는다. 살아 있을 때에는 그대들 생존해 있으므로 죽었을 때는 그대들 벌써 세상에 없으므로.

아무도 그 마지막 때가 되기 전에는 죽지 않는다. 그대가 남겨놓고 가는 시간은 그대가 출생하기 전의 시간과 마찬가지로 본래 그대의 것이 아니었다. 그 둘 다 그대의 것이 아니다.

돌이켜 생각해 보라. 우리가 태어나기 이전 오랜 세기는
우리에게 전혀 없었던 것이나 마찬가지니라.
(루크레티우스)

그대들의 생명이 어디서 끝나건 그것은 거기서 매듭을 짓는

것이다. 인생의 보람은 얼마나 오래 살았느냐에 있지 않고 어떻게 살았느냐에 달려 있다. 어떤 사람은 오래 살기는 하였지만 거의 살았다고 할 수 없는 생애를 마쳤던 것이다. 그러므로 그대들은 살아 있는 동안은 여기에 주력하라. 그대들이 상당히 보람 있게 사느냐 못 사느냐는 오직 그대들의 의사에 달려 있다. 그것은 결코 얼마나 오래 살았느냐 하는 햇수에 달려 있는 것이 아니다. 그대들은 죽음을 향해 걸어가면서도 그리로 도달하지는 않을 것으로 생각하는가? 도대체 끝이 없는 길이 있을 수 있겠는가? 그러나 길동무가 있으면 그대들을 위로해 줄 것이다. 세상 사람들은 저마다 그대들과 같은 길을 가고 있는 것이다.

그대의 목숨이 다하면 모두가 그대 뒤를 따르리.
(루크레티우스)

만물은 그대와 함께 움직이지 않는가. 그대와 함께 늙어가지 않는 사물이 있는가. 수천의 인간들 수천의 짐승들 그 밖의 수천의 피조물이 그대가 죽는 순간 죽지 않는가.

갓난아기의 울음소리와 죽음 길의 종소리가 교차되는
일없이 밤낮이 이어온 적이 한 번도 없다. (루크레티우스)

어찌하여 그대들은 뒤로 물러서는가. 아무데도 도망칠 구멍은 없지 않는가. 그대들은 많은 사람들이 죽음으로써 불행에서 벗어나 행복을 누리게 된 것을 목격하였을 것이다. 그런데 죽어서 손해를 본 사람을 본 적이 있는가. 그러므로 그대들이 자기 자신과 또한 남들이 경험하지 못한 것을 함부로 배격하는 것은 너무나 단순한 태도가 아닌가. 어찌하여 그대는 나와 운명을 원망하느냐? 우리가 그대에게 언짢게 하느냐? 그대가 우리를 지배하느냐? 우리가 그대를 지배하느냐? 그대의 나이는 끝나지 않아도 그대의 인생은 끝난다. 소인이나 대인이나 똑같이 명실공히 인간인 것이다.

인간은 그의 생애를 대자로 잴 수는 없다. 키론은 시간과 지속의 신인 그의 부친 사투르누스에게서 영원한 삶의 조건을 듣고 그것을 거절하였다. 영원한 생명이 인간에게 내가 준 짧은 생명보다 얼마나 못 견디게 괴로울 것인가를 상상해 보라. 만일 그대들이 죽음을 갖고 있지 않다면 왜 그것을 주지 않느냐고 나를 원망할 것이다. 나는 일부러 죽음에 약간의 쓴맛을 부여하였다. 그것은 이를 이용하는 즐거움만을 알고 그대들이 너무나 억세게 또 철없이 죽음을 원치 않도록 하기 위해서이다. 삶을 회피하지 않고 또한 죽음도 두려워하지 않는 그 중간에 너희들을 놓아두려고 (이것이야말로 내가 너희에게 원하는 바이다) 나는 삶과 죽음의 양자에게 좀 씁쓸한 맛이 나게 한 것이다.

나는 그대들 가운데서 첫손가락에 꼽히는 현인 탈레스에게 생사는 마찬가지라고 가르쳐 주었다. 그리하여 누가 그에게 「그러면 어찌하여 당신은 죽지 않습니까?」하고 물었을 때 그는 현명하게도 「그건 어느 편이나 마찬가지이기 때문이다.」라고 대답하였던 것이다.

물·흙·공기·불 그리고 내 제품의 각 부분은 모두가 그대의 삶의 도구도 아니며 죽음의 도구도 아니다. 어찌하여 그대는 마지막 날을 두려워하느냐? 그날은 다른 어느 나날이나 마찬가지로 그대의 죽음에 기여해 주는 것이 없다. 마지막 한 걸음이 피로를 가져오지는 않는다. 그날은 다만 죽음을 고할 뿐이다. 모든 나날은 죽음으로 달음질친다. 그리고 마지막 날에는 거기에 도달하는 것이다.

이것이 우리들의 어머니인 대자연의 훌륭한 교훈이다. 그런데 나는 때때로 생각한다. 대개 어찌하여 전쟁터에서는 죽음이 그렇게 무섭지 않을까? 그것은 내가 당하거나 남이 당하거나 마찬가지이다. 아무튼 죽음은 집에서 맞이할 때보다 한결 무섭지가 않다. 그런데 그것이 집에 있을 때나 마찬가지로 무섭게 느껴지면 의사와 울보들의 군대가 되어버릴 것이다. 그리고 죽음은 언제나 하나밖에 없는데 어찌하여 시골 사람이나 비천한 사람들이 오히려 더욱 침울하게 이를 맞이할까 하고 이제 나는 이렇게 확신한다. 「우리는 죽음을 에워싼 저 사나운 얼굴이나 모든 현상이 죽음을 사실보다 더 무섭게 한다.」고. 그런데 그것은 우리의 평소의 생활 태도라고 볼 수는 없지 않는가. 어머니와 아내, 자식들의 울음소리, 놀라며 슬퍼하는 사람들의 조상, 새파랗게 질려서 울고불고 하는 많은 하인들, 어두컴컴한 방, 껌벅거리는 촛불, 의사와 승려들이 에워싼 머리맡,―요컨대 죽음의 주위에는 무서운 것뿐이다. 우리는 이미 땅 속에 파묻힌 거나 마찬가지이다. 아이들은 얼굴을 가린 자를 보면 친구라도 무서워한다. 우리도 마찬가지이다. 사물이나 인간으로부터 가면을 벗겨버려야 한다. 그렇게 되면 그 아래에는 요전에 어떤 노비가 조금도 두려워하지 않고 맞이한 저 죽음을 찾아볼 수 있을 것이다. 그런 엄청난 치다꺼리가 필요 없는 죽음이야말로 복된 것이다.

8. 상상력에 대하여

「강력한 상상은 이변을 낳는다.」(세네카)고 학자들은 말한다. 나도 상상력의 영향은 크게 받고 있다. 누구나 거기에 충격을 받으며 개중에는 거기에 쓰러지는 자도 있다. 그 인상은 뼈저릴 정도이다. 그러므로 나의 주장은 그것을 모면하려는 것이지 거기 대항하려는 것은 아니다. 나는 건장하고 유쾌한 사람들에게만 둘러싸여 생활하고 싶다. 남들이 고민하는 것을 보면 내가 실제로 마음이 괴로우며 내 기분이 남의 기분을 빼앗기가 일쑤이다. 연이어 쿨룩거리는 사람을 보면 내 허파와 목구멍까지도 근질거린다. 나는 문병을 가는 것을 싫어한다. 그것도 인정상 가야 하는 사람의 경우는 내가 그다지 소중히 생각하지 않는 환자를 찾아가는 것보다 더욱 싫다. 나는 괜히 마음이 그리로 쏠려 생명을 얻게 마련이다. 나는 상상력이 멋대로 날개를 펴는 것을 그대로 평가해 두고 여기에 부채질까지 하는 자들이 열병에 걸려서 잘 죽는 것을 당연한 일이라고 생각한다.

시몽 토마는 당대의 저명한 의사였다. 하루는 폐병을 앓는 부잣집 노인의 집에서 그를 만났는데, 그는 그때 병자에게 치료의 방법을 여러 가지로 들려주면서 나를 둘러보며 말하는 것이었다. 「그 한 가지 방법으로서는 이 사람과 가까이 지내야 합니다. 그리고 눈으로 이 사람의 생기 있는 얼굴을 바라보고 마음으로는 이 사람의 청춘에서 흘러넘치는 환희와 힘을 상상하여 모든 감각을 이 사람이 갖고 있는 꽃피는 목숨으로 충만케 하시오. 그렇게 하시면 당신은 곧 낫게 될 것입니다.」라고. 그러나 의사는 「그 대신 이 사람의 건강 상태는 점점 나빠질 것입니다.」라고 덧붙이기를 그만 잊어버렸다.

갈루스 비비우스는 광증의 본질과 그 여러 가지 발작을 이해하려고 너무 마음을 긴장하고 있었기 때문에 판단력이 무디어졌는데 끝내 이를 본래대로 회복시킬 수 없었다. 하긴 그는 지혜가 지나쳐서 미치광이가 된 모양이다. 하긴 사람은 공포심 때문에 사형 집행인의 손에 걸려들 것을 예상하는가 하면 어떤 사람은 사면장을 읽어주려고 죄수를 풀어놓고 보니 어느새 그는 상상력에서 오는 타격으로 말미암아 단두대 위에서 뻣뻣이 굳어져 죽어버렸던 것이다. 우리는 다만 상상력의 충격을 받아서 진땀을 흘리고 벌벌 떨며 붉으락푸르락해지기도 한다. 그리고 그 상상력의 충격에 사로잡혀 털담요에 누워서도 전신을 벌벌 떨며 때로는 그대로 죽어버리는 경우도 있다. 그런가 하면 혈기가 왕성한 청년은 깊은 잠에 들어서도 흥분하여 꿈에서 사랑의 정욕을 만족시키는 경우가 있다.

> 그들은 실제로 행하듯이 정액을 쏟아내며
> 속옷을 흠뻑 적신다. (루크레티우스)

그리고 전에는 없었는데 밤사이에 갑자기 뿔이 돋은 자도 있다. 이탈리아 왕 키푸스는 한낮에 투우를 재미있게 보고 나서 하룻밤 내쳐 뿔이 돋힌 꿈을 꾸었더니 이러한 상상력으로 말미암아 정말 이마에 뿔이 돋은 것이다. 정열은 크로이소스의 아들에게 태어날 때 갖지 못한 목소리를 주었다. 그리고 안티오쿠스는 스트라토니케[1]의 아름다움에 너무 심한 충격을 받은 나머지 열병에 걸렸다. 플리니우스는 루키우스 코시티우스가 결혼한 날에 여자가 남자로 변한 것을 알았다고 말했다. 폰타누스나 그 밖의 사람들은 지나간 몇 세기 동안에 이탈리아에 이와 같이 변신한 예가 간혹 있었다고 한다. 그리고 자기와 그 모친의 커다란 욕망으로,

> 이피스는 소녀 시절에 남자가 되려고 열망한 소원이
> 이루어졌다. (오비디우스)

프랑스령 비트리를 지나다가 나는 한 남자를 보았는데 그는

---

[1] 그리스 왕녀로 절세의 미인이며, 시리아왕 니카토르의 아내였는데 안티오쿠스가 하도 열렬히 사랑하였으므로 그에게 넘겨주었다.

스물두 살까지는 마리라는 소녀였다는 그곳 주민들이 다 알고 있는 일인데 수아송의 주교가 남자로 확인하여 제르맹이라는 이름을 지어 주었다. 그는 당시에 제법 텁석부리 수염까지 났는데 늙기까지 결혼을 하지 않았던 것이다. 그는 뛰면서 힘을 주었더니 남자의 성기가 돋아났다고 한다. 그리하여 그곳 소녀들 사이에는 너무 급히 뛰어가면 마리 제르맹처럼 남자가 될지 모르니 피차에 조심하자는 동요까지 전해지고 있다. 이런 일을 흔히 찾아볼 수 있다는 것은 조금도 신기한 것이 아니다. 왜냐하면 상상력이 이러한 작용을 하기 때문이다. 이 경우에 상상력은 생각을 계속적으로 한 곳으로 줄달음치게 하여 진짜로 여자의 몸에 남자의 성기를—이런 강력한 욕망을 자주 생각하지 않아도 좋도록—만들어 버리는 것이다.

어떤 사람들은 다고베르왕[2]과 성 프란체스코[3]가 입은 상처는 상상력 때문이라고 한다. 살이 제자리에서 떨어져 나갔던 것이다. 그리고 켈수스의 말에 의하면 어떤 신부가 황홀감에 젖어 있는 가운데 영혼이 빠져나가 육체는 오랫동안 호흡이 끊어지고 감각도 없이 지내었다고 한다. 성 아우구스티누스는 어

---

[2] 다고베르 1세(603~639) : 프랑스 메로빙거 왕조의 임금. 전설에 의하면 그는 괴저병에 대한 공포심에서 전신에 상처가 났다고 한다.
[3] 성 프란체스코 : 아시시 성자(1182~1226) 청빈수도로 큰 종파를 이룸. 그는 하늘에서 친위가 나타나는 것을 보고 그의 손과 발에서는 예수가 못 박힌 상처와 같은 상처가 나타났다고 한다.

면 사람을 하나 가리켜 말하기를, 그에게 슬퍼서 한탄하는 소리를 들리게 해서는 안 되며 만일 그렇게 하면 갑자기 실신하여 정신을 차리지 못하는데 그를 다시 살리려면 고함을 지르고 꼬집고 불에 지지는 등 야단법석을 쳐야만 하는데 그가 깨어나 하는 말이 이것이 그의 거짓된 저항이 아니고 그동안에 그에게 맥이 뛰지 않고 숨이 끊겼던 것으로도 알 수 있다는 것이다.

기적, 환각, 마술의 미혹 등 그 밖에도 이런 해괴한 일들이 신빙성을 인정받게 되는 것은 주로 마음이 연약한 대중들의 심령에 상상력이 작용하기 때문에 이루어지는 것이다. 그들은 너무나 남의 말을 믿어 의심치 않으므로 실제로 보이지 않는 것도 보이는 것으로 느끼는 것이다. 또한 요즈음 세상 사람들이 흔히 입에 담으며 골치를 썩고 있는 그 우스꽝스러운 성교 불능증 같은 것도 역시 의혹과 공포의 인상 때문이라고 생각된다. 나는 경험으로도 알고 있지만 내 자신의 일처럼 책임 있게 말 할 수 있는 어느 한 사람은 그다지 마음이 약하거나 마귀가 씌운 것도 아닌데 자기 친구 하나가 의외에도 그 일에 힘을 쓰지 못하게 되었다는 이야기를 듣고는 자기도 그렇게 되었다는 것이다. 그 이야기에 놀란 나머지 상상력이 크게 작용하여 그만 그 꼴이 된 것이다. 그리하여 그런 꼴을 당한 추잡스러운 추억에 시달리고 짓눌려서 그 후로는 자주 그런 증세가 일어났던 것이다. 그러나 드디어 그는 다른 상상력으로 이 상상력을 물리치는 방법을 찾아내었다. 그것은 자기가 이 따분한 처지를 고백하고, 그렇게 된 경위며 또 앞으로 그런 증세가 나타날 것이라고 이야기함으로써 자기의 책임감이 줄어들면서 마음이 한결 가벼워지고 긴장이 풀어지는 것이었다. 이윽고 그는 자진하여 (정신을 차려서 생각을 가다듬고 몸을 평상시와 같은 상태로 두고) 상대방의 양해 하에 시험해 보고 그 정체를 드러내려고 꾀하였더니, 그 후로 그런 어처구니없는 증세는 완전히 가셨다는 것이다.

인간은 치명적인 결함이 아닌 이상, 전에 가능하던 일이 불가능하게 되지는 않는 법이다.

이러한 불행은 우리 마음이 욕정으로 인하여 지나치게 긴장하였을 경우, 특히 뜻밖에 그런 좋은 기회가 닥쳐왔을 때에 접촉하는 경우가 아니면 두려워할 것이 못 된다. 이럴 때에는 마음의 흥분을 가라앉힐 방도가 없는 것이다. 내가 아는 어떤 사람은 이 맹렬한 정욕을 가라앉히기 위하여 다른 데서 그 정욕을 반은 충족시키고 나서 상대방에게 접촉함으로써 많은 도움을 보았다고 한다. 그리고 나이가 차서 기력이 줄었는데 그 때문에 오히려 정력은 더욱 강해졌다는 것이다. 그런데 한 친구가 그더러 이 경우에 예방적으로 효력이 확실한 반격법의 주술을 가졌다고 말하면서 일단 마음을 턱 놓게 하여 효과를 본 일이 있는데 그 내력에 대하여 이야기하기로 하겠다.

나와 가까이 지내는 문벌 좋은 백작 한 사람이 아름다운 여자와 결혼하게 되었는데 그녀를 전에 귀찮게 쫓아다니던 어느 남자가 그 축하연에 참석하였으므로 그의 친구들은 무슨 주술이라도 부리지 않을까 해서 걱정하였다. 특히 그의 한 친척 노파가 크게 염려한 나머지 자기가 손수 이 결혼식을 주관하고 식도 자기 집에서 올리게 하였다. 그런데 이 노파가 다음과 같은 이야기를 나한테 들려주었다. 즉 그런 걱정에 대해서는 자기만 믿고 마음 놓으라고 이르고는 다행히 자기는 일사병과 두통의 예방으로 천체의 그림이 그려진 납작한 황금쪽을 하나 궤짝 속에 갖고 있었는데 이것은 두개골이 이어진 금에 맞춰서 쓰는 것으로 꼭 붙어 있도록 끄나풀이 달려 있어 턱 밑에 붙잡아 매게 되어 있었다. 이 이야기도 우리가 말하는 헛수작과 사촌쯤 되는 것이다. 이 괴상한 물건은 자크 펠르티에가 노파에게 선사한 것이다. 나는 이것을 어떻게 사용할까 하고 생각해 본 끝에 백작에게 이런 주술을 쓰려는 사람들이 간혹 있으니 당신도 다른 사람들처럼 액운이 닥칠지 모르지만 걱정 말고 가서 자라고 하였다. 내가 친구의 한 사람으로서 그의 액운을 미리 막을 수가 있으니 그가 명예를 내걸고 진심으로 비밀을 지켜주기만 하면 필요한 경우 가서 내가 기적을 보여주겠다고 말하고는, 그날 밤에 그에게 밤참을 가져갈 때 만일 일이 잘 되지 않거든 다만 나한테 슬쩍 눈짓만 하라고 일러 주었다. 그는 내 말을 명심하고 자기가 상상력으로 혼란에 빠져 있음을 느끼고 나한테 눈짓을 하였다. 나는 그에게 우리를 쫓아내는 체하면서 장난삼아 내가 입고 있던 잠옷을 빼앗아 입고(우리는 키가 비슷하였다) 내가 시키는 일을 다 마칠 때까지 몸에 입고 있으라고 일렀다. 그때 나는 이렇게 하라고 시켰다. 우리가 밖으로 나가거든 소변을 보러 가서 세 번 이러저러한 주문을 외우고 이러저러한 행동을 하되, 그때마다 내가 손에 쥐어 주는 끄나풀을 매고 거기 매달린 페달을 조심스레 몸에 댄 후에 메달의 초상은 어떻게 놓으며 그 끄나풀이 풀어지지도 움직이지도 않게 꼭 매고는 안심하고 돌아가서 볼일을 보라고 하였다. 그리고 내 잠옷을 침대 위에 펼쳐서 내외가 함께 덮어야 한다고 일렀다. 우리의 사고 능력은 이와 같은 괴상한 방법이 어떤 어려운 학술에서 나왔는지 알아낼 재주가 없다.

그러므로 이런 잔나비 노름이 일을 수행하는 절차에서 주요한 부문을 차지한다. 이런 일은 허망하기 때문에 도리어 소중하고 존중해야 하는 것처럼 생각된다. 그리하여 내 부적은 일사병의 예방보다도 신병의 예방이 되었는데 실은 막는 효과보다도 시키는 효과가 컸었다. 나는 갑자기 이상한 생각이 들어 내 성격과는 동떨어진 이런 짓을 했던 것이다. 나는 속임수로 행동을 가장하는 것은 질색이며 내가 무슨 일을 하든지 손수 농간을 부리기를 싫어한다. 이러한 행동이 도덕적으로 불의를

8. 상상력에 대하여

저지른 것은 아니라고 하더라도 그 방법은 옳다고 볼 수 없는 것이다.

이집트왕 아마시스는 아름다운 그리스 여성과 결혼하였는데 왕은 모든 면에 선량한 남편으로 나무랄 데가 없었으나 다만 아내와 성적인 향락을 누릴 수가 없었다. 그리하여 무슨 마귀의 장난이 아닌가 하여 그녀를 죽여버리려고 하였다. 그녀는 이것을 알아차리고 남편의 지나친 상상력에서 오는 조화라고 하여 그를 신앙으로 인도하고 비너스에게 축원하였다. 그러자 신에게 희생과 헌납을 바친 첫날밤에 일은 신통하게도 바로 이루어졌다.

아무튼 여자들이 얼굴을 찌푸리고 앙탈을 하며 남자에게 몸을 사리는 것은 잘못이다. 그렇게 하면 불타는 정욕이 그만 꺼지고 마는 것이다. 피타고라스의 며느리는 여자가 남자와 동침할 때에는 치마와 함께 부끄러움을 벗어던지고 일을 마치고 속옷을 입을 때에 그 부끄러움을 다시 찾아야 한다고 말하였지만, 공세를 취하는 자의 편에서는 뜻밖의 일에 직면하면 무안하여 자칫하면 기가 죽게 된다. 그리고 한 번 이런 수치를 당하면(여자를 처음 알게 되었을 때에는 욕정이 끓어올라 다급해지며 더구나 첫 번에 실패라도 하면 어쩌나 해서 불안스럽기 때문에 이 경우에 한하여 그런 꼴을 당하게 마련이다), 출발을 잘못하였기 때문에 열이 오르고 울화가 치밀어서 다음에도 실패를 거듭하게 된다.

 부부 사이에는 언제나 시간이 넉넉할 터이므로 마음의 준비도 되기 전에 성급히 굴어서는 안 된다. 또한 첫날밤에 마음이 산란하고 전신이 화끈거려 점잖게 접근하지 못하여 낭패를 하느니 아무쪼록 마음을 푹 가라앉히도록 침착하게 기다리다가 일을 시작해야 한다. 첫 번째 실패로 절망하여서는 영영 비장한 꼴을 면할 길이 없는 것이다. 일을 성사하기 전에는 이런 병에 걸린 자는 괜히 화를 내거나 고집을 부려 어떤 단안을 내리기에 앞서 생각이 날 적마다 여러 차례 가볍게 접촉해 볼 일이다. 자기 기관이 고분고분 말을 잘 듣는 줄 알고 있는 사람이라면 오로지 이런 상상력을 거꾸로 이용할 생각을 가져야 한다.

 그러나 사람들이 이 기관은 방자하며 고분고분치 않다고 보는 것도 무리가 아니다. 우리가 도저히 어떻게 손을 쓸 여지가 없을 때에 불쑥 고개를 치켜들기가 일쑤이며 막상 요긴할 경우에는 안타깝게도 수그러져서 애써 우리네 의지와 겨루는가 하면, 마음으로나 두 손으로나 일이 되도록 기원할 때에는 거만하게 고집을 세워 이를 거절한다.

 그러나 사람들이 이 기관이 말을 잘 듣지 않는다고 탓하며 그놈을 처단하려고 하였을 때 그놈이 요금까지 치러가면서 자기 사정을 변호해 달라고 나한테 의뢰하였다면 나는 아마도 그놈의 친구인 다른 기관들이 그놈의 용도가 지닌바 중요성과 그

8. 상상력에 대하여

쾌락을 시기한 끝에 모두들 단결하여 없는 일을 꾸며대어 그놈과 시비를 걸며 심술궂게도 저들의 공통된 죄과를 그놈에게 씌웠다고 일단 의심해 볼 것이다. 그리고 나는 우리 인체의 어느 한 부분이라도 흔히 우리들의 의사를 거역하는 일이 없는가, 또한 우리의 의사가 시키지 않는데도 자기 멋대로 움직이는 일은 없는가도 생각해 보기를 그대들에게 권고한다. 이러한 부분들은 각각 제 버릇을 갖고 있으며 멋대로 깨어났다 잠들었다 한다. 예컨대 우리네 얼굴은 얼마나 자주 멋대로의 표정을 지어 우리가 감추려는 마음을 드러내 보임으로써 남들에게 망신을 시키는 것일까! 이 기관에 활기를 제공하는 바로 그 원인이 우리가 알지도 못하는 사이에 염통이나 허파나 맥박에 작용하여 활기를 주는 것이다.

아름다운 여자를 보면 자기도 모르게 몸이 달아오르고 욕정의 불길이 전신에 퍼지곤 한다. 이와 같이 근육이나 혈관을 비단 우리들의 의지뿐만 아니라 생각과도 아랑곳없이 멋대로 발동하고 수그러지고 하는 것이다. 우리는 욕정이나 공포로 하여 머리칼이 쭈뼛하고 피부가 부르르 떨리는 것을 억제하지 못하는 수가 흔히 있다. 손은 우리가 보이지도 않은 곳을 향하여 움직이기가 보통이다. 경우에 따라서는 혓바닥이 굳어지고 말소리가 얼어붙기도 한다. 특히 우리가 허기증이 나는 것을 일부러 참으려고 하면 이 식욕은 다른 욕망과 마찬가지로 거기

달린 기관의 감각을 자극하며 자기 자신에게 흔히 충실하여 우리들을 저버리는 것이다. 그리하여 밥통은 신장과 마찬가지로 우리의 의사와는 상관없이 자동적으로 움직인다.

성 아우구스티누스의 말에 의하면, 어떤 사람은 인간 의지의 전능한 권위를 세우기 위하여 방귀를 뀌는 것을 마음대로 조절하라는 것이며, 또한 그의 주석가 비베스가 그 당시 다른 예를 들어 사람들이 읊조리는 시의 장단에 맞추어서 규칙적으로 방귀를 뀌더라고 하였는데 이것으로 이 기관이 우리 의사에 완전히 순종한다고 할 수는 없는 것이다. 보통 때는 그놈이 주책없이 소란을 피우기 때문에 하는 말이다. 그런데 내가 본 한 예는 너무나 소란을 피우며 말썽을 부렸다. 놈은 40년 동안이나 줄곧 강제로 주인을 빵빵거리게 하면서 죽음으로 이끌어 가는 것이었다.

그런데 우리의 의지는 권위를 세울 양으로 그놈을 책하지만 차라리 그놈은 혼란과 불복을 일삼아 반항과 배반을 하는 것이 대부분이라고 지적하는 것이 사리에 맞지 않겠는가. 그런데 의지는 우리의 소원대로 작용하는가? 그것은 우리가 달갑게 생각하지 않는 것을 원하여 우리에게 손해를 보이지 않는가? 의지는 이성의 판단에 잘 따르는가?

끝으로 나의 변호를 받는 이를 위해 한마디 하고 싶은 것은 이 사건에서 그의 피소 내용은 불가불한 종범과 결부되어 있는

데도 사람들은 무턱대고 그만을 공격하며 이 소송 당사자들의 조건으로 보아서 그에 대한 이런 문책과 단죄는 어느 모로 보나 그의 종범과는 관련시키지 않는 태도임을 고려해야 될 것이다. 그러므로 고발자들의 적의와 비합법성은 불행히 드러나 보인다는 점이다. 아무튼 변호사와 재판자들이 아무리 열렬히 변론을 하고 판결을 내리더라도 자연은 거기에 구애됨이 없이 자기 일을 해나간다. 즉, 자연은 이 기관에서 죽어갈 인생들을 오직 영존할 작품의 작가로서 특권을 부여한 것이며 그 특권 행사는 어디까지나 정당한 것이다. 그러므로 소크라테스에게는 성교가 거룩한 행동이었으며, 사랑은 영생의 다이아몬드인 것이다.

아마도 이 상상력의 작용으로 어떤 사람은 이곳 프랑스에 와서 연주창4)을 떼어버리는데 그의 친구는 그대로 스페인으로 가져가기도 한다. 그리하여 이런 일에는 으레 일찌감치 마음을 단단히 먹으라고 요구하게 된다. 의사들은 그들이 지어주는 약이 가짜이므로 환자의 상상력으로 병의 치료를 거두게 하려는 의도에서 한 일이라면 모르지만 어찌하여 환자들에게 번번이 병이 낫는다는 터무니없는 약속을 하여 환자의 신용을 얻으려

---

4) 프랑수아 1세가 스페인에 잡혀간 후 스페인에서는 이 임금이 손으로 만져주면 연주창이 낫는다는 이야기가 떠돌아 많은 사람들이 프랑스까지 찾아왔던 것이다.

고 하는지 모를 일이다. 하긴 의사들은 환자들에게 다만 약을 보이기만 하여도 효과를 보는 수가 있음을 어느 명의가 글로 기록해 놓은 것을 잘 알고 있는 것이다.

그 모든 변덕스러운 수작은 마침 부친께서 부리시던 약사 하인이 언제나 들려주던 이야기에서 내 머리에 떠오른 것이다. 그는 본래 남을 속일 줄 모르는 순박한 스위스 사람으로 오래 전에 한 툴루즈 장사꾼과 사귀어 가까이 지내왔다는 것이다. 그의 말에 의하면, 이 장사꾼은 일찍이 담석증을 앓았기 때문에 자주 관장을 해야 하므로 병의 증세에 따라서 의사들에게 여러 가지 관장의 처방을 마련하게 하였다. 그리하여 도구를 가져다가 순서대로 관장하는데 약이 너무 뜨겁지나 않나 하고 조심스럽게 만져보기를 잊지 않았다. 이어서 그는 드러눕고 엎드리고 하여 모든 격식대로 다 하였는데 약사가 그만 약을 주문하는 것을 빼놓았다. 그런데 약사가 물러가고 환자는 마치 관장을 실시한 것으로 알고 실제로 관장했을 때와 똑같은 효과를 내었다는 것이다. 그리고 치료가 충분치 못하다고 생각되면 의사는 이런 격식을 서너 번 되풀이하곤 하였다. 이 이야기를 나에게 들려준 증인이 하는 말이 그 후에 환자의 아내가 비용을 절약하려고(번번이 치료에는 약값까지 전부 지불했던 것이다) 미지근한 물로 관장하려고 하자 그 속임수가 탄로 나서 이 방법이 소용없게 되고 환자는 다시 첫 번째 방법을 써야만 했다는 것이다.

어느 여인은 빵을 먹다가 바늘을 함께 삼킨 줄 알고 목이 바늘에 찔렸다는 생각에서 커다란 통증을 느껴 울고불고 하였다. 그러나 곁에서 보니 붓지도 않고 아무런 이상도 없기에 어느 약삭빠른 사나이가 이것은 필경 빵을 먹다가 조금 긁힌 것을 바늘에 찔렸다고 생각하는 모양이라고 단정하고 우선 그 여자로 하여금 음식을 토하게 하고 그 토해낸 음식물 속에 재빨리 바늘을 던져 넣고 「여기 바늘이 나왔네.」 하고 외쳤다. 부인이 이 소리를 듣자 곧 아픔이 가셔버렸다.

또 이런 일도 있었다. 어떤 귀인이 지체 높은 사람들을 자기 저택에 초대하여 연회를 베풀고 나서 3~4일 후 장난으로(이것은 거짓말이었다) 그때 초대된 손님들을 향해 「어떻게 생각하세요, 요전에 잡수신 고양이 고기는 맛이 좋았지요?」 하고 자랑하였다. 그러자 한 귀족 아가씨가 두려운 나머지 구토를 하고 고열이 오르더니 결국 약도 없이 죽어버렸다.

짐승도 우리와 마찬가지로 상상력의 영향을 받는 것이다. 예컨대 개가 주인을 잃은 것을 비관하던 끝에 죽는 수도 있는 것이다. 어떤 개는 꿈꾸다가 짖어대며 몸을 뒤틀고, 어떤 말은 자다가 울고 허우적거리기도 한다. 이런 일은 모두 정신과 육체의 작용이 밀접한 연관성을 갖고 있기 때문에 일어나는 일이라고 해석할 수 있다. 그런데 상상력이 때로는 자기 육체뿐만 아니라 다른 사람의 육체까지 작용하는 것은 사정이 좀 다르다. 페스트나 마마나 눈병이 이 사람에서 저 사람에로 전염되듯이,

눈병을 쳐다보면 눈이 똑같이 나빠지고
여러 가지 질병은 몸에서 몸으로 전염한다.
(오비디우스)

상상력이 맹렬히 작용하면 그 살이 튀어나와 외부의 대상을 침범하는 경우가 있다. 옛말에 의하면 스키타이 여인들은 어떤 사람에게 원한을 품고 악이 바치면 눈을 한번 흘겨보기만 하여도 그를 죽여버리는 것이었다. 거북과 타조는 눈으로 쳐다보기만 하여도 알을 깐다. 이것은 거기에 방사하는 어떤 효능이 있다는 증거이다. 또한 마술사들은 눈으로 쳐다보기만 하여도 남을 침해하는 힘이 있다고 한다.

어떤 눈이 내 유순한 어린 양들을 유인해 갔는지 모르겠구나. (베르길리우스)

마술사란 신통치 않은 권위자들이다. 그러나 우리는 이런 족속들이 곳곳에 있기 때문에 이들의 말을 듣고 여자들이 공상으로 품은 것이 마침 태중에 있는 어린아이에게까지 작용하여

어떤 표적을 남기게 한다는 것을 알고 있다. 까닭 없이 검둥이를 낳은 여자가 그 한 예이다. 어떤 사람이 보헤미아왕이며 황제인 칼 앞에 피사 근처에 사는 소녀를 데려왔는데 그 소녀는 전신이 털로 뒤덮여 있었다. 소녀의 어머니 말에 의하면, 침대 위에 걸린 세례자 요한의 그림 때문에 이런 아이를 낳게 되었다는 것이다.

동물들 중에도 이와 같은 일을 볼 수 있다. 예컨대 야곱의 양들이 그렇고 메추리나 토끼 따위는 산에 눈이 오면 색이 희어진다. 요즈음 우리 집에서 사람들이 목격한 일이지만 고양이 한 마리가 나무 높이 앉은 새를 한동안 노려보더니 그 새는 자기 상상력에 취했던지 혹은 고양이에게 어떤 인력이 있었던지 죽은 듯이 고양이 발 앞에 떨어졌던 것이다.

사냥을 좋아하는 사람들의 말에 의하면 매사냥꾼이 하늘에서 나르는 솔개들을 눈독 들여 쳐다봄으로써 그 시선의 힘으로 솔개들을 아래로 내려오게 하는 내기를 곧잘 한다는 것이다. 그리하여 실제로 그렇게 할 수 있다는 것이다. 하긴 내가 남에게서 얻어들은 이야기 전부는 그 이야기를 들려준 자들의 양심에 맡겨둘 수밖에 없다. 이런 점에 대해서는 나도 생각해 본 적이 있다. 다만 그것은 이성으로 따져보는 것으로 결코 경험에서 얻은 것은 아니다. 그런데 누구나 여기에 자기 경험담을 내놓을 수 있을 것이다. 이런 실례를 직접 눈으로 보지 못한

분들은 이런 일들이 얼마든지 있다는 것으로 미루어 보아 믿을 만한 것이다.

내가 설명을 잘못한다면 다른 분이 내 대신으로 이야기하여도 무방할 것이다.

우리들의 습관이나 행동에 관한 나의 연구에 등장하는 가공적인 증언들은 그것이 가능한 일이라면 거짓말일 수 없는 것이다. 파리에서건 로마에서건 또는 쟝에게나 피에르에게나 이런 일들이 일어났건 일어나지 않았건 간에 그것은 어디까지나 인간의 능력이 행사할 수 있는 한계 안에 속한 일들로 나는 거기서 얻은 이야기를 요령 있게 적어보았을 따름이다. 나는 그것이 진짜이건 가짜이건 한결같이 유리하게 사용한다. 그리하여 흔히 이런 이야기들이 주는 여러 가지 교훈 가운데서 가장 신기하고 기억에 남는 것들을 이용하는 것이다. 저술가들 가운데는 어떤 사건의 줄거리를 기록하는 것을 목적으로 삼는 사람들도 있다. 그러나 나는 되도록 일어날 가망이 있는 이야기를 했어야 좋았을 것이다. 학문을 연구하고 진리를 파악하지 못하였을 때에는 그와 비슷한 일을 상상해 보는 것이 허용되어 있지만 나는 그렇게 하지는 않는다. 그리고 이 방면에서는 누구보다도 조심스럽게 이야기의 진실성을 소중히 생각하였다. 내가 여기 인용한 예들은 내가 들었거나 말았거나 행하였거나 간에 그 가운데서 가장 단순한 일에 대하여서도 나는 덧붙여 말하기를 꺼렸다. 아니 내 양심은 피리어드 하나 바꿔놓을 수 없다.

내 자신의 지식이란 보장할 수 없는 것이다. 내가 생각하기에는 역사의 기록은 철학자나 신학자, 그 밖에 미묘하고도 정확한 양심과 예지를 지닌 사람들에게만 허용되어야 할 것 같다. 일반사람들이 어찌 자기들의 성실성을 보증할 수 있겠는가? 어떻게 잘 모르는 사람들이 사상에 대하여 책임을 지고 그들이 추측하는 바를 액면 그대로 받아들일 수 있겠는가. 자기들의 눈앞에서 일어난 여러 가지 복잡한 행동을 가지고도 한 재판관이 확인하려고 증거를 제시해 줄 것을 요구하면 그들은 주저하게 될 것이다. 아무리 친한 사이라고 하더라도 남의 마음속에 들어 있는 의향까지 파헤쳐 책임을 질 수는 없는 것이다. 나는 지나간 일에 대하여 기록하는 것이 현재 일어나고 있는 일에 대하여 기록하는 것보다 위험성이 적다고 생각한다. 그것은 필자가 빌어온 사실에 대한 책임만 지면 되기 때문이다.

어떤 사람은 내가 여러 당파의 지도층에 있는 인물들과 가까이할 수 있으므로 다른 사람들처럼 편견에 사로잡히지 않고 오늘날 일어나고 있는 모든 일들을 권고할 수 있으리라고 생각하여 나더러 현대의 사전들을 써보라고 권고하기도 한다. 그러나 그들은 내가 살루티우스의 영광을 얻는다고 하여도 그런 수고를 하지 않으리라는 것을 모르고 있다. 책임을 지고 부지런히 그리고 꾸준히 일하는 것은 나로서는 실책이며 광범위하게 이야기하는 것은 내 성격에 어울리지 않는 일이다. 이야기를 끌고 나가기가 숨이 차서 자주 중단해 버리며 문구나 어휘는 어린애보다도 가진 것이 없기 때문에 문장 구성이나 설명이 도무지 제대로 되지 않는다.

그리하여 나는 내 힘에 알맞게 재료를 조절하며 내가 할 수 있는 말만을 하는 것이다. 만일 내가 이 방면에 어떤 사람의 지도를 받는다면 내 견식은 그의 견식에 부합될 것이다. 내 자유가 너무 방자하므로 내 견해대로 사리를 따라서 서술한다고 하더라도 법에 어긋나 처벌을 당할 내용들을 마구 써버렸을 것이다. 플루타르코스는 문장 속에서 그가 인용한 예문들이 다 진실한 이야기라면 그 공적은 남의 것이고 그것이 후세에 유익하고 사람들에게 올바른 길을 밝혀주는 영예를 지고 있다면, 그 영예는 자기가 한 일이라고 서슴지 않고 말할 것이다. 옛날에 이러저러한 이야기가 전해지고 있다는 말은 약방문이 어떻다는 식으로 조금도 위험할 이유가 없는 것이다.

9. 내게 이로운 것은 남에게 해롭다

아테네인 데마데스는 장례 때에 사용하는 물건들을 판매하는 시민 한 사람을 처벌하였다. 그가 너무 비싼 값을 요구하는데 그 이득이 많은 사람이 죽어야만 비로소 그의 차지가 된다는 데 있었다. 이렇다면 다른 모든 이들도 같은 이유에서 처벌해야 하므로 그것은 잘못된 처벌이다. 어느 한 사람이 이득을 보면 다른 사람은 반드시 손해를 보아야 하기 때문이다. 무릇 장사란 젊은이들의 낭비가 없이는 되지 않는 법이다. 농부는 곡식값이 비싸야 하고, 건축가는 집이 쉬 무너져야 하며, 재판소 관리들은 사람들이 소송을 하며 다투어야 하고, 성직자들의 영광과 직무까지도 우리들의 죽음과 악덕이 없이는 안 될 말이다. 의사는 친구의 건강도 달가워하지 않으며, 군인은 자기 나라의 평화도 기뻐하지 않는다고 옛 그리스의 희극작가는 말하였다. 다른 일도 마찬가지이다. 더욱 언짢은 것은 우리네 각자가 마음속을 들여다보면 그 소망은 거의 다른 사람의 손해가 되는 데서 비롯되는 일들이다.

이런 점을 생각해 보면 대자연이 그의 모든 행정을 결코 게

을리하지 않는다는 생각이 든다. 자연법학자들은 개개의 사물들의 출생과 양육과 성장은 다른 사물의 변질과 부패라고 해석하고 있는 것이다.

10. 습관에 대하여

 어떤 시골 여자가 송아지 한 마리를 낳았을 때부터 두 딸이 안고 쓰다듬어 주는 버릇이 생겨 큰 황소가 된 연후에도 거뜬히 안아서 들 수 있다는 이야기가 있는데 이 이야기를 처음으로 꾸며낸 사람은 습관의 힘을 잘 이해하고 있는 것으로 생각된다. 습관이란 실로 맹위를 떨치는 선생님이기 때문이다. 습관은 우리들 속에서 점차로 은밀히 그 권위의 발판을 닦는다. 그런데 처음에 시작은 유순하고 조용히 하다가도 시간의 도움을 받아 발판을 닦고 들어앉게 되면 곧 맹렬한 폭군의 모습을 드러내며 이때 우리는 여기 대항하여 눈 한번 흘길 수조차 없어진다. 우리는 습관이 여러모로 자연법칙을 침범하는 것을 볼 수 있다. 「습관은 만물의 지도자이다.」(플리니우스)

 나는 플라톤의 《국가론》에 나오는 동굴1)의 이야기를 믿으며 습관의 권위 앞에 그 학문상의 이론을 저버리는 의사를 믿

---

1) 인간은 마치 동굴 속에서 안쪽 벽만 바라보도록 묶여 있는 꼴이다. 이 세상의 모든 현상은 밖의 참된 세계가 입구를 통하여 이 벽에 비쳐진 그림자와 같다는 우화.

는다. 그리고 습관에 의해 독을 먹고도 능히 살 수 있도록 그 위를 단련시켰다는 임금2)의 이야기라든지, 알베르투스의 이야기에 나오는 한 소녀가 거미를 먹고 살았다는 것을 믿는다.

그리고 저 인도3)라는 신천지에는 여러 민족들이 여러 기후 아래서 살고 있지만 그들은 주로 거미를 먹고 살며 이 거미를 많이 기르고 있었던 것이다. 뿐만 아니라 여치, 개미, 도마뱀, 박쥐 등도 기르고 있는 것이다. 그리하여 식량이 모자라면 두꺼비 한 마리가 6에퀴에 팔리기도 하였다. 그들은 그놈을 삶아서 여러 가지 소스로 요리하여 먹는 것이었다. 또한 그들 사이에는 우리가 먹는 살코기나 식료품은 치명적인 독이 되는 것이었다. 「위대한지고! 습관의 힘이여, 사냥꾼들은 눈 속에서 밤을 새우며, 산에 비치는 햇살로 몸을 덥힌다. 권투선수들은 적의 장갑에 얻어맞아도 끽 소리 한번 내는 일이 없다.」(키케로)

이런 기이한 실례로, 만일 우리가 습관이 우리의 감각을 얼마나 둔하게 하는가를 생각해 보면 조금도 이상할 것이 없는 것이다. 일부러 나일강 폭포 근처에 사는 사람들의 이야기를 빌릴 필요가 없다. 또한 철학자들이 천체의 음악에 관하여 말하는 것, 즉 「모든 천체는 고체로서 회전을 거듭하면서 서로 가볍게 접촉하므로 자연히 신비스럽고 묘한 소리를 내며 그 선

---

2) 폰투스왕국의 미트리다테스(B. C. 121~163)
3) 새로 발견된 아메리카 대륙.

율의 변화에 따라서 여러 별들은 여러 가지 춤을 추지만 일반적으로 만물의 청각은 이집트인의 청각처럼 그 소리가 계속되기 때문에 둔해졌으므로 그것은 상당히 큰소리이지만 이를 지각할 수 없다.」고 새삼 말할 필요도 없는 것이다. 대장간, 방앗간, 병기창의 직공들은 우리네처럼 큰소리에 익숙지 못해 놀란다면 도저히 그 일을 감당해내지 못할 것이다.

내 옷깃에 뿌린 향수는 냄새가 상쾌하지만 사흘만 계속하여 입고 있으면 다만 옆 사람의 코에만 쾌감을 줄 뿐이다. 그보다도 더 이상한 것은 습관이 오랫동안 중단되었다고 하더라도 일단 우리의 감각에 준 인상은 좀처럼 지워지지 않는다는 것이다. 이것은 종루의 근처에 사는 주민들이 경험하는 바이다. 나는 우리집 한 탑 속에 살고 있는데 새벽이나 저녁에 커다란 종이 〈아베 마리아〉를 울리고 있다. 이 소란한 종소리는 내 탑까지 뒤흔들 지경이다. 그런데 처음에는 참기 어려웠으나 이윽고 이에 익숙하게 되었다. 지금은 이 소리를 들어도 시끄럽게 생각하지 않을 뿐 더러 숫제 잠에서 깨지 않을 때도 있는 것이다.

플라톤은 어떤 어린아이가 도토리를 가지고 노는 것을 보고 책망하였다. 그러자 어린아이는 「대단치 않은 일로 뭘 그러세요?」하고 말대꾸를 하자, 「버릇은 대단치 않은 일이 아니다.」라고 플라톤은 타일렀다고 한다.

우리의 가장 큰 부덕은 어린 시절에 싹트는 것이다. 그리고 우리의 가장 중요한 교육은 유모의 수중에 있는 것이다. 어린 아이가 병아리의 모가지를 비틀거나 개나 고양이에게 상처를 주고 좋아하는 것을 구경하는 것이 어머니들의 소일거리가 되며, 어떤 아버지는 바보처럼 어린아이들이 아무런 저항도 할 수 없는 농부나 하인을 이유 없이 때리는 것을 보고 기사의 정신을 갖고 있다고 해서 흐뭇해하고 배신과 속임수로 친구를 농락하는 것을 보면 재롱을 떤다고 생각한다. 그러나 이러한 행동은 잔인하고 포악하고 배반을 일삼는 씨요, 뿌리인 것이다. 그것이 싹트고 성장하여 습관이 되면 점점 맹위를 떨치게 된다. 그러므로 이런 고약한 성격을 장본인이 나이가 어린 탓으로 저지르는 대수롭지 않은 일로 돌리고 눈을 감아주는 것은 매우 위험한 교육이다. 첫째로 그것은 자연의 소리이다. 아무리 가느다랗게 들려오더라도 그만큼 단순하고 강력한 것이다. 둘째로 속임수의 추악함은 요컨대 돈과 침과의 차이에서 오는 것이 아니라 본질적인 데서 오는 것이다. 나는 이렇게 말하고 싶다.「그가 침을 속이는데 어찌 돈을 속이지 않겠는가?」라고. 그런데 사람들은 말한다.「그건 침이니까 속이는 것이지, 돈은 결코 속이지 않을 것이다.」라고. 우리는 모름지기 여러 가지 악덕을 그 본질상 미워해야 하며 따라서 어린이에게 성실하게 타일러야 한다. 즉 그 본질적인 추악함에 대하여 가르쳐 주어야 한다. 그렇게 하면 그들은 부덕을 비단 행실 면에서만 멀리

할 뿐만 아니라, 마음속으로도 미워하게 되는 것이다. 거기에 어떤 예외의 경우가 있다고 하더라도 그런 생각을 하는 것부터가 그들의 마음을 징그럽게 해주어야 한다. 나는 어린 시절에 언제나 천하의 대로를 걷도록, 그리하여 유희를 하여도 속임수를 부리는 것을 가장 타기하도록 가르침을 받아왔기 때문에—사실 어린이의 유희는 유희로 알아서는 안 된다. 그것은 어린이들의 가장 진지한 행위이다.—아무리 사소한 일이라도 진심으로 자연히 거짓에 대한 커다란 혐오심을 갖게 되었다고 생각한다.

나는 카드 노름을 할 때 동전 두 푼을 걸든, 황금 두 냥을 걸든, 그리고 아내나 딸을 상대로 이기든 지든 마찬가지인 경우이거나 진짜로 승부를 겨룰 경우이거나 다 마찬가지로 카드를 뒤적거리며 셈을 셈대로 또박또박 한다. 그리하여 어느 경우에 있어서나 나는 눈을 똑바로 뜨고 감시를 한다. 이처럼 엄밀히 나는 감시하는 눈은 없을 성싶다. 또한 내가 이처럼 나를 존경하는 눈도 없을 성싶다.

나는 요즈음 집에서 낭트 출신의 팔이 없고 키가 작달막한 어떤 사람을 본 일이 있다. 그런데 그는 발을 어찌나 잘 놀리는지 손으로 할 일을 발로 한다. 그러므로 발이 지닌 본래의 용도는 반은 잊어버리고 있었다. 그는 자기 발을 숫제 손이라고 부르고 있었다. 칼로 깎고, 권총에 탄환을 재어서 쓰고, 바늘에

실을 꿰어 바느질을 하고, 글씨를 쓰고, 모자를 벗고, 머리를 빗으며, 카드놀이를 하고, 주사위를 집어던지는 등 여느 사람들만큼 곧잘 하는 것이었다. 내가 그에게 돈을 주었더니—그는 이렇게 재주를 부려 돈을 벌고 있었다—우리가 손으로 하는 것처럼 발로 선뜻 집는 것이었다. 나는 어린 시절에 또 어떤 사람을 보았는데 그는 두 손으로 칼 하나를 조작하는 동시에 턱 아래 주름으로 삼지창을 집어 공중에 치올렸다가 다시 받고, 단도를 던지고 하면서도 프랑스의 어느 마부보다도 채찍질을 잘 하는 것을 목격하였다.

그러나 습관의 효력은 우리가 거기에 저항하지 못하는 우리의 심령에서 잘 알아볼 수 있다. 습관은 우리의 판단력과 신념까지도 좌우한다. 대관절 아무리 해괴한 사상이라도(많은 백성들이나 유능한 인물들이 곧잘 빠지는 여러 종교의 속된 사기술은 제외한다. 왜냐하면 이 부문은 우리들의 이성이 닿지 않는 곳이며 하늘의 은총으로 도에 이르지 못한 자들이 거기 미혹되는 것은 용서될 수 있는 일이기 때문이다) 습관이 자진하여 자기의 법칙을 세우지 못하는 경우는 없는 것이다. 옛말에 「자연을 관찰하고 자연을 탐구하는 것이 직업인 자연 철학자가 습관으로 소견이 편협해진 사람들에게 진리를 말하면서 수치스럽게 생각지도 않는다.」(키케로)라고 한 것은 당연하다.

생각해보면 인간의 상상 속에 세상의 어떤 습관에도 전혀 물들지 않는, 따라서 우리의 이성의 지지를 조금도 받지 못하는 그런 터무니없는 생각은 일어날 수 없는 것이다. 어떤 민족은 인사를 할 때에 등을 돌리고 존대하는 상대방을 쳐다보지 않는다. 또 어떤 나라에서는 왕이 침을 뱉을 때에 그 조정에서 왕의 은총을 가장 많이 받는 부인이 손을 내민다. 어떤 나라에서는 주위에서 가장 명망이 높은 자가 땅에 엎드려서 오물을 주워 가도록 되어 있다.

여기 한 가지만 더 이야기하고자 한다. 어떤 프랑스의 귀족은 언제나 손으로 코를 풀고 있었다. 이것은 우리네 습관상 매우 천한 일이다. 그런데 그는 이에 대하여 변명하기를(그는 임기응변으로 묘한 대답을 하는 것으로 유명한 사람이었다). 「이 더러운 배설물을 받는데 깨끗한 손수건을 사용할 필요가 어디 있는가. 더구나 그것을 싸서 소중하게 호주머니에 간직하여 애지중지할 건 또 뭐냐. 내 생각으로는 그렇게 하는 것이 훨씬 부끄러운 일이다. 차라리 다른 배설물과 마찬가지로 그런 것은 아무 데고 팽개쳐 버릴 일이다.」 나는 일리가 있는 말이라고 생각하였다. 다만 습관이 우리에게 이상한 느낌을 갖게 하는 것이 아닐까. 아닌 게 아니라 그것이 만일 다른 나라의 이야기라면 우리는 못마땅하게 여겼을지도 모른다.

기적은 자연에 대한 우리의 무지에서 오는 것이지 자연의 본질을 알면 기적이란 있을 수 없는 것이다. 습관은 인간의 판단력을 흐리게 한다. 야만인이 우리 눈에 신기하게 보이면 우리도 야만인에게 신기하게 보일 것이다. 그들만 기이하게 보일 아무런 이유가 없는 것이다. 이것은 만일 우리들 각자가 그 신기한 실례를 여러모로 구경한 연후에 우리 자신의 경우를 돌이켜보게 되면 그리고 공평하게 양자를 비교할 수 있게 되면 누구나 인정할 것이다. 인간의 이성은 그것이 어떤 형태로 되어 있건 우리의 모든 사상이나 습관이 거의 같은 분량으로 뒤섞여 있으며 그것은 질적으로도 여러 층이 있다. 이야기를 뒤로 돌리겠다.

어느 나라에서는 임금에게 그 왕비와 자녀들을 제외하고는 말대롱을 대지 않고서는 대화로 의사소통하지 못하게 되어 있다. 그런데 그 나라에서는 처녀들이 부끄러운 부분을 드러내놓고 다니며 결혼한 여자라야 그것을 조심스레 감추는 것이다. 그리고 다른 지방에 있는 어떤 풍습도 이와 관련되어 있다. 그 고장에서는 정조란 결혼을 위해서만 존중되고 있다. 왜냐하면 미혼녀들은 자유롭게 몸을 내맡길 수 있게 되어 있으며 임신을 하면 여러 사람들이 보는 데서 약으로 지워버리는 것이다. 또한 어느 지방에서는 상인이 결혼을 하게 되면 초대받은 모든 상인들이 신랑보다 먼저 신부와 동침을 한다. 그리하여 상대하는 남자의 수가 많을수록 신부는 강단이 있고 유능하다는 호평과 칭찬을 받게 된다. 또한 한 귀족이나 장교 그 밖의 일반 사람들이 결혼하여도 같은 절차를 거치는데 유독 농민과 천민들만이 그렇게 하지 않았다. 왜냐하면 그 경우에는 성주가 하도록 되어 있는 것이다. 그렇다고 결혼하여 있는 동안에 정조를 지킬 것을 장려하지 않는 것은 아니다. 남자의 공창이 있는가 하면 남자들끼리 결혼하는 곳도 있다. 그리고 아내가 남편을 따라 전장에 나가면 지휘권도 갖는 곳이 있다. 반지를 코에 낄 뿐만 아니라, 입술이나 뺨에나 발가락에도 끼며, 금으로 된 링을 젖꼭지나 볼기짝에 끼우는 곳도 있다. 음식을 먹으면서 손을 허벅다리나 불알이나 발바닥에 문대는 것이 예절로 되어 있는 곳도 있다. 그리고 상속권이 아들딸에게 있지 않고 형제나 조카에게 있는 곳이 있는가 하면, 임금의 상속권만 제외하고 조카에게만 이를 인정하는 곳도 있다. 재산을 공동으로 관리하는데 어떤 고급 관리는 토지 경작에 대한 일과 각자의 소요에 따라서 생산품을 나누는 직무를 맡는다. 어린아이가 죽으면 슬퍼하고 늙은이가 죽으면 잔치를 하는 곳도 있으며, 열 내지 열두 쌍의 부부가 함께 취침하는 곳도 있다.

또 어느 곳에서는 남편이 비명횡사를 하지 않는 한 재가를 못하며, 여자가 계집애를 낳으면 죽여버리는가 하면 필요할 경우에는 이웃 나라에서 여자를 사들이기도 한다. 그리고 남편이 이렇다 할 아무 이유도 없이 무조건 아내를 내쫓는 곳도 있으며, 남편이 아이를 낳지 못하는 아내는 팔아버릴 권리를 보유하는 곳도 있다. 또한 죽은 사람의 시체를 죽에 넣어 끓여서는 술을 타서 먹는가 하면, 개에게 뜯어 먹히거나 새에게 쪼아 먹히는 것을 무엇보다도 영광으로 생각하는 장례도 있다. 어느 고장의 백성들은 복된 영혼들이 마음대로 좋은 물건을 독점하고 전원에서 안락하게 살고 있으며, 메아리는 그 영혼들이 외치는 소리라고 믿고 있다. 또 어떤 고장에서는 물속에서 싸우면서 활을 정확하게 쏘아대기도 한다. 어떤 곳에서는 어깨를 추켜올리고 머리를 숙여서 복종의 뜻을 표하여 임금의 앞에 나아갈 때에는 신발을 벗어야 한다. 어떤 곳에서는 내시들이 수녀들을 지키는데 그들은 사랑을 받지 못하도록 코와 입술을 떼어버린다. 그리고 제관들은 귀신과 사귀고 신탁을 내리기 위하여 눈알을 빼어버린다. 어떤 지방에서는 신을 마음대로 고른다. 그리하여 사냥꾼은 사자나 여우를 신으로 삼고, 어부들은 물고기를 신으로 삼아 열렬히 우상화한다. 해와 달과 땅 등도 주요한 신이며, 해를 쳐다보고 땅을 만져서 맹세의 뜻을 표시하고 고기나 생선은 날로 먹는다.

어느 곳에서는 중대한 맹세를 할 경우에는 그 나라에서 명성이 높던 인물의 무덤에 가서 그 무덤을 만지고 이름을 부르도록 되어 있다. 또 어떤 곳에서는 왕이 그 신하인 귀족들에게 내리는 세찬으로 불을 보내는데 그것을 가져오면 그전의 불은 모두 꺼버리기로 되어 있다. 그리고 이 귀족들에게 의지해 있는 백성들은 각자 이 새로운 불에서 자기 불을 받아가야 하며 그렇게 하지 않으면 불경죄가 되는 것이다. 어느 나라에서는 임금이 신앙생활을 위해(이런 일은 흔히 있다) 퇴위하면 왕위는 그 상속자에게서 제3자에게로 넘어가는가 하면, 어느 나라에서는 필요하다고 인정할 때마다 정체를 변혁하며 언제든지 왕을 물러서게 하고 원로들이 국정을 보살피며 때로는 백성의 손에 넘어가기도 한다. 어느 곳에서는 남녀를 불문하고 할례를 받고 또한 세례를 받는다. 어느 나라에서는 군인이 전쟁터에서 적의 장성급 일곱 명의 목을 베어서 임금에게 바치면 귀족이 된다.

어떤 곳에서는 영혼이 죽어서 없어진다는 진기하고도 무엄한 생각을 갖고 살아간다. 또 어떤 곳에서는 여자들이 두려움도 없이 눈물 한 방울 터뜨리지 않고 해산을 한다. 어떤 곳에서는 여자들이 양쪽 허벅지에 구리 테를 끼고 있다. 그리고 이가 근질거리면 깨물어 버리는 것이 용감한 자의 도리이며 왕이 원한다면 정조를 바쳐야만 결혼할 수 있게 되어 있다. 어떤 지방에서는 인사를 할 때에 손으로 땅을 짚고 다시 하늘로 쳐들게 되어 있다. 어떤 고장에서는 남자들이 짐을 머리에 이고 여자는 어깨에 지는 풍속이 있다. 여자들은 서서 오줌을 누고, 남자들은 구부리고 앉아서 눈다. 어떤 곳에서는 우정의 표시로 자기 피를 보내고, 존경하는 인물 앞에서는 신에 대하여 하듯이

향을 피운다. 어떤 곳에서는 사촌뿐만 아니라 먼 친척 간에도 혼인이 허용되지 않는다. 어떤 곳에서는 어린아이에게 네 살까지도 젖을 빨리고, 때로는 열두 살까지도 먹인다.

그리고 그 고장에서는 어린애가 태어난 첫날밤에 젖을 주면 죽는 것으로 알고 있다. 어떤 곳에서는 아버지가 아들의 징벌을 맡고, 어머니가 딸의 징벌을 맡고 있다. 그 징벌이란 거꾸로 매달고 연기를 쏘이게 하는 것이다. 어떤 곳에서는 여자에게 처녀막 절개수술을 한다. 어떤 곳에서는 무슨 풀이든지 고약한 냄새가 나는 것만 제외하고는 다 먹는다. 어떤 곳에서는 아무리 부자라고 하여도 집에 창문도 없고 물건을 담는 궤짝도 없다. 다만 도둑들은 어느 고장보다도 갑절의 처벌을 받게 되어 있다. 어떤 곳에서는 이를 원숭이처럼 깨물어 죽이고, 손톱으로 뭉개어 죽이는데 보기만 하여도 징그럽다고 한다. 어떤 곳에서는 한평생 머리도 깎지 않고 손톱도 깎지 않는다. 그런가 하면 어떤 곳에서는 오른손 손톱만 깎고 왼손 손톱은 기르는 것이 점잖다고 한다. 어떤 데서는 신체의 오른편 털은 기르고 왼편 털은 깎는다. 그리고 이웃 나라에서는 앞면의 털을 기르고 다른 지방에서는 뒷면만을 기른다. 어느 지방에서는 돈을 받고 자식더러 손님에게 서비스를 시키고 아내를 빌려준다. 또 어떤 고장에서는 어머니와 관계하여 아이를 배게 하는 것이 옳은 일이다. 따라서 부모는 아들이나 딸과 육체관계를 맺는다.

어떤 데서는 연회석상에서 서로 아이들을 빌려준다.

어떤 고장에서는 사람을 잡아먹고, 어떤 고장에서는 아버지가 늙으면 죽여버리는 것이 효도이다. 또 어떤 곳에서는 아직 뱃속에 들어 있는 아이 가운데서 아버지가 어떤 아이는 기르고 어떤 아이는 죽이라고 명령한다. 어떤 데서는 늙은이들이 자기 아내를 젊은이들에게 빌려준다. 또 어떤 곳에서는 여자를 공동으로 소유하여도 죄가 되지 않는다. 여자들은 관계한 남자들의 수만큼 털실로 된 방울을 옷깃에 달고 있는데 많이 달수록 영광이 된다. 심지어 습관은 여인의 나라를 따로 만들기까지 하였다. 그리하여 그녀들은 군대를 편성하여 손에 무기를 들고 전쟁도 하였던 것이다.

철학이 현명한 사람들의 머리에 심어놓지 못하는 것을 습관은 다만 명령 하나만으로 우매한 대중들에게도 곧잘 가르쳐 주는 것이다. 국민 전체가 죽음을 경멸할 뿐더러 치하하고 있는 나라도 있는 것이다. 일곱 살 먹은 어린이가 죽도록 매를 맞고서도 얼굴 하나 깜짝하지 않는 동네도 있다. 어떤 곳에서는 부자가 경멸받기 때문에 평범한 시민까지도 돈지갑을 주우려 하지 않는다. 그런가 하면 생활이 풍족한 지방에서 먹는 가장 맛좋은 식사가 빵과 개구리 다리와 물로 되어 있는 것도 우리는 알고 있다.

습관은 키오스섬에서 700년 동안 아내나 처녀들이 잘못을 저지른 기억이 없이 지냈다는 기적을 이루었던 것이다.

요컨대 습관이 하지 않는 일이나 하지 못할 일이란 없는 것이다. 핀다로스가 습관을 가리켜 「우주의 여왕」이라고 부른 것은 당연한 것이다.

자기 아버지를 때리는 자가 말하기를, 그건 자기 집 습관이라고 하였다. 즉 그 아버지는 그의 할아버지를 그렇게 때렸고, 그 할아버지는 그의 나이든 할아버지를 그렇게 때렸던 것이다. 또한 그는 아들을 가리켜 이 아이도 내 나이쯤 되면 나를 때릴 것이라고 말하였다.

그리고 아버지는 거리에서 아들에게 끌려 다니더니 어느 집 문 앞까지 가서 별안간 「멈춰 서!」 하고 큰 소리로 외치는 것이었다. 그는 전에 그 아버지를 거기까지만 끌고 갔던 것이다. 이것이 대대로 아버지에게 아들이 가하는 학대의 경계였던 것이다. 아리스토텔레스의 말에 의하면, 여자는 병뿐만 아니라 습관에 의하여도 가끔 머리칼을 뽑고, 그 손톱을 깨물고, 숯이나 흙을 먹는다고 한다. 또한 남자들은 천성보다도 습관에 의해 서로 교접한다는 것이다.

양심의 법칙은 천성으로 타고난다고 하지만, 역시 습관에서 비롯되는 것이다. 각자는 마음속으로 그 주위에서 용인되는 사상이나 습관을 존중하므로 여기서 벗어나며 스스로 부끄러움을 느끼고 이에 따르면 모두들 좋게 여기는 것이다.

옛날에 크레타인들은 어떤 사람을 저주하려고 할 때에는, 「그놈에게 고약한 버릇을 붙여주라.」라고 신에게 빌었던 것이다.

그러나 습관의 위력이 미치는 중대한 결과는 그것이 우리를 꽉 붙잡고 놓지 않는 일이다. 즉 우리는 습관의 손아귀에서 벗어나게 하여 그 명령을 이성에 의해 판단하는 일은 거의 불가능하다는 것이다. 실로 우리는 세상에 태어나자마자 젖과 함께 여러 가지 습관을 빨아먹기 때문에 그리고 세상의 모습은 그런 상태로 우리의 눈에 처음으로 나타나므로 이를테면 우리는 태어나면서 이러한 길을 걷게끔 환경이 마련되어 있는 것이다. 그리하여 우리 주위의 사람들로부터 신임을 받고 우리 조상들께서 씨앗을 받아서 우리의 마음속에 주입되어 있는 공통된 사상이 곧 보편적이고 자연스러운 사상인 것처럼 보이는 것이다.

그리하여 사람들은 습관의 테두리에서 벗어나 있는 것을 이성의 테두리에서도 벗어나 있는 것으로 생각하게 된다. 그러한 생각이 가장 불합리한 경우가 얼마나 많은가는 신도 알고 있다. 우리가 우리 자신을 연구하여 자기가 할 일을 배워온 바와 같이 모든 사람이 각자 격언을 들을 적마다 이것이 어찌하여 자기 비위에 맞는가를 생각해 보면, 그 격언이 좋은 말로 보이기보다는 대가의 경우에 자기 판단이 어리석음을 채찍질하는 것임을 깨닫게 될 것이다. 그러나 사람들은 진리의 충고와 교훈은 일반 사람들에게 보낸 것이고 결코 자기에게 한 것이 아니라고 생각한다. 그러므로 사람들은 이것을 자기에게 적용하지 않고 다만 그 기억 속에만 간직해 둔다. 그것은 매우 어리석고 무익한 짓이다. 다시 습관의 이야기로 돌아가자.

　자유와 자치에 길든 백성들은 다른 정치 제도를 기인하고 천성에 위배되는 것이라고 생각한다. 군국 정치하에서 살아온 사람들도 마찬가지이다. 운명이 그 변혁에 아무리 좋은 기회를 주더라도 아니 그들이 커다란 고난을 겪고 나서 겨우 어떤 군주의 속박을 벗어났을 때에도 그들은 다시 같은 고생을 거듭하여 또 하나의 군주를 받들게 된다. 즉 그들은 군주를 저주할 마음은 도저히 늘어나지 않는 것이다.

　다리우스는 어떤 그리스인에게 돈을 얼마나 주면 인도인처럼 죽은 부모의 시체를 뜯어먹겠느냐고(이것은 인도의 습관이었다. 그들은 뱃속보다 더 나은 묘지가 없다고 생각하였던 것이다) 물어보았더니, 그들은 세상을 다 내어주더라도 그 짓만은 못하겠다고 대꾸하였던 것이다. 그러나 다시 그들의 풍습을 버리고 부모의 시체를 화장하는 그리스인의 장례식을 따르라고 하였더니 그들은 그것을 더욱 해괴망측하게 생각하는 것이었다. 누구에게나 이런 면이 있다. 습관이 우리에게 사물의 참된 모습을 볼 수 없게 하는 것이다.

첫눈에 보아서 아무리 굉장하고 놀랍게 보이는 것도
두고 보면 차차 대수롭지 않게 보여지지 않는 것이 없다.
(루크레티우스)

 전에 나는 우리 주위에서 큰 권위로 간주되는 관례의 하나를 검토해 볼 필요가 있어서 그것을 현재 실시되는 법률이나 표준의 힘에만 비추어 보지 않고 그 근원까지 캐어 보았더니 그 근거가 너무나 박약함을 발견하고 남들에게 그것을 확인해 주려던 내가 그만 진저리를 느꼈던 것이다.

 플라톤이 자기 시대의 타락한 연애 풍토를 몰아내려고 시도한 것 중에서 가장 훌륭한 방법이라고 생각한 것은 곧 민중의 여론이 그것을 비난하고 이들을 비롯하여 모두들 그런 연애 풍조에 대하여 비난하는 것이었다. 그것은 아름다운 딸들이 아버지의 사랑을 끌지 않게 하고, 잘생긴 형제들이 자매의 사랑을 끌지 않게 하는 방법으로, 티에스데스나 오이디푸스 또는 마카레우스의 이야기까지도 그 아름다운 노랫소리와 함께 어린 것들의 연약한 머리에 유익한 신념을 불어넣었던 것이다.

 정조란 실로 아름다운 덕성이며 그 필요성은 널리 알려져 있다. 그러나 이 정조를 자연에 의거하여 논하거나 옹호하기는 어렵지만 습관이나 규범에 의해 이를 옹호하는 편이 한결 손쉽다. 대체로 사물의 근원적인 이유나 보편적인 원인은 알아내기가 어려운 것이다. 그러므로 대가들도 다만 가볍게 그 표면을 스칠 뿐 대개는 지나쳐 버리기가 일쑤이다. 아니면 스치기도 하지 않고 처음부터 습관의 옷깃에 숨어 거기서 값싼 자부와 승리에 도취되곤 한다. 저「자연」이라는 근원 밖으로 벗어나기를 원치 않는 자는 점점 실패를 거듭할 따름이다. 그리하여 터무니없는 견해를 갖게 된다. 예컨대 크리시푸스의 경우가 그렇다. 그는 그의 저서의 곳곳에서 아무리 불순한 이성관계라도 이를 묵인해야 한다는 주장을 내세우고 있다. 이 습관이라는 횡포한 편견에서 벗어나려는 자는 여러 가지 사물들이 다만 거기에 따르는 습관의 수염과 주름살에 의거하여 아무런 의심할 여지가 없는 것으로 용인되어 있음을 발견하게 될 것이다. 그러나 일단 이 가면을 벗고 사물을 진리와 이성 앞에 놓고 보면 지금까지 자기의 판단이 가면을 쓰고 있었음을 느끼게 되는 동시에 오히려 그것이 전보다도 훨씬 분명한 기초를 이루고 있음을 느낄 것이다.

나는 그때에 그 사람에게 묻고자 한다. 대체 한 국민이 일찍이 들어본 적도 없는 법규에 따르도록 강요되는 것처럼 괴상한 일이 있을까라고. 가령, 사람들은 모든 가사에 있어서—결혼, 증여, 유언, 매매 등에 있어서 알 수 없는 규칙에 따르고 있는 형편이다. 이 규칙은 자기들의 말로 성문화되지도 않고 공포된 일도 없기 때문이다. 그것을 알려면 돈을 내어 그 주해를 사야만 하게 되어 있는 것이다. 이와 같은 일은 신하들의 상거래에는 세금을 물리지 말고 금전 관계의 분쟁에는 헌납금을 바치게 하라고 임금에게 충고한 소크라테스의 교묘한 의견을 좇는 것이 아니라 망측하게도 이성 자체를 흥정하고 법률을 상품으로 취급하는 식이다. 나는 운명의 신에 감사하지만 우리 역사가들의 말에 의하면 처음으로 로마제국의 법률을 우리에게 적용하라고 한 샤를마뉴 대제에게 반대한 사람은 우리 고장의 가스코뉴 귀족이었다는 것이다.

한 국가에서 합법화된 습관으로 재판이 거래의 대상이 되어 판결에 현금이 오가고 돈이 없는 자는 공공연히 재판에 지게 마련이며 이러한 장사 속에서 옛날의 세 계급인 승려와 귀족과 평민들 이외에 소송 사무를 다루는 제 4계급이 정부 안에 생겨 법의 운명과 재물과 생명에 관해 최대의 권한을 갖고 귀족에 맞서는 특수한 사회계급을 이루어 명예4)에 관한 법과 정의의 법이라는 2중의 상반되는 법이 생긴다(전자는 모욕을 당하고 참을 경우에 엄한 처단을 가하는가 하면, 후자는 복수를 하는 자를 벌한다). 무사들은 모욕을 참는 자는 명예와 귀족의 지위를 반드시 빼앗기게 되어 있으며, 서민 가운데에는 원수를 갚는 자는 반드시 목베임을 당하게 되어 있다(그 명예 위에 가해

---

4) 중세기에 성행하던 결투는 법적으로 금지되어 있지만 귀족이 모욕을 당하고 결투를 하지 않으면 명예에 관계된다. 16세기부터 이를 엄금함.

진 부당한 처사를 법에 호소하면 그 명예를 더럽히는 것으로 간주하며, 법에 의하지 않고 직접 복수를 하려고 하면 이번에는 법에 의해 처벌을 받는다). 그리고 이렇게 대립된 두 계급이 한 사람의 상전을 받들고, 하나는 평화를 다루고 하나는 전쟁을 다룬다. 하나는 재산을 수호하고 하나는 명예를 받든다. 하나는 학문을, 하나는 용기를. 하나는 언사를, 하나는 행동을. 하나는 정의를, 하나는 용기를. 하나는 도리를, 하나는 힘을. 하나는 긴 옷,5) 하나는 짧은 옷6)을 차지한다. 이 얼마나 두려운 일인가.

옷과 같이 아무리 좋은 것도 이것을 참된 목적에 적응시키려고 하면 역시 기이한 현상이 나타난다. 옷은 본래 신체의 보호와 안락을 목적으로 삼는 것으로써 마땅히 우아하고 편리해야 할 것인데 우리네의 저 각모나 부인들이 머리에서부터 내려뜨리는 주름잡은 빌로드의 기다란 고리에 여러 가지 색깔을 장식한 것이며, 또한 우리가 입에 올리기도 계면쩍은 기관의 모양을 그대로 나타내 보이는 저 우리가 자랑하는 바지는 무슨 꼴불견인가. 그렇다고 분별 있는 사람들이 일반적인 풍습을 좇는 습관을 저버리지는 않는다. 오히려 반대로 모든 특이한 옷차림을 하는 것은 흔히 광기 아니면 어떤 고의적인 의도에서이

---

5) 재판관의 제복.
6) 무사의 군복.

다. 따라서 참된 이성에서 오는 경우는 드물다고 본다. 현자는 그 영혼을 속인들과는 달리 자기의 내부에 깊이 간직해야 한다. 그리하여 이것을 자유롭게 활용하여 모든 사물을 뜻대로 판단할 수 있는 권한을 부여해야 하는 것이다. 그러나 외모에 있어서는 그도 역시 일반 풍습을 좇을 수밖에 없을 것이다. 대중 사회는 우리의 사상과는 아무런 상관이 없다. 그러나 사상과는 다른 우리의 행동, 사업, 재산, 사생활 같은 것은 사회의 봉사와 여론에 맡겨두어야 할 것이다. 마치 저 선량하고 위대한 소크라테스가 비록 법이 불공정했으나 그 법의 권위에 도전함으로써 자기 생명을 구제하기를 거절한 것과 같다. 자기가 살고 있는 국가의 법을 지킨다는 것 자체가 규칙 중의 규칙이요, 법률 중의 법률이기 때문이다.

그 나라의 법에 따르는 것은 아름다운 일이니라.
(크리스판의 그리스 격언집에서)

여기서 이러한 것도 생각할 수 있다. 즉 현재 공인되는 법률을 변경하는 것이 그 추진자들의 주장과 같이 과연 분명한 이득을 가져오는가? 이것을 변경함은 오히려 해롭지 않는가? 왜냐하면 하나의 정체는 여러 가지 부분이 긴밀하게 결합되어 이루어진 건축과 같은 것으로 전체적으로 그 영향을 느끼지 않도록 하면서 그 한 부분을 변경시킬 수는 없기 때문이다. 투리아의 입법자는 법률을 선포하면서 「낡은 법률을 폐지하거나 새 법률을 세우려는 자는 마땅히 목에 오랏줄을 걸고 국민 앞으로 나오라.」고 하였다. 그러니까 만일 그 법률 개정이 뭇사람들의 찬동을 얻을 수 없을 경우에는 즉석에서 목을 졸라매려는 것이다. 라케데모니아의 입법자는 목숨을 걸고 그 동포로부터 장차 자기가 선포한 법률의 1개 조항이라도 변경하지 않는다는 약속을 받았던 것이다. 저 에포로스[7]는 프리니스가의 악기에 첨가한 두 줄을 난폭하게 끊어버리고 그 줄 때문에 악기가 더 좋아졌는가, 또는 조화가 더 풍부한가의 여부는 거들떠보지도 않았다. 다만 고래풍을 변경시켰다는 것만으로 그가 이것을 배격하기에 족하였던 것이다. 이것이 곧 마르세이유 재판소의 녹슨 칼이 지닌 의미이다.

나는 혁신을 싫어한다. 그것이 어떤 양상을 띠든지 싫다. 그런데 여기에는 이유가 있다. 나는 그 혁신이 매우 해로운 결과를 초래하는 것을 여러 차례 보아온 것이다. 벌써 여러 해 전부터 우리들을 압박하고 있는 혁신의 풍조[8]는 전부 이루어진 것은 아니지만 우리는 이렇게 말할 수 있을 것이다. 「그것은 우연히 모든 것을 초래하게 되었다. 해독과 파괴까지도 초래하였

---

7) 라케데모니아 관리.
8) 종교개혁을 가리킴.

다. 그리고 그것은 나중에 혁신과는 달리, 또 혁신에 반항해 나갔었다. 이제야 혁신은 오직 자기를 먹어 들어갈 수밖에 없다.」고.

아, 내가 쏜 화살이 나를 해치는구나. (오비디우스)

나라에서 소란을 피우는 자는 제일 먼저 그 패망의 도가니 속에 빠지기 쉬운 법이다. 동란을 일으키면 그 결과는 결코 그것을 도발한 자에게 머무르는 데 그치지 않고 다른 어부들에게도 파도가 일게 한다. 우리의 이 군주 국가도 이제 그 노년기에 이르렀으며 그 통일과 조직이 이 혁신 풍조로 말미암아 해체되고 파괴되어 이런 해독을 여지없이 입고 있는 것이다. 임금의 존엄은 고인이 말한 바와 같이 그 정상에서 중턱으로 떨어지는 것은 쉬운 일이 아니지만, 중턱에서 밑바닥으로 떨어지는 것은 한 순간에 이루어지는 일이다.

그러나 창의자로부터 오는 해독이 더욱 크다고 하더라도 그 모방자[9]는 그것이 두렵고 해로운 것을 느끼고 비난하면서도 이를 좇는 것은 더욱 부덕한 일이다. 그러므로 같은 악행 사이에도 명예의 순서가 있다면 후자는 전자에게 창의의 명예와 솔

---

9) 신교도를 잔인하게 탄압하는 구교도.

선수범의 용기를 양보하지 않으면 안 된다.

나중에 속출된 여러 가지 폭동은 모두가 이 최초의 풍부한 원천 속에 우리나라를 교란할 수 있는 많은 모형을 발견하고 기뻐한다. 사람들은 이 최초의 해악을 바로잡기 위해 세운 법규 속에까지 여러 가지 흉악한 기도에 대한 교사와 변명이 되는 조항을 찾아볼 수 있다. 실로 저 투키디데스가 자기 시대의 내란에 대하여 말할 것이 이제 우리들의 신상에 도래한 것이다. 즉 오늘날 사람들은 죄악을 은폐하기 위해 그럴듯한 미사여구로 그 법률의 진실한 성격을 은폐하고 있는 것이다. 그러면서도 그것이 우리의 양심과 신앙을 개혁하기 위함이라고 말하니 놀라지 않을 수 없다. 「그 구실은 좋다.」(테렌티우스) 그러나 혁신의 구실은 아무리 훌륭하여도 매우 위태로운 것이다. 「낡은 제도의 변경은 찬성할 수 없다.」(티투스 리비우스)

기탄없이 말하고자 한다. 나는 이렇게 생각한다. 「자기 의견을 존중하는 나머지 이를 내세우기 위해서는 세상의 평화를 교란하는 것도 불가피한 일이다. 내란이나 국제의 변혁이 중대한 문제에 있어서 여러 가지 불행을 초래하고 무서운 인심의 부패를 가져와도 할 수 없으며 이러한 일들이 우리나라에서 발생한다고 하더라도 부득이한 일이라고 생각하는 것은 지나친 오만이다.」라고. 더구나 의심할 여지와 의론할 여지가 있는 사회의 과오를 타파하기 위해 이렇듯 분명한 해악을 권장함은 졸렬한 처사가 아니고 무엇이겠는가. 세상에 자기의 양심과 타고난 이해력에 거역하는 것처럼 가증스러운 악덕이 있는가?

상원은 종교의 관리에 대한 문제로 백성들과 그들 사이에 일어난 논쟁에서 메디아 전쟁 때에 델포이인들에게 내린 신탁을 본떠서 「자기들보다도 신에 대한 문제이니 신이 자기들의 신앙을 모독하는 것을 막아줄 것이다.」라고 궁색한 답변을 하다니 당돌한 일이라고 하지 않을 수 없다. 메디아 전쟁 때에 페르시아군의 침입이 두려운 나머지 델포이인들은 교회에서 간수하고 있는 신성한 보물들을 다른 데로 옮길 것인가, 혹은 감춰놓을 것인가 하고 신에게 물어보았더니 신은 대답하기를 「아무것도 움직이지 말고 너희들은 자기 걱정이나 하여라. 신은 자기에게 해당한 일에 대하여는 알아서 처리할 것이다.」라고 하였던 것이다.

기독교는 스스로 매우 공정하고 유효한 표적을 많이 갖고 있다. 그러나 이것을 가장 명확하게 보여주는 것은 그 국가 주권에 복종과 국체의 옹호를 엄중히 권장하고 있는 점이다. 이 점에 대하여 신의 지혜는 얼마나 놀라운 본보기를 우리에게 보여주는 것일까? 기독교는 실로 인류를 죽음과 죄에서 구제하여 영광스러운 승리를 거두려는 마당에서도 오직 국가의 질서를 문란케 하지 않는 범위에서 수행하려고 했던 것이다. 그리고 그 발달—그렇게 높은 이상을 지니고 또 그렇게 세상에 이로운 목표의 달성—을 다만 우리들의 맹목적인 풍습에 맡겨두었던 것이다. 즉 저 존귀한 열매를 맺게 하기 위해 그 사랑하는 바 택함을 입은 많은 사람들이 죄 없이 피를 흘리는 것도 묵과하고 오랜 세월의 낭비도 참으셨던 것이다.

자기 나라의 제도나 법규에 따르는 자들의 주장과 그것을 조종하여 뜯어 고치려는 자들의 주장 사이에는 커다란 차이가 있다. 전자는 순박, 복종, 모방의 덕을 찬양한다. 그들은 그것만 지니고 있으면 나쁜 대로 흐르지 않기 때문이다. 그것은 기껏해서 불운에 그친다. 「가장 빛나는 실례에 의해 입증되어 온 옛날의 법률을 존중하지 않는 자가 누구인가?」(키케로)

그것은 「결함은 도를 지나치는 것보다는 절제에 더 큰 몫을 차지한다.」고 말한 소크라테스의 견해와는 판이하다. 후자는 더욱 괴로운 입장에 있는 것이다. 자기가 택하여 변혁을 일으키려는 일에 참여하는 자는 비판의 권위를 무시하고 그 배격하려는 내용의 결함과 그 새 것의 장점을 판별할 줄 알아야 한다. 이 매우 평범한 생각이 나로 하여금 굳게 자기 위치를 고수하게 했던 것이다. 그리고 지금보다도 훨씬 무모했던 내 청춘시절도 능히 제어할 수 있었다. 즉 그런 중대한 학문에 대하여 책임을 지거나 하는—자기가 좀 배운 쉬운 학문도, 그러니까 다소 경솔한 판단을 내려도 크게 문제가 되지 않는 학문에 있어서도 진실한 판단을 하려면 좀처럼 잘라서 말하기 어려운데,

그런 중대한 학문에 대하여 감히 뭐라고 말할 수 있으랴—그런 무거운 짐은 절대로 져서는 안 된다고 나에게 가르쳐 주었던 것이다. 그도 그럴 것이 움직일 수 없는 공적인 제도나 습관을 내 기분(사사로운 이유란 다만 사사로운 권위를 갖고 있을 뿐이다)에 따르게 하려는 것과 또한 어떤 정부도 민사법에 대하여 개혁을 감행하지 못하게 되어 있는데 거룩한 신법을 고치려고 하는 것은 매우 무엄한 일로 생각되었다. 물론 민법에는 인간의 지력이 많이 작용하고 있지만 마지막 순간에 가서는 신의 규범이 그 재판관들을 제재하는 것이다. 그리고 인간의 지식이 아무리 깊다고 하더라도 현행의 습관을 설명하거나 부연하는 데 그치며 결코 이것을 변혁할 만한 힘은 갖고 있지 않는 것이다. 비록 때로는 신의 섭리가 우리를 필연적으로 구속하고 있는 규칙 이상의 작용을 하더라도 그것은 우리를 그런 규칙에서 해방시켜 주지는 못한다. 그것은 신의 손길이 한 번 스치는 것으로 우리는 이것을 경탄할 일이지 모방해서는 안 된다. 그러므로 그것이 뚜렷이 보이는 이른바 기적 같은 경우를 두고 보더라도 신이 그 위엄을 보여주기 위해 우리의 범주와 역량을 넘어서 작용하는 것이다. 이것을 본뜨려고 하는 것은 미친 짓이요, 모독이다. 그것은 우리가 모방해서는 안 되며 다만 놀라운 눈으로 우러러보아야 하는 것이다. 그것은 신이 할 일이요, 우리가 할 일이 못 되기 때문이다.

11. 동일한 의도에서 일어나는 잡다한 결과

프랑스 궁정 사제장 자크 아미오가 어느 날 우리 태공을 찬양하며 내게 이런 이야기를 들려주었다(그분은 외국인[1])이지만 태공이 될 자격을 갖고 있었다). 그것은 우리나라 동란 초기에 루앙이 포위되었을 때의 일이었다. 태공은 왕의 모후인 대비께서 보내온 편지에서 태공의 목숨을 노리는 음모가 있는데 그 두목은 앙주나 르망의 귀족이며, 이 흉계를 꾸미면서 태공의 저택에 드나들고 있다는 것을 알게 되었으나 태공은 이것을 혼자만 알고 있었다. 그런데 이튿날 우리 포병이 생트 카트린스 산에 진을 치고 루앙성에 포격을 가하며(당시에 우리 군대가 그 도시를 포위하고 있었다), 앞에서 말한 사제장과 다른 주교 한 분을 데리고 진지를 거닐고 있을 적에 태공은 그 편지에 적어 보낸 귀족이 거기 있는 것을 보고 그를 불러오게 하였다. 그는 앞으로 나오면서 양심의 가책을 받고 안색이 변하면서 떨고 있었다. 태공은 말하였다. 「경은 내가 당신을 부른 까닭을

---

[1] 프랑수아 드 기즈 공작이 로레에스가에 속했으므로 당시 프랑스로 보면 외국인이다.

알고 있소. 숨길 생각은 아예 마오. 나는 이미 다 알고 있소. 마음을 감추는 것은 그대를 위해 해롭소. 그대는 이러저러한 일(여기서 음모의 세밀한 내용을 지적하고 나서)을 계획하고 있지요? 목숨이 아까우면 다 털어놓으시오.」

이 가련한 귀족은 이제 벗어날 길이 없음을 알고(그의 동지 하나가 대비에게 다 고해바쳤던 것이다), 두 손을 모아 싹싹 빌며 태공에게 용서를 빌 수밖에 없었다. 태공은 그가 앞에 무릎을 꿇는 것을 저지하고 말을 계속하였다.

「이리 가까이 오라. 언제 내가 그대들을 괴롭힌 적이 있었는가. 내가 원한으로 말미암아 그대들의 동지 한 사람인들 해쳤는가. 내가 그대들을 알게 된 것은 겨우 3주일 전의 일이오, 대체 무슨 까닭에 내 목숨을 빼앗으려고 했느냐?」

귀족은 떨리는 목소리로 대답하였다.

「그것은 결단코 내가 주동이 된 것이 아니옵니다. 우리 일당 전체의 주장이옵니다. 어떤 자가 무슨 수단으로나 이런 종교의 강적을 멸하는 것은 신의 뜻에 합당한 일이라고 주장하였기 때문입니다.」

태공은 말하였다.

「그러면 나는 내가 신봉하는 종교가 얼마나 그대들이 생각하고 있는 것보다 관대한가를 보여줄 테요. 그대들의 종교는 우리 측으로부터 아무런 침해도 받지 않는데 내가 하는 말도 들어보지 않고 그대더러 나를 죽이라고 명령하였소. 그런데 우리의 종교는 그대가 까닭 없이 나를 죽이려고 한 것을 알고도 나에게 그대를 용서하라고 명령하오. 가시오. 앞으로 다시는 내 앞에 나타나지 마시오. 그리고 만일 그대가 현명하다면 앞으로는 일을 꾸밀 때에 그들보다도 신의를 아는 자들의 의견을 좇도록 하오.」

아우구스투스 황제가 골 지방에 왔을 때 루키우스 신하가 자기에게 음모를 꾸미고 있다는 보고를 받았다. 그는 복수할 생각으로 이튿날 동료들과 회의를 열었다. 그런데 그날 밤은 명문 출신의 청년(폼페이우스의 조카)을 죽여야 한다는 생각으로 마음이 대단히 언짢았다. 그리하여 이를 한탄하며 이모저모로 생각해 보았다.

「어떻게 할까? 나는 공포와 경계 속에 언제까지나 머물러 있어야 하는가? 나를 죽이려는 자를 자유롭게 활개 치게 해야 하는가? 내란과 원정으로 바다와 육지에 걸친 그 많은 싸움에서 간신히 건져온 이 목을 그에게 빼앗겨야 하는가? 겨우 세계의 평화를 수립한 지금에 와서, 비단 나를 죽이려고 할 뿐만 아니라, 희생으로 바치겠다고 음모하는 자를 용서해야 하는가?(그 음모란 그가 희생을 바치는 때를 노려 그를 살해하려는 것이었다).」 이렇게 말하고 그는 잠시 침묵을 지키고 있었으나 이윽고 다시 소리 높이 자기 자신에게 반박하는 것이었다.

「그렇게 많은 사람들이 너의 죽음을 원하고 있는데 어찌하여 너는 살아 있느냐? 너의 복수와 잔인성은 끝장을 보는 날이 없을까? 과연 너의 목숨은 이런 손실을 초래하여서까지 보존할 만한 가치가 있느냐?」

아내 리비아는 그가 이렇게 고민하고 있는 것을 보고 말하였다.

「제발 이 계집의 말에 귀를 기울여 의사들이 여느 때의 처방으로 듣지 않을 때 하던 식으로 하세요. 그땐 반대되는 약을 쓰는 법이 아녜요? 당신은 오늘날까지 엄격하시기만 했어요. 그래서 무슨 소득이 있었나요? 살비디에누스 다음에는 레피두스가 따르고 레피두스 다음에는 무레나, 다음에는 카에피오, 카에피오 다음에는 에그나티우스가 나왔어요. 온유하고 관대한 처사가 당신을 얼마나 복되게 하는가를 시험해 보세요. 시나는 확증이 나와 있어요. 그를 용서해 주세요. 당신을 해칠 생각을 다시는 못할 거예요. 그리고 이것이 당신의 영광에 도움이 될 테지요.」 아우구스티누스는 자기 변호인을 발견하고 마음이 흡족하였다. 그리하여 아내를 내보내고 회의에 동료들을 불러들일 것을 철회하고 시나를 혼자 앞으로 오게 하라고 명령하였다. 그리고 사람들을 자기 방에서 모두 내보내고 시나에게 자리를 권한 다음에 이렇게 말하였다.

「잠자코 듣고만 있어라. 시나, 내 말을 끊지 말아라. 나중에 네가 충분히 대답할 여유를 주겠다. 너도 알고 있을 것이다. 시나, 내가 너를 적의 진영에서 포로로 삼았을 때 너는 내 적이었다. 너는 태어나면서부터 내 적인데도 나는 너를 살려주고 너의 재산을 모두 돌려주었다. 너를 너무 행복하게 해주었기 때문에 승리자의 편에서 오히려 패배자의 입장을 부러워했을 정도였다. 네가 제관의 직책을 요구하기에 너를 위해—용감하게 싸운 자의 후손들에게는 허용치 않으면서도—이를 허용하였다. 이렇게까지 너를 후대하였는데 너는 나를 죽이려는 흉계를 꾸몄다.」

이 말을 듣고 시나는 조금도 그런 악의를 품은 일이 없다고 우겼으므로 그는 말을 계속하였다.

「약속을 잊었느냐, 시나여. 너는 내 말을 중단하지 않을 것을 약속하지 않았느냐.」

하고 그는 이렇게 덧붙였다.

「그래, 너는 아무 장소에서 어느 날 아무개들과 이러저러한 방법으로 나를 죽일 음모를 하지 않았느냐.」

시나는 이 말에 적이 놀라는 것이었다. 그는 잠자코 있겠다는 약속 때문이 아니라, 양심의 가책 때문에 한 마디도 입 밖에 내지 못하는 시나를 노려보며 말을 이었다.

「어찌하여 너는 그런 짓을 하였느냐? 황제가 되기 위해서였느냐? 만일 네가 왕위에 오르는 것을 못마땅하게 여겨 방해하는 자가 나 한 사람뿐이라면 그것은 실로 국가를 위해 불행한 일이다. 너는 너의 일가를 지키지도 못하여 얼마 전에는 천한 노예 출신과 싸운 끝에 손상까지 당하여 패하지 않았느냐? 그런데 너는 황제의 자리만이 탐나느냐? 만일 나 한 사람만이 너의 희망을 훼방하고 있다면 나는 제위를 너에게 양보할 용의가 있다. 그러나 생각해 보아라. 파울루스 가문, 파비우스 가문, 코체아 가문, 세르빌리아 가문 사람들이 너를 용납할 줄 아느냐? 그 밖에 많은 귀족들, 이름만의 귀족이 아니라 그 용기와 덕행으로 가문에 영광을 세운 귀족들이 잠자코 받아들일 줄 아느냐?」

이 밖에도 여러 가지 이야기를 들려주고 나서(실로 그는 두 시간 이상이나 이야기하였다.)

「그럼 가보아라, 시나.」

하고 이렇게 덧붙였다.

「일찍이 적이던 너에게 명령하듯이 반역자인 너에게 나는 명령한다. 오늘부터 우리 사이에 우애가 있기를 바란다. 우리 두 사람 중에서 너에게 명령을 내리는 나와, 이 명령을 내게서 받는 너와 어느 쪽이 더 진실한가 시험해 보자꾸나.」

이렇게 말하고 나서 아우구스티누스는 시나와 헤어졌다. 그 후 얼마 안 되어 그는 시나에게 어찌하여 자진하며 요구해 오지 않느냐고 책망하면서 집정관의 직위를 주었다. 그 후 시나를 친우로 삼았다. 그리하여 그만을 그 모든 재산의 상속자로 하였다. 이런 일이 있은 후에(그것은 아우구스티누스의 나이가 40세 때의 일이다), 그에 대한 음모는 자취를 감추었다. 그는 이 관용에 대한 보답을 받은 것이다. 그런데 전에 말한 드 기즈 태공[2]의 경우는 그렇지가 못하였다. 그의 자비는 그가 그 후에 다시 같은 음모 속에 빠지는 것을 구제해 내지 못하였다. 인간의 지혜는 역시 그만큼 헛되고 쓸모없는 것이다. 그리고 우리의 모든 계획과 사려를 통하여 언제나 운명이 그 결과를 장악하고 있는 것이다.

우리는 의사들의 치료 결과가 좋으면 그들의 운이 좋았다고 말한다. 마치 그들의 기술이 그 자체만으로는 유지될 수 없으며 그 자체의 힘에 의지하기에는 너무나 약하므로 그 기술은 운의 도움을 받을 필요가 있다는 식이다. 나는 의술에 대하여는 사람들이 좋게 말하건 나쁘게 말하건 개의치 않는다. 덕분에 나와 의사는 별로 친교가 없이 지내는 처지이다. 나는 다른 사람들과는 반대이다. 나는 평소에 의술에 대한 관심이 없지만 병에 걸리면 의술과 친하기는커녕 오히려 미워하고 무서워한다. 그리고 나에게 약을 권하는 자에게는 이렇게 말한다.

「적어도 내가 좀 더 체력과 건강을 회복하여 그 약을 먹음으로써 일어나는 영향이나 위험에 조금이라도 저항할 만한 힘을

---

2) 프랑수아 드 기즈는 적을 용서하고 나서 1563년에 암살됨.

기를 때까지 참아 주게.」

나는 자연이 하는 대로 내맡긴다. 자연은 그 몸이 이빨과 발톱이 달려 있어 자기에게 닥쳐오는 공격을 막아낼 수 있으며, 그 조직의 붕괴를 피하여 이를 지탱해 나갈 수 있다고 나는 생각한다. 나는 차라리 자연이 병과 겨룰 때에 의약이 자연을 구조하는 것이 아니라 오히려 그 적을 도와주지나 않는가. 그리하여 자연의 손발을 묶어놓지 않는가 하고 두려워한다.

그런데 나는 의술뿐만 아니라, 더 확실한 여러 가지 학문에 있어서도 운명이 커다란 작용을 한다고 말하고 싶다. 시적 영감은 시인으로 하여금 자기 자신으로부터 벗어나 시를 쓰게 하는데 이것 역시 그의 행운으로 돌리지 않을 수 없는 것이다. 왜냐하면 그 자신 그 창작활동은 자기 역량을 벗어나 있음을 고백하며 그 영감이 자기 이외의 다른 곳에서 왔으며 자기 힘으로는 도저히 지배할 수 없음을 인정하고 있으니 말이다. 웅변가도 마찬가지이다. 그들은 그 의도 이상으로 납치해 가는 저 감격과 흥분을 자기 힘으로는 어찌할 수 없다고 한다. 그림도 그렇다. 때로는 화가의 손에서 그의 구상이나 기술을 능가하는 선이 불쑥 나타나 자신을 당황하게 하고 아연실색케 하는 수가 있는 것이다. 그러나 이러한 작품에 작용하는 운명의 힘이 얼마나 큰가는 거기서 찾아볼 수 있는 아름다움이 단지 작가의 의도를 떠나 존재할 뿐만 아니라, 그 작자는 알지도 못하는 중에 몰래 존재한다는 사실에 의해 더욱 명백하게 드러난다. 식견 있는 독자는 남이 쓴 작품 속에서 작가가 묘사하였다고 생각하는 내용과는 다른 내용을 때때로 찾아볼 수 있다. 그리고 거기에 더욱 풍부한 의미를 부여하기도 한다.

군대의 음모에 있어서 운명이 얼마나 많이 작용하는가 하는 문제는 주지의 사실이다. 인간의 심사숙고나 결의 속에도 실로 어느 정도의 우연과 행운이 깃들어 있을 것이다. 오직 우리의 지혜만이 할 수 있는 것은 대단하지 못하다. 우리의 지혜는 날카로울수록 자체의 약점을 지니고 있다. 그만큼 자기를 믿을 수 있는 것이다. 나는 시나와 같은 의견이다. 그러므로 빛나는 군사적 공훈도 이를 상세히 검토해 보면 전투를 지휘하는 자들은 형식적으로 궁리하고 행동할 뿐 그 작전의 대부분은 운에 맡기고 운이 도와줄 것을 믿으며 형편이 닥치는 대로 모든 사려를 넘어서 행동함을 발견하게 된다. 그들은 그렇게 하는 가운데 우연히 마음이 즐거워지고 여느 때에 볼 수 없던 맹위가 솟아나서 근거가 박약하게 보이는 결심을 흔히 하게 하고 그들의 용기를 터무니없이 고취한다. 그러므로 많은 옛 명장들은 자기의 무모한 의도를 믿게 하려고 영감을 받았느니 계시를 보았느니 하여 그 부하들을 격려한다.

따라서 여러 가지 사건이나 사태가 각각 색다른 난점을 내포하고 있는 관계로 어느 것이 가장 편리한 방법인지 분간할 수 없어 망설이게 될 때에는 다른 생각은 제외하고 성실과 정의가 더 많은 쪽을 택하는 것이 가장 확실하다고 생각한다. 사잇길을 모르면 대로를 갈 일이다.

내가 전에 든 두 개의 예를 생각해 보기로 하자. 재앙을 당할 뻔한 자가 적의 음모를 용서해 준 것은 다른 어떤 일보다도 소중하고 아름다운 일임은 의심할 여지가 없는 바이다. 하기는 전자는 불행으로 그쳤지만 그것을 그 사람이 훌륭한 처사를 한 탓으로 돌려서는 안 된다. 비록 반대의 결의를 하였다고 하더라도 그가 과연 운명이 준 저 죽음을 면할 수 있었을는지 모르는 일이다. 오히려 저 관용의 큰 영예를 잃는 것이 고작일 것이다.

역사에서 우리는 많은 사람들이 이런 공포에 사로잡힌 것을 찾아볼 수 있다. 그리하여 이런 사람들은 대체로 자기를 해치려는 음모에 정면으로 도전하여 원수를 갚거나 형벌을 가한다. 그러나 나는 이러한 방법이 유리하였다고 생각되는 경우를 거의 찾아볼 수 없었다. 로마의 여러 황제들의 예도 그렇다. 음모를 당할 위험을 느끼고 있는 자는 그의 실력이나 방어조치로서도 안전을 기할 수 없다. 적이 자기를 가장 잘 보살펴 주는 친구의 탈을 쓰고 나타날 때 적에 대하여 안전을 도모하기가 여간 어렵지 않는 것이다. 도대체 측근자들의 마음을 알아보는 것부터가 용이한 일이 아니다. 그는 외국인 호위병을 고용하고 무장한 사람들로 성을 쌓게 하여도 마음을 놓지 못한다. 아무라도 자기 목숨을 초개와 같이 여기기만 하면 언제라도 남의 생명을 마음대로 처치할 수 있는 법이다. 또한 임금이 남을 의심하고 언제나 수상하게 생각하면 그것 자체가 그에게는 만만치 않은 큰 채찍이 아닐 수 없다.

그런데 디온은 칼리푸스가 자기를 죽이려고 기회를 노리고 있다는 보고를 받고서도 조금도 개의치 않았다. 그는 자기 적들뿐만 아니라 친구들까지도 경계하면서 비참하게 사느니 차라리 죽는 편이 낫다고 생각하였던 것이다. 알렉산더는 이러한 심정을 더욱 뚜렷이 보여주었다. 그는 가장 신임하는 의사 필리포스가 다리우스에게 매수되어 자기를 독살하려고 한다는 정보를 파르메니온의 편지를 통하여 알고 그 편지를 필리포스에게 보이면서 필리포스가 자기에게 주는 약사발을 들이마셨다. 이것은 친구들이 자기를 죽이고 싶다면 죽어도 좋다는 것을 보여주고 있는 것이 아니겠는가? 아무튼 이 제왕은 모험을 두려워하지 않는 점에서 최고의 종사이다. 그러나 그의 생애에 이보다 더 강직하고 빛나는 미덕을 보여준 일이 있는지 나는 모른다.

왕공들의 신변을 보호한다는 구실을 내세워 사람을 믿지 말라고 말하는 것은 그들의 패망과 곤욕을 보여주는 처사이다. 위험이 따르지 않고 고귀한 일을 할 수는 없는 것이다. 내가 알고 있는 어떤 분3)은 전쟁에 용맹을 떨치고 패기가 대단함에도 불구하고 주위 사람들이 그에게 신변을 철통같이 지키고 적과 화해를 하지 말며 남들과 거리를 멀리하여 누가 무슨 말로 어떤 이권을 제의해 오더라도 강한 세력과는 절대로 손을 잡지 말라는 건의를 받고 있어 그의 행운을 손상시키고 있다. 또 한 분4)은 이와는 정반대의 의견을 좇음으로써 뜻밖의 행운을 얻어 출세한 것을 나는 알고 있다. 영광을 얻으려는 마음에서 보여주는 과감성은 필요하다면 비단 갑옷 속에서뿐만 아니라 예복을 입고서도 나타낼 수 있으며 전쟁터가 아니고 사무실에서라도 딸을 치켜올렸다 내렸다 하면서 얼마든지 나타낼 수 있다. 너무 상냥하고 섬세한 예지는 큰일을 이루는 데는 치명적인 방해물이다. 스키피오는 시팍스를 자기편으로 삼기 위해 군대를 남겨둔 채 정복한 지 얼마 오래지 않아 치안이 걱정되는 스페인을 떠나 아프리카로 건너갈 아무런 보장도 없이―인질도 잡아두지 않고―오직 자기 자신의 뛰어난 용기와 자기의 행운과 희망의 약속을 믿고 뛰어들었던 것이다. 「우리의 신념은 흔히 신의를 가져온다.」(티투스 리비우스)

---

3) 앙리 드 나바르.
4) 앙리 드 기즈(1550~1588) : 신교도를 탄압하여 여러 번 공을 세웠으므로 왕권을 능가하는 세력을 갖고 찬탈의 소동을 일으켰으나 앙리 3세에게 유인되어 불로아성에서 암살됨.

큰일을 하려고 마음먹는 고매한 인물들은 그와 반대로 언짢은 일이 일어날 여유를 주지 않고 단호히 억압해야 한다. 의혹과 불신은 침해를 스스로 불러들이게 된다. 우리나라 임금들 중에도 남을 가장 믿지 못 하던 분5)은 일을 처리하면서 자기 생명과 자유를 적의 손에 맡겨두다시피 하며 그들의 신임을 얻으려고 짐짓 전적으로 그들을 신임하는 체하였다. 카이사르는 자기에게 반란을 일으킬 양으로 무장한 군대에게 다만 자기 얼굴의 권위와 자기 말투의 위풍으로 대항하였을 뿐이다. 그는 자기의 역량과 행운에 자신이 있었기 때문에 반란군에게 자기 운명을 맡기고 조금도 두려워하지 않았다.

용감하고 강직한 얼굴로 그는 물언덕 위에 우뚝 서서
조금도 두려워하는 기색이 없었으니
남의 두려움을 살 만도 하였느니라. (티투스 리비우스)

그런데 이와 같은 강한 자부심은 누구나 가질 수 없다. 그것은 앞으로 닥칠지도 모를 죽음이나 또는 그보다도 더 무서운 일까지도 대수롭지 않게 여기는 사람만이 지닐 수 있는 것이다. 중요한 화해를 이루려는 마당에서 이를 의심하고 가망이

---

5) 루이 12세가 숙적 부르고뉴 공작 샤를르 르 테메레르와 적지에 가서 회담한 고사.

없는 일로 간주하여 기우심을 갖고 있으면 아무 일도 이루지 못하는 법이다. 남의 환심을 사고 신용을 얻으려면 어떤 필요에서 강요되지 않고 자유로이 그리하여 얼굴에 조금도 경계하는 기색을 띠지 않고 대해야 하며 상대방이 순수하고 깨끗한 입장에서 신임을 하게끔 자기가 자진하여 몸을 굽히고 상대를 믿어야 한다. 이것이 가장 좋은 방법이다.

나는 어릴 적에 대도시 사령관으로 있던 어떤 귀족6)이 광분한 군중들의 난동에 몰려서 밀려나는 것을 본 일이 있다. 그는 처음에 난동의 불길을 무마하려고 자기가 거처하던 안전한 곳을 떠나 소동을 부리는 군중들 앞에 나가려고 하였다. 그런데 운수 사납게도 거기서 그는 무참히 살해되고 말았다. 사람들은 대체로 그가 군중 앞에 나간 것이 잘못이라고 말한다. 그것은 약한 태도요 복종의 길이며, 군중을 이끌고 나가려고 한 것이 아니라 군중에게 추종하였으며 군중을 꾸짖으려 하지 않고 군중에게 목숨을 구걸하면서 그 난동을 달래려고 했다는 것이다. 그의 처사를 돌이켜보고 이와 같이 그를 비난한다. 나는 그가 성에서 군중들 앞으로 나간 것을 잘못이라고는 보지 않는다. 다만 그때에 그가 태연하면서도 엄격하게, 과감하고 자신만만한 군대를 지휘하여 자기 지위와 직분에 합당하게 처신했더라

---

6) 왕의 대관 드 모넹경. 1548년에 보르도시의 염세 반대 폭동으로 살해됨.

면 더 좋은 결과를 가져왔을 것이며 더 명예롭고 원만하게 일은 끝났을 것으로 생각한다. 이런 난동자들에게 인간성을 호소하고 온유하게 일을 처리하려는 것처럼 위태로운 짓은 없다. 그 대신 존경심과 공포심을 일으키게 하여 일을 처리하는 편이 쉬울 것이다. 그리고 나는 그가 용감한 결단을 내려 미쳐 날뛰는 인간들의 노도 속을 헤치고 평복 차림으로 뛰어든 것을 책하고자 한다. 그는 차라리 일을 도맡아 감당하여 자기 품격을 저버리지 말아야 했을 것이다. 그럼에도 불구하고 그는 위험을 느끼자 혼비백산하여 자기 지위를 망각하고 아첨하는 태도로 돌변하여 놀라움과 고민으로 해서 목소리와 눈빛까지 달라지게 되었던 것이다. 몸을 피해 숨으려다가 군중들의 마음에 불을 질러 격분을 사게 되어 결국 그 분풀이를 혼자 당하게 된 것이다.

하루는 무장한 여러 부대들의 사열식[7]을 올리려는 문제가 논의되었는데(이것은 몰래 복수를 하는 가장 좋은 기회이다), 이 사열에 필요한 주요 임무의 담당자에게 상서롭지 못한 징조가 두드러지게 보였으므로 여러 가지 논란이 벌어졌다. 중대한 사태가 벌어질 처지에 놓였으니 의당 있을 법한 일이다. 나는

---

7) 몽테뉴가 보르도시장으로 있을 당시 시행한 사열식. 전임자 드 마티뇽원사에게 샤토오트름페트 사령관의 직위를 박탈당한 바이야크의 선동으로 일어날 뻔한 반란 사건.

모두들 이런 의심을 갖고 있다는 태도를 보이지 말고 대열 속에 섞여서 떳떳이 정면으로 얼굴을 들고 있어야 하며 모든 격식은 하나도 생략하지 말고(다른 사람들은 저마다 생략할 것을 주장하였다) 부대장들에게 명령하여 참관인들을 위해 병졸들에게 화약을 듬뿍 주어 멋지게 일체 사격을 시켜보자고 주장하였다. 이것은 의혹을 산 군대를 신임하는 표시가 되어 그 후로는 상호간에 신뢰감이 더욱 짙어졌다.

카이사르가 취한 방법은 아마도 인간이 취할 수 있는 가장 좋은 방법일 것이다. 그는 먼저 너그럽고 온후한 마음으로 자기 적에게까지 사랑을 받으려고 하였으며 자기를 해치려는 음모가 발각되었을 때에는 단지 자기도 그런 말을 들은 일이 있다고 공포하고는 위풍도 당당하게 아무런 근심 걱정도 없이 자기에게 닥친 일을 기다리기로 하고 일신의 안전은 신과 운명의 처사에 맡기기로 하였다. 이것은 그가 살해를 당하였을 때의 태도였다.

시라쿠사의 폭군 디오니시오스에게 한 이방인이 돈만 많이 주면 신하들이 그를 해치려는 음모를 꾸미는 것을 분명히 알아내는 방법을 가르쳐 주겠다고 제의하자, 디오니시오스는 그를 불러들여서 자기 생명을 보존하는 데 필요한 그 대견한 기술을 알려달라고 하였다. 여기서 이 이방인은 별로 신기한 방법이 아니며 다만 자기가 그에게 이에 대한 신통한 재주를 알려주었다고 자랑하며 다니라는 것이었다. 디오니시오스는 그럴듯하게 생각하고 600에퀴의 상금을 주었다. 아무튼 그는 매우 요긴한 비결을 배운 것이 사실이다. 그렇지 않았던들 알지도 못하는 사람에게 그런 큰돈을 상금으로 줄 리가 만무한 것이다. 아닌 게 아니라 이 소문은 그의 정적들에게 커다란 두려움을 느끼게 하였다. 누가 이런 음모를 꾸미고 있다는 말을 들었을 때 자기는 그것을 이미 알고 있으며, 따라서 임금이나 군주의 귀에 미리 들어가지 않는 일은 꾸며볼 수 없다고 생각하도록 이런 사실을 공표함은 현명한 일이다.

아테네 공작은 최근에 플로렌스에 실시한 전제정치에서 어리석은 일을 많이 되풀이하였다. 특히 이 백성들이 그를 해치려는 음모를 꾸미고 있다는 정보를 공모자의 한 사람인 마테오 디 모르조를 통하여 듣고서도 이 정보를 무시하며 자기가 다스리는 도시에 그 정당한 정권에 도전할 자는 있을 수 없다는 것을 느끼게 하려고 이 밀고자를 살해한 것이 그 가장 두드러진 예이다.

나는 전에 어느 로마인의 일에 대하여 읽은 것이 기억난다. 그는 권세 있는 자였으나 삼두정치의 압제를 피하여 재주껏 그 박해자들의 해독을 여러 번 면하였다. 하루는 그를 잡으러 오는 기마병의 일단이 그가 숨어 있는 나무 덤불 곁을 지나가는 바람에 자칫하면 들킬 뻔하였다. 그러나 그는 언제나 자기를 죽이려고 뒤쫓아 다니는 사람들의 손을 피하기 위해 그때까지 겪어온 고난과 이러한 인생에 더 바랄 아무런 건덕지가 없으며 언제나 이런 공포 분위기 속에서 살아가느니 차라리 죽어 버리는 것이 낫겠다는 생각에서 자진하여 그들에게 자기가 숨어 있는 곳을 가르쳐 주고 스스로 그들의 잔인한 손에 의해 그 오랜 신고를 청산해 버렸던 것이다. 적의 손에 자진하여 사로잡힌다는 것은 좀 통쾌한 생각이 아닐 수 없다. 그러므로 나는 면할 길 없는 운명을 언제나 두려워하느니 차라리 이런 방도를 취하는 편이 훨씬 낫다고 생각한다. 그러나 거기에 대한 마음의 준비가 완전치 못하여 불안스러울 때에는 오히려 굳은 결의로써 앞으로 닥칠 모든 일에 대처할 각오를 하여 인간에는 어떤 일이 일어날지 모른다는 견지에서 위안을 삼는 것이 나을 줄 안다.

12. 현학에 대하여

 나는 소년 시절에, 이탈리아 희극에서 학교 선생이 엉터리로 취급되는 것을 보고 때때로 서글퍼지곤 하였다. 「선생님」이라는 명칭 자체가 우리들에게 조금도 존경할 만한 것이 못 됨을 슬퍼했던 것이다. 나도 이들의 지도와 감독을 받고 있는 몸이니 그들의 그런 평을 어찌 슬퍼하지 않을 수 있었겠는가. 나는 일반 대중과 지적 수준이 뛰어난 사람들과는 본래 커다란 질적 차이가 있다는 생각에서 선생님들을 옹호하려고 하였다. 왜냐하면 양자는 상반되는 길을 걷고 있기 때문이다. 그런데 세련된 사람들일수록 선생님들을 경멸한다는 사실을 알고 나는 드디어 손을 들고 말았다. 예컨대 우리의 인기 있는 시인 뒤 벨레까지도 이렇게 말하는 것이었다.

 나는 특히 아는 체하는 자를 미워한다.

 이것은 예로부터 입에 오르내린 말이기도 하다. 플루타르코스의 말에 의하면 그리스의 학문은 로마인들에게 비난과 경멸의 대상이 되었던 것이다.

그 후에 차차 나이를 먹어감에 따라서 나는 여기에 그럴듯한 이유가 있으며 「위대한 학자가 반드시 위대한 현자가 아님」(라블레)을 알게 되었다. 그러나 어찌하여 유식한 자가 사리에 밝지 못하며 비천한 인간이 이 세상에서 가장 뛰어난 자들이 지녔던 추리와 판단력을 갖고 있으면서도 어찌하여 그 자신은 개선되지 않을까 하고 의심스럽게 생각하고 있다.

그것은 남의 많은 지식을 너무 많이 받아들여(우리나라 공주들 가운데서 제일 똑똑한 한 소녀가 어떤 인물을 가리켜 나한테 이야기한 바에 의하면) 남의 지식에 밀려서 자기 자신의 분별력이 맥을 못 쓰게 되는 것이다.

나는 초목에 습기가 너무 많으면 질식하게 되고, 램프에 기름이 가득하면 오히려 어두운 것처럼 정신작용에 있어서도 또한 연구를 너무 많이 하여 지나치게 지식을 축적하면 여러 가지 일에 훼방을 받아 자유로운 활동을 못하게 된다. 그리하여 이 무거운 짐은 학자로 하여금 항용 정신적 곱사등이로 만들 뿐이라고 생각한다. 그런데 사실은 반드시 그런 것은 아니다. 우리의 영혼은 오히려 충만할수록 확대되는 것이다. 옛날의 사례를 보면 유능한 행정가, 훌륭한 장군, 위대한 정치가들은 모두가 유식했던 것이다.

하긴 모든 공직을 버리고 은퇴한 철학자들도 때때로 당시의 희극작가들의 자유로운 붓 끝에 우롱당하기도 하였다. 그들의 견해나 거동이 우스웠기 때문이다. 그들에게 소송사건의 적부 행위의 선악 등을 분별해 줄 것을 부탁해 보라. 그들은 마치 기다리고 있었던 것처럼 선뜻 이를 수락할 것이다. 그러나 여전히 생명의 유무, 운동의 유무, 인간과 황소가 어떤 점이 다르냐, 능동과 수동이란 무엇이냐, 법률과 재판이란 무엇이냐 하고 따지려 든다. 법관에 대하여 말하는 것인지 알 수 없으나 아무튼 공손치 못하고 무례하기 짝이 없다. 만일 그네들 앞에서 군주나 임금을 칭찬하기라도 하면 절대로 이를 용납하려 들지 않는다. 그들에겐 임금이란 한낱 목자에 불과하다. 그들은 말한다. 유유히 행동하는 모습이 목자와 같고 그 가축의 젖을 짜내고 털을 깎기에 여념이 없는 것도 목자와 같지만 그 다루는 태도가 포악한 점만은 여느 목자와 비할 바가 못 된다고.

그리고 당신이 누가 2천 아르팡의 땅을 가졌다고 해서 큰 인물로 본다면 그들은 그것을 으레 비웃을 것이다. 그들은 우주 전체를 자기 소유로 하고 있는 줄 알고 있기 때문이다. 또 만일 당신이 7대의 부유한 조상을 손꼽으면서 가문을 자랑해 보라. 그들은 콧방귀도 뀌지 않을 것이다. 자연을 널리 관찰해 보라. 누구나 훨씬 더 많은 조상을 갖고 있다. 그리하여 그 가운데는 부자도 있고 가난뱅이도 있고 왕후도 있고 그리스인도 야만인도 섞여 있다고 그들은 말할 것이다. 또한 당신이 정말 헤라클레스의 50대 후손이라고 하더라도 그들은 그런 우연의 선물을 코에 거는 것을 너절한 짓이라고 비웃을 것이다. 그들은 속인들을 가장 초보적이고 비근한 것도 모르는 주제에 꽤 거만하다고 멸시해 왔던 것이다.

그러나 플라톤의 글에 나오는 학자들의 묘사는 우리네 학자들의 묘사와는 거리가 멀다. 거기 등장한 철학자들은 보통 사람들보다 고차원의 세계에 속하며 공적인 행동을 기피하고 상식을 초월한 어떤 고매한 사상에 인도되매 남들이 따를 수 없는 특수한 생활을 영위한다고 해서 사람들도 존경했었다. 그러나 허울 좋은 철학자들은 보통 수준 이하로 놀기 때문에 공직을 맡길 수 없고 속인의 비굴하고 천한 생활과 습성을 답습하고 있다고 해서 사람들은 멸시하기가 일쑤이다.

> 입으로만 철학자요, 행동에 비굴한 자를 나는 미워한다. (파쿠비우스)

저 그리스 철학자들은 학문 연구에 위대한 공적을 남겼지만 그보다도 더 위대한 것은 행동 면이다. 예컨대 저 시라쿠사[1]의 기하학자가 그렇다. 그는 조국을 적의 손에서 수호하기 위해 잠시 학구의 생활에서 떠나 학문의 그 원리를 응용하여 사람들

---

1) 아르키메데스(B. C. 287~212)를 가리킴.

이 상상도 못한 무서운 무기를 발명하였다. 그러나 그는 자기가 제작한 것을 모두 경멸하며 그 때문에 자기 학문의 존엄성을 더럽혔다고 생각하였던 것이다. 그는 이 무기를 자기 학문의 실습으로 제작한 장난감으로 보았다. 아무튼 이와 같은 훌륭한 학자들의 학문은 사람들이 이를 실제로 응용해 보면 언제나 날개라도 돋아 하늘 높이 날아오르듯 그 지식으로 하여 그들의 심령이 놀라우리만큼 부풀어 오르고 흡족해지곤 하였었다.

그러나 어떤 학자들은 나라의 살림을 무능한 자들이 차지하고 있음을 보고 자기의 직위마저 내어놓고 물러섰던 것이다. 누가 소크라테스에게 언제까지 철학을 하겠느냐고 물었더니, 「마부 따위가 우리 군대를 지휘하는 일이 없어질 때까지.」라고 대답하였었다. 헤라클레이토스가 왕위를 자기 동생에게 양보하고 사원 앞에서 어린이들과 함께 놀며 시간을 보내는 것을 보고 에페소스인들이 비난하니까 「당신네들과 함께 정치하느니 이것들과 함께 지내는 편이 낫다.」고 대답하였다. 어떤 학자들은 세상에서 영화를 누릴 생각 같은 것은 하지도 않고 재판관은 물론 심지어 왕위까지도 천한 것으로 알고 있었다. 사실 엠페도클레스[2]는 아그리젠토인들이 추대하려는 왕위를 거

---

[2] B. C. 490~430. 그리스 철학자. 만물을 물·불·흙·공기의 4원소로 되어 있다고 보았다.

절하였다. 탈레스3)가 돈을 모으려고 골치를 앓고 있는 세상 사람들을 비난하니까 사람들은 그더러 자기가 돈을 벌 자신이 없으므로 여우처럼 입만 놀린다고 반박하는 것을 보고 장난삼아 솜씨를 시험해 볼 생각에서 한때 학문을 제쳐놓고 무역을 하여 1년 동안에 직업적인 상인이 한평생 벌어도 미치지 못할 만큼 큰 재산을 장만하였다.

어떤 사람들은 탈레스나 아낙사고라스4)와 같은 훌륭한 철학자들이 더 유익한 일에 관심을 갖지 않았다고 해서 현명하기는 하지만 신중하지 못 한 자들이라고 말한 것은 아리스토텔레스도 말한 적이 있지만 나로서도 이해하기 어려우며 내가 말한 자들에 대한 변호도 되지 않는다. 그들이 누추하고 곤궁한 생활에 만족하고 있는 것을 보면 그 어느 경우에 있어서나 결코 현명한 자들이라고 생각되지 않는다.

어쨌든 이러한 폐단은 학문에 대한 그들의 그릇된 태도에서 비롯된다고 생각한다. 그리고 우리가 받아온 거와 같은 교육법으로는 선생도 학생도 점점 박식하게 될 뿐 조금도 유능한 자는 될 수 없다고 생각된다. 아닌 게 아니라 부형들의 배려와 비용은 오직 우리들의 머릿속에 학문을 쑤셔넣는 데만 쏟고 있

---

3) 640~546?. 그리스 최초의 철학자. 물을 만물의 근원이라 하여 물치론을 제창.
4) B. C. 500~428. 그리스 철학자. 그는 무수한 요소 즉 종자를 가정하고 그 결합·분리로 만물이 변화·생성된다고 하였다.

으며, 사물에 대한 올바른 분별력이나 덕행은 전혀 도외시하고 있다. 시험 삼아 여러 사람들 앞에서 길가는 한 사람을 가리키면서 「학자!」라고 부르고 다른 한 사람을 「인격자!」라고 불러보라. 사람들은 반드시 전자에게 주목하며 경의를 표시할 것이다. 따라서 제 3자가 나타나서 「오, 이 벽창호들아!」하고 호령할 수밖에. 우리는 흔히 이렇게 묻는다. 「그는 그리스어를 아는가? 그는 로마어를 아는가? 시를 쓰는가? 산문을 쓰는가?」라고. 옛날에는 맨 먼저 「그는 얼마나 덕을 쌓았는가? 그는 올바른 분별력이 있는 사람인가?」라고 물었지만 지금은 제일 나중으로 돌리고 있다. 우리가 마땅히 캐물어야 하는 것은 「누가 가장 올바르게 배웠느냐?」이며 결코 「누가 가장 많이 배웠느냐?」여서는 안 된다.

우리는 단지 기억을 많이 쌓아두려고 힘쓴다. 그리하여 오성과 양심은 텅 비어둔다. 마치 새들이 때때로 쌀알을 주우러 나갔다가 쪼아 먹지 않고 입에 물고 돌아와 새끼에게 먹여주는 것처럼 우리 선생님들도 여러 책 가운데서 학문을 주워 모아다가 그 입술로 우리에게 불어넣는 것만을 위주로 하고 있다.

그런데 신기한 것은, 이런 우매한 짓은 내 행동 속에서도 흔히 찾아볼 수 있다는 점이다. 내가 이 편저에서 하고 있는 일이 거의가 그와 같은 것이 아니겠는가. 나는 여러 책들 가운데서 마음에 드는 말들을 주워 모은다. 그것은 결코 쌓아두기 위해서가 아니다. 나는 그런 말들은 쌓아둘 데가 없다. 그것은 오직 이 책 속에 인용하기 위해서이다. 그것은 이 책 속에 끼어들던 본래의 제자리에 있던 내 것일 수 없다. 우리는 현재의 산 지식을 지닐 때 비로소 지식 계급이 될 수 있다. 과거의 지식이나 미래의 지식으로 지식 계급이 될 수는 없는 것이다.

그런데 더욱 곤란한 것은 그런 선생님들 밑에 있는 학생들도 역시 그 지식을 자기 살과 피로 삼지 않는 데 있다. 그것은 손에서 손으로 옮겨지는 한낱 장식품에 불과하여 교제의 수단이나 화젯거리가 될 뿐이다. 마치 계산할 때만 잠깐 이용되고 아무런 쓸모도 없는 위조지폐와 같은 것이다. 「그들은 자기 자신에게 대해서가 아니라 남에게 대한 대화술을 배운 것이다.」(키케로) 「말재주가 문제가 아니라 키를 조종하는 것이 문제이다.」(세네카)

자연은 그가 조종하는 것에 빈틈이 없음을 보여주기 위하여 교육을 덜 받은 국민에게도 항용 아름다운 정신적인 선물을 준다. 풀피리의 노래에 나오는 저 가스코뉴 격언인 「불어라, 억세게 불어라. 그러나 우리의 손가락을 잘 놀려야 한다.」는 그 적절한 예이다.

우리는 흔히 「키케로는 이렇게 말하였다. 이것은 플라톤의 견해이다. 이것은 아리스토텔레스의 말이다.」 하고 이야기하는데 우리는 대관절 우리 자신은 어떻게 생각하며 어떻게 판단하는가, 그리고 어떻게 행동하는가를 문제 삼지 않는다. 말은 앵무새도 할 줄 안다. 나는 여기서 어떤 로마의 부자에 대한 이야기가 생각난다. 그는 막대한 돈을 들여 학예에 뛰어난 사람들을 언제나 곁에 거느리고 있다가 친구들과 무슨 논쟁이 벌어지면 그들이 언제나 자기를 위해 혹은 의론을 가로막고 혹은 호머의 명문구를 적용할 수 있도록 함으로써 자기는 그 학자들보다도 뛰어나 있다고 생각하였다. 그들의 지식을 자기 것으로 알고 있었기 때문이다. 「나의 학식은 도서실에 있다.」고 생각하는 자들도 이와 마찬가지다.

내가 안면이 있는 어떤 사나이는 자기에게 무엇이고 물으면 으레 책을 꺼내어 찾아보고 가르쳐 주곤 하였다. 궁둥이에 옴이 나도 바로 사전을 펴놓고 「궁둥이는 이런 것, 옴은 이러저러한 것」이라고 말하는 것이었다.

우리는 남의 견해와 지식을 곧잘 쌓아둔다. 그런데 그것으로 그만이다. 그것은 안 될 말이다. 우리는 마땅히 남의 견해나 지식을 내 것으로 만들어야 한다. 그런데 우리는 마치 불씨가 필요하여 이웃에 얻으러 가서 따뜻이 피어오르는 불을 쬐는 데 정신을 팔다가 불씨를 받아오는 것을 잊었다는 어느 얼빠진 사람과 같은 꼴이다. 함부로 위 속에 음식을 쑤셔 넣기만 하면 무엇 하는가? 그것을 소화시켜 우리의 피와 살이 되게 함으로써 우리를 살찌게 하지 못한다면 아무 소용도 없는 것이다. 루쿨루스는 경험도 쌓지 않고 적에 의해 그렇게 훌륭한 장군이 되었지만 그는 과연 우리와 같은 연구 방식을 취했다고 생각하는가?

우리는 너무나 남에게만 의지하기 때문에 자기 능력을 잃게 마련이다. 가령 내가 죽음의 두려움에 대한 마음의 준비를 하고자 하면 대뜸 세네카의 견해를 빌려고 한다. 또한 나와 남을 위해 위안의 말을 찾으려고 하면 곧 키케로에게 매달린다. 나도 되도록 그것을 내 자신 속에서 구하고 싶다. 그러나 나는 일찍이 그런 훈련을 쌓지 못하였다. 나는 남에게 의지하여 구걸해 오는 재주를 달갑게 여기지 않는다.

남의 지식으로 학자가 될 수는 있으나 적어도 우리 자신의 지혜가 아니고서는 현자가 될 수 없는 것이다.

> 나는 자기 지혜를 못 가진 현자를 미워한다.
> (에우리피데스)

그러므로 엔니우스는 말하였다. 「현자의 지혜도 소용없으리라, 자기 자신을 이롭게 못할진대.」(키케로)

> 만일 에우가네아의 어린 양보다도 더 빈약하고
> 허영에 차서 속되다면 (유베날리스)

「지식의 획득만으로는 부족하다. 그것을 이용할 줄 알아야 한다.」(키케로) 디오니시오스는 오디세우스의 불행은 알아보려고 애쓰면서 자기 불행은 모르고 있는 문법학자와, 피리의 음조는 잘 맞추면서도 자기 마음의 조화를 도외시하는 음악가, 옳은 소리는 잘하면서도 행동에 옮길 줄 모르는 웅변가를 비웃었다.

만일 우리들의 심령이 잘 움직이지 못한다면, 우리의 판단이 건전하지 못하다면, 차라리 내가 가르치는 학생들은 공치기나 하면서 시간을 보내기를 원한다. 이렇게 되면 적어도 장본인의 몸만이라도 쾌활하게 될 테니 말이다. 15, 6년 동안이나 공부를 하고 돌아오는 꼴들을 보라. 이들만큼 쓸모없는 인간이 어디 있겠는가. 훌륭해진 점이라고는 고작해야 라틴어나 그리스어를 전보다 좀 더 알게 되고 전보다 좀 더 건방지게 된 것뿐이다. 그는 응당 자기 마음을 충실하게 하고 돌아왔어야 할 터인데 다만 그 마음을 부풀어 오르게 하고 돌아온 것이다. 부풀어 오르기만 했지 속은 텅 비어 있다.

저 선생님들이야말로(그들의 친척이라고 할 수 있는 소피스트들에 대하여 옛날 플라톤이 말한 바와 같이) 어느 누구보다도 인류를 위해 크게 이바지할 수 있는 사람들이다. 그런데 그들은 지식을 목수나 석공들처럼 잘 수선해 주지 못할 뿐만 아니라, 오히려 나쁘게 하며 나이에 대하여 보수를 바라는 어처구니없는 사람들이다.

프로타고라스가 제자들에게 말한 바와 같이 「내가 말한 대로 수업료를 내든지 또는 교회에 가서 나한테서 얻은 소득이 얼마나 되는지 아뢰고 이에 따라서 나의 수고에 보답하여라.」고 한 것이 규칙으로 준수된다면 그들은 크게 낙심하게 되는 것이다.

우리 페리고르 지방의 비속어로는 이러한 학자들을 가리켜 「글 벼락을 맞은 자.」라고 재치 있게 부르고 있다. 흡사 「글에 얻어맞은 자」라도 되는 듯이. 그러니까 글자가 그네들을 망치로 후려쳤다는 말투이다. 아닌 게 아니라 그들은 거의가 상식 이하의 행동으로 시간을 보내고 있다고 할 수 있다. 농민이나 구두 수선공들은 단순하고 소박하게 살아가면서 자기가 느낀 그대로 의사를 발표한다. 그러나 이 식자들은 텅 빈 머릿속에 떠오르는 지식으로 무장을 하고 젠 체하느라고 줄곧 말이 막히고 말에 얽매인다. 그들은 때때로 멋진 말도 더러 하지만 그것은 남의 말을 주워온 것이다. 그들은 갈레노스를 잘 알고 있다. 그러나 병자의 일은 전혀 모른다. 그들은 법률에 대한 이야기를 곧잘 하지만 소송 사건의 요령은 모르고 있다. 그들은 모든 사물의 이론은 잘 알고 있으나 그것을 실제로 활용할 줄 모른다.

나는 전에 집에서 내 친구의 한 사람이 심심풀이로 그런 학자를 상대로 논란하는 것을 보았다. 한쪽이 그들의 논란에 관계되는 단어를 몇 개 섞을 뿐 아무런 관련도 없는 인용구를 주워 섬기면서 당치 않는 말로 우롱을 하자, 다른 한편의 바보는 여기에 정색을 하고 반박해 오는 것이었다. 아니나 다를까 나중에 들으니 그자는 저명한 문학자라는 것이었다.

오, 등뒤를 돌아보기를 원치 않는 귀족이여,
그대의 등뒤에서 퍼붓는 조소를 조심하라.
(페르시우스)

세상에 널리 퍼져 있는 종류의 인간들을 잘 관찰해 보면 반드시 내가 말하는 대로 그들은 가끔 자기 말은 물론 남의 말도 이해하지 못하며 또한 그들은 여러 가지 것을 많이 기억하고는 있지만 사리의 판단에는 전혀 백지상태라는 것을 알 수 있을 것이다.

그런데 인간의 천성이 스스로 그 사람의 판단을 잘 육성하는 경우가 있다. 예컨대 아드리아누스 투르네부스[5]는 문학 연구에 몰두하였으나(내가 보기에는 1000년 이래로 그만큼 위대한 문학자는 없는 것으로 안다), 저 가운을 입을 때 이외에는

---

5) 투르네부스(1512~1565) 프랑스의 헬레니스트, 많은 그리스 고전을 번역하였음.

조금도 선생 티가 나지 않았었다. 외견상 궁신다운 멋은 없었으나 그것은 문제가 될 수 없다. 나는 때 묻은 마음보다 남루한 의복에 더욱 신경을 쓰는 자를 싫어한다. 그들은 흔히 상대방의 인사법이나 옷치레나 그 장화 따위로 사람의 됨됨이를 판단하는 것이다. 그는 마음속으로는 드물게 보는 점잖은 분이었다. 나는 일부러 그를 그의 전공과는 동떨어진 분야의 이야기를 시켜보았다. 그는 거기에 대하여 명백히 이해하고 곧 건전한 판단을 내리는 것이었다. 마치 군사나 정치를 전문으로 연구하는 사람이기나 한 것처럼 그의 천성은 아름답게 그리고 건실하게 적응되는 것이었다.

프로메테우스[6]는 가장 좋은 흙을 빚어 그 뛰어난 솜씨로 그를 만들었도다. (유베날리스)

그런 사람의 천성은 비록 나는 교육을 받더라도 잘 유지될 수 있다. 그러나 교육이 사람의 천성을 해치지 않는다는 정도로는 불충분하다. 그것은 우리를 선도해야 하는 것이다.

우리 재판소에서는 법관을 채용할 때에 다만 그 학문에 대해서만 시험을 치르는 경우가 있고 그 위에 응시자들에게 실제

---

[6] 진흙으로 사람을 만들어 하늘에서 불을 훔쳐다가 인간에게 준 죄로 주피터가 그를 독 쇠사슬에 매어 독수리에게 그 간을 쪼아 먹게 하였다.

로 소송 사건을 다루게 하여 그 분별력까지도 시험해 보는 경우가 있다. 물론 후자의 경우가 훨씬 나은 방법이다. 학문도 분별력도 각각 필요한 것으로 양자가 갖추어져야 하지만 그래도 지식은 분별력의 존귀함을 따르지 못한다. 후자에게는 전자가 없어도 무방하지만, 전자에게는 후자가 없어서는 안 된다.

분별력이 없으면 박식이 무슨 소용이 있으랴.
(스토바이오스의 격언집에서)

이 그리스 시와 같이 만일 분별력이 없으면 학문도 아무 소용이 없는 것이다. 원컨대 우리나라 재판제도를 확립하기 위하여 이런 법정에는 박식과 동시에 올바른 분별력과 양심이 갖추어지기를! 「오늘날 우리는 인생을 위해서가 아니라 학교를 위해 교육을 받는다.」(세네카) 지식으로 심령의 옷을 삼아서는 안 된다. 지식은 심령과 합쳐져야 한다. 지식을 심령에 쏟아 부어서는 안 된다. 지식으로 심령을 물들게 하여야 한다. 그러므로 지식이 심령을 변하게 못한다면, 그리하여 그 불완전한 것을 면하게 해주지 못한다면 그 심령은 자연스럽게 방치해 두는 편이 훨씬 낫다. 지식은 위험한 검이다. 그 검이 무기력하고 쓸 줄 모르는 사람의 손에 있으면 오히려 그를 해친다. 「차라리 배우지 않느니만 못하니라.」(세네카)

우리들과 교회가 다 같이 여자들에게 많은 학문을 배우기를 요구하지 않은 것은 그 까닭이 여기에 있다. 장 5세의 아들 드 부르타뉴 공작 프랑수아는 스코틀랜드왕의 공주 이사벨라와 혼인 말이 났을 때 그녀가 배운 것 없이 순박하게 자랐다는 말을 듣고「그 편이 좋다. 여자란 남편의 셔츠와 저고리를 분별할 줄 알면 된다.」고 말하였다.

그러므로 우리네 조상들이 학문을 그다지 존중하지 않았으며 오늘날 임금들의 자문에 응하는 데나 간혹 유용할 정도이다. 그리고 오늘날 돈벌이 수단으로 되어 있는 법학, 의학, 교육, 심지어 신학까지도 권위를 잃어 당신에게 여전히 변변치 않게 보이더라도 그것은 사람들이 떠들어대는 것처럼 이상할 것이 못 된다. 이러한 학문은 우리에게 올바른 사색과 행동을 가르쳐 주지 못하니 딱한 일이 아닐 수 없다.「지식인들이 생긴 이후로 선량한 사람들을 볼 수 없게 되었다.」(세네카)

선에 대한 인식이 없는 사람이면 다른 지식은 해롭다. 그런데 오늘날 학문이 해독을 끼치는 이유가 주로 여기 있는 것 같다. 즉 우리나라에서는 잇속 있는 직책보다도 선천적으로 고상한 직분에 어울리게 태어난 자들이 개인 형편상 책을 탐독하거나 또는 공부한 기간이 너무 짧은 관계로(아직 그 취미를 붙이기 전에 책과는 인연이 없는 직업에 매어서) 책을 멀리한 사람들은 제쳐놓고 오직 실속을 차리기 위한 공부이기 때문에 학문에 열중하는 사람이란 재산이 넉넉지 못하여 그것으로 생계를 유지해 나가려는 사람들뿐이다. 그리고 이러한 사람들은 그 천성과 가정환경과 성분이 좋지 못하므로 학문의 효과를 그릇 적용하기 쉽다. 그들의 학문은 어두운 마음을 밝히는 것이 아니고 장님에게 시력을 주지 못하기 때문이다. 학문의 기능은 인간에게 시각을 공급해 주는 것이 아니라 시력을 단련해 주며, 사지가 건전한 자라면 그 자세를 바르게 해주는 것이다.

학문이란 좋은 약과 같은 것이다. 그러나 아무리 좋은 약도 그것이 담긴 병이 나쁘면 변질되거나 썩는 것이다. 어떤 사람은 눈은 잘 보이지만 똑바로 보지 못한다. 그리하여 선을 보고도 행하지 않으며 학문을 하여도 이를 선용할 줄 모른다. 플라톤이 그의 《국가론》에서 말하고 있는 주요한 가르침은 그 시민들의 천성에 알맞은 직책을 주는 점에 있다. 자연은 모든 일을 할 수 있고 또 실제로 모든 일을 하고 있다. 절름발이는 신체를 훈련시키기에 적합하지 않다. 마찬가지로 절름발이가 된 심령은 정신의 훈련에 적합하지 않다. 비속한 심령은 철학 공부를 할 자격이 없다. 구두방 주인이 나쁜 구두를 신고 있다고 해서 우리는 조금도 놀라지 않는다. 마찬가지로 우리는 의사이면서 의사답지 않고, 목사이면서 마음이 비뚤어지고, 학자이면서 누구보다도 실력이 없는 자들을 얼마든지 볼 수 있다.

옛날에 키오스의 아리스톤은 철학자들은 청중에게 해독을

끼친다고 말하였거니와 나도 동감이다. 학문이란 선용되지 못하면 악용되기 쉬우며 인간의 마음은 대체로 이러한 학문에서 이들을 얻게끔 되어 있지 않는 것이다. 아리스티포스7)의 학교에서는 악동이 나오고, 제논8)의 학교에서는 야만인이 나왔다고 한다(키케로).

크세노폰9)이, 페르시아인들이 마련한 제도 중에서 칭찬을 아끼지 않은 저 훌륭한 교육법에서 그들은 다른 나라에서 글을 가르치듯이 어린이들에게 도덕을 가르쳤던 것이다.

플라톤은 「왕위를 계승할 태자가 탄생되면 여자에게 맡겨서 기르지 않고 왕이 거느리고 있는 덕행이 가장 뛰어난 내시들에게 그 양육을 부탁한다.」고 말하였다. 이들은 태자의 신체가 건전하게 발육되도록 유의하여 일곱 살이 지나면 말타기와 사냥을 가르치고 열네 살이 되면 그 나라에서 제일 유식한 자, 덕행이 뛰어난 자, 절도 있는 자, 그리고 용감한 자를 택하여 교육을 의뢰한다. 첫 번째 사람은 종교를, 두 번째 사람은 진실성을, 세 번째 사람은 탐욕에 대한 절도를, 네 번째 사람은 두려움을 모르는 용감성을 가르치기로 한 것이다.

저 리쿠르고스의 훌륭한 정치를 살펴보건대 거의 기적에 가

---

7) B. C. 384~322. : 그리스 철학자. 쾌락설을 주창
8) B. C. 336~264. : 스토아학파의 시조. 금욕주의자.
9) B. C. 430~355. : 그리스 철학자. 역사가.

까울 정도로 완벽하여 교육을 국가의 주요한 책임으로 삼고, 이를 뮤즈들을 모신 신전에서 실시하되 학문에 대하여는 거의 언급되지 않았다는 사실은 주목할 만한 일이다. 이 용감하고 활달한 청소년들은 도덕 이외의 것에 제약을 받는 것을 경멸하기 때문에 그들에게는 우리들처럼 학문의 선생이 아니라 다만 용기와 예지와 정의의 선생이 필요하다는 식이다. 플라톤의 도덕은 여기서 비롯된 것이다. 그들의 교육방법은 언제나 인격과 그 행동에 유의하며 어떤 인물의 선행을 비난하거나 칭찬하는 경우에는 반드시 그 이유를 밝혀 이해력을 기르고 바른 길을 걷도록 연단하는 것이었다.

13. 우정에 대하여

 나는 집에 데리고 있는 화가가 그림을 그리는 모습을 보고 나도 그를 본받을 생각이 들었다. 그는 벽면마다 한가운데 제일 좋은 자리를 잡고 힘을 다하여 그림을 그리는 것이었다. 빈자리는 잡동사니를 이루어 괴상하기만 하여 우아한 맛이라고는 전혀 없는 망상적인 그림으로 가득 차 있었다. 그런데 실상 내가 하는 모든 일도 이와 같이 뒤죽박죽이 아니었던가. 아무런 질서도 연결도 조화도 없이 이렇다 할 두드러진 형태도 갖추지 못하고 여러 가지 파편들을 주워 모아다가 붙여놓은 기이하고도 우스꽝스러운 덩어리가 아닌가?

 상부는 미인이지만, 하부는 생선이로다. (호라티우스)

 나는 이 화가가 하는 대로 흉내를 내어보지만 어림도 없다. 내게는 예술적으로 아름다운 그림을 그릴 만한 능력이 없기 때문이다.
 나는 이 수상을 빛내줄 에티엔느 드 라 보에시의 글을 빌려올 생각이 났다. 그것은 〈자유의 예속〉1)이라는 제목의 논문이다. 흔히 〈1인에의 반항〉이라고도 하는데 이것이 오히려 더욱 적절한 제목일는지 모르겠다. 이 논문은 오래 전부터 지각 있는 사람들에게 읽히고 있는데 여러 사람들에게 권장할 만한 글이다. 그만큼 내용이 충실하기 때문이다.

그러나 이것은 그가 쓸 수 있는 가장 훌륭한 논문은 아니다. 그가 좀 더 나이가 들어서(그러니까 내가 그를 알게 된 연대에), 내가 하는 식으로 머릿속에 떠오르는 생각을 문장으로 기록해 둘 생각이 들었던들 좋은 글을 많이 써서 우리를 고대의 영광에 더욱 접근시켜 줄 수 있었을 것이다. 자연의 본질에 대하여 그는 누구보다도 깊이 알고 있었던 것이다. 그러나 그가 쓴 논문은 이것밖에 남아 있지 않으며 그나마 우연한 동기에서 쓰게 된 것이다. 그러나 그가 쓴 후에는 다시 보지도 못했을 것이다. 그리고 그의 유작으로는 우리나라의 내란으로 말미암아 유명하게 된 정월 칙령2)에 관한 비망록 몇 편이 있다. 이것은 아마도 다른 사람의 손에 의해 그 진가를 빛내고 있을 것이다. 그는 숨겨가면서 자기 유저로서 내가 출판한 작은 책자 외에도 자기의 장서와 서류의 보관자로서 정에 넘치는 태도로 나를 지목했던 것이다.

---

1) 1576년에 신교도들이 이 작품을 불온한 팸플릿 속에 끼어서 발행하였다.
2) 정월 칙령 : 1562년 정월에 내린 관용의 칙령.

또한 이 작품은 우리가 친구로 사귀게 된 계기가 되었으므로 나는 더욱 큰 애착을 느낀다. 나는 그를 만나보기 훨씬 전에 이 글을 읽고 비로소 그의 이름을 알게 되었으며 그 후로는 친우로 사귀게 되었던 것이다. 우리의 우정은 아마도 일찍이 책에서도 찾아볼 수 없고 사람들 사이에서도 이루어진 일이 없는 그런 완벽한 것이었다. 이런 우정이 맺어지려면 수많은 사람들이 서로 만나보아야 하며 이런 행운은 3세기 동안에 한 번 이루어져도 장한 일이라고 할 것이다. 우리의 우정은 그만큼 고귀한 것이었다.

생각건대 자연이 우리에게 무엇보다도 권고한 것은 사교일 것이다. 그러므로 아리스토텔레스는 「훌륭한 입법자는 정의보다는 우정을 더 소중히 생각하였다.」고 말하였던 것이다. 그런데 그 사교의 극치는 바로 우정이다. 대체로 쾌락이나 이해득실이나 욕구 등으로 얽힌 교제는 그만큼 아름다움과 기품을 잃게 되는 것이다. 그런 교제는 우정 속에 그 이외의 원인과 목적과 성과를 지니고 있기 때문에 그만큼 우정은 희박한 것이다.

저 고대의 네 가지 교제, 즉 자연적 교제와 사교적 교제와 주객의 교제 및 성적 남녀의 교제는 개별적으로 보나 한데 묶어서 보나 도저히 우정에 미치지 못한다.

어린아이들이 아버지에 대한 심정은 차라리 존경심에 가깝다. 우정은 친교에서 길러지는 것이지만 이러한 친교는 부자간에는 일어나지 않는다. 양자는 너무나 차이가 심하기 때문이다. 만일 양자 사이에 우애가 생긴다면 그것은 부자간의 의무를 저해할 것이다. 실상 아버지가 지닌 숨은 생각을 자식에게 다 털어놓는 것은 격에 맞지 않는 친애성의 발로이며, 또한 충고와 견책은 우정의 제1의무인데 이것 역시 아들이 아버지에게 할 수는 없는 노릇이다. 어떤 민족에게는 아들이 아버지를 죽이는 습성이 있었다. 그런가 하면 어느 나라에서는 아버지가 아들을 죽여버리는 풍습도 있었다. 즉 이렇게 하여 부자지간에 때때로 일어날 수 있는 장애를 미연에 제거하였던 것이다. 자연현상을 두고 보더라도 자식의 존재는 어버이의 죽음에 의거하고 있다. 철학자들 가운데도 이 자연적인 연루를 멸시한 자가 얼마든지 있다. 아리스티포스[3]도 그 한 사람이다. 누가 그에게 「이 아이들은 당신의 몸에서 나오지 않았소. 귀여워해야지요.」 하고 비난을 하자 그는 대뜸 가래침을 내뱉고 「이것도 내 몸에서 나온 거요.」라고 대꾸하였던 것이다. 이어서 「우리는 이나 구더기도 낳지 않소.」 하고 덧붙였다. 또 플루타르코스가 어떤 철학자에게 아우와의 화해를 권유하였더니 「같은 모체에서 나왔다고 해서 그를 특별히 생각할 의사는 없소.」라고 대답하였다. 물론 형제라는 자애에 찬 아름다운 이름이다.

---

3) B. C. 384~322. 그리스 철학자, 쾌락설을 주장.

때문에 우리는 흔히 남들과도 그 이름으로 맹세를 한다.

그러나 재산을 공동으로 소유하거나 혹은 분배해야 할 경우 또는 한쪽이 부유해지면 상대적으로 다른 한쪽이 가난해지게 마련이라는 현실은 이 형제간의 연루를 크게 흔들어 놓는 것이다. 형제는 대체로 입신출세를 하는 데도 같은 길을 걷게 되므로 아무래도 충돌을 면할 길이 없다. 그리고 참된 우정은 피차의 교제에서 비롯되는데 형제간에는 그것이 있을 수 없다. 아버지와 아들이 정반대의 성격을 가질 수 있는 것처럼 형제도 마찬가지이다. 이 녀석은 분명히 내 아들이요, 이 분은 내 아버지이지만 그래도 사나운 사나이는 어디까지나 사납게 보이고, 악한 자는 악하게 보이며 바보는 바보로 보이는 것이다. 그리고 부자간이나 형제간은 어디까지나 자연적인 의리에서 사랑이 맺어지므로 그만큼 거기에는 선택이나 자유의사가 참여할 여지가 적다. 그러므로 오직 우정만이 우리의 자유로운 의사의 소산이며, 여기에 우정의 특이한 점이 있는 것이다. 나도 부자나 형제간의 원만한 관계를 체험해 보았다. 나는 세상에 보기 드문 훌륭한 아버지를 가졌었다. 그는 늙어서도 너그럽게 우리에게 대해주었으며 우리 일가는 부자간의 아름다운 정으로 하여 유명하였을 뿐더러 형제간의 우애에 있어서도 주위의 모범이었다.

나는 아우에게 아버지와 같은 자애를 베풀어 널리 이름이
알려졌노라. (호라티우스)

여인에 대한 사랑도 우리의 선택에서 비롯되지만 우정과 비교할 바가 못 된다. 그것을 우정의 범주 속에 넣을 수는 없다. 그 불타는 정열은—나는 고백한다.

나도 또한 사랑의 고뇌 속에서
달고도 쓴 잔을 삼키게 한
저 여신을 알고 있노라. (호라티우스)

그 불꽃은 한결 더 강하다. 한결 간절하고 애탄다. 그러나 그것은 무모하고 경솔하고 언제나 흔들리는 불꽃이다. 때로는 타오르고 때로는 꺼지는 열병 같은 불길—그것은 우리의 마음 한구석에서만 타오르는 불길이다. 그러나 우정의 경우에는 다만 일반적이고 보편적이고 온건하고 변치 않는 열이 있을 뿐이다. 그것은 평온하고 은밀한 열이다. 따라서 조금도 그 열은 열렬하거나 날카롭지 않다. 그런데 사랑의 불길은 추격하고 집념하며 욕정에 타오른다.

추위와 더위를 견디고 골짜기를 지나 산마루를 넘으며
산토끼를 뒤쫓는 사냥꾼과 같도다.

잡은 것은 거들떠보지 않고
놓치면 허겁지겁 뒤쫓아가도다. (아리오스토)

　연애는 우정의 권내에 들어오면 즉 상호의 의사가 거리낌 없이 소통되면 곧 사라져버린다. 향락은 연애의 소멸을 뜻한다. 그 목적하는 바가 육체에 있고 이를 맛보면 포만감을 느끼기 때문이다. 그런데 우정을 욕구함에 따라서 기쁨이 오며 기쁨을 누릴수록 두터워지고 확대되고 증가된다. 우정은 정신적인 것으로 그 실천에 의해 심령이 맑아지기 때문이다. 나는 일찍이 완벽한 우정의 지배를 받고 있을 적에 저 경박한 연정이 내 마음속에 움튼 일이 있다(여기서 그[4])에 대하여 이야기하지 않는 것은 그의 시구가 그것을 충분히 나타내 보여주고 있기 때문이다). 그러니까 우정과 애정의 감정이 내 마음속에서 동거하게 된 셈이다. 그렇다고 어깨를 나란히 하고 들어온 것은 아니다. 우정은 보다 높은 세계에서 당당히 날아들어 왔으며 애정은 훨씬 낮은 세계에서 몰래 숨어 들어왔다.

　결론은 오직 그 가입만이 자유롭게 허용되는 계약(결혼생활은 계속하도록 강요하여 우리의 의사 이외의 것에 매어 있지 않는가?), 일반적으로 여러 가지 목적을 위해 맺는 계약일 뿐만

---

[4] 몽테뉴의 친구인 라 브와티를 가리킴.

아니라 거기에는 전혀 사랑과는 인연이 먼 여러 가지 분규가 꼬리를 물고 일어나 애정의 밧줄을 끊고 그 표지를 훼방하기 쉽다. 그러나 우정은 친구 사이에 오직 우정만을 중심으로 접촉이 된다. 그리고 솔직히 말해서 여인들의 얼굴은 여간해서 이 성스러운 연루를 빚어내는 저 우정을 도저히 따를 수 없는 것이다. 그리고 그녀들의 마음도 그렇게 견고하고 오래 지속되는 우정을 본받기에는 너무나 연약하다. 만일 그렇지가 않고 여인들을 상대하여 자유로운 의사로 친교할 수 있고 거기 마음과 마음이 완전한 기쁨을 누릴 뿐만 아니라 육체까지도 이에 접할 수 있어 우리의 인격을 송두리째 기울일 수 있다면 사랑은 더욱 충실해지고 날로 향상될 것이다. 그러나 여성은 아직 이런 높은 경지에 이른 예가 없다. 그리고 옛날의 여러 학파에서는 애정을 우정에서 제외하는 데 의견의 일치를 보고 있다.

그리고 그리스의 또 다른 방자한 풍습은 우리의 안목으로 볼 때 당연히 혐오를 받을 만하다. 또한 이러한 결연은 그들의 습성에서 보는 바와 같이 피차의 연령 차이가 심하고 상대방을 아끼는 내용도 다르므로 여기서는 우정에서 우리가 요구하는 바와 같은 원만한 결함을 이루지 못할 것이다.

요컨대 우리가 보통 친구니 우정이니 하고 부르는 것은 어느 기회에 편의상 맺어 우리들의 심령이 서로 사귀는 친교 또는 친면에 불과한 것이다. 그러나 내가 말하는 우정에서는 두 심령이 하나로 융합되어 있어 어떤 점에서 서로 결합되어 있는지 분간 못할 정도이다. 누가 「왜 너는 그와 친하게 되었느냐?」고 물어보면 다만 「그가 그였고, 나는 나였기 때문」이라고 대답할 수밖에 없다.

여기에는 나의 모든 사유를 넘어서 그러니까 내가 이러니저러니 하고 말할 수 있는 한계를 넘어서 이 결합의 매개가 된 무엇이라고 설명할 길 없는 운명적인 힘이 깃들어 있는 것이다. 우리는 대면하기 전에 피차에 풍문으로 듣고 서로 만나보고 싶어 하였다. 그 풍문은 이성의 힘으로는 생각할 수 없으리만큼 커다란 영향을 우리의 우정 위에 아로새겨 주었다. 아마 천명에 의해 서로 끌리고 있었는지도 모른다. 두 사람은 이미 그 이름으로 해서 아끼는 처지였다. 그러므로 거리에서 큰 축제가 있는 날에 군중들 속에서 두 사람이 처음으로 만났을 때에는 곧 친숙하게 되었던 것이다. 그리하여 그 후로는 세상에 우리 둘 사이보다 더 가까운 사이가 없을 정도였다. 그는 라틴어로 훌륭한 풍자시 한 편을 썼는데(그것은 이미 공포되었지만), 그는 거기서 우리는 순식간에 서로 인간 됨됨이에 깊은 이해를 하게 되었다는 것을 말하고 있다. 우리들의 우정이 아주 오래 지속된 것으로 보였던 것을 뒤늦게 서로 알게 되었나 보다. 우리는 두 사람 다 그때 이미 성인이 다 되어 있었다. 그리고 그는 나보다 몇 살 위였다. 우정도 어물어물할 수는 없었다.

뜨뜻미지근하고 평범한 우정을 본받을 수 없었으며 오랫동안 교제하면서 조심스레 마음을 살피는 예의 접촉을 할 필요를 느끼지 않았던 것이다. 따라서 우리의 우정은 우리 자신 이외에는 아무런 본보기를 갖고 있지 않았었다. 오직 자기 자신에게 의존할 뿐이었는데 그것은 한두 가지의 까닭이나 둘, 셋, 넷, 천 가지 이유에서 결합된 것도 아니었다. 그 모든 이유가 한데 융합된 정수와 같은 것이 있어서 나의 의사를 그의 의사로 삼고 그의 의사를 나의 의사로 삼았던 것이다. 그것은 일종의 자기 상실이기도 하였다. 우리는 우리에게 특유한 것, 즉 나 자신의 것과, 그 자신의 것을 거의 찾아볼 수 없었다.

로마의 집정관들이 티베리우스 그라쿠스에 대하여 사형을 언도하고 나서 그와 은밀히 내통한 자들을 추문하였을 때 라엘리우스가 카이우스 블로시우스(그는 그라쿠스와 가장 친한 친구였다)에게 그라쿠스를 위해 어떤 일을 할 용의가 있느냐고 묻자「모든 일을 하겠습니다.」라고 그는 대답하였다.

라엘리우스가 다시「그러나 그런 요구를 하였다면 어떻게 하겠소?」하고 물으니「복종하였을 것입니다.」하고 대답하였다. 역사에 기록된 바와 같이 두 사람의 우정이 이렇게 완벽했다면 그는 이 과감한 마지막 고백으로 집정관들을 모욕할 필요가 없었을 것이며, 그는 그라쿠스의 의지에 대하여 지닌 확신을 저버려서는 안 되는 것이다. 그러나 이 대답을 반동적이라고 비난하는 자들은 그 우정의 신비를 이해하지 못하고 블로시우스가 우정에 의하여 그라쿠스의 의지를 잘 이해하고 있었다는 것을 미처 몰랐다. 그들은 시민이기 전에 친구였고, 동포나 이방인이기 전에 친구였으며 야심이나 소동에 좌우되지 않은 친구였다. 피차에 마음과 마음을 완전히 맡겼으므로 그들은 상대방의 의사를 모조리 알 수 있었다. 그리고 이성으로 우정의 말을 몰랐기 때문에 블로시우스의 대답은 온당하였었다. 만일 그들의 행동이 서로 어긋났던들 그들은 내가 말하는 의미의 친구가 아니며 또한 그들 자신에게도 친구일 수 없었을 것이다.

그런데 이 대답은 누가 나더러 「만일 당신의 의지가 자기 딸을 죽이라고 명령한다면 그렇게 하겠소?」 하고 묻는 말에 내가 동의하였으리라는 대답이나 다름없이 귀담아들리지 않는다. 나는 내 의지에 대해서나 이런 친구의 의지에 대하여 똑같이 의심할 여지가 없기 때문에 그런 행동을 하리라고 생각할 수 없는 것이다. 이 세상의 어떤 이론도 내 친구의 의향과 판단력에 대한 나의 확신을 저버리게 하지 못한다. 그가 어떤 행동을 하더라도 그 동기를 알 수 있다. 피차의 심령은 완전히 하나가 되어 서로 뜨거운 우애가 오장육부까지도 스며들어 가기 때문에 나는 그의 마음을 내 마음같이 알고 있는 것이다. 따라서 내가 하는 일에 내 자신을 믿는 것보다도 더 분명히 그를 믿었을 것이다.

우리의 우정을 세상에 흔히 있는 여느 사람들 사이의 그것과 같이 생각하여서는 곤란하다. 나도 그런 우정을 잘 알고 있다. 동시에 가장 완벽한 우정도 알고 있다. 그러나 나는 양자의 규법을 혼동하기를 원치 않는다. 그것은 잘못이기 때문이다. 세상에 흔히 있는 일반적인 우정은 조심스럽게 방어선을 치면서 대해야 한다. 전혀 흔들리지 않을 정도로 굳게 맺어 있지 않기 때문이다. 키론은 말하였다.「언젠가는 미워해야 할 인간으로서 사랑하라. 그리고 언젠가는 사랑해야 할 인간으로서 미워하라.」이러한 규정은 저 유일무이한 지상의 우정을 유지하는 데는 욕된 것이지만 일반적인 우정에는 크게 유용할 것이다. 이런 우정에 대하여는 아리스토텔레스처럼「오, 벗이여, 세상 어느 구석에서 너를 찾아볼 수 있으랴!」하고 한탄하는 것이 어울릴 것이다.

고상한 교제에 있어서는 일반 사람들의 우정을 기르게 되는 헌신이나 혜택 같은 것은 전혀 고려되지 않으며 오직 우리 의사의 충분한 융화가 그 기틀을 이루고 있다. 나의 자애심이—스토아 학자는 뭐라고 하든 간에—내가 때때로 나를 위하는 정도의 다소에 의해 조금도 증감되지 않는 것처럼 그리고 내가 나를 위한다고 해서 조금도 나에게 고맙게 생각하지 않는 것처럼 이러한 우정의 결함은 완전무결하여 무슨 의무감 같은 것을 느낄 여지가 없다.

사실 그들 사이에는 혜택이니, 의리니, 감사니, 간청이니, 치사니 하는 따위의 자타의 구별을 뜻하는 말을 싫어하여 이를 그들 사이에서 몰아냈던 것이다. 그들 사이에는 모든 것, 즉 의사, 사상, 재산, 처자, 명예, 생명에 이르기까지 공통되었으므로 그들은 아리스토텔레스가 적절하게 말한 대로 몸은 다르되 한 마음이었다. 따라서 그들 사이에는 빌려준다는 말이 성립되지 않았었다. 그리하여 입법자들은 결론을 조금이라도 이상스러운 결합과 유사하게 하려고 부부 사이의 증여를 금하였던 것이다. 그 취지는 모든 것은 부부의 공동 소유이며 따라서 두 내외는 아무 것도 나눌 필요가 없다는 것을 가르치려는 데 있었던 것이다. 만일 내가 말하는 우정에 있어서도 한편이 다른 한편에게 증여할 수 있다면 그때에는 증여를 받는 자가 상대편에게 선심을 쓰는 격이 될 것이다. 왜냐하면 양자가 무엇이고 서로 먼저 증여를 하려고 들 터이므로 그 기회를 상대방에게 주는 자야말로 증여자가 되는 것이다. 다시 말하면 자기 친구에게 가장 원하는 바를 행하게 하는 만족감을 준 것이 된다. 그렇다면 그것은 실제로 어떻게 이루어졌을까? 여기 옛날의 기묘한 실례를 하나 이야기하고자 한다.

코린트인 에우다미다스에게는 시키온인 카리크세노스와 코린트인 아레테우스라는 두 친구가 있었다. 에우다미다스는 빈

궁 속에 죽어가면서 부유한 두 친구에게 이런 유언장을 써놓았다. 「나는 아레테우스에게 내 모친을 봉양하여 그 여생을 보살펴 줄 것을 상속한다. 그리고 카리크노스에게는 내 딸을 결혼시키되 힘이 닿는 한의 지참금을 주어 보낼 것을 상속한다. 만일 이 두 친구 가운데서 하나가 죽게 될 경우에는 살아남은 자에게 이 권리를 대체케 한다.」 사람들은 이 유언장을 읽어보고 어이가 없어 크게 너털웃음을 웃었다. 그러나 정작 그 상속을 받은 두 친구는 기특하게 여겨 만족한 마음으로 그의 유언을 수락하였다. 그런데 5일 후에 두 친구 가운데서 카리크세노스가 죽었으므로 그 유언을 대신 이행할 권리가 아레테우스에게 넘어갔다. 그는 물론 친구의 모친을 잘 봉양하고 자기 재산 5탈렌트 중에서 2탈렌트 반은 자기 외딸의 지참금으로 주고 나머지 2탈렌트 반은 에우다미다스의 딸에게 주어 같은 날에 결혼식을 올리게 하였다.

이 실례에서 보더라도 실로 아름답기 이를 데 없는 우정이지만 다만 한 가지 친구가 여럿이라는 것은 잘 납득이 가지 않는다. 왜냐하면 내가 말하는 완벽한 우정은 불가분이기 때문이다. 각자는 몸과 마음을 송두리째 그 친구에게 바치므로 다른 사람에게 나눠줄 아무것도 없게 된다. 그리하여 오직 한 사람의 친구에 대해 서로 자기가 둘, 셋, 넷이 아니고 하나이며 여러 심령과 의지를 갖지 못하여 친구에게 많이 넘겨줄 수 없는 것이 한스러울 정도이다. 보통 우정이라면 이를 분할할 수 있다. 우리는 A에게서는 그 아름다운 용모를, B에게서는 그 선량한 마음씨를, C에게서는 그 선심을, D에게서는 자비로운 사랑을, E에게서는 형님과 같은 친절을—사랑할 수 있다. 그러나 영혼을 송두리째 차지하여 지상권을 지배하는 우정에 있어서는 도저히 둘로 쪼갤 수 없는 것이다. 만일 이 두 사람이 동시에 당신에게 구원을 요청한다면 누구를 먼저 돌볼 것인가? 만일 이 두 사람이 당신에게 상반되는 요청을 요구한다면 어느 것을 먼저 할 것인가? 만일 한 사람이 공개하라는 것을 다른 한 사람이 비밀에 붙이라고 하면 어떻게 할 것인가? 그러나 유일한 지상의 우정은 다른 모든 책임을 해제하여 준다. 결단코 다른 사람에게 말하지 않겠노라고 맹세한 비밀도 나와 남이 아닌 그 친구에게는 알려주어도 맹세를 어기는 것이 안 된다. 그는 곧 나이기 때문이다. 그와 내가 둘로 간주된다는 것부터가 이상한 일이다. 만일 셋이 될 수 있다면 그것은 우정의 깊이를 모르는 자의 소리이다. 대등한 것이 있는 터에 정상이란 있을 수 없는 것이다. 그러므로 자기가 그 두 사람을 똑같이 사랑하여 자기가 두 사람을 사랑하는 것과 같은 정도로 그들은 피차에 사랑하고 또 그렇게 나를 사랑 한다고 생각한다면 가장 순수하여야 할 불가분의 우정을 몇몇으로 쪼개는 자이다.

이 한 가지 일만 제외하면, 내가 말한 우정에 잘 들어맞는다. 에우다미다스는 친구들을 필요에 따라서 이용하면서도 오히려 은혜를 베푸는 것으로 생각하고 있으니 말이다. 그는 두 사람의 친구에게 그 특이한 은혜, 즉 그들이 자기에게 혜택을 베푸는 기회를 허용한다는 독특한 은혜를 유언으로서 베풀었던 것이다. 그러므로 우정은 아레테우스의 소행보다도 그의 소행 가운데 훨씬 풍부하게 나타나 있다. 그러나 그 우정은 이런 체험을 해보지 못한 자에게는 도저히 상상조차 할 수 없는 감정이다. 그리고 이 때문에 나는 한 젊은 병사가 키로스에게 한 대답을 훌륭하게 생각한다. 키로스가 그 병사에게 왕국을 주면 경기에서 승리한 말과 바꾸겠느냐고 물었을 때, 「상감님, 원 어림도 없는 말씀입니다. 그렇지만 제가 친구를 한 사람 발견한다면 이 말을 내놓겠습니다.」라고 대답하였던 것이다.

그는 「제가 한 사람 발견한다면.」이라고 말하였다. 옳은 말이다. 누구나 겉으로 사귀는 데는 적합한 사람을 손쉽게 찾아낼 수 있으나 마음을 다 터놓은 우정에 있어서는 행동의 모든 근원이 완벽하고 명백하고 확실해야 하는 것이다.

한끝으로 겨우 동여맨 우정에서는 한껏 그 불완전한 부분만을 보충할 수 있을 따름이다. 그리고 가족적인 친지 관계에 대하여는 나도 여느 사람들과 같이 행동한다. 내 주치의나 단골 변호사의 종교가 무엇이건 나는 아랑곳하지 않는다. 그것은 그들이 나에게 베푸는 우정과는 아무런 관계가 없다. 나는 하인이 정숙한가에 대하여는 큰 관심이 없다. 다만 부지런히 일해 주기만을 바랄 뿐이다. 또한 마부가 놀음을 하건 그 밖에 다른 짓을 하건 개의치 않으며 내 요리사가 욕을 잘하건 무식하건 개의치 않는다. 나는 세상에서 해야 할 일에 대하여 남들처럼 이러니저러니 하고 말참견을 하지 않는다. 다만 나는 거기서 내가 하는 일에만 참견할 뿐이다.

나는 내 일이나 잘 처리하려오. 그대도 그대의 일이나
잘 되도록 하오. (테렌티우스)

식탁에서는 근엄하기보다는 재미를, 침대에서는 선한 것보다는 아름다움을, 교제에서는 정직성보다는 능력을 더 소중히 생각한다. 그 밖에 다른 일에 있어서도 마찬가지이다.

어떤 사람이 아이들과 함께 막대기를 사타구니에 끼고 말타기 놀이를 하고 있는 것을 들키게 되면 그 사람에게 「당신도 아버지가 되기까지는 비밀로 해줘요.」 하고 당부하였다. 아마도 이렇게 말하면 그 사나이의 마음에도 애정이 움터 자기 행위를 공평하게 판단하리라고 생각하였던 모양이다. 그와 마찬가지로 나도 내가 말하는 것을 경험해 본 사람들에게 이야기하고 싶다. 그러나 이러한 우정은 세상의 일반 습성과는 매우 거리가 멀고 매우 드문 일이므로 좋은 비판자를 만나리라고는 생각하지 않는다. 고인이 이에 대하여 남긴 글까지도 내 생각과 비교하면 심히 미약한 것으로 보인다. 그리고 이 우정에 관한 한 사실이 철학적 원리를 초월해 있는 것이다.

> 내가 양식을 가진 한 좋은 친구보다 더 나은 것은 세상엔 없는 줄 아노라. (호라티우스)

옛날 메난데르는 단지 친구의 그림자라도 만나볼 수 있는 자를 「행운아」라고 말하였다. 지당한 말이다. 이것은 경험한 사람이 아니고서는 말 할 수 없다. 아닌 게 아니라 내 생애에서 그 친구와 사귀지 않고 지낸 부분 전체를 나는—일생을 신의 가호로 그런 친구를 잃었다는 한 가지만을 제외하면 큰 슬픔을 겪지 않고 매우 마음 편히 오직 타고난 행복에 만족하여 구태여 달리 부러울 것이 없이 평안하게 살아왔지만—그 친구와 아름다운 교제를 즐긴 4년 동안과 비교해 보면 그것은 다만 연기와 같은 것에 지나지 않는다. 어둡고 쓸쓸한 밤에 불과하다. 그를 잃은 그날부터.

> 언제나 눈물 흘리며 칭송하여 마지않을 그날이여!
> 그와 작별함은 신의 뜻이어서 (베르길리우스)

나는 힘없이 목숨을 이어갈 따름이다. 내게 오는 쾌락은 나를 즐겁게 하기는커녕 오히려 그를 잃고 상심하는 마음을 더욱 북돋아 줄 뿐이다. 우리는 언제나 반쪽이었다. 그런데 지금은 내가 그의 몫까지도 빼앗고 있는 것만 같다.

    모든 것을 나눠 가질 친구가 없이는
    나는 아무것도 즐기고 싶지 않다. (테렌티우스)

나는 어디서나 둘이 있는데 길들었으므로 지금은 이제 반쪽만 살아 있는 것 같다.

    뜻하지 않은 죽음이 벌써 찾아와
    내 영혼의 절반을 앗아갔노니
    내 이 세상에 남아 있어 무엇하랴
    나머지 반쪽은 이미 죽은 거나 마찬가지로다.
    그날에 우리는 함께 죽었나니 (호라티우스)

무슨 일을 하든, 무엇을 생각하든, 그의 죽음을 의식하지 않은 적이 없다. 그의 운명을 내가 당했던들 그가 나와 같이 생각하였으리라. 그는 모든 재능과 덕성이 나보다 훨씬 뛰어난 것처럼 우정에 있어서도 그러하였다.

    그토록 존귀한 생명을 애통해 하는 이 마당에

부끄러울 것이 무엇이며 망설일 것이 무엇이랴.
(호라티우스)

오 불행한지고, 그대를 잃다니
그대의 아름다운 우정은 인생을 얼마나 즐겁게 하였던고.
그러나 이제 그 우정은 그대와 함께 사라졌나니
그대 죽으며 나의 모든 행복은 산산이 부서졌노라. 그대와 함께.
우리의 심령은 무덤에 묻혔노라
그대가 세상을 떠난 후로 나는 학문과 마음의 모든 즐거움을 몰아내었노라.
그대와 다시는 이야기를 나눌 수 없느뇨?
그대 목소리 다시는 들을 수 없느뇨?
그대 모습을 다시는 볼 수 없느뇨?
목숨보다도 더 소중하던 그대여,
나는 언제나 그대를 그리워하리. (카툴루스)

그런데 나이가 열여섯밖에 되지 않는 이 소년의 이야기를 좀 들어보자.

이 작품은 그 후에 우리나라 정치―그것이 개설될 것을 염두에 두지 않고―혼란시켜 변혁을 일으키려는 자들의 손에 의해 그릇된 목적을 위해 출발되었는데, 그때 그들이 쓴 다른 문장 속에 섞어놓았기 때문에 나는 여기 그것을 함께 소개할 생각이었다. 그리고 이 작가에 대한 평가가 그의 사상이나 행동을 가까이서 잘 관찰한 적이 없는 자들에 의해 손상 받지 않게 하기 위해 나는 그가 어린 시절에 다만 습작으로 여러 책에서 따온 범속한 소재로 이 작품을 꾸몄다는 것을 말해주고 싶다. 나는 그가 쓴 작품 내용을 액면 그대로 믿는다. 그는 장난으로 거짓말을 못하는 위인이었다. 그만큼 그는 양심적이었다. 그는 자기 마음대로 택할 수만 있었더라면 샤를라크보다도 베니스에 태어나기를 원했을 것이다. 이것은 근거 있는 말이다. 그러나 그에게는 마음속으로 간직해 온 교훈이 있었으니 그것은 자기가 태어난 나라의 법률에 경건한 마음으로 복종하려는 의지다. 그보다 더 선량한 시민은 없었다. 그보다 더 국가의 안전을 위해 걱정하는 자가 없었으며 그보다 더 시대의 동요와 혁신 사조에 반대하는 사람도 없었다. 그는 동포들을 격려시킬 만한 행동을 하느니 차라리 그것을 종식시키기에 온갖 힘을 기울이고 싶었을 것이다. 그는 이 세기보다도 옛 시대에서 마음의 양식을 찾았던 것이다.

그러면 이 강직한 작품 대신에 다른 작품을 대치하려고 한다. 이것은 그와 같은 연대에 쓴 것으로 더 명랑하고 유머러스하다.

14. 절도에 대하여

 우리가 사물과 접촉하는 것이 불결한 일이거나 한 것처럼 우리는 우리가 손수 다루기 때문에 그 자체로서는 아름답고 훌륭한 사물들을 썩게 하는 경우가 있다. 가령 우리가 너무나 맹렬히 도덕을 요구하면 오히려 악을 빚어내는 수가 있다. 사람들은 도덕에도 결코 지나쳐서는 안 된다고 한다. 지나치면 그것은 도덕이 될 수 없으니 그럴 법도 하다. 그러나 여기에는 언어의 농간이 없지 않다.

 만일 도덕에 절도를 잃으면 현자는 몰상식한 인간이 되고, 이로운 자는 약한 자로 간주될 만도 하다. (호라티우스)

 이것은 철학적인 심오한 생각이다. 인간은 도덕을 지나치게 사랑할 수는 없으며 올바른 행동이 지나칠 수도 없다. 「필요 이상으로 현명하지 말고 순박하게 현명하라.」는 성서의 말씀은 이에 부합된다.

나는 어느 권세 있는 분이 남달리 믿음이 두터운 체하여 좋지 못한 평을 듣는 것을 목격한 적이 있다.

나는 절도 있는 중용의 길을 좋아한다. 선을 행하는 데도 절도가 없으면 내게 피해가 없더라도 아연해진다. 그리하여 나로서는 그것을 무어라고 불러야 할는지 알 수 없다. 파우사니아스의 어머니는 아들이 죽은 소식을 누구보다도 먼저 알리면서 그 무덤에 앞장서서 돌을 날랐다는 것, 집정관 포스투미우스는 자기 아들을 젊은 혈기로 대열을 벗어나 적진에 앞질러 쳐들어가 전과를 올리게 함으로써 죽음의 길에 이르게 한 것 따위는 나로서는 정당하게 보이지 않을 뿐더러 이상하게 생각된다. 아무튼 나는 이렇게 억세고 희생이 심한 도덕을 권유할 마음이 없다.

활을 쏘되 과녁을 넘어서 쏘는 자는 과녁에 못 미치는 자와 마찬가지로 실패한다. 우리는 암흑 속을 헤매거나 심한 햇빛 속을 지나갈 때에는 똑같이 눈에 혼란을 일으킨다. 플라톤에 나오는 칼리클레스는 극단적인 철학은 해로우니 이로운 한계를 벗어나 거기 몰두하지 말라고 충고하였다. 그리하여 그 철학을 절도 있게 받아들이면 즐겁고 이득이 되지만 지나치게 거기 구애받으면 드디어 마음에 혼란을 주어 악덕을 조장하며 종교와 국가의 법률까지도 경멸하고 사람들과 어울리기를 싫어하며 인간적인 쾌락을 등지고 정치적 사건의 처리나 남을 도와

주는 일, 나아가서는 자기 분수를 지켜나가는 일까지도 불가능하게 되어 뺨을 얻어맞아도 대항하지 못하는 쓸개 빠진 자가 되어버린다는 것이다. 옳은 말이다. 철학을 지나치게 숭상하면 우리의 타고난 자유를 구속하며 배운 것이 탈이 되어 오히려 자연이 우리에게 부여한 인생의 평탄한 대로에서 벗어나게 한다.

우리가 아내에게 애정을 느끼는 것은 당연하다. 그런데 신학은 이 애정도 억제하라고 가르친다. 나는 일찍이 성 토마스의 글에서 금지된 촌수보다 더 가까운 친척 사이 결혼은 아내에 대한 애정의 절도를 잃게 된다는 이유로 비난한 것을 읽은 적이 있다. 남편의 원만한 사랑에 친척으로서의 애정이 첨가되어 이성의 한계를 벗어나게 될 것은 정한 이치라는 것이다. 신학이나 철학과 같이 인간의 행위를 통제하는 학문은 모든 일에 참견하게 마련이다. 따라서 아무리 몰래 하는 사사로운 행동이라도 그 심사와 비판을 면할 길이 없다. 여기서 벗어나고자 하는 것은 어리석은 짓이다. 여자란 의사의 치료는 남부끄러워 선뜻 몸을 맡기려 들지 않지만 남자를 가까이하기 위해서는 얼마든지 몸을 내맡긴다. 나는 철학과 신학의 입장에서 세상의 남편들에게 말하고자 한다. 즉 이 학문에 지나치게 열중하면 아내와 함께 맛보는 쾌락도 절도를 지켜야지 그렇지 못할진대 그것은 마땅히 책망을 받을 만한 일이다. 부부관계에 있어서도 불의의 남녀 교제에서 찾아볼 수 없는 방종과 음탕이 게재되어 있는 것이다. 우리가 뜨거운 정열을 이런 장난에 소모하는 남부끄러운 행동은 아내에게 점잖지 못할 뿐만 아니라 자신에게도 해로운 것이다. 여자들도 이러한 수치스러운 행동은 경계해야 한다. 그녀들은 언제나 우리의 요구에 응할 태세를 갖추고 있다. 나의 경험으로 말하면 이 방면에 있어서는 자연스러운 단순한 방법밖에 사용하지 않았다.

결혼은 신앙적인 경건한 결합이다. 그러므로 여기서 얻게 되는 쾌락은 어디까지나 엄격히 근신하는 가운데 이루어져야 하는 것이다. 따라서 그것은 신중하고 양심적인 쾌락이라야 한다. 그리고 그 주요한 목적이 자식을 낳는 데 있는 만큼 여자가 이미 늙었거나 잉태하였을 경우에 문제가 된다. 즉 출산의 목적을 달성할 수 없을 경우에 여자와 동침해도 무방할까 하는 의문이 그것이다. 플라톤의 말을 빌리면 그것은 일종의 살인 행위이다. 어느 나라에서는 특히 이슬람교의 나라에서는 임신 중에 있는 여자와 관계하는 것은 금물로 되어 있다. 그리고 여러 나라에서 월경 중에 관계하는 것을 꺼리고 있다. 제노비아[1]는 자기 남편을 한 번밖에 받아주지 않았으며 임신 중에는 남편이 마음대로 다른 여인과 가까이하게 내버려두었다가 해산이 끝난 후에 남편을 다시 가까이하게 하였다. 이것은 훌륭한

---

[1] 팔미라 제국 여왕으로 아우렐리아누스 황제에게 포로가 됨. 정숙한 여인으로 유명함.

부부생활의 한 본보기이다.

이것은 플라톤이 오랫동안 이성에 굶주린 어느 시인의 글에서 인용한 이야기지만[2] 주피터 신은 어느 날 너무 다급하여 자기 아내가 침대까지 가는 동안도 참지 못하여 마룻바닥에 뉘어놓고 관계를 하는데 그 쾌감이 어찌나 맹렬했던지 하늘의 궁전에서 다른 신들과 방금 결정한 대단히 중대한 일까지도 잊어버렸었다. 그리고 그 쾌감은 그가 부모 몰래 처음으로 그녀의 처녀성을 빼앗던 때만큼이나 달콤하였다고 자랑했다는 것이다.

페르시아의 임금들은 향연에 흔히 아내를 동반하고 참석하였는데 술이 취하고 정욕으로 상기되어 탐닉의 욕구를 억제하지 못하면 그들은 이 방자한 정욕을 밖에 나타내 보여주지 않을 양으로 아내를 방으로 돌려보내고는 그 대신 별로 존경할 의무를 느끼지 않는 거리의 여인들을 데려오는 것이었다.

쾌락과 혜택은 모든 사람에게 그대로 적용되는 것이 아니다. 에파미논다스는 방탕한 사내아이 하나를 감옥에 집어넣었는데 펠로피다스가 자기의 얼굴을 봐서 그 아이를 석방시켜 달라고 간청하여도 거절하였지만, 자기 집 첩이 석방을 간청하자 이를 허락하고 이런 혜택은 여자들의 간청에나 베풀 일이지 대장부의 청에 베풀 성질의 것이 못 된다고 말하였다. 소포클레

---

[2] 이 이야기는 호머의 《일리아드》에 나온다.

스가 페리클레스와 함께 집정관으로 있을 때에 마침 옆으로 얼굴이 잘생긴 남자아이가 지나가는 것을 보고 「거, 참 미남이로군.」 하고 말하자, 페리클레스는 「그건 여느 사람과는 다른 집정관으로서는 입에 담을 말이 못 되오. 집정관은 손은 물론 눈도 깨끗해야 하오.」라고 말하였다.

하루는 아엘리우스 베루스 황제에게 그 아내가 딴 여자들과 그가 접촉하는 것을 불평하자 결혼생활은 명예와 품위를 지켜 외설이나 간음이 개재될 여지가 없으므로 다른 여자들과 희롱하는 것이라고 대답하였다. 또한 옛날의 종교 작가들은 여인이 자기 남편의 절도 있는 애욕에 응하지 않은 것을 명예로운 일로 묘사하고 있다. 탐락도 지나칠 때 책망을 면치 못하는 것이다.

그런데 인간이란 가련한 동물이 아니겠는가? 그는 자연스럽게 순결한 쾌락을 맛보게 되면 다음에는 이성의 힘으로 애써 이를 억제해야 한다. 이리하여 궁리 끝에 지혜를 짜내어 자기 불행을 조장하지 않게 되면 그나마 다행일 것이다.

> 우리는 비참한 운명을 부채질하기에 갖은 기교를 부렸었다. (프로페르티우스)

인간의 지혜는 불행을 과장하여 이를 덜 느끼게 하려고 교묘한 모든 수단을 부리는데 자기 차지로 된 쾌락의 양과 질을 깎아내리려고 하는 것은 어리석은 짓이다. 나 같으면 보다 더 자연스러운 길을 택했을 것이다. 그 편이 실상 더 마음 편하고 신성한 것이다. 나는 쾌락을 충분히 맛보고 그것에 어떤 제약을 가하지는 않았을 것이다.

우리의 몸과 마음을 치유하는 의사들은 그들이 무슨 음모라도 꾸민 듯이 고통과 수난에 의하지 않고서는 그 병을 고칠 수 없다니 웬 말인가? 밤샘, 단식, 말총셔츠, 먼 곳의 유배, 오랜 감방 생활, 매질, 그 밖에 여러 가지 괴로움이 이 치병을 위해 도입되었다.

그런데 이는 정말 고통으로 찌르는 듯한 아픔이 있어야 한다. 따라서 저 갈릴레오의 처지가 되어서는 안 되는 것이다. 갈릴레오는 레스보스 섬에 추방된 후로 그 고장에서 마음 편히 지내게 되었으므로 그에게 괴로움을 주려던 일이 오히려 평안을 주었다는 소문이 로마 당국에 들리자 관계자들은 생각을 달리하여 그의 형벌에 대해 아픈 마음을 느끼도록 그를 다시 자기 집 아내 곁으로 데려다가 거기 은거하고 있으라는 명령을 내렸던 것이다. 단식이 오히려 건강에 이롭고 한결 명랑해지며 생선이 고기보다 더 맛이 좋다는 자에게는 마치 약을 맛있게 먹으면 효험이 있듯이 이런 처사는 건강에 조금도 이롭지 못하기 때문이다. 그들은 고통과 많은 것을 바라고 있다. 대황을 달게 먹는 버릇을 가진 자에겐 대황을 다려서 먹여도 효력이 있는 것이다. 위장을 치료하려면 위장을 자극하는 약을 써야 한다. 그런데 고통은 그 반대되는 요소에 의해 해소된다는 일반 법칙은 여기서는 있을 수 없다. 악이 악을 치료하기 때문이다.

이러한 견해는 옛사람들의 생각과 일치한다. 그들은 학살과 살인 행위가 신의 마음을 기쁘게 해준다고 생각하였는데 이것은 어느 종교에서도 실천되어 왔었다. 우리네 조상들의 시대에 아무라드는 이스트모스를 함락시켰을 때 그리스 청년 600명의 목숨을 자기 아버지 망령에게 바치고 그 피로 고인의 죄를 용서해 달라고 빌었던 것이다. 또한 오늘날 새로 발견된 대륙에서는 미개지로서 이런 관습만은 곳곳에 뿌리박혀 있다. 그들은 모든 우상들에게 인간의 피를 바친다. 따라서 그 제사의 절차에는 몸서리치는 장면이 더러 있다. 그곳에서는 생사람을 불살라 반쯤 구어지면 꺼내어 심장과 내장을 찾아낸다. 여자들은 산 채로 가죽을 벗겨서 그 피 흐르는 가죽을 다른 사람들에게 씌워 준다. 그런데 여기에는 본받을 만한 지조와 결의도 엿보인다. 즉 이렇게 희생되는 자들은 노인, 여인, 어린이 할 것 없이 죽기 며칠 전부터 자기 자신의 희생에 공물을 바치기 위해 시물을 얻으러 다니며 제사에 참례하는 자들과 함께 춤추고 노래 부르며 피살될 현장으로 나아간다는 것이다.

멕시코왕이 파견한 대사들은 페르난도 코르테즈에게 자기

임금의 위대성에 대하여 이야기하기를, 그에게는 각각 10만 명의 군사를 동원할 수 있는 신하 30명이 있으며 그는 세상에서 가장 아름답고 견고한 성에 살고 있다고 말하고 나서 신들에게 1년에 5만 명의 희생을 제물로 바친다고 덧붙였다. 그들은 자기 나라 청년들을 훈련시켜 전쟁에서 사로잡은 포로들의 목숨을 제물로 바치기 위해 이웃의 큰 나라와 전쟁한다는 것이었다. 그런가 하면 다른 성에서는 앞에서 말한 코르테즈를 환영하기 위해 그들은 50명의 목숨을 희생으로 바쳤다는 것이다.

이야기가 또 하나 남아 있다. 그 신대륙의 어느 나라에서는 그에게 전쟁에 패하고 나서 그와 친교를 맺기 위해 사신을 보냈는데 그들은 세 가지 선물을 바치면서 이렇게 아뢰었다. 「임금님, 여기 노예 다섯 명을 드리옵니다. 임금께서 사람의 살과 피를 먹고 사는 신이시면 그들을 잡아 가시소서. 우리는 그대를 더욱 받들겠나이다. 임금께서 호방한 신이라면 분향과 날개깃이 여기 있나이다. 만일 임금께서 인간이시면 여기 가져온 새와 과일을 드소서.」

15. 고독에 대하여

 저 고독한 생활과 활동적인 생활의 그 장황한 비교는 덮어두기로 하자. 그러나 야심과 탐욕이 그 정체를 감추고 있는바 「우리는 우리 한 사람을 위해 태어난 것이 아니라 민중을 위해 태어났다.」는 그럴싸한 아름다운 구절에 대하여는 맹렬한 활동을 하고 있는 여러분들에게 묻지 않을 수 없다. 여러분은 손을 가슴에 얹고 생각해 보라. 공공의 직무를 비롯하여 속세의 여러 가지 괴로움은 나 혼자의 배를 채우기 위해 일어나는 것이 아닐까? 오늘날 그 때문에 사용하는 흉악한 수단을 볼 때, 그 결과는 어차피 이렇다 할 가치를 지니지 못하리라는 것을 미리 알 수 있다. 야심은 우리에게 고독을 맛보게 한다. 야심은 사람들과의 융화를 회피하는 것이기 때문이다. 야심은 제멋대로 놀기를 가장 절망한다. 좋은 일이고 나쁜 일이고 할 기회는 도처에 널려 있다. 그러나 비아스의 말대로 「악한 자들이 대다수」라면 혹은 《전도서》의 가르침대로 「천 명 가운데 의로운 자는 한 사람도 없다.」는 것이 사실이라면.

외로운 자는 매우 귀하니라.
그 수는 테베시 성문이나 나일강의 하구만큼이나 되면 고작이다. (유베날리스)

군중 속에 뛰어드는 것은 매우 위험한 일이다. 우리는 악한 자들을 따르거나 미워할 수밖에 없으나 그 어느 경우에 있어서나 위태롭다. 그들이 대다수를 차지하기 때문에 이에 추종하거나 그들이 자기와는 됨됨이가 다르기 때문에 미워하는 것은 똑같이 위험한 일이다.

그런데 항해하는 상인들은 같은 배에 탄 자들의 마음을 관찰해 볼 필요가 있다. 그들은 각각 불신자나 악인은 아닌가 하고 살피는 것은 당연한 일이다. 그런 자들과 동행하는 것은 불길한 일이 아닐 수 없는 것이다.

그러므로 비아스는 자기와 함께 사나운 폭풍우를 겪고 하느님에게 구원을 요청하는 자들을 보고,「잠자코 있어요. 당신들이 나 같은 고약한 자와 함께 있는 것을 하느님이 알면 안 될 테니까.」라고 농담조로 말하였다.

이보다 더 적절한 예가 있다. 포르투갈의 엠마뉴엘왕을 대신하여 통치하는 인도 총독 알뷔케르크는 바다에서 폭풍우를 만나 위태로운 처지에 이르자 어린 사내아이를 어깨 위에 올려 놓고 그 아이와 자기가 운명을 같이함으로써 아이의 순진한 마음이 하느님의 은총을 입어 구제되는 덕분에 자기 목숨까지도 보전되기를 원했던 것이다.

현자가 어디가나 만족을 누리면서 살 수 없다는 것은 말이 안 된다. 궁전의 신하 틈에 끼는 것쯤 불가능할 리가 없다. 그러나 스스로 말한 바와 같이 만일 자기에게 선택의 기회가 허용된다면 그들의 눈까지도 피했을 것이다. 필요하다면 전의 처지도 참아 나갈 터이지만 되도록 나중의 길을 택할 것이다. 현자는 자기만이 악에서 벗어났다고 해도 남의 악과 싸워야 하는 동안은 참으로 만족을 느끼지 못할 것이다.

그런데 고독한 생활을 하는 목적은 좀 더 유유히 자유롭게 살아가려는 데 있다고 나는 생각한다. 그러나 사람들은 반드시 그 길을 간다고 할 수는 없다. 사람들은 때때로 이제 모든 일을 저버렸다고 생각하지만 실은 다만 일거리를 변경하였을 뿐이다. 한 가정을 꾸려나가는 데도 한 나라를 다스리는 데 못지않은 고통이 있다. 마음이 어디에 매어 있건 거기 모든 정력을 쏟게 마련이다. 가정의 일은 나라 일처럼 중요하지는 않지만 그 번거로움에 큰 차이가 없다. 게다가 궁정의 직책이나 장사 일에서 손을 떼었다고 하여서 이 세상의 어려운 고생에서 벗어난 것이 못 된다.

비애를 없애는 것은 이성과 지혜로다.

망망한 바다를 내다보는 기슭이 하는 일이 아니다.
(호라티우스)

야심·탐욕·불안·공포·음욕 등은 우리가 거처를 바꿨다고 해서 우리를 놓아주지 않는다.

음산한 비통은 기사가 탄 말 꽁무니에 올라타도다.
(호라티우스)

그것들은 흔히 사원 안에도 따라오고 철학 교실에도 우리를 따라온다. 사막도 절벽도 암굴도 고행도 단식도 우리를 해방시켜 주지 못한다.

치명적인 화살은 허리에 박혀 있도다. (베르길리우스)

어떤 사람이 소크라테스에게 아무개는 여행을 하고 돌아왔는데도 조금도 달라진 데가 없다고 말하였더니 「그는 자기를 짊어지고 돌아다녔으니까 그럴밖에.」 하고 대답하더라는 것이다.

다른 태양이 비치는 나라를 찾아가려느뇨?
조국을 떠났다고 해서 자기 자신에게 벗어날 수 있는가. (호라티우스)

누구나 먼저 그 몸과 마음을 압박하는 무거운 짐부터 내려놓지 않으면 몸을 움직일수록 마음은 더욱 억눌리기만 한다. 가령 배의 경우를 두고 보더라도 배에 실은 짐이 흔들리지 않을 경우에는 조금도 진행에 지장이 없다. 병자에게 다른 곳에서 요양을 시키는 것도 해는 있을망정 이로울 것이 없다. 병이란 움직일수록 무거워지는 것이다. 마치 말뚝을 움직이고 흔들면 더욱 깊이 박히는 것과 마찬가지이다. 그러므로 사람들로부터 멀리 떠났다고 해서 족한 것이 못 된다. 장소를 바꿔도 소용이 없는 것이다. 우리들의 속된 마음에서 해탈되어야 한다. 속세를 떠나 자기 자신을 되찾아야 한다.

「나는 철의 사슬을 끊었노라.」고 그대는 말하리라.
그러나 개는 오랜 노력 끝에 그 사슬을 끊지만
그 목에는 긴 사슬이 매달려 있다. (페르티우스)

우리는 우리의 쇠사슬을 언제나 지고 다닌다. 그래서는 자유로울 수 없다. 우리는 언제나 뒤를 돌아보기에 마음이 꽉 차 있다.

내 마음이 깨끗이 맑아지지 않으면
안에 도사린 적을 막을 수 없으리라.
어떤 우수, 어떤 공포인들

번뇌의 사나이를 괴롭히지 않으랴.
오만과 음탕과 분노는 그 마음속에
번민과 태만을 가져오나니. (루크레티우스)

우리의 괴로움은 마음속에 뿌리박고 있다. 그런데 마음은 그 자신에서 벗어날 수 없다.

괴로움은 자기 자신에서 벗어나지 못하는 마음에 있다.
(호라티우스)

그러므로 마음을 고쳐 자기 자신으로 되돌아가야 한다. 그것이 참된 고독이다. 이러한 고독은 네거리에서도 궁정 안에서도 한결같이 즐길 수 있다. 다만 혼자 있을 때에는 더욱 쉽게 즐길 수 있을 뿐이다.

그런데 우리가 혼자 살기 위해 남들과의 교제를 끊으려고 하는 이상 고독에서 오는 우리의 만족감을 다만 우리 자신에게서만 찾아야 하는 것이다. 따라서 남들과의 모든 이해관계를 떠나야 한다. 완전히 혼자서 마음 평안히 살 수 있도록 힘써야 한다.

스틸폰은 자기가 통치하는 도시의 화재를 피해 나오며 아내와 자식들과 재산을 불길이 앗아갔는데도 그 참상에 얼굴빛도 변치 않은 것을 본 폴리오르케테스가 그렇게 엄청난 피해를 입어서 안됐다고 말하자, 그는 피해를 입은 것이 없다고 대답하였다. 철학자 안티스테네스가 인간은 언제나 조난을 당할 때에 대비하여 물 위에 뜰 장비를 갖추고 있어야 한다고 농담조로 말한 것은 바로 이 뜻이다.

사실 이해성 있는 사람은 자기 자신만 지니고 있으면 잃은 것은 아무것도 없음을 알 것이다.

놀라 시가 야만 민족의 손에 의해 파괴되었을 때 그곳 주교이던 파울리누스는 모든 것을 잃고 포로가 되었을 때 하느님께 이렇게 기도하였다. 「주여, 이런 손실을 느끼지 못하도록 하여 주소서. 주님도 아시다시피 그들이 저의 것에는 전혀 손을 대지 않았나이다.」 아닌 게 아니라 그를 부자로 만든 마음의 재산과 그를 선량하게 한 선의는 여전히 그의 속에 남아 있었던 것이다. 그야말로 도저히 손해를 볼 수 없는 재보를 그는 지니고 있었던 것이다. 그는 아무도 감히 발길을 들여놓을 수 없는, 따라서 자기 자신 이외의 어느 누구도 엿볼 수 없는 곳에 그것을 감춰두었다고 할 수 있다. 아내도 있어야 한다. 자식도 있어야 한다. 재물도 있어야 한다. 특히 건강도 있어야 한다. 그러나 우리의 행복이 오직 그런 데만 있다고 이에 집착하여서는 안 된다. 완전히 우리의 것이며 무엇으로도 빼앗길 염려가 없는 골방을 하나 장만해 놓고 거기에 참된 자유, 즉 참된 고독을 누려야 하는 것이다. 그리하여 그곳에서 우리는 날마다 우리들 자신과 이야기해야 한다. 어떤 친구도 참견하지 않는 깊은 마음속의 밀어를 이야기하여 아내도, 자식도, 재물도, 공물도, 하인도 없는 외톨이가 되어도 이야기하고 웃어야 한다. 그렇게 하면 처자나 재물이 다 없어지는 경우에 봉착하더라도 아무렇지 않게 생각하게 될 것이다. 우리의 마음은 자기 자신을 반성할 수 있다. 자기를 친구로 삼을 수도 있다. 심령은 공격할 것, 방어할 것, 줄 것, 받을 것 등을 갖고 있으므로 우리는 이 고독 속에서 심심하지 않을까 걱정할 필요가 없다.

고독 속에서 그대 자신이 한 군중이 되라. (티불루스)

안티스테네스는 「도덕은 그 자체로서 만족한다. 따라서 어떤 규율도, 언어도, 행위도 필요로 하지 않는다.」고 말하였다.

우리가 평상시에 관습적으로 행하는 행위 가운데서 참으로 우리와 관계가 있는 것은 천에 하나도 있을까 말까이다. 한쪽에서는 광분하여 정신없이 총질을 하여 성벽에 기어오르고, 다른 한편에서는 상처투성이가 되고 굶주린 얼굴이 새파랗게 질려 있으면서도 성문을 사수하는 것을 보라. 당신은 그들이 제정신을 갖고 하는 일인 줄 아는가? 그들은 아마도 얼굴도 모르고 그들의 처지는 조금도 걱정하지 않으며 그동안에도 한가롭게 자기 재미만 보고 있는 자를 위해 그렇게 하고 있는 것이다.

그리고 콧물을 흘리며 눈곱이 끼고 때에 절어 한밤중에 연구실 문을 나서는 학자를 보고 당신은 그가 책을 뒤지며 더욱 행복하고 현명하고 선량한 자가 되려고 한다고 생각하는가? 천만의 말씀이다. 그것은 다만 그만큼 수명을 줄일 따름이다. 고작해야 그는 후세에 플라우투스의 운문이나 라틴어 낱말만의 올바른 철자법 같은 것을 가르쳐 줄 뿐이다. 우리들에게 가장 적고 허황된 가짜 물건인 명예나 영광을 위해, 건강과 안락과 생명을 기꺼이 바꾸지 않을 자가 쓸데 있을까? 자기 목숨 하나만도 두려운데 어찌하여 처자나 심지어 하인들의 죽음까지도 걱정하려고 드는가? 자기 일만으로도 고생이 막심한데 어찌하여 이웃이나 친구의 일까지도 골치를 썩이는가?

인간이 자기보다도 더 사랑하는 것이 있다고 생각하다니 웬 말인가? (테렌티우스)

고독은 저 탈레스의 본보기대로 그 가장 정력에 넘치는 활동기를 세상을 위해 바친 자들에게 가장 온당한 것으로 보인다. 남을 위해서는 꽤 많은 일을 하였으니 이제 여생은 자기를 위해 살아보자. 우리의 사고와 창의를 우리 자신의 안락을 위해 이용하자. 은퇴를 올바로 하는 것은 결코 용이한 일이 아니다. 그것은 다른 일에 손을 대지 않아도 우리를 상당히 바쁘게 한다. 하느님께서 모처럼 우리에게 이사할(죽을) 채비를 할 여유를 주시니 그 준비를 하자. 짐을 꾸리도록 하자. 일찌감치 친구들에게 작별인사를 해두자. 우리를 멀리 데려다가 우리 자신에게 돌아가게 못하려는 저 가혹한 연루에서 벗어나자. 우선 그 강력한 사슬을 끊은 연후에 이것저것 즐기도록 하자. 그러나 자기 자신만을 위해야 한다. 즉 자기 이외의 것을 갖되 그것이 우리에게서 떠날 때에 우리의 일부까지 함께 빼앗기는 일이 없도록 우리 몸에 밀착시킬 일이다. 이 세상에서 가장 소중한 것은 자기 자신에게로 돌아가는 길을 배우는 일이다.

이제는 세상에 도움을 줄 것도 없으니 세상에서 물러설 때가 된 것이다. 그리고 남에게 빌려줄 것이 없는 자는 남의 것을 빌려올 생각은 하지 말아야 한다. 기력이 쇠퇴하여 가고 있다. 그 기력을 우리에게 담아두자. 친구와 동료에 대한 봉사를 자기에게 돌릴지어다. 다른 사람들에게서 자기를 둔하고 쓸모없고 버림을 받는 존재가 되게 하는 이 영락의 길에서 자기 자신에게는 버림을 받고 둔하고 쓸모없는 존재가 되지 않도록 명심하자. 자기를 추켜주고 쓰다듬어 주라. 자기의 이성과 양심을 굴종하고 두려워하며 그 앞에 잘못을 저지르면 송구하게 생각하면서 자기 자신부터 잘 다스려 가라. 「자기를 무던히 존중한다는 것은 보기 드문 일이다.」(퀸틸리아누스)

소크라테스는 말하기를, 젊은이는 교육을 받아야 하고 어른은 일을 잘 해야 하며 늙은이는 모든 서민적, 군사적 직무에서 떠나 홀가분한 몸으로 자유롭게 살아야 한다고 하였거니와 여러 사람들 중에는 특히 은퇴 생활이 성격에 맞는 사람이 있다. 이해력이 무딘 자, 얄팍한 감정과 연약한 의지의 소유자 그리고 싹싹하지 못하고 고분고분치 못한 자들—내 자신도 타고난 생활감정이나 사고방식으로 보아 그들 축에 속하지만—은 활동적이고 부지런하고 모든 일에 참견하기를 좋아하고 남들과 어울려 일에 열중하며 기회가 있을 때마다 가만히 있지 못하는 자들보다 더 내 의견에 귀가 솔깃할 것이다. 외부에서 우연히 좋은 일이 생겨서 생활에 토대가 된다면 이용해 보는 것도 좋지만 그것으로 생활의 토대를 삼아서는 안 된다. 그건 결코 생활의 토대가 될 수 없다. 인간의 이성으로 판단해 보거나 자연의 이치에서 생각해 보더라도 그것은 바랄 것이 못 된다. 어찌하여 자기 자신 속에서 만족감을 찾지 못하고 남의 힘에 의존하여야 한단 말인가?

  종교가들은 신앙심에서 그리고 철학자들은 사생에 의하여 운명의 변화를 미리 내다보고 자기 손에 잡히는 어떤 이득도 돌보지 않고 자기 자신에게 충실하여 기꺼이 딱딱한 잠자리에 들고 눈을 빼서 속세를 보지 않고 살며 재물을 강물에 던지고 자진하여 육체의 괴로움을 감수하지만(어떤 자는 이승의 고통으로 천국의 행복을 구하는가 하면 어떤 자들은 더는 몰락할 수 없는 경지에 이르려고 가장 밑바닥 생활을 한다), 이러한 행동은 지나친 도덕이라고 하겠다. 건전하고 견실한 천성을 타고난 자라면 그 은둔지까지도 영광스럽고 남의 본보기가 되도록 만들 것이다.

> 운수가 막힐 때에는 청빈을 사랑하고
> 적은 소유로 만족할 줄 알아야 한다.
> 그러나 나는 생각한다.
> 운이 트여서 내가 좀 더 풍족하게 될 때에는
> 기름진 옥토 위에 경제의 기반이 서 있는 자들만이 복되다고.
> (호라티우스)

나는 그렇게 미리 걱정하지 않더라도 일거리는 많다. 나는 운이 좋은 편이므로 불운에 대비하여 지금의 생각과는 거리가 먼 극도의 불행에 봉착할 경우를 상상해 본다. 그것은 창술이나 무술 시합을 앞두고 평상시에 전투를 모방하는 격이다.

나는 철학자 아르케실라오스[1]가 자기 집 가계가 허용하는 대로 금과 은으로 된 집기들을 사들여 사용하였다고 해서 그의 수양이 부족하다고 생각하지는 않는다. 오히려 그런 것을 절도

---

[1] B. C. 287~241. 그리스 철학자. 스토아학파에 반대하여 그 진리의 표준을 부정하고 독단론에서 벗어나는 길은 판단 중지뿐이라고 주장함.

있게 사용하였기 때문에 더욱 그를 높이 평가하고자 한다.

　나는 인간의 생명력이 어느 한계까지 도달하는가를 잘 알고 있다. 그리하여 자주 내 집의 문앞을 찾아오는 가련한 거지가 때로는 나보다 더 쾌활하고 건강한 것을 보고, 나는 내 자신을 그 위치에 놓고 그의 모든 성벽을 내 것으로 생각해 본다. 이렇게 동떨어진 환경을 머릿속에 그려보면서 죽음, 가난, 멸시, 질병 등이 내 뒤에 찾아오는 것으로 생각해 보지만 나보다도 못한 자들이 그렇게 끈기 있게 참아내는 것을 목격할 때 그것은 별로 두려워할 것이 못 된다고 단정해 버린다. 그리고 지성이 무딘 자가 날카로운 자보다 더 큰 일을 할 수 있다거나, 사색은 결국 습관보다 큰 성과를 가져올 수 없다고 생각하는 것은 터무니없는 일이다.

　다만 인생의 이러한 부수적인 이득이 별로 대단한 것이 못 되기 때문에 나는 그것을 구태여 거부하지 않고 받아들이며 구경하고 내 자신과 또 내 재물만으로 만족을 누리게 하여 줍시사 하고 하느님에게 간청한다. 나는 씩씩한 젊은이들이 꽉 속에 공처럼 만든 감기약 봉지를 갖고 다니면서 그 약을 미리 마련하고 있다는 마음 든든한 생각 때문에 그만큼 감기를 덜 두려워하는 것을 본 적이 있는데 그럴듯한 처사라고 생각하였다. 한 걸음 나아가서 그보다 더 심한 명망에 사로잡힐 수 있다는 견지에서 진통을 덜어줄 마취약을 미리 마련해 갖고 있는 것이 좋으리라고 생각한다.

　이러한 세상에서 택해야 할 힘에 부치지도 않고 권태롭지도 않은 것이라야 할 것이다. 그렇지 못할진대 이 세상에 굳이 머물러 있을 생각을 할 필요가 없는 것이다. 그런데 직업이란 다분히 각자의 취미에 달려 있다. 내 직업은 생활과 잘 조화되지 않는다. 자기 직업을 좋게 생각하는 사람은 알맞게 열중해야 한다.

　　사물을 자기에게 종속시키되,
　　자기를 사물에 종속시키지 않도록 할지어다.
　　(호라티우스)

　그렇지 않을진대 살루스티우스의 말마따나 생활이란 노예적인 고역이 아닐 수 없다. 크세노폰은 키로스가 원정 노릇을 직업삼아 하였다고 말하였는데 그런 일이라면 할 만도 하다. 일거리에 대하여 어떤 사람들은 걱정으로 마음을 조이며 열중하는가 하면, 어떤 사람들은 무관심하여 내버려두는데 이 양자 사이에는 중용의 길을 찾아볼 수 있을 것이다.

　　양떼는 데모크리토스의 논밭 곡식을 짓밟는데
　　그의 정신은 육체를 떠나 멀리 하늘을 분주히 떠돈다.
　　(호라티우스)

그런데 젊은 플리니우스가 이 고독에 대하여 그의 친구에게 하는 충고를 들어보자면, 「나는 자네가 그 내용이 충만한 은거 속에서 그 비속하고 지저분한 살림살이는 집 사람들에게 맡기고 문장의 연구에 몰두하여 독창적인 자네 것을 찾아내기를 충고하네.」 그는 명성에 대하여 이야기하고 있는 것이다. 그것은 일찍이 키케로가 직장에서 물러나 조용히 휴식하면서 살아가는 시간 여유를 이용하여 좋은 글을 써서 영원한 생명을 얻으려고 한다고 말한 심경과 같은 것이다.

> 그대의 지식은 남들이 알아주지 않으면
> 아무것도 아니란 말인가! (페르시우스)

여기서는 은거에 대하여 이야기하고 있는 만큼 세상 밖을 내다보는 것이 옳을 성싶다.

이런 자들은 절반밖에 은거한 것이 아니다. 그들은 자기가 죽은 후의 일을 위해 행동한다. 우스운 것은 그들은 이미 이 세상에 없을 때에 일찍이 그들이 일한 성과를 이 세상 밖으로 끌어내겠다는 것이다.

신앙을 위해 고독을 찾는 사람들은 저승에 대한 하느님의 약속을 믿어 의심치 않으니 그것은 한결 건전하고 조리에 닿는다. 그들은 의로움으로나 그 능력으로나 하나같이 무한한 대상인 신을 자기 눈앞에 그려본다. 여기서 영혼은 자유자재로 자기 욕구를 충족시키려 든다. 그들에게는 고통과 번뇌도 영원한 복락을 위한 것이므로 이롭기까지 하다. 그리하여 죽음은 천국에 이르는 통로로서 요망된다. 그들의 엄격한 생활은 습관에 의해 평탄하게 이루어진다. 육체의 모든 욕구는 배격되며 일거일동이 연단으로 일관되어 있다. 저승에 가서 누릴 영원한 복락이 유일무이한 목표이므로 이 세상의 복락을 저어되도록 하기에 족하다. 이 생기에 넘치는 신앙과 간절한 희망으로 인하여 진실한 마음으로 꾸준히 자기 심령을 불태울 수 있는 자는 인생의 모든 번거로운 생활 습성에서 떠나 고독 속에서 즐거운 생활을 영위해 나가는 것이다.

그러므로 풀리니우스의 이 충고는 그 목적이나 방법에 있어서 만족스럽지 못하다. 우리의 육체는 열병에 걸려 드디어는 전신을 불태우기 쉽다. 이 독서란 다른 일 못지않게 힘이 들며 항상 소중히 여겨야 할 건강에도 해롭다. 한편 독서에서 얻을 수 있는 쾌락에 마비되어 버려서는 안 된다. 절약가나 인색한이나 쾌락주의자나 야심가들을 망치는 것은 바로 이 쾌락이다. 현자들은 우리가 자기 욕망에 배반을 당하지 않는 참된 쾌락을 괴로움이 따르는 불순한 쾌락과 식별하는 방법을 가르쳐 준다. 그들은 거의 모든 쾌락이 일찍이 이집트인들이 필리스타스라고 부르던 도둑놈들처럼 우리 마음을 간지럽히고 포옹하다가 나중에는 목을 조이는 것이라고 경고하고 있다. 예컨대 술을 두고 볼 때 우리는 취하기 전에 머리가 아프면 아예 술을 과음하지 말아야 하지만 쾌락은 우리를 속이기 위해 다음에 어떤 결과가 된다는 것을 숨겨놓는다. 또한 책을 읽으면 즐거움을 느낄 수 있다. 그렇다고 책들과 지나치게 가까이 사귀고 보면 가장 소중한 명랑성과 건강을 해칠 우려가 있다. 그러므로 아무리 좋은 책이라도 너무 가까이하지 말 일이다. 나는 책을 읽어서 얻는 성과가 이러한 해독을 보충하지 못한다고 생각하는 자들 중의 한 사람이다.

신병으로 몸이 허약해진 사람들이 의약에 의존하며 생활을 반드시 규칙적으로 하는 것과 같이 평범한 생활에 시달리고 싫증이 나서 은퇴한 자는 이성의 지시에 따라 생활을 영위하고 앞을 내다보며 사색으로 잘 조절해 나가야 할 것이다. 그리하여 생활의 모든 번거로움에서 떠나고 육체와 심령의 안정을 해방하는 정열을 피하여 자기 심정에 알맞은 길을 택해야 할 것이다.

　누구나 자기의 길을 택할 줄 알아야 한다.
　(프로페르티우스)

사사로운 생활에서 공부나 사냥, 그 밖의 모든 일에 쾌락의 극한까지 가 보아야 한다. 그러나 거기 괴로움이 뒤섞여 있으면 섣불리 말려들지 말 일이다. 우리는 다만 마음을 가다듬기에 필요할 만큼, 그리하여 마음의 고삐가 늘어져 게을러지는 폐단이 없도록 하는 데 필요한 정도 일거리가 있어야 한다. 그런데 학문 중에는 각박하고 가시 돋친 것이 더러 있으며 그 대부분은 일반 민중을 위한 것이다. 그러므로 그런 학문을 하는 일은 지금이라도 세상에 이바지하려는 자들에게 맡길 일이다. 나는 다만 재미있고 읽기 쉽고 내 마음을 즐겁게 해주는 책이거나 또는 내 생명과 내 죽음에 위로와 충고를 주는 책을 좋아할 뿐이다.

건강에 이로운 숲 속을 묵묵히 거닐며
현자와 의인의 관심을 끌 수 있는 고상한 문제들을 사색하리니. (호라티우스)

플리니우스와 키케로가 영광에 대하여 우리에게 충고하는 말은 내 견해와는 거리가 멀다. 은거와 반대되는 심정은 야심이다. 영광과 안식은 같은 자리에 설 수 없는 성질의 것이다. 내가 보기에는 이분들은 팔다리만 군중들 앞에 내놓았을 뿐 그 사고방식은 전보다 더 세속적이다.

늙은이여, 그대는 남의 귀를 즐겁게 하는 이야깃거리만

모아 오는가? (페르시우스)

  이들은 다만 군중들 속에서 더욱 힘차게 활개를 치기 위하여 물러난 것뿐이다. 그들이 쏘는 화살은 과녁에서 벗어날 것이다. 그 내용이 상반되는 두 학파에 속하는 두 철학자의 견해를 저울에 달아보자. 한 사람(에피쿠로스)는 그의 친구 이도메네우스에게, 또 한 사람(세네카)은 역시 그의 친구 루킬리우스에게 각각 편지를 써서 보내 번거로운 직무와 권세를 버리고 고독 속으로 은퇴할 것을 권고하였다. 당신은 지금까지 세상을 헤엄치며 둥둥 떠서 살아왔소. 이런 생활을 청산하고 함구로 돌아오라. 당신의 다른 생명은 모두 생명을 위해 소모하였으니 이제 남은 생명은 어둠 속에 묻으라. 생활의 달콤한 열매를 아쉬워하는 한 직무에서 벗어날 수 없소. 명예와 영광을 위한 모든 관심을 버리라. 당신의 지난날의 행동을 빛낸 광명은 지나치게 당신을 밝혀주며 당신의 은둔처까지 따라올 것 같소. 다른 모든 쾌락과 함께 남들의 칭찬을 받는 데서 오는 즐거움을 버려야 하오. 당신의 학문에 대한 실력은 안심해도 좋소. 그 업적은 결코 없어진 것이 아니오. 당신 자신이 더욱 존귀한 자가 된 것이오. 누가 어떤 사람에게 남들이 알아주지도 않는 학술 문제를 가지고 왜 그렇게 골치를 썩이느냐고 물었을 때, 「알아주는 자가 없어도 좋소. 한 사람쯤 있어도 그만, 없어도 그만이

오.」라고 대꾸한 자의 심정을 상기할 필요가 있소. 그는 진실을 말하였소. 당신은 친구 한 사람만 있으면 인생의 활동무대가 충분히 형성될 수 있는 것이오, 아니 당신 혼자로서도 족하오. 당신에게 세상 사람들이 하나로 보이고 당신이 전체가 되도록 하오. 한적한 은둔생활 속에서 영광을 찾아보려는 것은 비굴한 야심이오. 당신은 자기 굴속에 들어갈 때 그 문턱에서 자기 발자국을 지우는 산짐승을 본받아야 하오.

세상 사람들이 당신의 이야기를 해주기를 바랄 필요가 없소. 그 대신 당신이 당신 자신에게 무엇을 말해야 할 것인지 생각해 보라. 그리하여 당신은 자기 자신에게도 은거하라. 그러나 명심해야 할 것은 그 은둔처에 당신을 맞이할 마련을 하는 일이다. 당신이 자기를 지배할 줄 모르면 당신 자신을 믿는다는 것은 어리석은 수작이다. 고독 속에서도 여러 사람들과 함께 있을 때와 마찬가지로 실수를 저지르는 수가 있는 것이다. 당신이 혼자서도 결코 실수하지 않는 자가 되기까지 그리고 당신이 당신 자신에게 수치와 동시에 존경을 느끼게 될 때까지「그대 심령의 훌륭한 이상을 지켜 나가라.」(키케로) 당신의 마음속에 언제나 카토와 포키온과 아리스티테스를 그려 보라.「그들의 앞에서는 미친 사람들까지도 자기 잘못을 감춘다오. 그들은 당신의 모든 의향의 조정자로 삼아야 하오. 만일 그 의향이 헛길에 접어들면 그들에 대한 존경심이 당신에게 길을 인도하리라. 그들은 당신이 자기 자신만으로 만족을 느끼는 길을 가게 하며 당신 자신 이외의 누구에게도 의지하지 않게 하고 당신의 심령을 흡족하고 확고하고 특정한 사색에 의해 다듬어지게 하며 사람들이 이해하게 됨에 따라서 더욱 커다란 즐거움을 맛볼 수 있는 진실한 보배가 무엇인지 알고 난 연후에 목숨이나 명성을 연장시킬 욕구를 버리고 오직 그 보배만으로 만족을 누리는 올바른 길에 당신을 인도해야 할 것이다.」라고 그들은 말하였다.

 이것이 곧 처음에 이야기한 두 철학자처럼 수다스러운 철학이 아니라 진실하고 순수한 철학적 충고이다.

16. 불평등에 대하여

플루타르코스가 말하기를, 짐승들 사이에는 인간의 경우와 같이 그렇게 커다란 차이가 없다고 하였는데 이것은 인간의 심령이 지닌 능력과 정신적인 소질의 차이를 지적하는 것이다. 그런데 내가 보기에는 에파미논다스와 같은 사람은 누구보다도─상식이 풍부한 사람들─동떨어진 인물이므로 이런 인간과 인간의 차이를 플루타르코스보다 더 강조하고자 한다. 사실 인간과 인간 사이는 상당한 거리가 있다. 그것은 인간과 짐승 사이보다 더 멀다고 할 수 있다.

아, 한 인간이 어느 인간보다 이토록 뛰어났단 말인가.
(테렌티우스)

아닌 게 아니라 인간의 정신과 정신 사이에는 땅에서 하늘에 닿을 정도로 많은 층계가 있다.

그러므로 우리는 인간 이외의 모든 사물을 그 자체의 기능 하나로 평가된다. 가령 말 한 필을 두고 볼 때, 우리는 힘차고 숙련될수록 좋게 생각한다.

우리는 준마가 빨리 뛸수록 저 소란스러운 경마장에서 환호성을 보내며, 종려를 얼마나 많이 획득하였느냐로 칭찬을 보낸다. (유베날리스)

말에 얹은 안장을 보고 칭찬하는 사람은 없다. 사냥개는 얼마나 날쌔게 뛰느냐에 따라서 칭찬을 받게 마련이지 그 목띠를 보고 칭찬하지는 않는다. 매는 날개를 보고 칭찬하지 그 끈과 방울을 보고 칭찬하지 않는다. 그런데 우리는 한 인간을 평가할 때 그 자신의 것으로 하지 않는가? 사람들이 많이 따르고 훌륭한 궁전을 가졌으며 신용이 있고 수입이 많다고 해서 그를 높이 평가할 수 있을까? 이 모든 것은 그의 주위에 있는 것이지 결코 그 자신에게 있는 것은 아니다. 당신은 자루 속에 들어 있는 고양이를 살 때 자루를 보고 사는가? 말을 흥정할 때에는 그 장비를 모조리 벗기고 몸뚱이를 보는 것이다. 그리하여 옛날에 왕공들에게 말을 팔려고 할 때에 하듯이, 말을 덮어씌우되 중요하지 않은 부분을 덮으며 아름다운 털이나 살찐 엉덩이에 현혹되지 말고 가장 중요한 부분이라고 할 수 있는 다리나 눈, 발 등을 유의하여 보게 하는 것이다.

임금들은 흔히 말을 구입할 경우에
피복을 입혀서 심사를 한다.
그것은 말의 얼굴은 번지르르 하지만 다리가 연약할 경

우에
　그 아름다운 엉덩이며, 섬세한 머리 매무새,
　오만한 모가지 등에 현혹되지 않게 하기 위해서이다.
　(호라티우스)

　당신은 어찌하여 인간을 평가할 때 상대방이 베일에 싸인 것을 그대로 두려고 하는가? 그는 자기 것이 아닌 부분만을 드러내보이며 참으로 평가의 대상이 되는 부분은 감추고 있는 것이다. 칼은 그 자체를 보고 평가해야지 칼집을 보고 평가해서는 안 되는 것이다. 그것을 벗기고 보면 아마도 당신은 한 푼 어치의 에누리도 하지 않을 것이다. 모든 사물은 그 자체로서 평가해야지 그 장식을 보고 평가해서는 안 된다. 어느 옛 사람이 「당신은 그의 키가 왜 커 보이는지 아시오? 그 신발의 높이를 셈에 넣어야 해요..」 했다는 말이 머리에 떠오른다. 대석은 조각이 아니다. 죽마는 제쳐놓고 재어보라. 부귀와 명예는 제외하고 셔츠 차림으로 나서게 하라. 그가 명랑하고 건강하여 직무에 충실할 체격을 가졌는가? 그의 마음은 아름다운가? 그는 양심적인 인간으로 모든 일에 솜씨가 있는가? 그 마음이 자기 자신의 것으로 충만해 있는가? 아니면 그 마음이 남의 것으로 충만해 있는가? 운수나 요행으로 손에 넣은 것은 없는가? 뽑아든 칼을 정면으로 똑바로 쳐다볼 수 있는 담대함이 있는가? 언제나 침착하고 공정하고 또 만족을 누리고 있는가? 이 모든 면을 알아보아야 하며 이것으로서 우리들 사이에 놓여 있는 차이를 측정해야 한다.

> 현명하고 자제력이 있는가?
> 가난도 죽음도 쇠사슬도 그를 두렵게 못하는가?
> 그는 정욕을 억제하고 명예를 멸시할 수 있는가?
> 그는 오로지 자기 자신 속에서 행동하여 마치 어떤 물체도
> 그 굴러가는 것을 가로막지 못하는 둥글고 매끈한 공과
> 같이 운명의 어떠한 침해에도 태연할 수 있는가?
> (호라티우스)

이런 사람은 왕국이나 공작령에 500발은 높이 처해 있으며, 자기 제국에 들어앉아 있는 것이다.

> 현자는 자기 자신의 행복을 창조하나니. (플라우투스)

그에게 더 이상 무슨 소원이 있겠는가?

> 천성은 우리에게 요구한다. 고통이 없는 육체와 불안과 공포를 모르는 복된 마음을 지닐 수 있는 심령을.
> (루크레티우스)

군중들이 어리석고 비천하여 지조 없이 여러 가지 정열의 폭풍우에 이리저리 휩쓸리어 떠돌아다니는 꼴과 현자의 모습을 비교해 보라. 하늘과 땅 사이보다도 더 먼 거리가 있지만 우리는 습관에 눈이 어두워 그 차이를 거의 염두에 두지 않는다. 그런데 만일 우리가 한 농민과 한 임금, 한 귀족과 한 평민, 한 관리와 한 시민, 한 부자와 한 가난뱅이를 두고 생각해 볼 때 거기 커다란 불평등이 대뜸 눈에 뜨인다. 그러나 그것은 실상 그들이 입고 있는 잠방이 차이밖에 아무것도 아닌 것이다.

트라키아에서는 임금과 국민은 지나치게 구별된다. 그것은 차라리 재미있는 유아독존이라고나 할까. 임금은 자기만의 종교, 따라서 자기만의 신을 갖고 있어 국민들은 그 종교나 신을 신용할 수 없다. 그 신은 바로 메르쿠리우스였다. 그리고 임금은 국민들이 섬기는 신인 마르스, 박카스, 디아나 등을 경멸하는 것이었다.

이것은 물론 본질적으로 거기 아무런 차이가 있을 수 없는 하나의 편견에 지나지 않는다. 그들은 연극배우들과 마찬가지로 인생의 무대 위에 고작이나 제상의 역으로 등장하고 있는 것이다. 그러나 얼마 후에는 하인이나 짐꾼과 마찬가지 신체가 되게 마련이니 이것이 그들이 타고난 본연의 모습이다. 저 화려한 장식이 사람들의 눈을 어리둥절하게 하고 있는 황제는,

> 황금으로 장식하고 빛나는 구슬이 몸에서 번쩍이며,
> 날마다 남빛 아름다운 옷을 휘감고
> 비너스의 땀을 바르고 있기 때문에 훌륭하게 보이는 것이다. (루크레티우스)

뒤에 돌아서 보자. 그는 한 평범한 인간에 불과하다. 아아 가장 못난 신하보다도 더 비굴한 인간일 것이다. 「후자는 내면적인 행복을 누리는 데 반하여 전자는 외면적인 행복을 누리는 데 지나지 않는다.」(세네카) 그는 역시 여느 사람과 마찬가지로 비겁, 혼미, 야심, 울분, 시기 등에 의해 마음이 흔들리고 있는 것이다.

> 눈부신 보화도, 집정관의 무기도 금박을 입힌 벽판도
> 주위에 감도는 불안과 두려움을
> 해소시키지 못하니라. (호라티우스)

그는 자기 군대에 에워싸여 있으면서도 불안과 공포가 목줄기를 누르고 있으며,

> 그들을 괴롭히는 불안과 공포는
> 무기의 소음과 살인의 창검도 진정시키지 못한다.
> 그것들은 제왕과 세도가들 속에서 활개를 치나니,
> 황금의 광휘도 이를 막지 못하는도다. (루크레티우스)

열병, 두통, 중풍 등은 우리와는 달리 그네들만을 면케 하여 주는가? 노령이 그의 어깨를 내려 누를 때, 그 호위대원들의 화살은 그의 짐을 감해 줄까? 죽음에 대한 공포가 그를 실신케 할 때에 그의 곁에서 시종을 드는 귀인들의 간호로 그는 위로를 받아 마음을 놓을 수 있을까? 그가 질투를 느껴 변덕을 부릴 때 우리가 큰절을 올리면 가라앉을 것인가? 황금과 진주로 장식된 천 개의 침대는 심한 울화를 진정시키는 데 아무런 효과도 없는 것이다.

열병에서 오는 고열은 수놓은 비단 이불을 덮고 누웠다고 해서 평민의 방석에 누운 것보다 더 빨리 내리지는 않는다.

알렉산더 대왕의 아첨꾼들은 그로 하여금 주피터[1]의 아들이라고 믿게 하려고까지 하였었다. 하루는 그가 부상을 하여 상처에서 피가 흐르는 것을 보자. 「이게 웬일이냐?」하고 그는 호통을 쳤다. 「이거 시뻘건 진짜 인간의 피가 아니냐? 이건 호머가 여러 신의 상처에서 흐르게 한 피가 아니냐.」

시인 헤르모드로스는 안티고노스를 위해 시를 지어 그를 〈태양의 아들〉이라고 불렀을 때 그는 말하였다. 「내 침실의 변

---

[1] 로마신화에서 최고의 신.

기를 치우는 자는 내가 그렇지 않다는 것을 알고 있소.」 물론 그는 인간이라 만일 그가 천한 집에 태어났던들 우주를 거느린 제국도 그에게 색다른 옷을 입혀주지 못했을 것이다.

소녀들로 하여금 그를 다투어 빼앗으려 덤비게 하라.
그의 발자국에 장미꽃이 피어나게 하라. (페르시우스)

마음이 고약하고 어리석으면 그런 영광은 있어 무엇하느냐?
향락도 행복도 정력과 정신의 밑받침이 없이는 누릴 수 없다.

모든 사람은 그 소유자의 마음가짐에 따라서 평가된다.
그것은 사용할 줄 아는 자에게만 값진 것이며
사용할 줄 모르는 자에게는 무가치한 것이다. (테렌티우스)

운수가 좋아서 생긴 재산의 소중함을 알려면 우선 그런 심정이 되어 있어야 한다. 즉 그것을 소유하기에만 급급하지 말고, 그것을 유용하게 쓸 줄 알아야 행복할 수 있다.

저택과 토지, 청동이나 황금 덩어리가
그 소유자의 번뇌나 신열을 치료해 줄 수는 없나니
그의 몸과 마음이 아울러 건전할 때 비로소 재물을 잘
간수할 수 있다.

그가 허욕과 공포로 고민에 싸여 있을진대
그의 저택과 재물은 눈병 앓는 자가 명화를 가진 격이요,
중풍 환자의 다리에 기름칠만 하는 격이다.
(호라티우스)

그는 바보요, 그의 취미는 무미건조하다. 그는 동상에 걸린 자가 그리스 포도주 맛을 모르듯이 장식된 말 안장에 사람이 앉지 못하듯이 아무것도 즐기지 못한다. 그리하여 일찍이 플라톤이 말한 것처럼 건강, 미모, 힘, 부유함, 그 밖에 우리가 재보라고 부르는 모든 것은 마음씨가 올바른 자에게는 복이 되지만 마음이 흉악한 자에게는 화가 된다. 그리고 모든 재화는 이와 사정이 정반대이다.

심신이 병든 상태에 있으면 이런 외적인 조건이 무슨 쓸모가 있겠는가? 육체가 바늘에 좀 찔리거나 마음이 들떠 있으면, 이 세상의 쾌락이 다 몰려와도 달갑지 않다. 중풍을 앓기 시작하면 대감이면 어떻고 상감이면 무슨 소용이 있겠는가?

금이나 은으로 온통 뒤집어써 본들 무엇하랴. (티불루스)

그의 궁전에 대한 호화로운 추억을 저버리게 될 것이다. 그 태공령이 화가 치밀어 미친 사람처럼 얼굴이 붉으락푸르락하고 이빨을 박박 가는 것을 억제할 수 있는가? 그가 만일 훌륭

한 천성을 타고나 인격이 뛰어난 분이라면 이것이 되었다고 해서 그의 행복에는 별로 도움이 되지 않을 것이다.

만일 그대의 위와 폐와 수족이 튼튼할진대
제왕의 재물은 다 합쳐도 그대의 행복에 도움이 되지 않으리니. (호라티우스)

그는 이런 것은 하나의 허식이요, 속임수임을 알고 있기 때문이다. 아닌 게 아니라 그는 셀레우코스왕의 말과 같이 「홀의 소중함을 모르는 자는 그것이 땅에 떨어진 것을 보아도 주울 엄두를 내지 않을 것이다.」라는 의견을 따를 것이다. 이것은 어진 임금이 지닌바 중대하고 어려운 책임을 가리키는 것이다. 남을 보살펴 주어야 한다는 것은 그리 쉬운 일이 아니다. 하기는 우리 자신을 지배하는 데도 많은 에로가 있는 것이다. 남을 지배하는 것은 매우 즐거운 일이기는 하지만 인간의 판단력이 미약하여 생소하고 의심스러운 일에 대하여 선택과 결정을 내린다는 것이 얼마나 어려운가를 생각해 볼 때 내가 보기에는 지배하기보다는 복종하기가 훨씬 더 쉬운 것이다. 이미 닦아놓은 길을 걸어가며 자기 일밖에 책임을 지지 않는 것은 정신에 대하여 많은 휴식을 준다고 생각한다.

그러므로 나라를 다스리는 책임을 지기보다는

묵묵히 복종하는 편이 훨씬 나은 일이다. (루크레티우스)

그리하여 키로스는 「지배를 받는 자보다 뛰어난 자가 아니면, 지배하는 일은 맡길 수 없다.」고 말하였던 것이다.

그러나 크세노폰에 나오는 히에론왕은 더욱 심한 말을 하였다. 즉 지배자들은 향락도 편안하고 안일한 가운데서 누리기 때문에 그 달콤한 맛을 보지 못하리만큼 그들은 보통 사람들보다 더욱 불리한 조건에 놓여 있다는 것이다.

지나치게 억센 사랑은 오히려 우리를 싫증나게 하고
맛좋은 음식은 위장을 해치나니 (오비디우스)

우리는 합창대 아이들이 음악을 매우 즐기고 있는 줄 생각하는 것은 오산이다. 그들은 오히려 음악에 질려 있는 것이다. 향연, 춤, 가장무도, 무술시합 등은 자주 본 일이 없어 보고 싶어 하는 자들에게는 흥겹지만 그런 것을 예사로 보아온 자들에게는 싱겁기만 하다. 여자와의 향락도 마찬가지이다. 언제나 여자를 가까이하는 자에서는 별로 즐거울 것도 없다. 목마르지 않는 자는 물을 마시는 쾌감을 모르는 법이다. 광대의 재롱은 재미있다. 그러나 광대들에게는 커다란 고역이다. 따라서 임금은 때때로 자기 지체를 떠나서 평민들의 생활 속에 젖어보는 것도 하나의 향락이며 향연일 수 있다.

> 변화는 세도가들에게 기쁨을 주나니,
> 융단도 자홍단도 없는 가난한 자의 지붕 밑에서 먹는 소찬은
> 그들의 얼굴 주름살을 곧잘 펴주기도 하느니라.
> (호라티우스)

무릇 풍요함보다 더 언짢고 거추장스러운 것은 없다. 아무리 욕정이 대단한들 터키 태수처럼 300명의 여자와 마음대로 접촉할 수 있는 처지라면 그 일도 싫증이 나지 않을 수 없을 것이다. 7000명의 매 사냥꾼을 동반하지 않으면 차라리 들로 나가지 않던 자가 어떻게 사냥의 재미를 맛 볼 수 있겠는가?

이런 어마어마한 대규모의 행차는 좀 더 오붓한 쾌감을 즐기는 데 적지 않은 불평을 느낄 것이다. 그들의 거동은 너무나 밖에 드러나 있고 너무 많은 눈이 쳐다보고 있다. 그런데 사람들은 이런 세도가들에게 그들의 과오를 감출 것을 요구한다. 우리에게는 단순한 실수로 생각되는 일도 그들이 저지르면 횡포한 짓이요, 법을 무시 또는 경멸하는 처사라고 국민들이 단정하기 때문이다. 그런데 그들은 저마다 악덕에 기울어지는 경향이 있을 뿐더러 공공의 규칙을 무시하고 이를 유린하기에 일

종의 쾌락을 느끼는 것같이 보인다. 플라톤은 그의 《대화편》에서 폭군이란 한 국가 안에서 하고 싶은 모든 일을 멋대로 행하는 자라고 말하고 나서 이 때문에 그들의 악덕을 천하게 드러내 보여주는 것은 악덕 자체보다도 더 불명예스러운 일이라고 하였다. 사람은 저마다 누가 곁에서 눈여겨보면서 감독하는 것을 싫어한다. 그러나 국민 전체가 그들을 비판할 권한을 갖고 있으며 이에 대하여 많은 관심을 갖고 있기 때문에 그들은 자기들의 태도나 견해에 이런 감시를 받게 된다. 또한 모든 사람들이 쳐다보는 높은 자리에 앉아 있으면 작은 결점도 커 보이며 이마의 점 하나와 자국 하나라도 보통 사람이 칼 맞은 흠집만큼이나 크게 보이는 것이다.

그런 까닭에 시인들은 주피터의 많은 사랑이 사실과는 다르게 보였다는 것이다. 그리고 시인들이 생각하는 그 많은 사랑 가운데서 그의 위대성에 어울리는 것은 단지 하나밖에 없었다고 나는 본다.

그러나 여기서는 이제 히에론의 이야기로 되돌아가기로 하자. 그는 자기가 왕위에 있기 때문에 자유로이 여행도 하지 못하며 마치 자기가 다스리는 나라 안에 감금된 죄수처럼 매사에 불편을 느껴왔었다. 사실 그의 모든 행동은 언제나 국민들의 감시를 받아왔던 것이다. 아닌 게 아니라 우리의 임금들이 저마다 식탁에 앉아서 그 많은 이야기꾼들과 낯모르는 자들이 주시하는 가운데 포위되고 있는 것을 보면 나는 그가 부럽기는커 녕 오히려 가련한 생각이 든다.

알폰소왕은 이 점에서는 차라리 당나귀가 임금보다 낫다고 말하였다. 당나귀는 주인이 평안히 풀이나 뜯어먹게 놓아두지만 임금은 신하들로부터 이런 대접도 받지 못하는 것이었다. 그가 지각 있는 자라면 변소에 갈 때에 20명이나 되는 감시자가 따른다는 것은 감당 못할 일이다. 그리고 연수입이 1만 리브르나 된다거나 카살레성2)을 공략하였다거나 시에나3)시를 방어하였다는 인물이 섬겨주는 것이 경험 많은 착한 하인이 섬겨주는 것보다 달가울 리 없는 것이다.

임금들의 호강은 거의 공상 속에서나 찾아볼 수 있을 것이다. 그런데 권세 있는 귀족들에게서는 계급의 고하간에 어느 점에서 왕위의 모습을 찾아볼 수 있다. 카이사르는 당대에 프랑스에서 사법권까지 행사하는 제후들을 새끼 임금들이라고 불렀다. 사실 그들 중에서 더러는 「임금님」이라는 칭호 하나만 제외하고서는 임금과 비슷한 행세를 하였었다. 조정에서 멀리 떨어져 있는 부르타뉴의 경우를 예로 들어보자. 한 대감이 은퇴하여 집에 들어앉아서 많은 하인들, 그 시종들, 부하와 무관들을 거느리고 사는 그 많은 직책과 봉사와 의식 등을 보라.

---

2) 이탈리아 포강가의 요새지.
3) 이탈리아 토스카나 지방의 유명한 종교예술의 도시.

또한 그의 공상이 비약하는 것을 보라. 그보다 더 임금을 닮기도 어려울 것이다. 그는 자기 상전인 프랑스왕에 대하여는 거의 입을 다물고 있다. 마치 페르시아왕의 이야기라도 하는 것처럼 1년에 한 번쯤 입 위에 올릴 정도이다. 또 실제로 국왕에 대하여는 거의 모르고 있다. 고작 자기 비서가 보여주는 기록에 의해 먼 사돈의 팔촌 격으로밖에 알지 못한다. 사실 우리나라 법률은 상당히 너그러워서 왕권은 프랑스의 한 귀족에게는 고작해서 한평생 두어 번밖에 미치지 못하는 것이 통례이다. 아닌 게 아니라 진정한 주종관계란 그것이 자기 비위를 거슬리지 않고 그런 봉사로 명예를 얻고 부자가 되려는 자밖에는 달갑게 여기지 않는 것이다. 왜냐하면 자기 집에 쳐 박혀서도 분쟁이나 소송사건을 일으키지 않고 살아가는 사람은 베니스의 통감만큼이나 자유롭기 때문이다. 「노예근성에 사로잡히는 자는 그리 흔치 않다. 대다수는 자진하여 예속된다.」(세네카)

히에론이 특히 강조하는 것은 임금이 인간 생활을 가장 아름답게 장식하는 우정을 얻지 못한다는 점이다. 그는 남들과 상호간에 흉금을 터놓은 교제를 하기가 어렵다. 그가 원하건 원치 않건 간에 남에 대하여 모든 일을 자기 뜻대로 처리할 수 있으니 우정이나 호의를 표시해 올 자가 어디 있겠는가. 그에게 상대방은 아무것도 거절할 수 없는 처지에 있는데 상대방이 어찌 공손히 말하고 예절을 갖추어 대하지 않을 수 있겠는가?

우리를 두려워하는 자에게서 받은 영광은 영광이 아니다. 그런 존경은 오직 임금이기 때문에 받는 것이지 그 인간 자신에 대하여 바치는 것은 아니다.

> 임금의 가장 큰 이득은
> 백성들이 그의 행동을 감내해야 하며
> 나아가서는 그것을 칭송해야 하는 데 있다. (세네카)

악한 임금이건 착한 임금이건 존경을 받기는 마찬가지이다. 따라서 백성들이 미워하는 임금이나 존경하는 임금이나 상관할 것이 못 된다. 그의 선대와 마찬가지로 그와 그의 후계자들도 한결같이 섬김을 받을 것이다. 신하들이 임금을 거역하지 않는다고 결코 존경하기 때문이라고 할 수 없다. 그들은 거역할 수 없는 처지에 있는 것이다. 따라서 임금에게 우정으로 해서 순종하는 것이 아니다. 피차간에 정상적인 교제가 있을 수 없는데 우정이 움틀 여지가 있는가? 임금의 높은 지체가 사람들과 허물없이 교제할 수 없게 한다. 거기에는 너무나 심한 불평등과 불균형이 있다. 신하들은 예의와 습관에 의해 임금에게 순종하거나 자기들의 지체를 올리려고 임금 자신보다 그 지체를 이용한다. 신하들의 모든 언동은 다 겉치레에 불과하다. 이들의 자유는 임금의 권력에 의해 억눌리고 있기 때문에 임금은 그들에게 씌워진 가면밖에는 볼 수 없게 된다. 율리아누스 황제는 어느 날 신하들이 자기를 가리켜 일 처리를 잘 한다고 칭송하자 「나는 언짢은 행동을 감히 비난하고 책망하는 자들에게서 그런 칭송을 듣는다면 기꺼이 받아들여 자랑으로 여기겠다.」고 대답하였다고 한다.

임금들이 지닌바 모든 기질은 중간층에 속하는 백성들과 상통되는 점이 많다. 날개 돋친 말을 타고 신의 제물을 먹는 것은 신들이나 할 일이다. 임금이라고 해서 결코 우리보다 다른 식욕과 다른 수면을 가진 것이 아니다. 그의 강철은 우리가 사용하는 칼보다 더 굳은 것은 결코 아니다. 그의 왕관은 폭양과 호우를 감당치 못한다. 디오클레티아누스는 개인 생활의 재미를 누리기 위해 백성들로부터 존칭을 받은 행운의 왕관을 동댕이쳐버렸다. 그 후에 다시 왕위에 올라 나라 일을 돌보아 달라는 요청을 받자 그는 「당신네들은 내가 집에 심어놓은 아름다운 나무들과 내가 가꾼 듬직한 수박을 눈으로 보았더라면 이런 요청은 해오지 않을 것이다.」라고 대답하였던 것이다.

아나카르시스는 이상적인 정치란 모든 일을 공평히 처리하고 인간의 탁월성을 측정하는 기준을 도덕에 두며 하찮은 인간을 측정하는 기준을 악덕에 두는 그런 상태라고 말하였다.

피로스왕이 이탈리아에 원정을 떠나기 전에 기도를 올리는 것을 보고 그의 현명한 고문관 키네아스는 임금의 야심이 헛되다는 것을 지적하기 위해 입을 열었다.

「임금님, 무슨 목적에서 그런 엄청난 계획을 세우시나이까?」

「이탈리아의 주인이 되려오.」 하고 왕은 대답하였다.

「그 뜻을 이루신 다음에는 무슨 일을 하실 계획입니까?」

「골과 스페인으로 쳐들어가려오.」

「그 다음에는요?」

「아프리카 원정을 떠나려오. 그리하여 끝으로 이 세상을 다 정복한 다음에 만족을 누리면 평안히 살려오.」

「임금님.」 하고 키네아스는 다시 물었다. 「그러시다면 어찌하여 지금부터 그렇게 평안하게 살지 않으십니까? 임금님께서 원하시는 그런 생활을 지금 바로 하시지 않고 다른 나라들을 정복하려는 수고와 위험을 무릅쓰시나이까?」

그것은 자기 소유욕에서 누릴 수 있는 쾌락의 한계를 모르고 참된 쾌락이 어디서 비롯된다는 것을 모르기 때문이다. (루크레티우스)

나는 이 문제에 대하여 교묘히 표현된 옛 싯구로 이 글을 맺으려고 한다. 「작가의 성격이 그 운명을 결정지어 준다.」(코르넬리우스 네포스)

17. 수면에 대하여

 이성은 우리에게 언제나 바른 길을 가라고 하지만 그렇다고 같은 보조로 가라는 것은 아니다. 현자는 정열을 바른 길에서 벗어나지 않도록 단속할 수 있고 또한 자기 의무와는 무관하게 정열로 하여금 그의 보조를 서두르거나 늦추도록 하고, 거인처럼 태연스럽게 있을 수도 있는 것이다. 싸움터에 공격하러 갈 때에는 식사하러 갈 때보다 맥이 세차게 뛰는 것은 도의심의 결핍을 의미하는 것이 아니다. 도덕에도 정열과 감격이 따른다. 나는 일찍이 위대한 인물들이 큰일을 처리할 경우에 매우 침착하여 잠자는 시간도 아끼지 않는 것을 보고 이상하게 생각하였다.
 알렉산더 대왕은 다리우스와 일대 격전을 벌이기로 결정한 날 아침에 늦게까지 잠이 들어 있었으므로 파르메니온은 싸움에 나갈 시간이 임박하여 그의 방에 들어가 그의 이름을 두세 번이나 연거푸 불러야만 하였다. 그런가 하면 오토 황제는 자살할 결심을 한 날 밤에 자기 집 일들을 정리한 뒤에 돈을 신하들에게 나눠주고 칼(자결에 사용할)도 잘 갈아놓고 나서 측근

자들이 물러간 것을 확인하고 깊이 잠들어 코고는 소리가 시종들의 귀에 들릴 지경이었다.

이 황제의 죽음에는 저 위대한 카토[1]의 죽음과 비슷한 데가 많은데 이 점이 특히 그렇다. 카토는 자살할 준비를 마치고 그가 물러가게 한 상원 의원들이 우티카 항구에서 멀리 떠났다는 소식을 기다리는 동안에 너무나 깊은 잠이 들어서 숨소리가 이웃 방에까지 들려왔다고 한다. 그리고 그가 항구에 보낸 사자가 돌아와서 그를 깨우며 상원들이 폭풍 때문에 돛을 올리지 못하였다고 보고하자, 다른 사자를 가보고 오라고 시키고는 다시 이불 속에 들어가서 그 사자가 되돌아와 상원의원들이 출발했다는 보고를 할 때까지 잠들어 있었다고 한다.

다음의 이야기도 알렉산더의 사적과 비슷한 데가 있다. 카틸리나의 음모사건이 일어났을 때의 일이다. 그것은 호민관 메텔루스가 폼페이우스와 함께 그의 군대를 이 도시에 소환하여 카토를 제거하려고 한 커다란 소동이었다. 이러한 처사에 카토는 단호히 반대하여 상원에서 메텔루스와 큰 논란을 벌이던 끝에 이튿날 광장에서 결투로 시비를 가리기로 하였다. 메텔루스는 당시에 폼페이우스의 편을 들어 음모에 가담한 카이사르의 지지를 얻어 시민들과 수많은 외국 노예를 거느리는 한편 목숨

---

1) B. C. 95~46. 로마의 정치가. 카이사르에 대항하여, 공화제를 위해 아프리카에서 분투하다가 자살.

을 내던지고 대드는 검객들을 데리고 광장에 나타날 예정이었으나, 카토는 자기 지조에만 의지하여 부모나 집안 사람들이 매우 걱정하고 있었다. 그리하여 그에게 닥쳐올 위기로 하여 몇몇 측근자들은 한데 모여서 음식을 폐하고 뜬눈으로 밤을 새우고 있었다. 한편 그의 아내와 누이동생은 울며 고민하고 있었지만 그는 반대로 모든 사람들을 위로하기에 바쁜 것이었다. 그리하여 여느 때와 마찬가지로 잠자리에 들어가서 아침 늦게까지 깊이 잠들어 있었으므로 호민관의 한 사람이 찾아와서 함께 싸우러 가자고 그를 깨워야 했다. 이런 일 이외에도 그의 평소의 행동으로 우리가 아는 바 그 뛰어난 심지로 보아 이것은 그의 심령이 이런 일에서 초탈하여 흔히 있는 평범한 일과 마찬가지로 생각하고 조금도 염두에 두지 않았기 때문이다.

아우구스투스가 폼페이우스와 싸워서 승리한 시실리아의 해전에 출전하려고 할 때에 그는 너무나 깊은 잠에 빠져 있었으므로 친구들이 와서 전투개시 신호를 내려달라고 그를 깨워야만 하였다. 이것은 안토니우스가 그는 자기 군대의 배치를 눈을 뜨고 바라볼 용기가 없었으므로 아그리파가 와서 승리한 소식을 알려줄 때까지 감히 군대 앞에 나갈 수 없었다고 비난할 구실을 제공하게 되었다.

그러나 젊은 마리우스는 더욱 언짢은 일로(그는 실라와 대항하여 싸운 마지막 날에 자기 군대에게 전투 명령과 신호를 내린 다음에 나무 그늘에 누워 너무 깊이 잠들어 그의 군대가 패하여 달아날 때에 겨우 잠에서 깨어났으므로 숫제 싸움에는 참여도 못하였다), 너무 심한 피로에 못 이겨 수면 부족을 감당하지 못하였다고 한다.

이런 점에서 보면 수면이 생명을 좌우하리만큼 매우 긴요한 것인지 의사들은 한번 철저히 생각해 볼 일이다. 마케도니아의 페르세우스왕은 로마에 사로잡혀 왔을 때 잠을 못 자게 하여 죽여버렸던 것이다. 그런가 하면 플리니우스는 잠을 자지 않고 오래 산 사람의 이야기를 우리에게 들려주고 있으며, 헤로도토스의 말에 의하면 백성들은 반 년 동안은 자고 반 년 동안은 깨어 있는 나라도 있다고 한다. 또한 현자 에피메니데스의 전기를 쓴 자들은 그가 57년 동안이나 계속해서 잠을 잤다고 한다.

18. 판단력의 불성실성에 대하여

이에 대하여는 다음의 시가 잘 말해주고 있다.

좋게 말하건 나쁘게 말하건 방법은 얼마든지 있다.
(호머)

아무튼 말은 얼마든지 있다. 예컨대,

한니발은 로마군을 무찔렀으나
이 승리를 이용할 줄 몰랐다. (페트라르카)

이 고사를 들어 최근에 몽콩투르에서 얻은 승리에 뒤이어 다시금 추격하지 않은 과오를 잘했다고 간주하거나, 또는 스페인왕이 생 캉탱에서 우리 군대를 격파하고 얻은 승리를 이용할 줄 몰랐다고 비난하거니와 이 과오는 승리자가 자기 행운에 도취되고 이 행운의 시초에 이미 배가 불러 그 승리를 소화시킬 수 없어 이를 키워나갈 취미를 잊은 데서 비롯된 것이라고 할 수 있다. 그는 행운을 잔뜩 껴안았으므로 더 안을 능력이 없어

운수가 그의 손에 더는 행운을 줄 수 없었던 것이다. 그가 적에게 재기의 기회를 준다면 무슨 이득이 있겠는가? 적이 완전히 섬멸되었는데도 추격할 엄두를 내지 못하던 자가 적이 재기하여 복수해 오는 것을 쳐부술 수 있다고 기대하지는 못할 것이다.

> 운명이 모든 것을 앗아가고 공포가 주위를 휩쓸 때
> (루카누스)

그런데 결국 그가 잃은 것을 무엇으로 보충할 것인가? 전쟁이란 타격의 수로 승패를 정하는 검술 시합과는 다르다. 적이 제 발로 걸어다니고 있는 한, 싸움은 계속해야 하는 것이다. 전쟁이란 결말을 보지 않으면 승리도 아무것도 없는 것이다. 카이사르는 저 오리쿰시에서 큰 고전을 겪으면서 폼페이우스의 병사들을 보고 만일 그들의 부대장이 승진하는 법을 알고 있었던들 자기는 패배하였을 것이라고 말하였다. 그리고 자기 차례가 왔을 때에는 전혀 새로운 전쟁법으로 적을 추격하였다.

그러나 이것은 끝없는 욕심에 사로잡혀 만족할 줄 모르는 소치이며 하느님께서 정해놓으신 은총의 한계를 넘어서 이를 남용하는 것으로 승리한 후에도 모험 속에 뛰어든다는 것은 또다시 운명의 회오리바람에 몸을 내맡기는 처사이다. 전술상 가장 큰 묘법의 하나는 적을 절망 속에 몰아넣지 않는 일임을 어찌하여 망각하고 있는가? 실라와 마리우스는 전쟁에서 마르시족들을 패배시키고 난 연후에 적의 잔당이 절망적인 광분을 못 이겨 맹수와 같이 돌진해 오는 것을 보고 그들과 싸울 것을 포기했던 것이다. 그리고 포아 경의 경우를 보면 저간의 소식을 잘 짐작할 수 있다. 그가 라벤나의 싸움에서 승리한 뒤에 지나치게 열기를 내며 패잔병들을 추격하지 않았던들 죽음으로 승리에 오점을 남기게 되지는 않았을 것이다. 그러나 이것을 거울삼아 당기앵 경은 세리솔레스의 승리를 거둔 연후에 그런 참변을 면할 수 있었다.

이런 경우에 패배자가 다시 무기를 들지 않을 수 없게끔 궁지에 몰아넣는 것은 위험한 일이다. 「필요불가피」란 사나운 교훈을 남기기 때문이다. 「궁지에 발악하는 반격처럼 더 지독한 것은 없다.」(포르키우스 라트로)

> 죽음에 도전하는 적을 무찌르기에는 승리의 대가가
> 너무나 소중하도다. (루카누스)

그러므로 파락스는 라케데모니아왕이 만티네아인들과의 전쟁에서 승리를 획득한 날에 패잔병으로 남은 1000명의 아르고스인들을 추격하지 못 하게 막고 자유로이 도망치게 함으로써 패배에 격분한 나머지 용맹을 떨치려는 기회를 막아버렸다. 아키텐의 왕 클로도미르는 부르고뉴의 왕 공드마르와 싸워서 승리한 후에, 그가 도주하는 것을 추격한 관계로 그로 하여금 되돌아 싸우지 않을 수 없게 함으로써 악착스레 항거하는 적의 반격으로 승리의 성과까지도 고스란히 잃고 말았다. 클로도미르는 이 싸움에서 전사하였던 것이다.

병사들의 무장을 화려하고 훌륭하게 시킬 것인가, 아니면 그 무장을 필요한 정도에 그칠 것인가, 이 둘 중에 하나를 택해야 한다면 전자의 편을 고려해 볼 일이다. 이것은 세르토리우스, 필로포에멘, 브루투스, 카이사르와 그 밖의 많은 장수들이 취한 길이다. 장병들을 화려하게 장식하면 명예욕과 출세욕의 자극을 받아 자기 무기를 무슨 재산이나 상속품이라도 되는 것처럼 아끼기 때문에 전투가 시작되었을 때 더욱 용맹을 떨친다. 크세노폰은 아시아인들이 전쟁터에 가장 소중한 재물과 아울러 심지어 아내와 첩들까지도 데리고 가는 것은 이 때문이라고 하였다.

한편 이런 화려한 장비는 장병들에게 자기 목숨을 보전하려는 생각을 키우지 않고 오히려 이러한 생각을 버리도록 할 수도 있을 것이다. 왜냐하면 장비가 화려하면 장병들은 모험을 하는 것이 두려워지며 그만큼 적에게는 그 풍부한 전리품들이 탐나 용기를 북돋아 줄 터이니 신변은 더욱 위태로워지기 때문이다. 옛날 로마군이 삼니움족과 싸울 때에 삼니움족 장병들이 장비가 화려한 것이 로마군의 사기를 놀라우리만큼 북돋아 주었던 것이다. 안티오쿠스는 한니발에게 자기가 로마군에게 대항시키려는 군대의 장비가 화려하고 훌륭한 것을 보여주면서, 「로마군들은 이 군대를 어떻게 생각할까?」 하고 물었더니 「만족하고 말고, 그들이 아무리 탐욕스러워도 말이야.」 하고 대답하였던 것이다. 리쿠르고스는 자기 부하들에게 장비를 화려하게 갖추는 일뿐만 아니라 패배한 적을 노략질하는 것도 금하고, 장병은 모름지기 싸움을 잘하고 가난하고 검소한 생활로 자신을 빛내기를 바란다고 말하였다.

도시를 공략할 경우나 그 밖의 장소에서 적에게 접근할 때 돌진하면서 적에게 갖은 욕설을 퍼부어 모욕하고 경멸하게 하는 것은 이유 있는 일이다. 그들은 자기가 모욕할 자를 두려워할 아무것도 없다는 것을 깨닫는 동시에 적의 처지나 체면을 돌보지 않게 되며, 자기들이 살아나는 길은 오직 승리 하나밖에 없음을 깨닫기 때문이다. 그러나 비텔리우스의 경우는 다르다. 그는 오토와 싸울 때, 그 편 장병들이 오랫동안 전쟁을 해본 적이 없으며 도시의 안일한 생활로 나약해진 것을 가리켜 로마에 두고 온 계집들이나 잔칫집 일만 생각하는 겁쟁이들이라고 욕을 퍼부으며 놀려대어 약을 올려준 것이, 오히려 어떤 독전법으로서 따를 수 없는 용기를 불러일으키게 하였던 것이다. 그리하여 스스로 적의 맹렬한 항전에 부딪쳐 패하고 말았다. 가슴 아픈 모욕을 받으면 임금을 위해서는 싸움터에서 비굴하게 놀던 자들도 자기 자신의 싸움으로 간주하고는 열을 내어 싸우게 되는 것이다.

장수는 휘하 장병들이 받들고 또한 거기 예속되어 있으며 적의 목표 또한 그의 목을 노리고 있기 때문에 그의 안전을 보장하는 일은 매우 중요하다. 위대한 장수들이 한창 격전을 벌이고 있는 마당에서 곧잘 변장을 하는 것은 이 때문이다. 그러나 여기서 오는 지장은 그 소득보다 적지 않다. 부하들이 장수를 알아보지 못하여 그를 본받아 용기가 솟아날 수 없으며 평시 그의 특징과 표지를 알아보지 못하기 때문에 부하들은 장수가 죽었거나 싸움에 절망하여 패주하였다고 생각할 수도 있는 것이다. 그러므로 장수들은 형편에 따라서 변장을 하기도 하고 하지 않기도 한다. 피로스가 이탈리아에서 집정관 레비누스와 싸울 때 취한 태도는 변장에 일장일단이 있음을 보여준다. 그는 데모가클레스의 갑옷으로 자신을 감추고 그에게 자기 갑옷을 대신 입혔기 때문에 자기 목숨은 구했으나 그날 싸움은 패할 뻔하였던 것이다. 알렉산더, 카이사르, 루쿨루스 등은 싸울 때에 유난히 찬란한 생활의 화려한 옷차림과 무기로 흔히 자기 자신을 드러내보이는 것이었다. 그러나 아기스, 아게실라우스, 그리고 저 위대한 길리푸스는 제왕의 옷을 벗고 남의 눈에 보이지 않게 차리고 싸움터에 나갔었다.

　폼페이우스는 파르살리아의 전투에서 무엇보다도 군대를 우두커니 세워두고 적이 쳐들어오기를 기다리게 한 것이 비난의 대상이 되었다. 그것은(나는 여기서 플루타르코스의 말을 빌려오는 편이 나을 것 같다)「그렇게 하여서는 달음질쳐 적진에 뛰어드는 경우에 그 기세는 적에게 큰 타격을 주는 장점을 상실케 되며, 동시에 고함소리와 달음질로 장병들의 용기를 북돋아 맹렬히 육박할 때 그들의 마음을 맹위와 광분으로 가득 차게 하는 돌진의 기세를 꺾이게 하여 장병들의 사기를 저하시키기 때문이다.」이것은 물론 그가 전투에서 벌어지는 돌진의 역할을 강조한 말이다. 그러나 만일 상대편인 카이사르가 그 싸움에서 패배하였더라면 어떻게 평할 것인가? 이와는 반대로 전투에서 가장 강력한 태세는 한 자리에 버티고 서서 장병들의 적진을 가로막고 전력을 필요할 때에 사용하려는 의도에서 아껴두었다가 적이 자진하여 달음질쳐 오는 동안에 입김의 절반은 소모된 자들을 맞아서 싸우는 편이 훨씬 유리하다고 말하였을 것이다. 군대란 많은 인원으로 구성된 집단이므로 한 덩어리가 되어 정확하게 활발히 움직이고 질서를 지키는 자는 전우들이 지원하러 오기 전에 솔선하여 싸우지 않을 수 없는 것이다.

　저 페르시아에서 있은 두 형제의 싸움에서 키로스의 편인 그리스의 장병들은 지휘하던 라케데모니아인 클레아르코스는 자기는 전투에서 서둘지 않고 적진에 쳐들어가다가 약 50보 앞에 와서 비로소 부하들을 달음질시켰다고 말하였다. 그것은 그들이 뛰는 거리를 단축함으로써 질서와 기력을 아껴두었다가 인력과 무기에 최대의 능력을 발휘시키기 위해서였다. 한편 용병에 대하여 이 두 가지 점을 잘 조절한 장수들도 있다. 즉 이들은 적군이 뛰어 들어오면 잠자코 서서 대기하고, 적군이 잠자코 대기하면 스스로 뛰어드는 것이었다.

칼 5세가 프로방스에 원정해 왔을 때에 프랑수아 왕은 그를 이탈리아에 가서 대기하였다가 싸우는 길과 자기 땅에서 대기하여 싸우는 두 가지 길이 있었다. 당시에 그는 자기 나라에서 전쟁으로부터 오는 난동이 일어나지 않게끔 국토를 원만히 보전하면서 군대에 필요한 물자와 재정적 뒷받침을 해주는 편이 유리한 줄은 잘 알고 있었다. 전생에는 불가불 파괴가 따르고 생명과 재산을 잃게 마련이며, 농민들이 재물의 겁탈—적의 군대이건 자기 나라 군대이건—을 보고만 있지 않고 반란을 일으키는 경우도 있다. 뿐만 아니라 평상시와는 달리 전쟁 때에는 졸병들도 심심풀이로 도둑질이나 약탈을 하는 법이며, 급료밖에는 수입이 없는 자들이고 보면 처자가 있는 자기 집 가까이서는 자연히 물욕이 생겨 군대에 충실히 복무하기 매우 어려운 것이다. 식탁은 으레 차려내는 편에서 비용을 담당하게 마련이며 전쟁은 공격하는 편이 방비하는 것보다 더 유쾌한 일이다. 그리고 자기 나라 안에서 싸움에 패배하면 그 충격이 너무나 크기 때문에—걱정 가운데서 공포심만큼 전달이 잘 되는 것은 없고, 또 잘 믿는 것도 없다. 그 충격으로 군대 전체가 파괴되기 쉽다. 그리고 시민들이 이런 무서운 소문을 듣고, 장병들이 벌벌 떨며 몰려오는 꼴을 목격하게 되면 무슨 흉계라도 꾸밀지 모른다. 이런 모든 달갑지 않은 우려에도 불구하고 당시에 임금은 산 너머(이탈리아)에 주둔시킨 군대를 본국으로 철수시켜 적이 쳐들어오기를 대기하기로 결정하였던 것이다.

왜냐하면 그렇게 하는 편이 이점이 많다고 판단하였기 때문이다. 즉 자기 나라 안에 주둔하고 있으면 모든 편익을 충분히 얻을 수 있다. 강물과 도로는 자기에게 충성을 바쳐 군량과 돈 뭉치를 안전하게 운반해 줄 것이며 신하들은 위험이 가까이 있는 만큼 자기에게 더 헌신하게 될 것이다. 적의 침입을 막기 위한 방비로는 많은 도시와 요새가 있으므로 기회를 놓치지 않고 편리할 대로 전투를 개시할 수도 있고, 개시하지 않을 수도 있으며 따라서 좀 지체할 필요가 있을 경우에는 성 안에 들어가 대기할 수 있다. 반면에 적은 사방에서 적대 세력과 직면하게 될 것이며 좀처럼 군대를 교체 또는 보완할 수 없고, 병이 들거나 부상을 당하였을 때 안정시킬 집도 없다. 뿐더러 군사비나 군량도 창 끝으로 약탈해 와야만 하여 편히 숨을 돌릴 여가도 없다. 복병이나 기습을 막으려면 그 고장의 지세를 알아야 하는데 그렇지 못하였기 때문에 애로에 봉착하여 제바람에 군세가 붕괴될 가능성마저 있다. 그리고 만일 싸움에 패하는 날이면 패잔병들을 집결시키기도 어렵게 된다. 그러고 보면 그 양자 중에 다 일장일단이 있다.

스키피오는 자기 땅을 지켜 이탈리아에서 적과 싸우느니 아프리카로 건너가서 적을 공격하는 것이 낫다고 생각하였는데 그것은 잘한 일이었다. 그런데 한니발은 이와 반대로 전쟁에서 자기가 정복한 지역을 버리고 자기 나라를 지키러 가다가 패하였다. 그리고 아테네인들도 자기 나라에 적군을 남겨둔 채 시실리아로 건너갔다가 역시 패배를 당하였다. 그러나 시라쿠사 왕 아가토클레스는 자기 나라의 전적은 일단 덮어놓고 아프리카로 건너가서 행운을 얻었다. 특히 전쟁에 있어서는 그 결과가 대부분 운으로 좌우되며, 그 운은 인간의 생각이나 조심성으로 좌우할 수가 있는 성질의 것이 아니다. 다음의 시도 저간의 사실을 표현한 것이다.

> 소홀히 손을 써도 일에 성공하기도 하고, 용의주도하게 추진하여 실패하기도 한다. 운은 반드시 행운을 받을 만한 자에게만 선심을 쓰는 것이 아니다. 그것은 사람들을 골라서 상대하지 않는다.

거기에는 우리의 머리 위에 도사리고 우리를 지배하는 힘이 있나니,
인생의 모든 사물을 그 법도 아래 두도다. (마닐리우스)

한편 곰곰 생각하여 보면 우리의 의향과 사려가 운에 많이 달려 있으며, 운은 흔히 우리의 사고를 혼돈시키는 것이다.

그리하여 우리는 천방지축으로 분수없이 추리하기가 일쑤이다. 그것은 플라톤의 글에서 티마이오스가 말한 바와 같이, 인간의 사고력은 거의가 우연에 매여 있기 때문이다.

19. 절약에 대하여

아프리카에 쳐들어간 로마군의 장수 아틸리우스 레굴루스[1]가 카르타고와 싸워 승리를 거두고 한창 영광에 싸여 있을 때, 그는 본국에 편지를 보내어 전 재산인 농토 7아르팡을 관리하도록 혼자 남겨둔 하인이 농기구를 갖고 도망쳤으므로 처자들의 생활을 보살피기 위해 집에 돌아가야겠으니 휴가를 달라고 요청하였다. 이에 상원은 그의 재산 관리인을 따로 정하고 도둑맞은 농기구도 찾아주는 한편 처자는 나라의 경비로 부양하게 조처하였다.

늙은 카토는 스페인의 집정관으로 있다가 본국으로 돌아올 때에 자기 말을 배에 싣고 오다가 그 비용이 아까워 말을 팔아버렸다. 그리고 사르디니아 총독이었을 때에는 자기 의복과 제물을 바칠 때에 사용하는 항아리 하나를 들고 다니는 공화국 장교 한 명만 데리고 자기 짐 상자는 손수 든 채 도보로 방문하여 다녔다. 그는 10에퀴 이상 되는 옷을 입어본 적이 없었으며

---

[1] 로마 장군으로 카르타고군과의 해전에서 승리함.

하루에 10수우 이상의 찬거리를 사러 장 보러 보낸 적도 없었다. 그리고 회칠한 집을 별장으로 가져보지 않았다고 한다. 이 모든 것은 그의 자랑거리였다.

스키피오는 두 번 전투에서 승리를 거두고 역시 두 번 집정관이 되고 나서 겨우 수행원 7명을 데리고 외교 사절단으로 떠났다. 호머는 하인을 한 사람 이상 둔 적이 없었다고 한다. 플라톤이 3명, 스토아학파의 창시자 제논은 한 사람의 하인도 두지 않았다고 한다.

티베리우스 그라쿠스는 당시 로마의 제 1인자이며, 나라 일로 사절단을 인솔하고 떠날 때 하루에 5수우 반밖에 받지 않았다고 한다.

20. 카이사르의 말 한마디

우리가 만일 다른 사람들의 일을 살펴보고, 외부의 사물들을 알아보는 데 사용하는 시간을 때때로 우리 자신을 관찰하는 데 사용한다면, 우리 자신이 얼마나 연약하고 실수하기 쉽도록 되어 있는가를 쉽사리 알게 될 것이다. 우리가 그 무엇에도 만족을 느끼지 못하고 걷잡을 수 없는 욕심과 공상으로 인해 우리에 요긴한 것도 택할 능력이 없음을 보아도 우리가 불완전하게 생겼다는 산 증거가 된다. 철학자들이 인간의 최고선을 탐구하기 위해 언제나 애쓰면서도 언제까지나 해결을 짓지 못하고 아무런 의견 일치도 보지 못한 채 여전히 존재를 계속하는 것으로도 그것은 충분히 입증된다.

우리가 원하는 것을 손에 넣지 못하면 그것은 무엇보다도 중대하게 보이며,
그것을 손에 넣게 되면 다시 다른 욕심이 일어나서
우리는 한결 같은 갈망 속에 세월을 보내게 된다.

우리들의 손에 들어와 일단 향락의 대상이 된 것은 무엇이

건 결코 우리에게 만족을 주지 못한다는 것을 우리는 알고 있다. 그리하여 현재가 언제나 우리에게 불만만 제공하기 때문에 부질없이 앞으로 손에 넣을 미지의 사물들에 기대를 걸어보기도 한다. 그런데 내가 알기에는 사물들이 우리에게 만족을 제공할 거리가 못 되는 것이 아니라, 우리 자신이 병들어 있어 사물을 그릇 파악하기 때문인 것 같다.

> 그는 인간들이 유용하기 위하여 원하는
> 거의 모든 사물들을 마련하여 놓았으나,
> 인간들이 부귀나 명예에 충만하여 있을 뿐더러
> 자녀들이 받고 있는 호평까지도 자랑하면서도
> 집 안에서는 마음속에 번민이 사라지지 않고
> 심령은 암투로 시달리는 것을 목격하였을 때,
> 그 모든 병폐는 옹기 자체로부터 우러나는 것으로,
> 이로 말미암아 밖에서 도입하는 모든 선을
> 안에서 썩히고 있음을 알게 되었다. (루크레티우스)

인간의 욕망은 끝이 없고 불확실하다. 그것은 도저히 이상적인 방법으로 달성되지도 않고 또 향락되지도 못한다. 그런데 인간은 이를 사물 자체의 결함으로 생각하며, 자기가 미처 이해하지도 못하는 사물로 자기 배를 채우려고 자기의 욕심과 희망을 사물에 두는 것을 오히려 영광으로 알고 존중한다. 여기서 카이사르의 말이 생각난다. 「자연의 악덕으로 우리는 보지 않은 사물, 즉 우리에게 감춰져 알지도 못하는 사물들을 더 신뢰하고 더 존중하는 수가 있다.」

21. 기도에 대하여

나는 학교에서 자기 견해를 내세우고 논쟁을 일으키는 자들과 같이, 여기에 무어라 종잡을 수 없고 잘라서 말할 수 없는 허황된 견해를 제기하고자 한다. 그것은 물론 참을 내세우기 위해서가 아니라 참을 찾기 위해서이다. 그리하여 나는 내 행동과 문장, 그리고 내 사상을 비판하는 분들의 의견에 맡기고자 한다. 일찍이 교회의 신앙 속에서 태어나 신앙 속에서 죽어갈 내가, 무식하거나 우매하여 가톨릭 로마 교회의 거룩한 가르침에 위배되는 말을 하였다면 그것은 마땅히 비난을 받아야 할 것이다. 그러므로 내 견해에 반대하건 찬동하건 기꺼이 받아들이겠다. 또한 그 때문에 나는 언제나 나에게 커다란 권한을 행사하는 그들의 소위 검열의 권위에 복종할 것이지만 당돌한 대로 광범위하게 언급하고자 한다.

나의 그릇된 생각인지는 모르지만, 기도란 거룩하신 하느님의 은혜이며 그 입으로 한마디 한마디 일러주는 것이라고 생각한다. 그러므로 그것은 마땅히 경건히 행해야 하는 것이다. 그리고 우리가 식탁에 앉았을 때나 아침, 저녁으로 으레 기도를 올릴 경우에는―기독교도가 이것만을 능사로 알아서는 안 되지만―언제나 적어도 주기도문을 불러야 할 것이다. 교회는 우리에게 가르침을 베풀 필요에 따라서 여러 가지로 기도의 범위를 확대해 갈 수 있다. 그것은 같은 실체에서 비롯되는 것이기 때문이다. 그러나 주기도문은 신도들이 언제나 입 위에 올릴 수 있어야 할 것이다. 이 기도에는 우리에게 요긴한 내용이 담겨 있으며, 또는 모든 경우에 적응하기 때문이다. 이것은 내가 장소와 때를 가리지 않고 올리는 기도이며, 나는 언제나 되풀이하여 올리고 있다. 따라서 내가 기억하고 있는 기도는 오직 이것 하나뿐이다.

우리는 어찌하여 어떤 뜻을 품거나 계획을 세울 때마다 하느님의 구원을 청하는 것일까? 우리는 어떤 일을 시작할 때 그 기회가 적합한지의 여부는 생각하지 않고, 언제나 마음 내키는 대로 하느님의 도움을 청하며 어떤 처지에서 무슨 행동을 하건―비록 악을 행할지라도―하느님의 권능에 호소하여 그 이름을 부르는 따위의 과오는 어디서 비롯된 것일까?

하느님은 우리들의 유일한 보호자로 모든 일에 우리를 도와주실 수 있다. 그러나 하느님께서 부자지간의 결연으로써 굽어 살펴서 우리에게 은총을 베푸신다고 하더라도 하느님은 어디까지나 의로우시고 강직하시고 올바르시다. 그리하여 하느님께서는 당신의 권능보다도 정의의 편에 서서 우리의 요구를 받아들이기 때문이 아니라, 정의라는 이유에서 우리에게 은총을 내리신다.

플라톤은 그의 법률에 세 가지 그릇된 신앙에 대하여 말하고 있다. 그것은 신이 없다고 생각하는 일, 따라서 신이 우리 일에 참여하지 않는다고 생각하는 일, 그리고 우리가 공물과 희생을 드려 간청만 하면 신은 기꺼이 들어주신다고 생각하는 일이다. 첫째의 생각은 사람들이 젊어서부터 늙을 때까지 줄곧 가져본 적이 없었다. 다음 두 가지 경우에는 그 신념을 끝까지 고수하는 수가 있다.

하느님의 정의와 그 능력은 불가분의 관계에 있다. 그러므로 옳지 못한 목적을 달성하기 위해서라면 아무리 하느님의 능력을 요청해 보아도 헛일이다. 적어도 하느님에게 기도를 드리는 순간에는 심령이 깨끗해야 하며, 따라서 악한 정욕은 버려야 하는 것이다. 그렇지 않으면 우리는 하느님에게 우리를 징벌하는 채찍을 제공할 따름이다. 우리가 용서를 바라는 분에게 경건치 못하고 고약한 심정을 비치다가는, 우리는 자기 잘못을 시정하기는커녕 갑절로 늘이는 격이다. 그러므로 자주 하느님에 기도를 드리는 자들이 그 기도에 따라 행동이 나아지지 않는다면,

> 만일 밤에는 간음을 하고

낮에는 그대가 머리 위에
생통쥬의 두건을 뒤집어쓴다면
나는 그를 별로 칭찬하지 않는다. (유베날리스)

그러므로 도의에 어긋나는 행동을 하면서 신앙생활을 계속하는 사람은 게으르게 멋대로 살아가는 사람보다 더 벌을 받아야 하는 것이다. 우리 교회가 바탕이 고약한 자를 받아들이는 은총을 베풀지 않는 이유가 여기에 있는 것이다.

우리는 습관상 기도를 드린다. 좀 더 정확히 말하면 우리는 기도를 읽고 있다. 아니라면 발음하고 있다. 그것은 결국 흉내에 지나지 않는다.

내가 못마땅하게 생각하는 것은 식사 전후에 각각 세 번씩 십자를 그으면서 다른 때에는 원한과 인색과 부정을 예사로 저지르는 자들을 보는 일이다(내가 경건한 마음으로 잠자리에 들 때에도 꼭 십자를 긋기 때문에 더욱 그들이 못마땅하게 보이는 것이다). 불의를 저지르는 때가 따로 있고 하느님을 섬기는 때가 따로 있기나 한 것처럼 적당히 주워 맞추어 나가는 것과 같은 것이다. 이렇게 상반된 행동이 되풀이되면서도 양자 사이에 아무런 마음도 변화도 일으키지 않는다면 이 얼마나 놀라운 기적인가? 이 얼마나 불가사의한 마음의 조화인가? 죄인과 재판관을 한 지붕 밑에 이렇게 사이좋게 동거하게 하면서도 어찌 마음 편할 수 있단 말인가? 머릿속이 언제나 음욕으로 가득 차 있어 하느님 보시기에 심히 합당치 않은 줄 아는 사람이 하느님께 무어라고 기도드릴 수 있겠는가? 그는 착한 마음으로 되돌아가도 얼마 안 가서 타락하고 만다. 그가 말하는 것처럼 참으로 하느님의 의로운 모습이 그의 눈앞에 나타나서 그의 영혼을 때린다면 그의 회개는 비록 한때로 끝나더라도, 그의 두려움은 그의 마음을 뉘우치게 할 터이므로 그에게 뿌리박힌 악덕은 곧 정복되고야 말 것이다.

그런데 어찌된 영문일까? 죽어도 마땅한 큰 죄라고 생각하면서도 거기서 오는 이득을 위해 한평생을 두고 이런 죄의 길을 걷는 자들이 있다. 이 세상에는 본질적으로 불의에 속하는 직업이 얼마나 많은가? 그리고 어떤 사람은 나에게 고백하였다. 「나는 신용과 직무에 따르는 명예를 잃지 않기 위해 마음속으로는 허망하게 생각하는 종교를 마음속으로 배격하면서도 오랫동안 입으로 떠벌리기도 하고 몸으로 실천해 오기도 하였소.」 도대체 어떻게 해서 이런 생각을 품게 되었을까? 이와 같은 족속들은 대관절 무슨 입에 발린 소리로 공의로운 하느님 앞에서 기도를 드릴 수 있단 말인가. 그들의 회오한 눈으로 보고 손으로 만질 수 있는 배상이어야 하므로 하느님에 대하여 (인간에 대하여도 마찬가지이다) 변명의 여지가 없다. 속죄도 하지 않고 회개도 하지 않은 채, 죄의 용서를 빈다는 것은 얼마나 염치없는 일인가. 생각건대 저 음욕과 믿음을 동시에 지닌 사람들은 본심에서 우러나지 않은 신앙을 이야기하고 실천하는 사람들과 결국 오십보백보이다. 그리고 전자는 후자보다 개심시키기가 훨씬 더 어렵다. 그들이 그렇게 급격히 태도를 돌변시키는 것을 보면 실로 기적에 가깝다. 그들은 도저히 주체할 수 없는 마음속의 투쟁을 여실히 보여주고 있다. 근년에 이지적이면서 가톨릭을 믿는 자를 보면 으레「그 사람은 가면을 쓰고 있다.」고 비난하는 자가 있다. 그런가 하면 오히려 그 사람을 칭찬하려는 마음에서「그는 표면으로는 무엇이라고 말하더라도 내면으로는 자기와 같이 개혁된 신교를 믿고 있다.」고 말하는 자도 있다. 이것은 터무니없는 상상이다. 너무나 자기 자신을 믿기 때문에 남도 반대되는 신앙을 가질 수 없을 것이라고 단정하는 것은 병적인 생각이다. 내세에 대한 희망과 위협보다도 현재의 영달을 더욱 좋아하는 사상을 지니는 것은 언짢은 일이다. 하긴 나와 같은 사람은 그런 축에 속한다고 생각하여도 할 말이 없다. 만일 그 무엇이 나의 청춘을 능히 유혹하기에 족하였다면 이 종교개혁에 따르는 모험과 애로를 타개하려는 야심이야말로 가장 큰 몫을 차지하고 있었던 것이다.

  교회가 성령이 다윗에게 불러준 노래를 함부로 당돌하게 부르는 것을 금하고 있는 것도 무리가 아니다. 우리는 경건한 마음에 충만하여 있지 않는 한, 우리의 일에 섣불리 하느님을 끌어들여서는 안 되는 것이다. 그 노래는 너무나 거룩하다. 이것을 단지 우리의 폐부를 단련시키고 귀를 즐겁게 하기 위해 사용한다는 것은 무엄한 짓이다. 우리는 다만 마음의 가장 깊은 데서부터 불러야 한다. 혀끝으로 불러서는 안 된다. 점원 같은 아이들이 잡생각을 하면서 마구 불러서는 안 된다.

또한 우리들의 신앙의 성스러운 진리가 기록되어 있는 성서가 식당이나 부엌 같은 데서 마구 굴러다닌다는 것은 말이 안 된다. 그것은 옛날에는 진리였으나 지금은 유희요, 유흥이다. 그렇게 존엄한 연구를 소란을 피우면서 하여서는 안 된다. 그것은 미리 용의주도하게 준비된 성실한 행위여야 한다. 우리는 우리가 예배를 볼 때의 전주인 「그대들 마음을 깨끗이 하라.」를 제창하지 않으면 안 된다. 그러므로 특별히 주의를 기울여 경건한 마음을 갖고 이에 임하지 않으면 안 된다.

또한 그것은 만인이 저마다 연구할 성질의 것이 못 된다. 특별히 여기에 헌신할 각오를 가진, 따라서 이를 위해 신의 택함을 받은 몇몇 사람이 연구해야 할 것이다. 마음이 비뚤어진 자나 무지한 자가 이를 연구하면 더욱 흉악하게 된다. 그것은 함부로 입에 올릴 이야기가 아니라 우러러보고 두려워하고 존중해야 할 사실이다. 그러므로 이것을 속된 말로 옮겨 대중이 알기 쉽게 하였다고 자부하는 자는 비웃어 마땅하다. 거기 씌어 있는 내용을 잘 모르는 것은 단지 그 용어 때문일까? 솔직히 말해서 그들은 내용을 성서에 가까이 접근시키려다가 더욱 멀어지게 한 것이다. 그러므로 남의 연구에 전적으로 일임하고 전혀 모르고 있는 편이 오히려 이롭고 현명한 태도이다. 저, 입으로만 지껄이는 공허한 지식 같은 것은 오직 오만함과 불신만 자아낼 뿐이다.

나는 또한 여러 사람들이 멋대로 그렇게 경건하고 중대한 「말씀」을 여러 방언으로 번역하는 것은 백해무익하다고 생각한다. 유대교도이건 이슬람교도이건 그 밖의 어떤 백성들도 다 원래 그들의 신비가 깃들어 있는 언어를 사랑하고 존중히 여긴다. 따라서 함부로 그 언어를 변경할 수 없게 되어 있다. 그럴 수밖에 없는 것이다. 바스크나 부르타뉴 지방에 과연 그들의 말로 된 성서의 번역을 비판할 만한 사람이 있을까? 가톨릭 교회는 이보다 더 어렵고 또한 이보다 더 중대한 해석이 없는 줄 알고 있다. 설교할 때에는 그 해석이 막연하고 각자 서로 다르고 단편적이며 똑같지 않다.

우리 그리스 사학가의 한 사람은 그 시대를 공격하여 「이제 기독교의 비밀은 연약한 자의 손에 맡겨져 곳곳에서 유포되고 있다. 각자는 제멋대로 성서를 지껄일 수 있다. 하느님의 은총에 의해 믿음의 순수한 신비를 즐기는 우리의 안목으로 보면 이 신비가 그렇게 무지한 자들의 입에서 더럽혀지는 것을 묵과할 수 없다. 그것은 커다란 치욕이 아닐 수 없다. 이방인들도 소크라테스나 플라톤이나 그 밖의 현자에 대하여서까지 델포이 신전의 제관들에게 맡겨진 일을 알아보고 이러니저러니 이야기하는 것을 막지 않았던가.」라고 한 것은 지당한 말이다. 그는 이어서 이렇게도 말하였다. 「신학상의 문제에 대한 왕후의 논쟁은 뜨거운 신앙에 의해서가 아니라 사감에 의해 좌우되고 있다. 뜨거운 신앙은 질서와 절도를 지닐 때 신의 이성과 정의의 편이 되지만 인간의 정욕으로 인도될 때, 증오심과 시기심을 일으켜 밀과 포도 대신에 잡초만 무성해지는 격이 된다.」 또한 어떤 자가 테오도시우스 황제에게 권고하여 다음과 같이 말한 것도 당연하다. 「교리의 토론으로 교회의 분열을 막을 수는 없는 줄 아옵니다. 그것은 오히려 이설에 활기를 불어넣을 따름이옵니다. 그러므로 모든 변증법적 변론은 피하고 옛 사람들에 의해 정해진 신앙의 법도에 절대로 복종해야 하나이다.」 그리고 안드로니쿠스 황제는 자기 궁전에서 중요한 신앙 문제에 대하여 두 권력가와 로파디우스가 논쟁하는 것을 보고, 그들을 질책하여 당장 언쟁을 그만두지 않으면 강물에 던져버리겠다고 위협하였다.

나바르 여왕 마르그리트가 한 왕공—그 이름은 여기 기록하지 않아도 지체가 높은 분이므로 누구인지 알 수 있을 것이다—에 대하여 이런 이야기를 하는 것이었다. 즉 그가 파리의 어느 변호사 부인과 동침하러 지정된 장소로 가는 길에 교회를 거치게 되어 있었으므로 오가는 길에 그 교회에서 기도를 올리곤 하였다는 것이다. 나는 하느님의 은총을 이렇게 이용하는 이 착한 마음씨를 당신들의 비판에 맡기고자 한다. 아무튼 여왕은 이것을 가리켜 믿음이 유난히 깊은 증거라고 우기고 있다. 여자가 신학상의 문제를 다루기에 적합지 않다는 증거는 이 실례만이 아니다.

진실한 기도에 의한 하느님과의 신앙적인 화해는 마귀의 지배를 받고 있는 불순한 심령에게는 있을 수 없는 것이다. 불의를 행하면서 하느님께 도움을 바라는 자는 소매치기가 순경에게 도움을 구하는 격이며, 거짓을 참된 것으로 가장하기 위해 하느님의 이름을 도용하는 격이다.

> 우리는 나지막한 소리로 용서를 빈다. (루카누스)

사람들이 하느님에게 몰래 요청하는 바를 밝혀낼 자는 보기 드물다.

> 제단 앞에서 기도를 올리는 것과는 달리
> 자기 소원이 성취되기를 소리 높이 입 밖에 낼 수는 없는 일이다. (페르시우스)

그러므로 피타고라스 학파에서는 이와 같이 합당치 못한 일을 신에게 요구하지 못하게 하는 방법으로 그 기도의 내용을 여러 사람이 들을 수 있도록 큰 소리로 하기를 원하였다.

> 그는 큰 소리로 「아폴로여!」 하고 말한다.
> 이어서 사람들이 들리지 않도록 입술을 떨면서 말한다.
> 아름다운 라베르나1)여
> 나에게 남을 속이는 법을 가르쳐 주소서.
> 내가 정직하고 선량한 인간으로 보이도록 하여주소서.
> 내 죄와 사기를 밤의 어두운 구름으로 가려주소서.
> (호라티우스)

신들은 오이디푸스가 자기에게 부당하게 간청하는 바를 들어줌으로써 그를 처벌하였다. 그는 자기 나라의 계승권을 아들들에게 무기로 싸워서 획득하게끔 신들에게 기원하였던 것이다. 그러자 그의 소원대로 일이 되어 그는 결국 불행을 자초하고 말았다. 모든 일이 우리 뜻대로 되기를 바라서는 안 된다. 이치에 맞게끔 해달라고 기원해야 한다.

우리는 그 거룩하고 신성한 언어를 무슨 마술적인 효과라도 내기 위해 사용하다시피 하고, 그 효과가 언어의 구조나 소리나 순서나 또는 우리네의 태도에 달려 있는 것처럼 이야기하는

---

1) 로마의 도적의 신.

것 같다. 마음은 추잡한 생각으로 가득 차 있고, 회개하는 마음이나 하느님과 화해할 생각을 가진 것도 아니며, 다만 기억 속에 남은 말들을 하느님에게 중언부언하면서 죄를 용서해 주기를 바라는 것이다. 우리가 저마다 죄인이며 증오할 인간일지라도 하느님의 법도만큼 만만하고 생생하고 이로운 것은 없다. 우리가 아무리 비천하고 더럽고 누추하여 앞으로 무엇이 되는지 모르더라도 하느님의 법도는 우리를 저버리지 않고 그 무릎 위에 받아준다. 그러므로 우리는 그 보답으로 황공하게 우러러보아야 한다. 특히 하느님의 은사는 충심으로 고맙게 받아들여야 하며 적어도 하느님에게 기도를 드리는 순간에도 진심으로 그 잘못을 뉘우치며 하느님의 뜻을 어기는 욕정을 원수같이 여겨야 하는 것이다. 플라톤은 「신들도 현자도 악인의 선물은 받지 않는다.」고 말하였다.

> 깨끗한 손이 제단에 닿기만 하면
> 풍족한 희생으로 신의 비위를 맞출 것 없이
> 거룩한 떡 하나, 소금 한 덩어리도
> 페나테스[2]의 분노를 진정시킬 수 있도다. (호라티우스)

---

[2] 로마의 가정의 신.

22. 나이에 대하여

 나는 우리가 나이를 측정하는 방식을 인정할 수 없다. 학자들이 보통 사람들보다 나이를 몹시 앞당기는 것을 흔히 볼 수 있다. 젊은 카토는 자기가 자살하려는 것을 만류하는 사람들에게 말하는 것이었다. 「내가 지금 인생을 버리기는 너무 이르다고 탓할 만한 나이인가?」 그때 그의 나이는 42세였다. 그는 이 나이까지 사는 자도 매우 드물다는 생각에서 자기는 상당히 나이를 먹은 것으로 생각하고 있었다. 그런데 어떻게 한 계산인지는 모르지만 천연스럽게 그보다 몇 해 더 살겠다고 생각하고 있는 자들은 언제 당할지 모르는 수많은 변고—따라서 자기가 살려던 그 나이를 끊을 수 있는—를 미리 방지할 수 있는 무슨 특권 같은 것이라도 가졌다면 자기가 바라는 그만큼 살 수도 있을 터이지만, 늙도록 살다가 기운이 쇠퇴하여 죽기를 기대한다는 것은 뜻대로 용납되지 않는 가장 드문 일이니, 이 무슨 꿈 같은 소망인가. 우리는 말에서 떨어져 목이 부러지거나 난파선에서 숨이 막혀 죽거나 갑자기 페스트나 폐렴에 걸려서 죽거나 하는 것은 자연사가 아닌 것으로 생각한다. 따라서 이런 욕된 사건들은 불의의 수난이요, 늙어서 죽는 것을 자연사라고 부른다. 그러나 이런 낱말을 경계하자. 그리하여 때때로 있는 일반적인 변고에 의한 죽음을 차라리 자연스럽게 생각하여야 할 것이다.

늙어서 죽는 것은 드물고 특이한 일로서 그 밖의 다른 죽음보다 오히려 자연스럽지 못한 것이다. 우리는 앞길이 멀수록 그런 죽음을 바라기는 어려운 일이다. 그것은 자연의 법칙으로서 우리가 그 한계를 넘지 못하도록 정해놓은 것이다. 우리가 늙도록 생명을 지속한다는 것은 자연이 주는 귀한 특권이다. 그것은 2, 3백 년 동안에 한 사람에게나 특별히 내리는 은총으로 운명이 역경과 고난을 그 사람에게만은 면제하여 주는 것이다.

그러므로 내가 보기에는 우리가 지금 도달한 나이만 하더라도 흔치 않은 보기 드문 나이다. 즉 우리 나이는 일반 사람들의 생애가 도저히 미치지 못하리만큼 세월이 상당히 오래 지속되어 있는 것이다. 이렇게 우리가 어느 한계를 넘은 이상, 더 오래 살 생각은 말아야 한다. 다시 말하면 우리는 세상 사람들이 쓰러지는 모습을 직접 목격해 보는 동안에 우리에게는 그 기회를 면케 하여 일반 관례에서 떠나 이만큼 목숨을 연장시켜 준 이 운이 더는 지속될 수 없다는 것을 인정해야 하는 것이다. 그렇지 않고 더 오래 살겠다는 그릇된 생각을 한다는 것은 법칙 자체를 범하는 것이다.

법률은 사람이 25세가 되기 전까지는 재산 관리인이 되지 못하도록 하였다. 아닌 게 아니라 누구나 그때까지 자기 인생의 관리나 하면 고작일 것이다. 그런데 아우구스투스는 옛 로마의 법령보다 다섯 살이나 낮춰서 서른 살부터 재판관이 될 수 있게 하였다. 세르비우스 툴리우스는 기사가 47세를 넘으면 전쟁하러 나가는 고역을 면제해 주었으며, 아우구스투스는 그 나이를 다시 45세로 낮추었다. 사람은 55세 내지 60세 전에 은퇴시킨다는 것은 이유 없는 일이라고 본다. 나는 되도록 직책이나 직업에서 은퇴하는 연령을 연장시키기를 바란다. 그러나 이와는 다른 면에서 잘못이 있는 것 같다. 그것은 사람에게 일찍부터 직무를 맡기지 않는 일이다. 이 아우구스투스는 19세에 전 세계의 심판자가 되었는데 다른 사람들에게는 빗물 홈통을 달 자리를 분간하는 데도 30세가 되기를 원하고 있는 것이다.

  나는 인간이 20세만 되면 앞으로 할 수 있는 능력을 모두 보장해 준다고 생각한다. 이 나이가 되어도 그 능력의 명백한 징조를 보여주지 않는 사람이 그 후에 그런 능력을 갖게 된 예는 없었다. 이 나이가 되면 자연이 주는 모든 소질이나 덕성은 이미 아름답게 싹터 있는 것이다. 만일 그렇지 못할진대 그 싹이 나중에 움트리라고는 기대할 수 없는 것이다.

가시는 돋았을 때 비로소 찌른다.

도피네 사람들은 말한다.

인간의 모든 위대한 행동은 고금을 막론하고 나이 30세 전에 더 많이 행하였다. 한 인간의 생애를 두고 생각해 보아도 그렇다. 한니발과 그 대적 스키피오의 생애를 보더라도 그렇다.

그들은 아름다운 반생을 영광스럽게 살았으며 후년도 다른 사람들에 비하면 뛰어났으나 그들 자신의 전 생애를 두고 볼 때 역시 젊었을 때가 더욱 빛난다.

나의 경우를 보면 30세 이후에는 정신적으로나 육체적으로 퇴보만을 거듭해 왔다. 시간을 잘 이용하는 자라면 학문과 경험은 나이와 함께 성숙할 수도 있지만 기력과 민첩성, 강건함, 그 밖의 인간의 중요한 모든 본질적인 소질은 쇠퇴해 간다.

　세월이 육체를 좀먹어
　체력이 둔해지고 사지가 약해지면 판단력도 절름발이가 되고
　구변과 정신은 고장이 난다. (루크레티우스)

육체가 먼저 노령에 굴복할 때도 있고 정신이 먼저 굴복할 때도 있다. 나는 위장이나 다리보다는 뇌가 먼저 쇠약해지는 경우도 목격하였다. 그러나 장본인은 그렇게 쇠약해지는 것을

잘 느끼지 못하고 밖에 드러나지도 않으므로 그만큼 더욱 위험하다. 나는 법률이 우리를 너무 늦게까지 일을 시키는 것이 못마땅한 것이 아니라 너무 늦게 우리에게 일을 시키는 것을 못마땅하게 생각한다. 인생의 무상함과 자연의 암초에 사람들이 무수히 부딪침을 볼 때, 우리는 인생의 대부분을 출산으로 혹은 무위도식으로 혹은 무슨 훈련 같은 것으로 보내서는 안 될 것이다.

23. 양심에 대하여

  우리나라에서 내란이 일어나고 있던 어느 날, 나는 드 라 브 루스의 성주로 있는 내 동생과 함께 여행을 하다가 어느 점잖은 귀족을 만난 일이 있다. 이런 난리 때에 무엇보다도 고약한 일은 사태가 혼란하여 사람들이 같은 법률 아래 살아가며 풍속도 거동도 비슷하기 때문에 적과 자기 편의 분간을 할 수 없는 점이다. 사실 외모나 언어나 태도로 보아 분간이 가지 않으며 여기서 비롯되는 혼란과 무질서를 도저히 피할 길이 없다. 그리하여 나는 검문과 이보다 더 언짢은 일을 당하지나 않을까 하여 낯선 고장에서는 군대와 마주치는 것도 두려웠다. 하긴 전에도 이와 비슷한 처지를 당하였다. 나는 오해를 받아 부하와 마필들을 잃었으며 그 가운데서도 유감스러운 것은 내가 데리고 있던 이탈리아 귀족 출신의 시동이 살해되어 인품이 좋고 장래가 촉망되던 청춘 하나를 잃은 일이었다.

  그러나 그는 공포심으로 말미암아 제정신을 잃고 말 탄 사람을 만날 때나 임금님이 거리를 지날 때마다 너무나 죽을상을 하는 것을 목격하고 나는 이 아이가 마음에 찔리는 데가 있는 모양이라고 짐작하였다. 사람들은 이 사람의 가면과 그 외투에 달고 다니는, 십자가를 투시하여 그의 마음속 깊이 감춰진 비밀을 알 수 있었을 것이다. 양심이 발버둥을 치면 얼떨결에 놀라는 표정을 짓는다. 양심은 우리 마음속을 드러내 보여주며 우리 자신을 채찍질하고 우리 자신에게 싸움을 건다. 그리하여 양심은 다른 증인이 없어도 우리의 의사에 반하여 마음속을 드러내 보여준다.

> 우리를 눈에 보이지 않는 채찍으로 때리나니
> 그것은 우리의 형리 행세를 하느니라 (유베날리스)

이것은 아이들의 입에도 곧잘 오르내리는 말이다. 파이오니 아인 베소스는 장난으로 참새집을 때려 부수고 참새도 죽였다는 책망을 받게 되자, 이 참새들은 언제나 자기가 아버지를 죽였다고 맹랑한 욕지거리를 하기 때문에 그렇게 복수한 것이니 잘한 일이라고 말하였다. 이 부친 살해의 비밀은 그때까지 밖에 드러나지 않아서 아는 사람이 없었다. 그러나 양심의 복수의 신들은 그 장본인으로 하여금 죄가 탄로 나게 하여 죄를 가하였던 것이다. 범죄 하면 으레 징벌이 뒤따르게 마련이라고 말한 플라톤의 견해를 헤시오도스는 징벌은 죄악과 동시에 발생한다고 시정하였다. 징벌은 언제나 기다리는 자에게 내리게 마련이다. 또한 징벌을 받아야 할 사람은 그것이 내리기를 기다리게 마련이다. 악형은 자기 자신을 괴롭힌다.

악은 저지른 자를 압박하느니라. (아올루스 겔리우스)

왕벌은 남을 찔러서 해치기도 하지만, 무엇보다도 자기 자신을 더 해치는 것과 같다. 왕벌은 남을 찌르면 자기 바늘과 기력을 상실하는 것이다.

그것은 스스로 만든 상처 속에 생명을 던져버린다.
(베르길리우스)

가뢰라는 독충은 자연의 상반작용에 의해 그 독에 대한 해독제도 함께 갖고 있다. 이와 마찬가지로 사람은 악덕에서 쾌락을 느낄 때에도 양심은 그와 반대로 불쾌함을 느끼게 마련이며, 언제나 우리를 여러모로 괴롭히는 것이다.

죄인들 가운데는 잠꼬대로나
병중에 헛소리로 자기 자신을 책망하여
오랫동안 드러나지 않고 있던 죄를 폭로한 일이 많다.
(루크레티우스)

아폴로도로스는 꿈에 스키타이족들이 자기 살갗을 벗겨 냄

비 속에 삶고 있는데 마음속으로는 「내가 너에게 이 모든 불평의 원인이 되었다.」고 중얼거렸다고 한다. 「악인에게는 아무리 깊은 피난처도 소용이 없다. 양심이 죄악을 폭로하므로 거기 숨어 있다고 마음 놓을 수 없다.」라고 에피쿠로스는 말하였다.

죄인에 대한 최초의 징벌은
자기 자신의 법정에서 죄를 모면할 수 없는 일이다.
(유베날리스)

양심은 우리 마음을 두려움에 충만하게 하는가 하면, 한편 안식과 신념으로 죽기도 한다. 또한 나는 내 의지나 의욕이 깨끗하다는 것을 혼자서 잘 알고 있으므로 많은 위태로운 경지를 굳건히 걸어왔었다.

양심을 증인으로 하여
마음은 공포나 희망으로 가득 차게 된다. (오비디우스)

이런 경우는 얼마든지 있다. 같은 사람으로부터 다음과 같은 세 가지 예를 들어보면 족할 것이다.

어느 날 스키피오가 로마 국민들에게 고발을 당하여 중요한 문책을 받을 때에 굳이 변명하지도 않고 심판관에게 아부하지도 않고 「당신들은 모든 사람을 심판할 권위가 있는 머리로 심판하기만 하면 될 것이오.」라고 말하였다. 또 한 번은 사람들이 그에게 죄를 뒤집어씌우고 국민 재판에 회부하자, 그는 자기를 변호하는 대신에 「시민 여러분, 먼저 오늘 모든 신들이 카르타고인들에 대항하여 얻은 승리를 감사합시다.」 하고 말하면서 사원을 향하여 걸어가니 군중들과 그의 고발자들도 그의 뒤를 따라나섰다. 그리고 페틸리우스는 카토의 지시를 받아 스키피오에게 안티오쿠스 지방에서 사용한 돈의 내막을 밝히라고 하자 그는 상원에 나타나 옷자락 밑에 갖고 있던 계산서를 내보이며, 여기 수입과 지출이 적혀 있다고 말하였다. 그때 장부를 재판관에게 제출하라고 하니까 그는 이를 거부하고 자기 자신에게 그런 수치를 줄 수는 없다고 말하고 상원의원들 앞에서 장부를 갈기갈기 찢어서 던져버렸다. 나는 양심의 가책을 받고서는 이런 자신 있는 행동은 감히 흉내도 내지 못할 거라고 생각한다. 그는 천성이 용감하고 너무 고상한 행동만 해 왔기 때문에 죄인의 위치에서 궁상스레 무죄를 변명하는 천한 짓은 할 수 없는 인물이었다고 티투스 리비우스는 말하였다.

고문은 위헌적 제도이다. 그것은 진상을 밝히는 수단이라기보다는 인내심을 시험하는 수단이다. 따라서 고문을 참아낼 수 있는 자는 사실을 감출 수 있으며, 그것을 참아내지 못하는 자도 진실을 말하지 않게 된다. 고통은 사실을 자백하게 하기보다는 행하지 않은 일을 행하였다고 하게 한다. 또한 고발을 당한 그대로 행하지 않은 자가 이런 괴로움을 참을성 있게 부인할 수 있다면 그 대가로 목숨을 건질 수 있을 경우에 그것을 행한 자가 끝내 행하지 않았다고 버티지 못할 리가 없다. 내가 보기에는 이런 제도를 마련한 것은 양심의 작용도 셈에 넣은 일이다.

왜냐하면 죄인에게 고통을 주면 죄를 자백하는데 양심이 발동하여 마음을 약하게 하는 한편 양심은 죄 없는 자로 하여금 고통에 대하여 더욱 강하게 만들기 때문이다. 그러나 실은 이런 고문에 의한 자백은 불확실하고 위험한 수법이다.

이런 심한 고통을 피하기 위해서라면 무슨 말인들 불지 않고 견디겠는가?

> 고통은 죄 없는 자에게까지 거짓말을 강요한다.
> (푸블리우스 시루스)

그러므로 재판관이 죄 없는 인간을 고하는 경우에는 그가 죄 없이 죽어가는 억울한 일이 발생하게 된다. 아닌 게 아니라 수많은 사람이 그릇된 자백을 강요받아 죽어갔던 것이다. 알렉산더가 필로타스를 고발하여 고문으로 죽게 한 것도 한 예이다.

이것은 인간의 약점이 발명해 낸 것들 중에서 그다지 악질적인 것은 아니라고 말하고 있지만, 내가 보기에는 대단히 비인간적이고 또한 쓸데없는 짓이다. 여러 나라—그리스, 로마인들은 야만인이라고 부르지만 이들보다 훨씬 개화된 나라에서는 죄상이 분명히 드러나지 않았는데 신체형을 가하여 사지를 찢는 따위의 행위를 징그럽고 잔인한 짓으로 보고 있다. 그가 어찌하여 당신의 무지에 대한 책임을 져야 한단 말인가? 그것은 얼마나 경우에 닿지 않는 짓인가. 형벌을 내릴 경우에 생사람의 목숨을 앗아가는 일도 비일비재한 저 혹독한 고문을 당해내느니 차라리 무작정 죽음을 택하는 경우가 얼마나 많은가.

어느 시골 마나님이 장성인 한 대법관에게, 군대가 마을의 주변을 돌아다니며 약탈할 때에 자기 어린애에게 주려고 남겨놓은 우유죽을 빼앗아 갔다고 고발하였다. 그런데 이렇다 할 증거가 없었으므로 장군은 마나님에게, 만일 거짓 고발을 하면 죄가 되니 잘 생각해서 하라고 일렀으나 마나님은 끝까지 사실이라고 우겼다. 할 수 없이 장군은 그 병정의 배를 가르고 그 여자의 고발이 사실임을 입증하였다. 일리 있는 처단 방법이다. 이 이야기는 누구한테서 들었는지 잘 기억이 나지 않지만, 확실히 우리 재판제도의 양심을 말해주고 있다.

24. 수련에 대하여

우리는 사색과 교양을 소중히 생각한다. 그러나 이 밖에도 경험에 의해 마음의 방향을 잡는 수련을 쌓지 않으면 사색과 교양은 행동으로 이끌어 가는 힘이 없게 된다. 그리하여 심령이 행동으로 옮겨질 때 당황하게 될 것이다. 그러므로 한결 높은 경지에 이르기를 원하는 철학자들은 알몸으로 세파에 시달릴까 두려워하며 가혹한 운명을 피해 안일하게 보내려고 하지 않는다. 그리하여 자진해서 운명과 대결하기 위해 모든 고난과 시련 속에 뛰어들기도 하였다. 혹자는 스스로 가난의 단련을 받기 위해 부귀를 버리기도 하였으며, 혹자는 불행과 고난 가운데 자신을 단련시키기 위해 심한 노동에 종사하고, 또 혹자는 육체의 어느 한 부분이 너무나 강한 쾌감을 주기 때문에 심령이 해이해질까봐 두려워하여 시각이나 생식기관을 절단해 버렸던 것이다.

그러나 우리의 최대의 과업인 죽음에 대해서는 수련도 아무 소용이 없다. 고통, 수치, 빈곤, 그 밖의 불행에 대하여는 습관이나 경험으로 마음을 단련하여 강하게 만들 수 있으나 죽음은 한 번밖에 시험해 볼 수 없다. 따라서 죽음 앞에서는 우리가 다같이 신입생이다.

옛날에는 시간을 짜서 죽음까지도 음미해 보려고 정신을 긴장시켜 죽음의 관문이 무엇인가를 알아보려고 시도한 사람들이 더러 있었으나 그 소식을 우리에게 알려주기 위해 돌아온 사람은 하나도 없었다.

다시는 잠에서 깨어나지 못한다. (루크레티우스)

선하고 심지가 굳기로 이름난 로마의 귀족 카니우스 율리우스가 악한 칼리굴라 때문에 사형선고를 받았을 때, 그의 강직한 마음씨를 보여준 놀라운 언행들 가운데 다음과 같은 일화가 전해지고 있다. 그가 방금 사형대에 오르려는 찰나에 그의 친구인 한 철학자가 「카니우스, 지금 자네는 기분이 어떤가? 무슨 생각을 하고 있나?」하고 묻자 「나는 있는 힘을 다하여 긴장된 마음으로 목숨이 넘어가는 순간에 영혼이 이사 가는 모습을 볼 수 있을까, 그리고 영혼이 떠날 때의 심정은 어떤가를 보고 되도록 다시 돌아와서 친구들에게 알려주려고 하네.」라고 대답하였다. 그는 죽을 때까지가 아니라 죽음을 당하면서도 철학자였다. 이렇게 자기의 죽음이 하나의 교재가 되기를 원하여 그 무서운 순간에 딴 생각을 할 여유가 있었던 것이다. 이 얼마나 신념이 강한 지조의 소유자인가!

그는 죽어가는 영혼에 대하여도 이런 배려를 하였다.
(루카누스)

그러나 어떤 방법으로나 죽음과 친숙해져서 어느 정도 그 죽음을 시험해 볼 수 있을 것 같기도 하다. 즉 우리는 미흡한 대로 적어도 우리에게 어떤 힘이 되어주고, 따라서 자신을 갖게 하도록 죽음을 경험해 볼 수 있을 것이다. 그러니까 그 죽음까지 완전히 이르지는 못하여도 죽음 가까이 접근할 수는 있으며 또한 죽음을 정탐해 볼 수 있다. 다시 말하면 그 요체 속까지는 들어가지 못할지라도 그 근처에 접근할 수는 있다. 따라서 그 정탐이 가능하다. 그리하여 그 요체에 접근하는 길을 알아볼 수는 있다.

우리가 잠들었을 때의 상태는 죽음과 비슷한 데가 있다. 그러므로 이 수면을 관찰해 보는 것도 무의미한 일이 아니다. 우리는 얼마나 손쉽게 잠 속에 빠지는가! 어쩌면 그렇게 아무런 손상도 느끼지 않고 빛과 의식을 잃는 것일까! 아마도 자연은 이 잠을 통하여 우리에게 살아 있을 때가 죽었을 때와 같은 것임을 보여주는 것 같다. 이리하여 이승에서 저승으로 넘어간 후의 상태를 보여줌으로써 그 세계와 미리 친숙하게 되어 두려운 마음을 없애려는 것이리라. 그렇지 않다면 수면이 우리에게 모든 행동과 심정을 제거하는 의미가 없어지며 따라서 친성에 위배되는 일로 보인다.

한편 어떤 참상을 당하여 의식을 잃어본 자는 죽음의 참된 모습을 가까이서 들여다본 자라고 할 수 있을 것이다. 저승으로 넘어가는 순간에는 아무런 심정도 갖지 않기 때문에 어떤 고통이나 불쾌감이 있을 수 없는 것이다.

우리가 고통을 느끼려고 하여도 저기에는 그만한 시간 여유가 있어야 한다. 그런데 죽는 순간은 극히 짧기 때문에 필연적으로 감각이 없어질 것이다. 우리는 다만 죽음에 가까이 다가갈 때에 두려움을 느끼게 되는 것이다. 이러한 심정은 경험에서 찾아볼 수 있다.

모든 사물은 이것을 눈앞에 당하였을 때보다 마음속으로 상상할 때가 훨씬 크게 보이는 법이다. 나는 생애의 대부분을 완전히 건강하게 살아왔었다. 아니 그것은 완전하였을 뿐만 아니라 발랄하기까지 하였다. 나는 기력과 환희에 가득 차 있을 때에는 병에 대하여 생각하는 것이 매우 두려웠으나 막상 병에 걸렸을 때의 고통은 전에 두려워한 것보다는 덜 괴로웠었다.

나는 날마다 이런 경험을 한다. 즉 밤에 아늑한 방 안에서 몸을 녹이며 폭풍우가 내리는 소리를 들으면 지금 바깥에 있는 사람은 얼마나 괴로울까 하고 가슴이 아파 옴을 느끼는 것이다. 그러나 내가 그런 처지를 당했을 때에는 다른 곳에 몸을 피하고 싶은 생각조차 하지 않았다.

또한 방구석에 가만히 처박혀 있다는 것은 생각만 하여도 지긋지긋하였다. 그런데 일단 병에 걸려 쇠약한 몸을 한 주일이나 한 달씩 방 안에 갇혀 있어 보니 어느새 그런 생활에 익숙해지는 것이었다. 그리고 건강할 때에는 병자를 상당히 불쌍하게 생각하였으나 정작 내가 병에 걸려 보니 별로 자기 자신을 불쌍하게 생각하고 있지 않음을 알게 되었다. 즉 내가 걱정하는 힘이 사실을 갑절이나 과장하고 있는 것이었다. 죽음도 이와 마찬가지였으면 한다. 즉 그것은 그렇게까지 준비를 갖추고, 그렇게까지 구원을 외치고 나서 맞이할 성질의 것이 아니었으면 한다. 그렇지만 어느 경우에 있어서나 우리는 너무나 뱃속 편한 생각만 할 수는 없다.

제3내란1) 때였다던가, 아니면 제2내란 때였던가(나는 그것을 분명히 기억하고 있지 않다) 어쨌든 나는 우리나라 내란이 한창 때에 있었는데 어느 날 우리 집에서 10리쯤 떨어진 곳에 산책을 간 적이 있다. 집에서 얼마 멀지 않은 곳이므로 별일 없으리라고 생각하고 성미가 온순한, 별로 튼튼치 못한 말을 타고 갔었는데, 돌아오는 길에 갑자기 이 말이 여느 때에는 미

---

1) 위그노 전쟁, 즉 종교전쟁을 가리킴.

처 당해보지 못한 일에 부딪쳤다. 억세고 키 큰 하인 하나가 사납고 억센 말을 타고 용감한 체하며 나를 구하러 자기 동료들보다 훨씬 앞장서서 나를 향해 쏜살같이 달려오더니 마치 큰 코끼리라도 쓰러지듯이 작은 내 말에 덮쳐오는 바람에 나는 말과 함께 저만치 나뒹굴게 되었다. 말은 쓰러져 눈알을 뒤룩거리고 나는 저기서 열두어 발자국쯤 떨어져서 얼굴은 피투성이가 된 채, 갖고 있던 칼은 열 발작 이상이나 동댕이쳐지고 혁대도 끊기고 의식을 잃고 말뚝처럼 뒹굴고 있었다. 이것은 내가 지금까지 기억하고 있는 유일한 기절이다. 내 곁에 있던 하인은 나를 소생시키려고 여러모로 손을 썼으나 드디어 단념하고 나를 메고 프랑스 리로 5리나 되는 길을 걸어서 간신히 우리 집까지 왔었다. 이렇게 하여 두 시간 이상이나 송장으로 간주된 내가 이윽고 움직이기 시작하더니 숨을 돌렸다는 것이다. 피가 위 속에 많이 흘러들었으므로 이를 토해내기 위해 구역질을 하는 것을 보고 사람들은 나를 일으켜 세웠다. 나는 선지피를 가득 토해내고 다시 하인의 등에 업혀 오는 도중에도 몇 차례 토해내곤 하였다. 이리하여 비로소 나는 다소 생기를 회복하였지만 그것은 오랜 시일을 요하였으므로 처음에 느낀 감각은 살아 있는 편보다 죽은 편에 가까운 것이었다.

소생이 아직도 의심스러우며

흐리멍텅한 의식이 계속되었다. (타소)

내 마음속에 깊이 뿌리를 박은 이 죽음에 대한 기억은 나에게 그 모습과 그 관념을 여실히 보여주었으므로 나는 죽음과 어느 정도 친할 수 있었다. 간신히 눈에 외계가 비쳐왔을 때에도 그 시력은 매우 희미하고 미약한 것이었으므로 나는 빛을 간신히 분간할 정도였다.

눈을 감았다 떴다.
꿈속을 헤매는 사람인 양 (타소)

심령의 기능은 육체가 기력을 회복함에 따라서 소생된다. 나는 내 자신이 완전히 피투성이가 되어 있는 것을 보았다. 내 윗저고리는 온통 피로 물들어 있었다. 내가 의식을 회복하여 제일 먼저 생각한 것은 머리에 총탄을 맞았다는 것이었다. 아닌 게 아니라 아차! 하는 순간에 나는 주위에서 몇 발의 총소리를 들었던 것이다. 이어서 어쩐지 내 생명이 입술에 간신히 붙어 있다는 느낌이 들었다. 나는 눈을 지그시 감은 채, 그 생명을 입술 밖으로 내뿜으려고 애썼다. 정신이 몽롱하여 어디고 떠나버릴 것만 같은 기분을 즐기고 있었던 것이다. 그것은 마음의 표면을 스쳐서 떠도는 상상이었다. 여러 가지 지각과 함께 희미하게 맴도는 상상이었다. 그런데 그것은 조금도 비통하지 않은 상상, 아니 흡사 잠들려는 느낌과 같은 저 달콤한 상상이었다.

나는 저 임종 때에 시시로 목숨이 꺼져가는 사람들의 심경도 이와 같은 것이라고 생각한다. 「그들은 무거운 고통에 시달리고 있다.」고 생각하거나 「그들은 괴로운 상념에 짓눌려 있다.」고 생각하며 비통하게 여기는 것은 잘못이라고 본다. 이것은 나의 지론이기도 하다. 그것은 많은 사람들의 주장과는 반대되는 견해로, 에티엔느 드 라 보에시의 견해와도 다르지만 오랜 병환으로 지쳐 있거나, 혹은 중풍으로 졸도하였거나 간질의 급격한 발작으로,

>사람들은 때때로 병환으로 기진맥진하여
>마치 벼락이라도 맞은 것처럼 내 앞에 쓰러져
>거품을 내뿜고 신음하여 벌벌 떨기도 한다.
>헛소리를 지르며 몸을 비틀고 뭉개며
>숨이 방금 넘어갈 듯하도다. (루크레티우스)

혹은 머리에 상처를 입고, 임종에 가까운 병석에 누워 혼수상태에 빠진 자들이 신음하거나 한숨을 내쉬는 소리를 들으면 우리는 그들에게서 다소의 지각이 남아 있는 흔적을 느끼게 된다. 또한 그들의 육체가 약간 움직이기는 하지만 그 다음에 육

체는 혼수상태에 빠져, 말하자면 이미 무덤 속에 묻힌 거나 마찬가지라고 본다.

그는 살아 있다. 그러나 그것을 느끼지 못한다.
(오비디우스)

나는 사지가 그토록 마비되고, 감각이 희미해졌는데도 내부에서 자기를 의식한 힘을 지니고 있다는 것은 믿을 수 없는 일이었다. 그러므로 그들은 고민하고 당면한 참상을 분별하고 느낄 수 있는 이성도 갖고 있지 않는 것이다. 그러므로 그들을 별로 불쌍하게 생각할 것도 없는 것이다.

나는 마음이 애절하게 비통하고, 이것을 입으로 형언할 수 없을 정도로 괴로운 상태란 없을 것으로 본다. 예컨대 혀를 잘리고 형장에 전송되는 자들(이렇게 하여 당하는 죽음, 태연한 태도로 조용히 맞이하는 것이 좋을 것이다)이나, 또는 비천한 살인범이 병정들의 손에 걸려 갚을 능력이 없는 지나친 몸값을 강요당하느라고 모든 악독한 수법으로 고문을 당하여 그들의 생각이나 참경을 알릴 아무런 방법도 없는 조건과 장소에 매어 있는 것 같은 경우를 내가 말하려는 것은 아니다.

시인들은 이렇게 질질 끄는 죽음으로 하여 괴로워하고 있는 사람들을 구원하는 신들을 상상하는 것이었다.

내가 받은 가르침에 따라
지옥의 신에 이 머리칼을 제공하여
그대를 구하리로다. (베르길리우스)

  사람들이 이런 죄수들의 귀에 대고 큰 소리로 야단을 침으로써 억지로 그들에게서 얻어들은 짤막한 말마디나 혹은 그들이 우리의 말에 적당히 동의하는 듯한 동작 따위는 결코 그들이 살아 있는 증거라고 볼 수 없다. 적어도 완전한 생명의 표징은 아니다. 우리는 흔히 잠들기 전에 꿈결처럼 자기 주위의 일들을 느끼는 수가 있다. 즉 희미하게 영혼의 언저리에 닿을까 말까 한 청각으로 사람이 이야기하는 소리를 듣는 수가 있다. 그리하여 우리는 그 말꼬리를 붙잡아 말대꾸도 한다. 입을 놀려줄 따름이다.

  나는 실제로 이것을 경험하고 보니, 지금까지의 견해가 옳다는 것을 확신하게 되었다. 의식을 잃은 채 나는 윗저고리를 벗으려고 손톱으로 가슴을 찢고 있었는데(나는 무장을 하고 있지 않았다) 조금도 아프다는 느낌이 없었다. 사실 우리는 우리의 의사와 무관한 여러 가지 동작을 하는 수도 있는 것이다.

  쓰러진 자의 손가락이 떨며 칼을 잡도다. (베르길리우스)

  말에서 떨어지는 사람들은 얼떨결에 팔을 내미는데 이것은 자연의 충동이다. 이에 의해 우리의 사지는 상호부조를 한다. 그것은 우리의 이성과는 동떨어진 동작이다.

> 전쟁에 장비한 낫이
> 순식간에 사지를 절단할 때
> 그 아픔을 미처 느끼기 전에
> 어느새 사지가 땅에 떨어지도다. (루크레티우스)

그때에도 내 배 속은 피가 엉켜서 가득 차 있었으므로 손이 저절로 그리로 향하였던 것이다. 그것은 마치 손이 때때로 제 바람에 가려운 데로 향하는 것과 마찬가지이다. 동물(인간도 포함하여)은 죽으면 근육이 오그라들고 꿈틀거리는 것을 볼 수 있다. 그리고 우리의 의사와는 무관하게 육체의 일부가 움직이고 쳐들리고 늘어지고 하는 것은 누구나 경험해 보는 일이다. 그런데 우리의 피부에만 스쳐가는 이런 감각은 우리 것이라고 할 수는 없다. 그것이 우리 것이 되려면 심신의 전체가 거기 관여해야 한다. 또한 우리가 잠결에 손발에 느끼는 아픔도 우리 것이 아니다.

내가 우리 집 가까이 오니까 어느새 말에서 떨어졌다는 소문이 퍼져, 식구들은 떠들썩하면서—으레 그럴 터이지만—나를 맞아주었다. 그때 나는 사람들이 묻는 말에 몇 마디 무어라고 대꾸도 하고 아내가 험한 길엔 말을 타고 다니게 하라고까지 당부하였다는 것이다. 이러한 염려는 깨어 있는 영혼에서 우러나는 것처럼 보이지만 나는 전혀 의식이 없었던 것이다. 그것은 공허하고 안개와 같은 생각으로 다만 귀나 눈의 자극에서 일어난 데 불과하였다. 따라서 결코 나 자신의 내부에서 우러난 것은 아니었다. 사실 그때 나는 어디서 어디로 왔는지도 모르고 있었다. 사람들이 나에게 무슨 말을 묻는지도 알 수 없었다. 그것은 이를테면 감각이 습관적으로 제바람에 조성하는 무의미한 행위에 불과하였다. 그때 마음은 꿈결에 싸여 있었다. 그리하여 감각은 매우 희미하였다. 다시 말하면 그런 희미한 인상에 젖어 있었다. 그러는 동안에 나의 몸가짐은 조용하기만 하였다. 따라서 나는 조금도 슬프지 않았으며 다만 극도로 쇠약하여 고통을 느낄 수가 없었던 것이다. 심지어 우리 집을 바라보면서도 그것이 우리 집인 줄 몰랐다. 다만 침대에 드러누웠을 때에는 한없이 마음 편함을 느꼈을 따름이다. 그때까지 나는 하인들의 손에 들려 다녔던 것이다. 그들도 오랫동안 험한 길을 나를 메고 돌아다니기에 무척 힘들었을 것이다. 그들은 두세 번씩 교대하여 가면서 간신히 나를 집까지 메고 왔던 것이다. 사람들은 무턱대고 나더러 약을 먹으라고 권고하였으나 나는 한 모금도 마시지 않았다. 머리에 치명상을 입어 도저히 목숨을 건질 수 없다고 단념하고 있었기 때문이다. 그대로 저승으로 떠났더라면 그야말로 행복한 죽음을 맞이할 수 있었을 것이다.

그런데 이성의 기능이 쇠퇴하여 사물을 판단할 수 없었으며 아무것도 느끼지 못하였다. 나는 조용히 그리고 아주 평안하게 늘어져 있었다. 이윽고 다시 소생되자,

드디어 내가 감각을 회복하자, (보에티오스)

나는 2, 3시간 후에 갑자기 고통을 느끼게 되었다. 말에서 떨어지는 바람에 사지가 결단 났기 때문이다. 그 후로 며칠 밤은 무척 고통스러웠다. 한 번 더 지독하게 죽음을 맛보나 보다 하고 생각할 정도였다. 지금도 그 당시 타박상에서 오는 통증은 잊을 수가 없다. 나는 간신히 회복은 되었으나 나중에 이 사전의 자초지종을 돌이켜볼 때, 내가 어디에 갔다가 어디서 돌아왔는지 또 그것이 언제 있은 일인지, 몇 번이고 곰곰 생각해 보고서야 겨우 짐작이 갔었다.

내가 말에서 떨어진 골절에 대하여는 그 원인이 된 장본인의 입장을 생각하여 나에게 일체 감추었으나, 이튿날 기억이 소생되어 그 말이 나한테 덮쳐온 순간에 내가 당한 일이 겨우 생각났다(나는 그 말굽 아래 밟히는 순간 죽었다고 생각하였으나 그 생각은 너무 다급하여 공포를 느낄 여유도 없었다). 이때 나는 갑자기 한 줄기 번갯불이 마음속에 스며드는 것처럼 생각

되었다. 이어서 다시 저승에서 돌아온 것처럼 느꼈었다.

이런 조그마한 사건에 대하여 이야기한들 무슨 소용이 있겠는가. 그러나 나는 이 일에서 좋은 교훈을 얻었다. 솔직히 말해서 이때 비로소 죽음과 친숙해지기 위해서는 죽음에 접근해 보는 도리밖에 없음을 알게 되었다. 플리니우스의 말대로 인간은 누구나 자기를 심사하는 능력만 있으면 자기 자신이 가장 훌륭한 교재이다. 이것은 주어진 학식이 아니라 스스로 얻은 연구이다. 남을 위한 교훈이 아니라 자기를 위한 교훈이다.

그러므로 나의 이야기를 언짢게 생각하지 말기를 바란다. 나는 다만 있는 그대로를 고백할 뿐이다. 나에게 유용한 일이, 어쩌면 남에게도 유용할지 모르는 것이다. 나는 조금도 남의 밭을 짓밟지는 않는다. 다만 내 것을 내가 사용할 뿐이다. 혹시 내가 얼빠진 짓을 하였다면 그것은 내가 손해를 보는 것이지 남에게 손해를 끼치지는 않을 것이다. 즉 그것은 나 개인에게 그치는 어리석은 짓으로 남에게 아무런 영향도 주지 않는다. 우리는 이러한 길을 걸어온 고인을 두세 사람밖에 모른다. 그나마 그것이 나와 같은 종류의 행위였는지도 잘 모르며 다만 그 이름만을 전해들을 따름이다. 아무도 그들의 뒤를 따르지 않았다. 사실 우리들의 마음은 언제나 흔들리고 있으므로 그 자취를 좇거나 그 숨은 안개를 꿰뚫어보거나, 그 움직이는 미묘한 모습을 잘 파악하는 것은 무척 어려운 일이요, 또한 색다른 도락이기도 하다. 이 일을 시작하면 어느새 우리는 세속의 일에서 손을 떼고 싶어진다. 가장 소중하게 생각해 오던 일까지도 돌보지 않게 된다.

몇 해 전부터 나는 오직 나 자신만을 사색의 목표로 삼고 있다. 그리하여 다만 나 자신만을 연구하고 있다. 다른 일을 연구해 보아도 결국 그것은 내 자신에게 적용하기 위해 좀 더 적절히 말하면 나 자신의 내부에 적응시키기 위해서이다. 나는 내 자신에 대한 연구에 결코 만족을 느끼고 있지는 않지만 그 내용을 남에게 보여주는 것도(다른 쓸모없는 연구에 있어서와 마찬가지로) 결코 잘못이 아니라고 생각한다. 사실 자기 자신에 대한 묘사처럼 어려운 일도 없으며, 또한 그만큼 유용한 일도 없다. 아무튼 그것을 밖에 내놓으려면 그만큼 맵시 있게 그려야 한다. 그러므로 나는 끊임없이 자기 자신을 장식하고 있다. 언제나 나 자신을 묘사하고 있으므로 관습상 자기 자신에 대하여 이야기하는 것을 좋게 여기지 않는다. 자기를 내세울 때 항상 여기 따르기 쉬운 자랑을 배격하기 때문에 엄격히 그것을 금하고 있다. 속담에도 있듯이 아이들의 콧물을 닦아주는 것은 좋지만, 코를 뽑아내어서는 안 되는 것이다

과오를 두려워하는 나머지 죄를 범하는 경우도 있도다.
(호라티우스)

이러한 방법은 백해무익하다. 사람들의 앞에서 자기에 대한 이야기를 할 때에는 으레 자기를 높이려든다는 것이 사실이지만 나는 어디까지나 소신대로 이 병적인 이야기를 사람들에게 하지 않을 수 없다. 그것은 나의 내부에 엄연히 존재하므로 이 과오를 감출 수는 없다. 그런 과오는 내가 범한 것으로 나는 이를 그대로 공개하는 바이다. 나는 많은 사람들이 취하여 추태를 부린다고 해서 술을 나쁘다고 생각하는 것은 잘못이라고 본다. 인간이 남용하는 것은 으레 좋은 것이다. 자기를 내세우지 말라는 불문율도 다만 속인들의 과오를 방지하기 위한 것에 불과할 것이다. 그것은 다만 송아지에게 매어줄 고삐이다. 자기 자신에 대하여 그토록 숭고하게 이야기하는 성인들은 그런 것에 구애되지 않는다. 또한 철학자나 신학자들도 마찬가지이다. 적어도 그런 기회만 있으면 결코 대중의 눈앞에 나타나기를 주저하지 않는다. 소크라테스는 자기 이상으로 무엇을 논했단 말인가. 그는 책을 읽는 학파가 아니라, 자기네 심령의 됨됨과 움직임에 대하여 이야기하도록 제자들을 지도하였던 것이다.

우리는 우리의 이웃[2]이 민중들에 대하여 하듯이 경건한 마음으로 하느님이나 신부에게 죄를 고백한다. 사람들은 「우리는 다만 자기의 잘못을 고할 뿐이다.」라고 대답할 것이다. 그

---

[2] 신교도를 가리킴.

러기 때문에 우리는 무엇이든지 고백하는 것이다. 우리의 덕행 자체가 과오를 내포하고 있으며 회한의 원인이 되는 경우도 있지 않는가. 나의 직업, 나의 기술은 죽지 않고 사는 일이다. 내가 사생활에 대하여 느끼는 대로 경험하고 습관에 따라 그대로 이야기하는 것을 금하는 자는 모름지기 건축가에게 집에 대하여, 자기가 아니라 이웃 사람들의 견해를 자기가 연구한 것이 아니라 남이 연구한 바를 이야기하라고 당부하는 것이 좋을 것이다. 만일 자기가 자기 가치를 공개하는 것이 오만한 일이라면 어찌하여 키케로가 호라티우스의 웅변을 찬양하지 않고 호라티우스가 키케로의 웅변을 칭찬하지 않는가. 아마도 사람들은 내가 말로 표현하지 말고 행동으로 나 자신을 보여줄 것을 원할 것이다. 나는 주로 내 사색한 바를 기록하거니와 그것은 어떤 고정된 것이 아니므로 도저히 실제 행동으로 표시할 수 없다. 그러므로 이야기라는 바람결 같은 것 속에 이것을 불어 넣는 것이 고작이다. 현명하고 경건한 사람들은 대체로 남의 눈이 뜨이는 행동을 삼가해 왔던 것이다. 행동은 자기 자신에 대해서보다 오히려 운명에 대하여 이야기한다. 행동은 그 역할을 보여주고 나의 역할을 보여주지 않는다. 비록 보여주더라도 암시적으로 나타내는 데 불과하다. 행동이란 그 사람을 부분적으로 보여주는 불완전한 모형이다. 그런데 나는 나의 전부를 보여주려는 것이다. 그것은 한눈에 혈관도 근육도 심줄도 들여

다볼 수 있는 해부용 시체이다. 기침이라는 행위는 내 육체의 한 부분을 나타내 보여준다. 창백한 얼굴이나 숨찬 증세 같은 것은 또 다른 한 부분을 보여준다. 그런데 모두가 극히 모호하다. 내가 기록하는 글은 나의 행동이라기보다는 나 자신이다. 즉 나의 본질이나 다름이 없다. 나는 자기를 판단하려면 신중해야 한다고 생각한다. 또한 이것을 남에게 이야기할 때에는 정직해야 한다. 저속한 차기를 보여주건 고상한 자기를 보여주건 언제나 양심적이라야 한다고 생각한다. 만일 내가 선량하고 현명하게 보이거나 거의 그와 비슷하게 보이면 나는 소리 높이 그대로 말하려 한다. 자기 자신에 대하여 사실보다 못하게 이야기한다는 것은 어리석은 일이지 겸손이 아니다.

아리스토텔레스의 말에 의하면, 자기의 가치를 감추는 것은 비겁한 짓이다. 어떠한 덕도 거짓의 편이 아니다. 진리는 털끝만한 오류도 뒤섞여서는 안 된다. 자기 자신에 대하여 실제 이상의 것을 말하는 것은 반드시 오만이라고 말할 수는 없다. 그것은 역시 어리석은 데서 비롯되는 경우가 많다. 내가 생각하기에는 자기를 과대평가하고 지나친 자애심에 빠지는 것은 우매라는 부덕의 본체이다. 최상의 약은 자기에 대하여 말하는 것을 금하고 나아가서는 자기에 대하여 생각하는 것까지도 금하려는 사람들의 견해와는 정반대의 행동을 하는 데 있다. 자존심은 사상 가운데 있다. 여기서 입은 가벼운 역할밖에 못한다.

자기에게 전념하는 것이 자부심을 갖는 일처럼 생각된다. 자기와 친교하는 것은 자기를 지나치게 사랑하는 일처럼 생각되는데 이것은 그럴 수밖에 없다. 그러나 이런 수단의 현상은 다만 자기 자신을 피상적으로만 고찰하고, 이미 일을 저지르고 나서 비로소 자기를 반성하며 자기 자신을 보살피는 것을 몽상이나 나태라고 생각하고, 자기를 수련하는 것을 공중누각을 쌓는 일로 생각하는 사람들, 즉 자기 일을 제 3자의 일처럼 보며, 자기 자신과는 상관없는 남의 일 다루듯 하는 자들에게서 비롯된다.

만일 누가 자기보다 못한 것만 내려다보고, 자기 학식에 도취된다면 그로 하여금 역사를 더듬어 올라가 눈을 위로 돌리게 할 일이다. 그는 그 가운데서 자기가 그 발밑에도 미치지 못할 사람들을 몇천명이라도 발견할 수 있을 것이며 따라서 자연히 고개가 숙여질 것이다. 그가 자기 자신의 용기에 대하여 어깨를 으쓱거리고 젠체하고 싶으면 두 스키피오[3]를 비롯하여 많은 장수들과 국민들을 상기할 일이다. 그는 감히 이들의 뒤를 따를 생각도 못할 것이다. 아무리 어떤 약점을 지니고 있더라도 한편으로 여러 가지 결함이나 약점을 갖고 있음을 알게 되면, 그리고 인간의 생애가 허망함을 알게 된다면 그 사람은 도

---

3) 로마의 장군인 대 스키피오와 소 스키피오. 프에서전쟁 때 용맹을 떨침.

저히 뽐낼 수 없을 것이다.

다만 소크라테스만은 「자기 자신을 알라.」는 그의 신의 교훈을 충실히 이행하였다. 그리고 이 교훈을 연구하여 자기를 경멸하기에 이르렀기 때문에 현자가 될 수 있었다. 이렇게 자기를 아는 자는 대담하게 자기 입으로 자기 자신을 남에게 알리라.

25. 부성애에 대하여
- 데스티사크 부인에게 -

 부인, 사물의 가치를 규정하는 진기하고 새로운 맛이 내 글을 구제하여 주지 못한다면 나는 글을 쓴다는 이 어리석은 짓에서 명예롭게 벗어나지 못할 것입니다. 그러나 내 글은 대체로 지나치게 망상적이며 비정상적이기 때문에 그것으로 일반에게 통용될지 모르겠습니다. 내가 처음으로 글을 쓰려고 생각하게 된 것은 몇 해 전에 스스로 택한 고독한 생활 가운데서 슬픔에 가득 차, 따라서 내 천성과는 딴판으로 우울한 기분에 싸여 있던 때입니다. 그런데 무슨 특별한 재료는 가진 것이 없기 때문에 나는 나 자신을 제목으로 삼아보았습니다. 이것은 터무니없고 조잡한 일이며 이런 종류의 작품은 세상에서 이것밖에 없을 것입니다. 그러므로 이 글에서 조금이라도 취할 점이 있다면, 그것은 좀 진기한 맛을 풍기는 점이다. 이렇게 허황하고 비천한 제목으로는 세상에서 가장 유능한 작가라도 좋은 글은 쓸 수 없기 때문입니다.

 이제 여기 나를 적나라하게 그려보려는 이 글에서 무엇보다도 부인의 인격에 영광이 있기를 비는 바입니다. 그것은 이 글에서 빠져서는 안 되는 중요한 부분을 차지하는 바입니다. 또한 자녀들에 대한 부인의 사랑은 부인의 다른 아름다운 소양 가운데서도 가장 빛나는 것이므로 나는 이 글의 첫머리에서 이에 대하여 말씀드리려고 합니다. 데스티사크 경께서 부인을 남겨두고 세상을 떠났을 때, 부인은 아직 젊은 과부였습니다. 부인의 지체로 보아 프랑스의 어느 귀부인에 못지않은 좋은 혼처들을 다 물리치시고 그 외로운 고난의 세월을 오래 지탱해 오신 지조와 결심과 그리고 부인께서 맡으신 직책을 완수하기 위해 분주히 방방곡곡으로 돌아다니시며 예지와 행운으로 일을 원만히 처리해 나가는 경위를 아는 사람은 부인보다 더 큰 모성애를 지닌 분이 이 세대에는 없다는 것을 이구동성으로 말할 수 있을 것입니다.

부인, 나는 그토록 훌륭한 모성애를 발휘하게 하신 하느님에게 감사를 드리고자 합니다. 부인의 자제분인 데스티사크 씨는 장래가 촉망되니, 장성하면 반드시 지극한 효성을 부인에게 드릴 줄 믿습니다. 그러나 지금은 나이가 어려서 부인으로부터 받아온 뜨거운 사랑을 미처 느끼지 못할 줄 압니다. 그러므로 나는 후일에 이 글이 그의 손에 들어가 내가 직접 만나서 이야기할 입과 말이 없어져도 이 글을 통하여 사실을 사실대로 알게 될 것입니다. 그리하여 만일 하느님께서 원하신다면 그가 이 글에서 얻는 성과로서 프랑스 명문 중에서 자기보다 더 어머니의 사랑을 받은 자가 없으며, 따라서 부인이 어떠한 분인가를 인식하게 됨으로써 앞으로 자기의 착한 마음씨의 바탕이 되어 있다는 것을 알 수 있을 것입니다. 이 세상에 자연의 법도, 즉 짐승이나 인간에게 일반적, 항구적으로 나타나는 본능이 있다면(여기엔 모순이 있을 수 없다), 모든 동물이 생명을 보존하려는 본능과 해로운 것을 피하려는 본능 다음에 모성애가 다음 자리를 차지한다고 말할 수 있습니다. 자연은 자기 신체를 계승하는 부분들을 연장시킬 의도에서 이 본능을 부여한 것으로 보입니다. 따라서 자손으로부터 조상에게 거슬러 올라가는 애정이 별로 크지 못하다고 하여도 놀랄 것이 못 됩니다.

아리스토텔레스는 남에게 좋은 일을 하는 자는 자기가 상대편으로부터 받은 사랑보다 더욱 큰 사랑을 베푸는 것이고, 남에게 혜택을 준 자는 그 상대방보다 더욱 큰 사랑의 소유자이며 모든 제작자는 그 제작품으로부터 받는 사랑(만일 그 제작품에 감정이 있을 경우에)보다 더 큰 사랑을 작품에 대하여 느끼게 되는 것이라고 합니다. 우리가 생명을 소중히 간직하는 까닭이 여기에 있습니다. 생명은 살아서 움직이고 있습니다. 따라서 인간은 어느 면에서는 각자 자기 작품 속에서 살고 있다고 할 수 있습니다. 선은 아름답고 빛나는 행동입니다. 남의 어떤 혜택을 받는 자는 다만 유용하기 때문에 행동하고 있는 것입니다. 그런데 이 유용성은 영예에까지 이르지는 못한 것입니다. 영예는 안정되고 항구적인 만족감을 줍니다. 그러나 유용성은 쉬 사라지며, 그 기억은 결코 생생하지도 못하고 달콤하지도 못합니다. 우리에게는 언제나 행하기 어려운 일이 소중합니다. 주는 것은 받는 것보다 훨씬 어려운 일입니다.

하느님은 특히 우리 인간들에게 어느 정도 추리의 능력을 부여하여 우리가 짐승들처럼 일반적인 법칙에 예속되지 않고 자기 판단과 자유의사에 따르게 하셨습니다. 그러므로 우리는 자연의 권위에도 다소 복종해야 하지만 언제나 여기 질질 끌려다녀서는 안 됩니다. 이성이야말로 우리의 모든 사고와 행동을 인도해야 할 것입니다. 나는 자기 판단과는 동떨어져 우리 마음속에 일어나는 여러 가지 성향에 대하여는 매우 둔감합니다. 예컨대 지금 내가 여기 기록하고 있는 이야기 내용만 하더라도 그렇습니다.

세상 사람들은 갓난아기―따라서 아직 아무런 의식도 갖지 못하고, 그 몸집도 하나의 고깃덩어리에 지나지 않으며 귀여울 것도 없는 갓난아기를 가슴에 곧잘 품고 있지만 나로서는 그 애정이 도저히 납득이 가지 않습니다. 그리하여 나는 그런 꼴을 가까이서 지켜보기를 원치 않았던 것입니다. 참된 애정은 우리가 상대방과 의사소통을 할 적에 비로소 발생하여 날로 두터워지는 것이 아니겠습니까. 그리고 그때 그 자식이 귀엽게 보이면 자연스러운 애정이 이성과 함께 싹터 비로소 아버지다운 사랑으로 그늘을 사랑하게 되는 것입니다. 만일 그들이 사랑할 만한 존재가 못 된다면 우리는 그 이성의 판단에 복종함으로써 자연의 힘에 거슬러 그들은 사랑할 만한 자식이 못 된다고 단정해 버려야 할 것입니다. 그런데 사실은 그렇지 못하여 정반대의 현상을 자주 보게 됩니다. 우리는 어린아이들이 장난으로 발버둥을 치며 철없이 구는 것을 더욱 귀엽게 생각합니다. 그리하여 그들이 철이 나서 하는 행동에 대하여는 꼬마 때의 어리광처럼 귀엽게 여기지 않습니다. 그렇듯 우리는 어린아이들을 마치 인형과 같이 사랑하는 폐단이 있습니다. 그것은 이를테면 원숭이로서 사랑한 것이지, 인간으로서 사랑한 것이 아닙니다. 어떤 사람은 자식이 어릴 적에는 완구를 곧잘 사 주었는데 장성한 후에는 최소한도의 잡비도 주지 않을 뿐만 아니라, 자기가 세상을 하직할 무렵에 자식이 사회의 무대에 나가 활약하게 되면 일종의 질투까지 느껴 자식에게 인색하게 구는 것이었습니다. 마치 우리들을 세상 밖으로 몰아내려는 듯이 아이들이 우리를 뒤쫓아오는 것을 불쾌하게 생각하나 봅니다. 만일 그것이 걱정이라면 아이들은 자연의 법리에 어긋날 수 없으니, 좀 더 분명히 말하면 그들이 우리네 어버이 생명을 침범하지 않는 한 존재할 수 없는 것이라면 처음부터 어버이 노릇을 하지 않는 편이 좋을 것입니다.

자식이 상당한 나이에 도달하였는데도 재산을 상속시켜 가사에 참여시키지 않으며 우리 자신의 향락을 자제하여 이를 자식들에게 제공하지 않는 것은 잔인한 일일 뿐만 아니라 옳지 못한 일이라고 생각합니다. 우리는 뒤를 물려주기 위해 자식을 낳는 것이 아니겠습니까? 기력이 쇠퇴하여 반은 죽은 형편에 있는 아버지가 방구석에 웅크리고 앉아서 자식들의 출세와 생활의 밑받침이 되어야 할 재산을 혼자서 향락함으로써 자식들이 공직을 맡거나 친구들과 사귀는 데 지장을 주어 그 청춘시절을 헛되이 보내게 함은 부정이 아니고 무엇이겠습니까? 그들은 이리하여 절망에 빠진 끝에 불의에 몸을 적셔서라도 욕구 불만을 충족시키려고 하는 것입니다. 나는 명문의 자제들이 도적질을 일삼아 어떠한 징계로도 그 악습에서 손을 떼게 할 수 없게 된 사례를 많이 보아왔습니다.

명예와 자유를 존중하도록 어린아이들을 교육하려면 폭력을 사용해서는 안 됩니다. 근엄과 강제 속에는 반드시 굴종적인 요소가 내포되어 있습니다. 나는 이성과 예지와 숙련으로 되지 않는 일은 결코 폭력으로 시정할 수 없다고 생각합니다. 나는 이런 방식으로 교육을 받아왔습니다. 나는 유년시절에 두 번밖에 얻어맞지 않았다고 합니다. 그것도 가볍게 얻어맞은 것입니다. 나는 내 자식에 대하여도 그렇게 기를 심산이었으나 다 젖먹이 때에 죽었습니다. 오직 외딸 레오노르만이 그런 불행에서 벗어났으나 이 아이는 6세가 넘도록(제 어머니는 원래 너그러운 성품이었으므로) 어떤 실수가 있더라도 부드러운 말로 타이를 뿐, 아무런 제재도 가하지 않았습니다. 물론 이런 교육 방법은 별로 큰 효과를 보지 못하였을지 모르겠습니다. 그러나 거기에는 다른 어떤 까닭이 있었기 때문이며 결코 교육 방법이 나쁜 탓은 아니었습니다. 나는 어디까지나 이런 교육 방법이 올바르고 또 자연스럽다고 믿고 있습니다. 남자이라면 더욱 이 방법을 존중하였을 것입니다. 남자아이는 태어나면서부터 더욱 활달하고 자유로운 처지이기 때문입니다. 나는 그들이 자유와 독립을 존중하는 정신으로 무럭무럭 자라기를 원하였을 것입니다. 매질하여 기르면 비겁하고 심술궂은 고집쟁이밖에 될 수 없을 것입니다.

우리는 자식들의 사랑을 받기를 원하나요? 그들에게서 우리들의 죽음을 바라는 동기를 없애고 싶은가요?(이런 가중한 소원은 동기 여하를 불문하고 정당하지 않으며 따라서 용서될 수 없습니다.) 「어떠한 범죄도 정도 위에 설 수 없다.」(티투스 리비우스) 우리는 그들의 생활을 힘이 닿는 데까지 이에 맞게 조절해 주어야 할 것입니다. 그러기 위해서는 너무 일찍 결혼해서는 안 됩니다. 우리들의 나이와 그들의 나이가 거의 비슷하게 될 우려가 있기 때문입니다. 그렇게 되면 여러 가지 어려움에 봉착하게 됩니다. 나는 특히 이것을 유한계급에 속하여 이

자로 생계를 유지해 나가는 귀족들에게 강조하고자 합니다. 일하여 생계를 유지하는 사람들에게는 자식이 많은 것이 오히려 유리합니다. 돈벌이를 할 수 있는 도구가 그만큼 많기 때문입니다.

나는 서른세 살에 결혼하였습니다. 아리스토텔레스는 서른다섯 살이 결혼에 알맞은 나이라고 하였는데 나도 동감입니다. 플라톤은 서른 살 전에 결혼하는 것을 못마땅하게 여겼습니다. 그러나 쉰다섯 살 뒤에 결혼하려 드는 자들을 조롱하며, 그들의 자식들은 먹여 살릴 값어치가 없다고 하였는데 지당한 말이라고 생각합니다.

탈레스는 여기에 가장 올바른 금을 그어놓았습니다. 그는 젊었을 적에 결혼하라고 재촉하는 어머니에게 아직 때가 아니라고 거절하고는 나이가 넘은 다음에는 이미 때가 지났다고 역시 거절하였습니다. 아무튼 귀찮은 일에 대하여는 그 기회를 거부해야 할 것입니다.

옛날 골족은 20세 전에 여자를 알게 되면 심한 책망을 면할 수 없었습니다. 특히 전쟁 훈련을 하는 남자들은 여자를 알면 용기가 사그라지므로 상당한 나이까지 총각으로 있기를 장려하였습니다.

아내를 가까이하여 자식을 갖는 기쁨으로 하여

아버지와 남편으로서의 애정이 앞서므로
싸울 용기가 약해졌도다. (타소)

그리스 역사를 보면 타렌툼인 이코스, 크뤼손, 아스뛸로스, 디오폼포스 및 많은 선수들이 올림픽 때의 씨름과 그 밖의 경기에 출전하기 위해 훈련을 하는 동안에는 여자의 곁에는 일체 어른거리지 못하게 하였던 것이다.

칼 5세가 다시 제 나라에 복위케 한 튀니스왕 물레 핫산은 여자를 너무 좋아한 자기 부친을 추억하여 느림보니, 여자광이니, 어린애 제작소니 하고 부른 것은 무리가 아닙니다. 스페인 영토인 인도의 어느 지방에서는 남자가 40세 이전에는 결혼을 허가하지 않으나, 여자는 10세만 되어도 허가하고 있습니다.

돌아가신 드 몽뤼크 원수는 아들이 마데이라섬에서 죽었을 때, 그가 용감하고 장래성이 많은 청년이었던 만큼 무엇보다도 자기 마음을 아들에게 털어놓은 일이 없었던 것을 통탄하며, 아버지로서 언제나 엄하게 꾸짖는 얼굴만 보이고 아들을 극진히 사랑하며 또한 아들의 정의감을 높이 평가하고 있다는 것도 아들에게 알려주지 못하였다고 하면서 슬퍼하는 것을 보고 나는 그의 인격을 대단히 존경하였습니다. 「이 불쌍한 자식은 내가 언제나 얼굴을 찌푸리고 경멸하는 시늉만 하였기 때문에 이 아비가 자기를 전혀 사랑하지도 않고 또 알아주지도 않는 줄 알고 있었소. 내 마음속에 품고 있던 이 뜨거운 애정은 대체 누구에게 보여주기 위한 것이었겠소? 그 아이가 알아주고 기뻐하고 고맙게 여겨주어야 하지 않겠소? 나는 애정에 대하여 가면을 쓰고 있느라고 심히 거북하고 괴로웠소. 그러는 동안에 그 아이와 재미있게 지내지도 못하고 냉랭한 가운데 세월을 보내었소. 그리하여 아이는 나한테서 엄격한 대접밖에 받지 못하고 아비를 폭군으로만 알다가 죽었으니 이 얼마나 통탄할 노릇이오. 그 아이는 이 아비를 냉혈동물로 알고 있었을 거요.」 나는 그가 이렇게 한탄하는 것을 진실하고 당연한 일이라고 생각하였습니다. 우리가 친구를 잃었을 때 무엇보다도 위로가 되는 것은 그와의 사이에 비밀이 없었으며 그와 완전히 흉금을 터놓고 지내왔다는 사실인데 이것은 나도 경험하여 잘 알고 있는 일입니다.

나는 될 수 있는 대로 집사람들에게 속을 털어놓습니다. 그리하여 그들에게 기꺼이 내 마음속을 드러내 보이며 또한 내가 그들에게 대하여 느낀 그대로를 알려줍니다. 나는 좋게 생각하건 나쁘게 생각하건 사람들이 나를 잘못 이해하는 것을 바라지 않습니다…….

나는 아내와 관계하여 훌륭한 아들을 얻는 것보다도 뮤즈과 관계하여 훌륭한 작품을 하나 얻기를 더 바라고 있을지도 모르겠습니다.

이 글을 여기 아무 손질도 하지 않고 내놓은 것은 마치 어린 아이를 낳아 세상에 내놓은 것과 같은 심정입니다. 이 작품의 가치는 이어 내 마음대로 좌우될 수 없습니다. 그것은 내가 알고 있는 것보다 더 사리에 밝으며 나한테서 내가 미처 간직하지 못한 것을 지니고 있습니다. 그리고 딴 사람처럼 필요할 경우에는 이 작품에서 빌려와야 할 일도 있는 것입니다.

나는 내 작품보다 더 현명할는지 모르지만 내 작품은 나보다 더욱 풍족합니다.

시에 열중하는 사람이라면 로마에서 가장 으뜸가는 미소년을 낳느니 〈아이네이스〉를 내놓기를 원치 않을 사람이 없을 것이며, 전자보다 후자를 잃는 것을 슬퍼하지 않을 자가 없을 것입니다. 아리스토텔레스의 말과 같이 모든 창작가들 가운데서 특히 시인들은 자기 작품을 가장 사랑하는 것입니다. 딸들만 낳고 그녀들이 조상에게 영광을 돌릴 것이라고 자랑하던 에파미논다스는(이 딸들이란 그가 라케데모니아인들에 대하여 두 번 거둔 승리를 의미함), 그녀들을 그리스 전국의 미녀들과 바꾸었으리라고는 믿기 어려우며, 알렉산더나 카이사르가 자기 아들과 상속자가 아무리 훌륭한 인물이라고 하더라도 그들 대신 전쟁에서 얻은 영광스러운 공훈들을 갖지 않아도 좋다고 생각했을 리는 만무합니다.

피디아스[1]나 그 밖의 뛰어난 조각가들이 오랜 노력과 연구

끝에 완성한 예술성이 풍부한 작품들이 잘 보존되어 오래도록 남아 있기를 원한 것은 의심할 수 없는 일입니다. 그런데 그들이 자기 자식이 그렇게 오래 보존되기를 원했을지 의심스럽습니다. 그리고 아버지가 자기 딸들에 대해서나 어머니가 자기 아들에 대하여 지닌 변덕스러운 광적인 사랑의 예는 얼마든지 찾아볼 수 있습니다. 피그말리온은 아름다운 여인상을 제작하고 이를 열애하였기 때문에 신들은 이 조각가에 생명을 넣어주어야 했다고 합니다.

그가 상아를 만지니, 금방 부드러워지고
손가락으로 만지자 쑥쑥 들어가는 것이었다.
(오비디우스)

---

1) B. C. 488~432. 그리스의 조각가.

26. 잔인성에 대하여

 도덕이란, 우리들의 내부에서 우러난 선의 지향성보다 더욱 고상한 것으로 보인다. 좋은 소양을 타고 태어난 조화된 심령은 자연히 도덕을 숭상하여 선을 행하게 된다. 그러나 도덕은 일종의 복된 기질로, 조용히 이성의 인도를 받는다기보다는 더욱 위대한 행동으로 나타난다. 상냥한 기질을 타고나서 모욕을 당하여도 비웃어버리는 사람은 대단히 아름답고 칭찬받을 만한 일을 할 수 있을 것이다. 그러나 모욕을 받았을 때 성미가 와락 치밀어 오르는 경우에 보복하고 싶은 강한 욕구를 이성의 무기로 내부의 투쟁을 거쳐서 자기 자신을 억제하는 일은 분명히 그보다 더 장한 일이다. 전자는 다만 잘한 일이고, 후자는 도덕적인 행위이다. 따라서 전자를 선행이라고 한다면, 후자는 도덕이라고 할 수 있을 것이다. 도덕이란 거기 어떤 애로와 반대세력을 전제하여 항거하는 일 없이 이루어질 수 없는 성질의 것이기 때문이다. 우리는 하느님을 선하고 강하고 너그럽고 자비롭다고 생각하지만 그렇다고 도덕적이라고 부르지는 않는다. 그의 행동은 전적으로 자연스럽고 아무런 노력을 필요로 하지 않기 때문이다.

메텔루스는 로마의 상원의원들 중에서 홀로 도덕적인 의무 감에서 로마의 호민관 사투르니누스가 평민들에게 유리한 법률을 부당하게 통과시키는 횡포한 처사에 반대하다가 사투르니누스가 가하는 극형을 받고 자기를 사형장으로 끌고 가는 자들에게 말하는 것이었다. 「나쁜 짓을 하기란 얼마나 손쉽고 또 비열한 일인가! 그리고 아무런 위험도 없는 곳에서 착한 일을 한다는 것은 얼마나 속된 일인가. 위험을 무릅쓰고 착한 일을 하는 것은 군자의 태도이다.」

이 말은 도덕에 대한 나의 견해를 잘 입증해 주고 있다. 도덕이란 행하기 쉬운 편에 가담하기를 거절한다. 다시 말하면 타고난 착한 마음이 조화되어 순탄하게 걷는 것은 참된 도덕의 길이 아니다. 도덕은 험한 가시 길을 더듬게 마련이다. 즉 도덕은 투쟁의 대상으로서 메텔루스의 경우와 마찬가지로 그 굳건한 발걸음을 좌절시키기 위해 운이 즐겨 가져오는 외부적인 난관이나, 또는 우리의 터무니없는 욕망과 불완전성에서 비롯되는 내면적인 난관을 욕구한다.

나는 여기까지 단숨에 기록하였다. 이렇게 생각하고 보니 내가 알기에는 가장 완벽한 것으로 보이는 소크라테스의 심령은 남에게 본받으라고 별로 권장할 것이 못 된다고 생각한다. 왜냐하면 이 인물은 악덕과 싸우는 노력의 흔적을 조금도 찾아볼 수 없기 때문이다. 그의 도덕적 행위의 앞길에는 아무런 장애도 강제도 생각해 볼 수 없다. 그의 이성은 너무나 강하게 작용하여 자기 자신을 억제하고 있기 때문에 나쁜 의욕이 생겨날 여지가 없는 것이다. 그러한 높은 도덕의 길을 가로막을 것이란 있을 수 없다. 이 도덕은 개선가를 부르며 당당히 대로를 진행하여 나갈 뿐이다.

그런데 만일 도덕이 이와 반대되는 욕구와 싸우는 데서만 빛날 수 있다면 그것은 악덕의 밑받침을 필요로 하는 것이다. 즉 그것은 악덕으로 말미암아 영광과 신뢰를 얻고 있는 점에서 그 신세를 지고 있는 것이다. 그렇다면 저 용감하고 호탕한 에피쿠로스 학파[1]의 탐락이 도덕을 무릎 위에서 키우며 재롱을 피우게 하여 도덕에게 수치, 열병, 빈곤, 죽음, 지옥 등의 괴로움을 노리갯감으로 제공하는 것은 웬일일까? 참된 도덕은 고통과 싸워 견디는 것을 예상하고 도덕에게 그 필요한 대상으로서 역경과 고난을 요구한다면 에피쿠로스 학파의 여러 사람들이 행동으로 입증한 바와 같이 그렇게 높은 경지에서 고통을 무시할 뿐더러 고통을 즐기며, 심한 담석증의 통증도 간지럽게 느낄 정도에 이르는 이 도덕은 어찌 된 것일까? 그것은 어떤

---

1) 그리스 철학자 에피쿠로스(B. C. 340~270)를 시조로 하는 학파로 쾌락을 유덕한 생활의 최고 원리로 삼았다. 다만 그 쾌락은 육체적인 것이 아니라 정신적 쾌락인 것이 특이하다.

규범을 지나치게 엄수하는 다른 사람들의 도덕과 같은 것이다.

젊은 카토가 바로 그 증인이다. 그가 자기 내장을 찢어발기며 죽어간 것을 생각할 때, 그가 마음에 동요와 공포를 느끼지 않았다고 볼 수 없으며 태연스럽게 냉철한 태도로 다만 스토아학파의 규범을 지켰을 뿐이라고 생각할 수도 없다. 그렇게 생각하기에는 그의 도덕에 너무나 많은 쾌활함과 기백이 있었던 것이다. 그는 분명히 그 고상한 행동에 일종의 쾌감을 느끼고 다른 어떤 행동보다도 이를 즐겼을 것이다. 「그는 자기에게 죽음을 가져오는 동기를 찾아내고 행복하게 인생을 하직하였다.」 (키케로)

나는 그의 도덕이 너무나 고매하여 그런 훌륭한 행위를 감행할 기회를 빼앗기고 싶지 않았으리라고 생각한다. 그리고 자기 이익보다도 공공의 이익을 더 소중히 여길 정도로 착한 그의 마음씨에게 악한이 아름다운 시련을 가하려고 옛날의 자기 조국의 자유를 불 밑에 짓밟게 한 운명의 신에게 감사하였을 것이라고 쉽사리 생각할 수 있다. 그가 지향한 높고 고상한 정신으로 미루어보아 그 행동 속에는 일종의 비상한 쾌감과 사나이다운 탐락에서 오는 감격을 느꼈을 것이다.

죽음을 각오한 만큼 더욱 기개가 높도다. (호라티우스)

그것은 어떤 사람들의 속되고 근거 없는 판단과 같이 영광스러운 희망을 바라고 행하는 것은 아니다. 이런 것이 그의 호탕하고 고매하고 강직한 마음을 사로잡기에는 너무나 천하기 때문이다. 그와는 반대로 그 거사 자체가 아름답기 때문이었을 것이다. 비범한 그는 그 행위의 아름다움을 한결 분명히 내다보았을 것이다.

그토록 아름다운 행동이 카토 아닌 다른 사람에게 있었더라면 부자연스러웠을 것이며, 그만이 그러한 최후를 마감할 수 있었다는 판단을 철학이 내게 제공해 주었다. 그런데 그는 이성의 지시대로 그의 뒤를 따르려던 아들과 가족들을 비롯하여 상원의원들에게는 달리 행동할 것을 당부하였다. 「카토는 천성이 매우 강직한 데다가 끊임없이 절조를 지켜 그 성격을 단련하여 자기 자신을 굳게 지켜나갔으므로 폭군의 지배를 좌시하느니 차라리 죽음을 택하였다.」(키케로)

죽음은 그 사람의 인생에 적응해야 한다. 죽음에 즈음하여 인간이 달라지는 경우는 없다. 그러므로 나는 언제나 그 생애를 보고 그 죽음을 해석한다. 그리하여 나약한 생애를 보낸 자가 굳센 최후를 마쳤다는 이야기를 들으면 나는 그 죽음이 그의 생애에 어울리는 어떤 연약한 성격에서 비롯된 것이라고 생각한다.

그렇다면 카토의 기백으로 말미암아 그토록 가볍게 죽을 수 있었다면 그의 빛나는 정의감을 손상시키는 일일까? 또한 머리에 조금이라도 철학적인 지식이 들어 있는 사람이라면 소크라테스가 처벌을 받아 쇠사슬에 매인 채 옥에 갇혔을 때, 그가 공포와 정신적 타격을 받는 일이 전혀 없다고 생각하는 것으로 족하다고 볼 수 있을까? 그에게는 굳은 신념과 지조뿐만 아니라(이런 것은 그에겐 보통 일이었다.) 형언할 수 없는 일종의 만족감과 즐거움이 그의 마지막 언행 속에 깃들어 있었던 것이다. 그는 쇠사슬이 벗겨졌을 때 다리를 긁으며 시원하여 지난날의 모든 고생을 벗어던지고 앞으로 새로운 일을 당하게 된다는 것만으로도 마음은 기쁨에 젖었던 것이 아닐까? 카토는 나를 용서해 주기를 바란다. 그의 죽음은 더욱 비극적이었으며 더욱 긴장된 것이었다. 그런데 어찌된 영문인지 소크라테스의 죽음은 한층 더 아름답다.

아리스티포스[2]는 그 죽음을 슬퍼하는 자들을 보고「신이 나한테 이런 운명을 보내주었으면 얼마나 좋을까!」하고 말하였다.

이 두 인물과 그 추종자들에게는 도덕적인 행위가 습관이 되어 피와 살이 되어버린 것이다. 따라서 그것은 애써 얻은 도덕이 아니며, 또한 이성으로 조절하여 이를 유지하기에 힘써야 하는 그런 도덕도 아니다. 그것은 바로 그들의 마음의 바탕에

---

2) B. C. 384~322. 쾌락이 곧 선이라고 주장한 그리스 철학자.

서 비롯되는 자연스러운 발로이다. 그들은 오랫동안 철학적 교훈을 몸에 익혀 그 아름답고 풍부한 천성에 옷을 입었던 것이다. 그리하여 우리네의 마음속에 항용 북받치는 흉악한 정욕은 그들을 침범할 구멍이 없어 감히 범접을 못하는 것이다. 그들의 강직한 심령은 이런 정욕이 꿈틀거리면 곧 목을 잘라버리는 것이었다.

아리스티포스는 쾌락과 물욕에 대하여 너무 대담한 학설을 주장하였기 때문에 철학에 대한 공격의 화살을 한몸에 당하게 되었다. 그러나 그의 행동은 반드시 그 학설과 일치되지 않는다. 하루는 폭군 디오니시오스가 세 사람의 아름다운 여자를 그에게 제공하고 그 가운데서 한 사람만 골라잡으라고 하자, 그 세 사람을 다 갖겠다고 하면서 파리스가 세 여신들 가운데서 하나만 택한 것은 잘못이라고 대답해 놓고는 그 여자들을 셋 다 자기 집으로 데리고 가서 건들지도 않고 그냥 돌려보냈던 것이다. 또한 그의 하인이 돈을 잔뜩 짊어지고 그의 뒤를 따르자 귀찮게 짊어지고 다닐 것 없이 다 쏟아버리라고 분부하였다.

그리고 비종교적이며 나약한 학설을 세운 에피쿠로스도 자기 자신은 한평생 매우 경건하고 근면한 생활을 하였다. 그는 친구에게 편지하기를, 자기는 빵과 물만 마시면서 살아간다고 말하고 특별히 성찬을 베풀기 위해 필요해서 치즈를 좀 보내달라고 청하였다. 참으로 선량하기 위해서는 규범도 이치도 본보기도 가질 것 없이 타고난 소질 그대로 살아야 한다는 것이 사실일까?

소크라테스는 누가 그의 얼굴에 악덕이 깃들어 있다고 말하자, 그는 고백하여 말하기를 실은 그것이 자기가 타고난 천성이었으나 수양의 힘으로 고쳤다고 대답하였다.

철학자 스틸폰은 친지들의 말에 의하면 그는 주색을 좋아하였으나 수양의 힘으로 다 물리쳤다는 것이다.

내가 갖고 있는 착한 점은 타고난 자질이다. 나는 그것을 규범이나 교훈이나 그 밖의 수양으로 얻은 것이 아니다. 나의 순진성은 일종의 천성이다. 거기에는 아무런 노력도 지불하지 않았으며 따라서 무슨 기교 같은 것이 있을 수 없다.

나는 천성으로 모든 악덕 가운데서 잔인성을 제일 싫어한다. 나는 워낙 성격이 나약하여 암탉의 목을 비트는 것도 얼굴을 찌푸리지 않고는 볼 수 없다. 사냥은 좋아하지만 사냥개에게 물린 토끼의 비명을 듣는 것은 참을 수 없는 성미이다.

쾌락과 싸우려는 자들은 그것이 흉악하고 부조리하다고 해서 이렇게 말한다. 즉 악이 날뛸 때에는 이성이 손쓸 여지가 없을 정도로 우리를 제압한다는 것이다. 그리고 여자와 관계할 때에 느끼는 경험을 인용하여,

비너스가 여자의 발에 씨를 뿌리려고 할 때

육체는 쾌락을 재촉하고, (루크레티우스)

그때에 쾌락은 인간을 혼미 속에 빠뜨리기 때문에 사고력은 맥을 쓰지 못하며, 송두리째 쾌락의 노예가 되어 정신을 잃어버린다는 것이다.

그러나 나는 여기에 이의가 있다. 인간은 원하기만 하면 다른 생각을 할 수 있으며, 쾌락의 충격을 억제할 수도 있다. 이 경우에 마음을 긴장시켜 경계를 해야 함은 물론이다. 나보다 행실이 훨씬 올바른 자들이 증언한 바와 같이 나는 비너스를 심술궂은 여신이라고는 보지 않는다. 나바르여왕이 〈일곱 밤의 이야기〉에서 말한 바와 같이(이 작품은 그런 소재로 꾸민 것이다) 한 남자가 오랫동안 탐내오던 애인과 며칠 밤을 자유롭게 지내면서 단지 키스만으로 만족하라는 약속의 신의를 지켰다고 해서 대단히 어려운 기적적인 일이라고 생각하지 않는다.

나는 사냥을 하는 경우가 더욱 적절한 예라고 생각한다. 여기서 얻는 즐거움은 적지만 그 대신 갑자기 당하는 황홀감은 더욱 강하게 우리 이성을 압도하며 마음을 가다듬을 여유를 주지 않는다. 오랫동안 짐승을 찾아다니다가 예기치 않은 곳에서 툭 튀어나오는 경우에 그렇다. 이때 추격을 받아 고함을 지르는 순간의 흥분은 너무나 강하여 이 경우에 생각을 다른 방향으로 돌리기는 여간 어렵지 않을 것이다. 그리하여 시인들은 큐피드(사랑의 신)의 횃불과 화살이 디아나(사냥의 여신)를 이기게 한다.

> 이런 환락의 절정에 이르러서
> 사랑의 우수를 잊지 않을 자 누구랴? (호라티우스)

이제 내 이야기로 돌아가기로 한다. 나는 남의 딱한 사정에 남달리 동정이 간다. 그리하여 눈물이 나면 사람들 가운데 묻혀 있으면서도 울음을 터뜨리곤 한다. 남들의 눈물만큼 내 눈물을 자아내는 것은 없다. 비록 상대방이 가짜 울음을 울어도 마찬가지이다. 그러나 죽은 자는 가련하기는커녕 오히려 부러운 생각이 든다. 다만 죽어가는 자는 불쌍하게 보인다. 야만인들은 죽은 사람의 고기를 구워 먹는다. 사실로 살아 있는 사람을 괴롭히고 박대하는 자들만큼은 내 비위를 상하게 하지 않는다. 법에 의해 사람을 처형하는 경우라도—그것이 아무리 정당하다고 쳐도—나는 눈을 똑바로 뜨고 만나볼 수 없다.

누가 카이사르의 너그러운 마음씨를 입증하여「그는 복수하는 데도 관대하였다. 전에 자기를 사로잡아 몸값을 받아간 해적들을 정복하고 그들을 십자가에 못 박아 죽이겠다고 위협해 두었기 때문에 그대로 처형하였으나 미리 목매어 죽여서 십자형을 집행하였던 것이다. 그의 비서 필로몬이 그를 독살하려고 한 사건에 대하여 그는 단순히 사형에 처하였을 뿐, 그 이상의 가혹한 처분을 하지 않았다.」고 말하였다. 이런 관대한 마음씨를 입증하기 위하여 자기를 오해한 자를 단지 죽이기만 했다는 이야기를 감히 꺼내는 이라면 작가가 누구인지는 알 필요가 없다. 다만 그가 로마의 폭군들이 때때로 실시한 형벌이 너무나 잔인하고 끔찍스러운 것을 보고 얼마나 뼈아프게 느꼈는가를 가히 짐작할 수 있다.

나는 법에 의해 처형하는 경우에도 죽음 이상의 학대를 하는 것은 잔인한 짓이라고 생각한다. 우리는 죽은 자들의 영혼을 고이 저승에 보내주어야 하는 것이다. 그들에게 참을 수 없는 괴로움을 주어 망신을 시킨 다음에 죽여버린다는 것은 말도 안 되는 일이다.

며칠 전에 포로가 된 한 졸병이 자기가 갇힌 탑 아래 광장에 형틀을 세우기 시작하고 사람들이 구경하러 모여드는 것을 내려다보고, 그것이 자기를 위해 세워지는 것인 줄 알고 사람 손에 잡히는 헌 수레의 녹슨 못을 뽑아 두 차례나 자기 목을 세차게 찔렀으나—달리는 자살할 방도가 없었던 것이냐—목숨이 끄떡도 하지 않으므로 배를 찔러 기절해 버렸다. 수위 한 사람이 달려와 그러러 정신을 차리게 하고 다시 실신하기 전의 짧은 시간을 이용하여 단두대에 처한다는 판결문을 낭독해 주었다. 그러나 그는 이 판결문을 읽는 소리를 듣고 매우 기뻐하며 처음에는 거절하던 포도주를 죽 들이마시고 나서 뜻밖에 관대한 판결을 내린 재판관에게 감사하며 자기는 사형보다 더 잔인한 형벌을 각오하고 자살하려고 하였노라고 말하였다. 즉 그는 그 끔찍한 고통을 당할 것을 미리 예상하고 죽음에 이르는 준비 공작에 대한 공포심에 못 이겨 단숨에 죽어버리려고 하였던 것이다.

관에서 백성들을 부리는 수단으로 사용하는 이런 가혹한 처사는 차라리 죄인들의 시체에 가하는 것이 옳다고 생각한다. 그들이 무덤도 없이 시체의 사지가 찢기는 꼴을 사람들에게 보이면 산 자에게 가하는 고형은 거의 같은 두려움을 주게 될 것이니 말이다. 그런데 실은 이러한 형벌의 효과는 전혀 없거나 있어도 극히 적은 것이다. 하느님의 말씀 그대로「그들은 욕심을 죽이는 일보다 더 무서운 일은 할 수 없는 것이다.」(누가복음) 시인들은 이에 대하여 죽음 이상으로 공포감을 자아내도록 묘사하기도 한다.

> 두려울진저, 그들은 임금의 시체를
> 반은 불에 구워 땅 위를 질질 끌고다니니
> 살은 찢기고 흰 뼈가 드러나니
> 검붉은 피가 얼룩지도다. (엔니우스)

나는 어느 날 로마에서 카테나라는 무서운 도적을 갈라 죽이는 것을 목격하였다. 사람들이 그를 목매어 죽였는데, 그때에는 구경꾼들에게 아무런 충격도 주지 못하였다. 그러나 그의 사지를 가르기 위해 옥리가 도끼로 내려치자 구경꾼들은 그 고깃덩이가 하도 징그러워 울음을 터뜨리는 것이었다.

이와 같은 비인도적인 형벌은 살아 있는 알몸에 가해서는 안 된다. 아르타크 세르크세스는 페르시아의 가혹한 옛 법률을 완화하여 제후가 그 직무를 잘못 수행하였을 경우에 종전과 같이 몸에 매질을 하지 않고 옷을 벗겨 그 옷에 매질을 했다. 그리고 머리털을 뽑는 대신에 다만 모자를 벗기는 데 그쳤던 것이다.

이집트인들은 매우 경건하였으나 신들에게 재물로 돼지 그림을 그려서 희생으로 바치고 신들의 비위를 만족시키려고 하였던 것이다. 본질적인 실체인 신에게 그림으로 제사를 드리다니 여간 얼빠진 생각이 아니다.

나는 우리나라의 종교전쟁으로 이런 잔인한 악덕이 성행하는 시대에 살고 있다. 우리가 매일같이 겪고 있는 그 극단적인 처사는 옛날에는 없던 일이다. 나는 이 잔인한 행동을 자주 볼 수는 없다. 이런 괴물의 심령이 사람을 죽이는 재미로 살인을 하다니 내 눈으로 보기 전에는 도저히 믿을 수 없는 일이다. 다만 괴로움에 못 이겨 죽어가는 자들의 가련한 몸짓이나 울음소리와 신음소리가 재미있어 남의 사지를 가르고 전무후무한 고문과 새로운 사형법을 고안해 내기 위해 지혜를 짜내는 무서운 자가 이 세상에 있다니 이 얼마나 기막힌 노릇인가. 그야말로 잔인성이 도달할 수 있는 극치이다. 「분노나 공포 때문이 아니라 다만 사람이 죽는 것을 보고 즐기기 위해 죽이다니……」(세네카)

나는 자기를 방어할 재주도 없고 우리에게 해를 끼칠 일도 없는 짐승을 뒤쫓아 가서 죽이는 꼴도 얼굴을 찡그리지 않고서는 볼 수가 없다. 또한 흔히 있는 일이지만 사슴이 쫓기다가 궁지에 몰렸을 때, 숨은 가쁘고 기운은 빠져 우리에게 눈물을 흘리며 살려달라고 애원하는 수가 있거니와,

> 피투성이가 되어 구슬피 울며
> 마치 살려달라고 간청하는 듯. (베르길리우스)

이것은 나로서는 언제나 불쾌한 광경이었다.

나는 짐승을 생포하면 반드시 나중에 놓아주었다. 피타고라스는 어부나 사냥꾼들에게서 물고기와 새를 사들여서는 놓아주었던 것이다.

> 이 강철을 처음에 물들인 것은
> 짐승의 붉은 피였다니. (호라티우스)

짐승이 피를 흘리는 것을 보기 좋아하는 사람은 타고난 잔인한 성격을 즐기는 것이다. 로마에서는 사람들이 짐승을 죽이는 광경에 익숙해지자, 검투사들의 피를 보고 즐기기에 이르렀다. 인간의 천성은 비인도적인 성격과 곧잘 결부되는 듯싶어 두렵다.

짐승들이 서로 장난을 하며 애무하는 것을 보고 함께 뛰노는 사람도 있으며, 짐승들이 서로 물어뜯고 할퀴고 하는 것을 보고 좋아하는 사람은 없다.

내가 이렇게 짐승들을 동정하는 것을 비웃지 않게 하기 위해 종교는 동물도 귀여워하라고 가르치고 있다. 같은 주께서 그의 궁전에서 자기를 섬기도록 우리를 기르고 있으며, 짐승들도 우리와 같은 식구임을 생각한다면 종교가 우리에게 짐승을 귀여워하라고 가르치는 것은 당연한 일이다. 피타고라스는 이집트인으로부터 윤회설을 도입해 왔었다. 그리고 특히 우리 드루이드족이 이를 전해받은 것이다.

영혼은 죽지 않고 언제나 새로운 거처를 찾아 거하나니, (오비디우스)

옛날에 우리 골족들이 종교는 영혼의 불멸을 주장하여 이 신체에서 저 신체로 끊임없이 거처를 옮긴다고 가르쳤으며 이러한 사상에 정의를 가미하였던 것이다. 예컨대 영혼이 알렉산더의 몸에 깃들어 있는 동안의 행동에 따라서 나중에 하느님은 그 영혼에게 알맞은 다른 신체에 가서 살도록 명령한다는 것이었다.

그는 영혼들을 동물의 몸에 깃들게 한다.
잔인한 영혼은 곰의 몸에 깃들게 하고
불의의 영혼은 이리의 몸에, 음약한 영혼은 여우의 몸에 깃들게 하여,
그 영혼들로 하여금 오랜 세월을 두고 수많은 윤회를 겪게 한 다음에
드디어는 망각의 황천에 정화하여
그들의 마지막 형체로 돌려준다. (클라우디아누스)

만일 영혼이 전에 용감하였다면 사자의 몸에 실리고, 타락하였다면 돼지 몸에 던지고, 비굴하였다면 사슴이나 토끼에게 가두어놓고—이런 징계를 하여 영혼이 정화되어서 어느 다른 사람의 신체를 차지할 때까지 계속된다는 것이다.

나는 회상하노니
트로이 전쟁 때에는 판테아의 아들 에우프르모스였노라. (오비디우스)

나는 인간과 짐승들 사이 친척 관계를 별로 중대시하지 않는다. 역사가 깊은 훌륭한 나라에서는 짐승들을 동무로 사귀었을 뿐만 아니라 짐승들에게 인간보다 더 높은 지위를 주며 때로는 짐승들을 신의 친지로 사랑을 받게 하고 짐승들에게 인간 이상의 존경과 숭배를 하였으며, 심지어 어떤 나라에서는 짐승들 이외의 하느님이나 어떤 신들을 인정하지 않았는데, 그렇다고 이 모든 사실을 나는 별로 중대시하지 않는다.「야만인들은 짐승을 신격화함으로써 어떤 이득을 보았었다.」(키케로)

27. 죽음에 대하여

인생에 있어서 가장 주목할 만한 행위인 죽음을 누가 태연스러운 태도로 맞이하였다고 한다면 사람들은 좀처럼 곧이듣지 않을 것이다. 우리는 이 점에 대하여 유의할 일이다. 누구나 죽을 때가 되었다고 단정한 연후에 죽어가지는 않는다. 죽음이 가까워져도 우리는 설마 하고 마음을 놓다가 결국 속아 넘어가기가 일쑤이다. 이때 희망은 속삭인다. 「남들은 이보다 더 중한 병에도 죽지 않았어. 결코 남들이 말하는 것처럼 절망적은 아니야. 설혹 살 가망이 없다고 하더라도 하느님은 기적을 내리실 거야.」

이것은 우리가 너무나 자기만을 소중히 여기기 때문이다. 자기 자신이 없어진다는 사실에 주위의 모든 사물이 슬퍼하고 자기 처지에 동정하는 듯이 보이는 것이다. 이것은 착각이다. 그러니 사물들에 대하여 잘못 판단할밖에 없다. 마치 항해하는 자에게 산과 들과 도시와 육지가 온통 자기와 함께 움직이고 있는 것처럼 보이는 격이다.

우리가 항구를 떠나면 육지와 도시들도 물러선다.
(베르길리우스)

우리가 사물들을 두고 가는 것이 서러울 정도로 사물들도 우리를 잃어버리는 것이 서러울까. 늙어서 자기 곤궁과 설움을 세상 인심의 탓으로 돌리지 않는 자가 있던가? 그들은 으레 지난날을 찬양하고 현재를 탓하는 것이다.

늙은 농부는 머리를 흔들며 탄식한다.
오늘의 세태를 지난날과 비교하고
조부의 행복을 찬양하여 마지않으며……
옛사람들의 경건한 생활을 그리워한다. (루크레티우스)

「우리는 모든 것을 자기 중심으로 이끌고 나간다. 그리하여 자기의 죽음을 엄청난 일로 생각하여 결코 간과할 수 없는 일이므로 별들에게 엄숙하게 고하지 않을 수 없다는 것이다. 그 많은 신들이 한 인간을 둘러싸고 떠드는 것으로 생각한다.」(세네카) 이것은 우리가 자기 자신을 높이 평가할수록 더욱 그렇다. 나의 학식이 신들의 각별한 배려도 없이 사라져 버리다니 될 말인가? 세상의 모범이 되는 이 희귀한 영혼을 죽이는데 어찌 속인들의 영혼을 죽일 때처럼 간단히 넘어간단 말인가? 이 생명은 다른 많은 인간의 생명들을 보호해 주고 있다. 그 많은 생명들이 자기에게 매어 있고 자기는 그 생명들을 거느리고 있으며 많은 직위를 갖고 있다. 이런 큰 생명이 자기에게 매어 있는 생명처럼 간단히 자리를 뜰 수 있을까?

우리는 누구나 자기는 홀몸임을 깊이 생각해 보지 않는다. 카이사르는 자기 배의 노를 저어가는 뱃사공에게 사나운 바다보다 더 허풍을 떨며 말하였던 것이다.

> 네가 만일 하늘이 무서워서 이탈리아로 가기를 주저한다면
> 나를 믿으라. 네가 두려움을 느끼는 또 하나의 정당한 이유는
> 네가 너의 선객이 누구인지 모르는 데 있다.
> 내 수호에 안심하고 파도를 저어 나가리라. (루카누스)

그리고 이런 기록도 있다.

> 카이사르는 자기 운명과 겨룰 만한 위험이 닥친 것을 보고 말하기를,
> 「배의 난간에 앉은 나를 바다가 미쳐 날뛰며 힘차게 공격해 오는 것을 보니 신들은 나를 넘어뜨리기에 저토록 고생하는구나.」(루카누스)

그리고 뭇사람들의 망상에 의하면 태양이 그의 죽음을 애도

하여 일 년 동안 그의 이마에 복을 빌었다고 한다.

> 신은 카이사르가 죽었으므로 로마를 측은히 생각하여
> 그 찬란한 이마를 검붉은 빛으로 물들였도다.
> (베르길리우스)

세상 사람들이 쉽사리 속아 넘어가는 이와 비슷한 수천 가지 이야기는 한결같이 우리가 당하는 손실 때문에 하늘에 이변이 일어난다고 생각한다. 그러니까 무한한 하늘이 우리들의 보잘것없는 영예 때문에 정색을 하고 걱정한다는 것이다.

「하늘과 우리 사이에는 우리의 죽음으로 말미암아 별들이 소멸할 정도의 교분은 없다.」(플리니우스)

자기의 죽음이 가까이 다가왔는데도 불구하고 사태를 분명히 인식하지 못하는 자는 결단성과 지조가 결여되어 있는 것이다. 그가 죽음을 당당히 맞아들이지 못하였다면, 태연히 죽어갔다고 할 수 없는 것이다. 사람들은 흔히 죽음 앞에 의젓하였다는 평판을 듣기 위하여 살아생전에 용모와 언행을 강직하게 갖는다. 내가 지켜본 사람들은 죽어갈 때에 대개 그의 의사에 따르지 않고 운명에 따르는 것이었다. 또한 옛날 손수 자기 목숨을 끊은 자들이 어떻게 죽어갔는지, 즉 당장에 숨을 거두는지 아니면, 죽기까지 꽤 시간이 걸렸는지 살펴볼 필요가 있을 것이다. 저 잔인한 로마의 황제는 그의 죄수들에게 죽음의 맛을 보이고 싶어서 누가 옥중에서 자살이라도 하면, 「저 자는 내 손을 면했군.」하고 혼잣말을 하였다고 하지 않는가. 그는 목숨을 연장시켜 가면서 고문함으로써 죽음을 맛보게 하려고 했던 것이다.

> 우리는 그가 정신에 매를 맞았으나
> 생명에 치명상을 주지 않는 잔인한 형벌로
> 죽음을 지연시키고 막음을 보았노라. (루카누스)

건강한 몸으로 침착하게 손수 목숨을 끊는다는 것은 별로 대단한 일이 못 된다. 격투에 나서기 전에 용감한 체하기는 쉬운 노릇이다.

세상에서 비겁하기로 이름 있던 헬리오가발루스는 온갖 탐락을 즐기면서도 불가피한 만일의 경우를 생각하여 교묘히 자살할 계획까지 세워놓았다. 그는 화려하게 살아온 생애의 마지막을 더럽히지 않기 위해 일부러 호화로운 탑을 쌓아올리고 그 아래 정면은 자기가 뛰어내릴 자리라고 해서 황금과 보석으로 장식한 널판을 깔고, 목을 매어 죽을 경우를 예상하여 황금과 붉은 비단으로 된 밧줄을 마련하고, 칼로 찌를 경우에 대비하여 황금으로 된 칼을 만들게 하고, 독을 마실 경우를 예상하고 벽옥과 황옥으로 된 그릇 속에 독약을 담아놓는 등—이 모든 방법 가운데서 마음대로 골라잡으려고 하였다.

강요된 용기로 과감무쌍하도다. (루카누스)

그러나 그는 그 호화로운 준비로 보아 실제로 일을 당할 경우에 봉착하더라도 아마 꽁무니를 뺐을 것이다.

그런데 마음이 강직한 자들도 막상 자살을 하려고 할 때에는 죽음의 괴로움을 느낄 겨를이 없도록 단숨에 목숨을 끊을 것이다. 생명이 점점 사라지는 것을 목격하고 육체의 감각과 심령으로 뼈아프게 느끼면 회피할 방법도 없는 터에, 이렇게 위태로운 의지의 결단에 몸을 맡기는 마당에 지조를 굳게 지켜 나가기 어렵기 때문이다.

카이사르가 동란을 일으켰을 때, 루키우스 도미티우스는 산에서 포로가 되자 독약을 마시고 곧 후회하는 것이었다. 오늘날에도 어떤 사람은 자살하려고 결심하였으나 힘살이 근질거리고 팔에 힘이 빠져서 처음에 칼을 힘차게 휘두르지 못하고 계속하여 두서너 번 세차게 찌르려고 하였으나 충분히 힘을 주지 못하여 실패하고 만 일이 있다. 플라우티우스 실바우스의 소송사건이 진행되는 동안에 할머니가 보내온 단도로 자결을 하다 못해 드디어 하인을 시켜 혈관을 끊게 하였던 것이다.

티베리우스 황제의 치하에서 알부킬라는 자살을 하려다가 상처가 너무 얕아서 적에게 사로잡혀 살해되었다. 대장 데모스데네스가 시실리아의 싸움에서 패하여 단행하려던 자살도 마찬가지였다. 또한 핌브리아는 칼을 너무 약하게 찔러서 하인이 거들어 줌으로써 겨우 목숨을 끊게 되었다.

그런가 하면 오스토리우스는 자기 팔을 쓸 수 없기 때문에 칼을 쓸 수는 없고 하인의 칼을 받아 죽기는 창피하고 하여, 하인더러 칼을 꼭 쥐고 있으라고 당부하고 자기가 뛰어들어 목줄기를 칼날에 부딪치게 하여 목숨을 끊었다.

그것은 실로 날카로운 구두징을 박은 목구멍이라도 갖지 않으면 씹지 않고 그냥 삼켜야 하는 고깃덩이라고나 할까. 한편 하드리아누스 황제는 의사를 시켜 자기 가슴의 급소에 표를 하게 하여 자기를 죽일 책임을 맡긴 자가 총을 겨눌 곳을 마련해 주었다. 카이사르는 누가 어떤 죽음이 제일 이상적이냐고 묻자, 「예측하지 않은 순식간의 죽음.」이라고 대답하였던 것이다. 카이사르까지도 이렇게 말했으니 내가 이 말에 동의한다고 해서 비굴하다는 평은 받지 않을 것이다. 플리니우스도 순간적인 죽음은 인생 최고의 행운이라고 말하였다. 그런데 사람들은 이런 이야기를 시인할 흥미가 없을 것이다. 하지만 죽음을 흥정하기가 두려워 눈을 똑바로 뜨고 정면으로 죽음을 바라보지 못하는 자는 언제든지 죽음을 맞이할 마음의 준비가 되어 있는 자라고 할 수 없다. 고문을 당할 때에 인생의 종말로 줄달음치며 사형의 집행을 재촉하는 자들을 볼 수 있는데, 그들은 무슨 결단심이 있어서 그렇게 하는 것이 아니다. 그들은 다만 죽음을 생각할 시간을 없애버리려는 것이다. 죽기가 싫다기보다는 죽는 과정이 싫은 것이다.

나는 죽고 싶지는 않지만 죽어버리는 것은 무방하다.
(키케로)

그 정도의 결단성은 눈을 딱 감고 바닷물 같은 위험 속에 뛰어드는 자들처럼 나도 할 수 있다. 이것은 이미 경험한 바이다.

일찍이 소크라테스가 사형을 언도받고 한 달 동안이나 이 생각을 되새기며, 그동안 다가올 이 확실한 죽음에 대하여 아무런 흥분도 하지 않고 또한 마음을 긴장시키거나 산란케 하지 않고 오히려 침착하고 태평스러운 언행을 취하여 조용히 이 사건을 검토해 간 태도는 그의 생애에서도 가장 빛나는 대목이라고 생각한다.

키케로와 서신 왕래가 있는 저 폼포니우스 아티쿠스는 병석에 누워서 사위 아그리파와 친구 두서너 사람을 불러놓고 하는 말이 자기는 병이 나아도 얻을 것이 없으며, 자기 목숨을 연장시키려는 모든 노력은 고통을 키우는 것밖에 되지 않으니 자기는 이제 세상을 끝장내려고 결심하였으므로 그런 줄 알라고 이르고 아무리 언짢게 생각하더라도 자기 생각을 돌이키려는 헛수고는 하지 말아 달라고 당부하였던 것이다. 그리하여 그는 단식으로 자살하려고 하였는데 뜻밖에 병이 나아버렸다. 자기 목숨을 끊으려던 것이 도리어 건강을 돌려주었던 것이다. 의사들과 그의 친구들은 다행한 일이라 하여 그와 함께 기쁨을 나누려고 하였으나 그들의 기대는 어긋나 버렸다. 그의 결심을 그것으로 돌리게 할 수는 없었기 때문이다. 그가 하는 말이 어차피 한 번 죽을 바에는 일을 이렇게 진척시켜 놓고 그만둘 수는 없다는 것이었다. 그러니 다만 나중에 같은 일을 되풀이하지 않도록 하면 된다고 하였다. 그는 죽음을 서서히 검토할 마음의 여유가 있었다. 그리하여 죽음에 이르기를 싫어하는 것이 아니라 죽음에 이르려고 기를 쓰는 것이었다. 그는 이렇듯 과감히 세상을 하직함을 긍지로 삼았던 것이다. 그것은 그가 애써 도달하려는 인생의 목표이며 이에 도달함으로써 만족을 느낄 수 있었던 것이다.

철학자 클레안테스의 이야기도 이와 비슷하다. 그는 잇몸이 부어서 썩어갔으므로 의사들은 그에게 단식을 권고하였다. 그리하여 이틀 동안의 단식으로 병세가 좋아지자 의사들은 병이 다 나았다고 말하면서 평상시의 생활을 하여도 무방하다고 하였다. 그러나 그는 자기의 육체가 쇠약해 가는 데 일종의 쾌감을 느끼며 단식을 중단하지 않았다.

로마의 청년 마르켈리누스는 병에 걸리자, 의사들은 치료 기간은 오래 걸리지만 확실히 낫는다고 약속하였으나 예상외로 자기를 괴롭히는 이 병고를 면하기 위해 죽음을 앞당기려고 친구들과 의논하였다. 세네카의 말에 의하면 그 가운데서 혹자는 비굴하게 자기 자신에 비추어 그에게 충고하였으며, 혹자는 그의 비위에 맞는 말을 꺼내어 충고하는 것이었다. 그런데 한 스토아학파의 학자는 그에게 말하였다. 「마르켈리누스, 자네는 무슨 중대한 일이라도 생각하는 것처럼 애쓰지 말게. 산다는 것이 그렇게 대단한 것은 못 되네. 자네의 하인이나 가축들도 버젓이 살고 있네만, 의젓하고 현명하고 지조를 잃지 않고 죽어간다는 것은 중대한 일이네. 자네가 같은 일을 얼마나 되풀이하고 있는지 생각해 보게. 먹고 마시고 자고, 마시고 자고 먹네. 요컨대 우리는 언제나 이 테두리 속을 감돌고 있네. 죽고 싶은 충동을 주는 것은 참지 못할 고약한 재난뿐만 아니라 삶에 대한 권태도 마찬가지네.」

마르켈리누스는 충고해 줄 사람이 필요한 것이 아니라 죽음을 거들어 줄 사람이 필요하였던 것이다. 그런데 하인들은 거기에 간섭하기를 꺼리는 것이었다. 그러나 이 철학자는 그들에게 하인들은 다만 주인의 죽음이 자의에서 나온 것인지 의심날 경우에만 주저할 일이며, 그렇지 않을 경우에는,

그 의사에 거슬려 목숨을 건져 주는 것은, 그를 죽임이
요 (호라티우스)

즉 그를 죽지 못하게 막는 것은 그를 죽이는 것만큼이나 나쁜 일임을 이해시켰다.

이어서 그는 마르켈리누스에게, 마치 식사가 끝난 후에 식탁에 남은 음식을 회식자들에게 나눠주듯이 인생이 끝나면 주위에서 시중을 들던 자들에게 무엇이든 나눠주는 것이 당연하다고 일렀다.

마르켈리누스는 성격이 솔직하고 마음이 후하여 하인들에게 얼마간의 돈을 나눠주고 그들을 위로하였다. 그에게는 칼도 피도 필요 없었다. 그는 이 세상에서 나가버리려고 한 것이지 도망치려고 한 것은 아니었다. 죽음을 면하려고 할 것이 아니라 죽음을 시험해 보려고 한 것이다. 또한 죽음을 저울질해 볼 여유를 가지려고 음식을 폐하고 사흘이 지나 몸에 더운물을 끼얹어 달라고 이른 후에 실시하여 갔다. 그는 그렇게 죽어가는 데서 일종의 쾌감까지도 느낀다는 것이다. 실은 몸이 허약하여 이처럼 실시해 본 자들은 아무런 괴로움도 느끼지 않고 마치 잠들거나 휴식할 때와 같은 쾌감을 느낀다는 것이다. 이것은 그야말로 생각해 보고 씹어본 죽음이다.

그런데 유독 카토만이 도덕의 모든 본보기를 충족시키기 위

해 위험에 직면하여 마음이 주춤하기는커녕 도리어 담대하여 여유 있는 죽음과 대결하여 그 목덜미를 잡을 시간을 가진 것이다. 마치 자기 운명을 요리하기에 손이 모자란 느낌이다. 내가 그의 죽음을 묘사한다면 당시의 조각가들이 제작한 것처럼 손에 칼을 든 형상보다는 차라리 피투성이가 되어 창자를 찢는 형상을 표현하였을 것이다. 이 둘째 살인이 첫째 살인보다 훨씬 가혹하기 때문이다.

28. 욕망[1]에 대하여

가장 현명한 철학파[2]에서는 어떤 사리에도 반드시 그 반대의 사리를 내포하고 있다고 한다. 나는 지금 세네카가 인생을 경멸한 말 「언젠가는 없어질 몸, 어떠한 보배도 우리에게 쾌락을 주지 못한다.」, 「한 보물을 잃어버렸다는 애석함과 그것을 잃어버릴지도 모른다는 두려움은 비등하다.」(세네카), 이런 말을 생각하고 있다. 이것은 무엇이든지 잃어버릴 우려가 있는 한 그것으로 인생을 즐긴다는 것은 무의미하다는 것을 입증하려는 것이다.

한편 우리는 어떤 보물이 내 것으로 완전히 되어 있지 못하고 그것을 빼앗길 우려가 있을 경우에는 그에 대하여 더욱 애착을 갖고 보유하려고 애쓰는 것이다. 물은 찬 기운이 있을 때에 잘 일어나듯이 인간의 의지는 반대에 부딪칠 때 더욱 예민해지는 것이다.

---

[1] 우리들의 욕망은 곤란에 부딪치면 더 커진다.
[2] 피론학파 : 회의론을 주장하여 보편, 타당한 진리는 없으므로 판단을 중지하여 마음의 평정을 얻는 것이 최고의 행복이라고 역설함.

다나에가 청동탑 속에 갇히지 않았던들
그녀는 주피터의 아들을 낳지 못하였을 것이다.
(오비디우스)

사실 안일함을 마냥 누리는 것보다 더 우리의 취지에 어긋나는 것은 없고, 희귀하여 속에 넣기 어려운 일보다 더 우리를 자극하는 것은 없다. 「모든 쾌락은 놓칠 우려가 있기 때문에 더욱 증대된다.」(세네카)

갈라여, 거부하라. 쾌락에 괴로움이 따르지 않으면 사랑은 만끽하게 된다. (마르티알리스)

사랑을 생기 있게 보존하기 위하여 리쿠르고스는 라케데모니아의 모든 부부들에게 숨어서 몰래 관계를 맺게 하고, 함께 동침하다가 발각이 되면 의도하는 것만큼 수치스러운 일이라고 명령하였다. 만날 날짜를 정하기가 어렵고 들킬 우려가 있고 다음날의 수치가 있고,

남 모를 연모, 침묵을 지킬지어다.
내 가슴에서 쏟아지는 탄식 (호라티우스)

이것이 오히려 자극제가 된다. 상냥하고 수줍은 사랑 속에

얼마나 얄궂게 음란한 장난기가 숨어 있는가! 쾌락 자체가 고통으로 자극되기를 바란다. 쾌락은 찌르고 쑤실 때 더욱 달콤하다. 창녀 플로라가 폼페이우스와 동침할 때에는 반드시 그를 물어뜯어 자국을 남겼다고 한다.

> 그들은 욕정에 사로잡혀 그 몸에 짐짓 고통을 주고
> 이빨로 입술을 깨물어 흔적을 남기기가 일쑤이다.
> 그 대상이 무엇이건 이에 상처를 입히려는
> 은밀한 충동에서 광폭한 짓을 한다. (루크레티우스)

모든 일이 그 모양이다. 즉 어려움이 그 대상에 가치를 부여한다.

안코나[3])의 순례자들은 성 야고보 사원에서 축원을 올리기를 즐긴다. 그리고 갈리시아의 백성들은 노트르담 드 로레토에 축원을 올리기를 좋아한다. 리에쥬에서는 루카 온천을 즐겨 찾아가고, 토스카나에서는 스파 온천으로 잘 간다. 로마의 무술 도장에는 로마인은 한 사람도 없고 프랑스 사람들로 가득 차 있다. 저 위대한 카토는 자기가 싫어하던 아내가 개가하니 그녀를 탐내었다.

---

3) 안코나(이탈리아), 산티아고 데 콤포스텔라(스페인)-갈리시아 지방의 성 야고보가 있는 곳, 리에쥬(벨기에), 루카(이탈리아)—모두 순례자들이 자주 가는 신앙의 중심지.

나는 종마장에 늙은 말 한 필을 쫓아내었더니 제 암컷들과는 어울리지 않아 붙여볼 도리가 없었지만 남의 집 암컷들은 목장가를 얼씬거리기만 하여도 귀찮게 달라붙는 것이었다.

우리의 욕심은 제 손에 있는 것은 거들떠보지 않고, 손에 없는 것을 차지하려고 애를 쓴다.

그는 손안에 있는 것은 경멸하고
손에 잡히지 않는 것을 탐낸다. (호라티우스)

우리에게 무엇이고 금하면, 더욱 탐내게 한다.

그대가 애인을 감시하지 않으면
그녀는 조만간 내 관심을 잃을 것이다. (오비디우스)

무엇이고 우리에게 다 내맡기면 경멸을 일으키게 한다. 결핍과 풍부함은 다 함께 폐단이 된다.

그대는 재물이 많아 두통거리가 되고
나는 재물에 궁색하여 골치이다. (테렌티우스)

욕구와 향락은 다 같이 사람을 고통으로 몰아넣는다. 애인이 너무 쌀쌀하게 굴면 몹시 애가 탄다. 그러나 힘들이지 않고 쉽게 손에 넣으면 싱거워진다. 아쉬움과 역정은 자기가 탐내는 상대방을 너무 높이 평가하는 데서 나오며 그것이 연정을 자극하여 몸이 달아오르게 하는 반면에 포만은 염증을 일으키게 한다. 이것은 무디고 둔하며 지치고 수그러진 정열이다.

> 여자가 애인을 오래 지배하려면
> 그를 경멸할 일이다. (오비디우스)

> 애인들이여 경멸하라!
> 어제는 거역하던 자가, 오늘은 항복하리라.
> (프로페르티우스)

포파에아가 자기 얼굴을 가리고 다닌 것은 애인들에게 비싸게 보이려는 계교였다. 그러나 여자도 속으로는 자기를 내보이고 싶은 것이다. 한편 남자는 보고 싶어 하고. 그런데 어찌하여 여인들은 발굽 아래까지 가리고 다니는 것일까? 남녀를 막론하고 피차에 탐내는 것은 그 부분인데 어찌하여 특히 여자들은 그곳을 겹겹이 가리고 있는가? 여자들이 무장하고 있는 그 요새는 우리의 욕정을 도발한다. 따라서 그것은 우리를 짐짓 멀리하여 더 강하게 끌어보자는 것이 아니고 무엇인가?

> 그녀는 버드나무 사이로 달려갔으나

그 앞에서 쳐다봐 주기를 바라고 있었다. (베르길리우스)

그녀는 때때로 내 정열을 의상으로 가로막았다.
(프로페르티우스)

처녀들은 어찌하여 부끄러움을 타는 것일까? 시치미를 떼고 쌀쌀한 체하고 엄한 체하는가 하면 우리보다도 더 잘 알고 있으면서도 모르는 체하는 것은 우리로 하여금 이 모든 장애물을 극복하고 유린하려는 욕심을 자아내게 하기 위한 것이 아니겠는가? 그 상냥스러운 애교와 앳된 정숙감은 우리를 미치게 하며, 그 존대하고 거만한 엄숙함을 정복하는 것은 쾌락 이상으로 우리의 허영심을 만족시켜 준다. 「여자의 쌀쌀함과 경솔, 정숙감, 절조 등을 극복하는 것은 우리의 영광이다. 그러므로 여자더러 그런 수작을 집어치우라고 호통을 치는 것은 어리석은 짓이다.」라고 사람들은 말한다. 그녀들의 마음은 공포에 떨며, 남자의 목소리만 들어도 귀를 더럽히게 되므로 남자를 미워하는데 다만 힘에 못 이겨 남자의 수작에 넘어간다고 보아야 할 것이다. 아름다운 얼굴이 아무리 큰 매력을 지니고 있다고 하더라도, 이런 과정을 거치지 않으면 맛들일 거리가 없다. 이탈리아에 가보면 돈에 팔린 미인이 많은데, 그녀들은 저마다 아름답게 보이기 위해 여러 가지 기교를 부리고 있다. 그러나 어차피 남자들 앞에 팔기 위한 몸뚱이라 언제 보아도 연약하고 힘이 없어 보인다.

덕성에 있어서도 마찬가지다. 우리는 장애와 모험이 많은 편일수록 높이 평가한다. 주지하는 바와 같이, 하느님의 거룩한 교회가 너무나 심한 혼란 가운데 흔들리고 있는 것은 너무나 오랫동안 미지근한 상태에서 잠자고 있던 신앙을 일깨워 경건한 마음으로 돌아가게 하려는 하느님의 뜻이 작용하고 있는 것이다.

신앙 길에서 헤매다가 갈라져 나간 자들(신교도) 때문에 우리가 당한 손실과, 우리가 이 먼 싸움(종교개혁)을 계기로 정신을 차려서 우리의 열의와 믿음을 회복한 데서 오는 소득을 비교해 보면 이득이 더 많을 것이다.

우리는 일단 어떤 여자와 결혼하면, 두 사람의 유대를 강화하여 맺어 있다고 생각한다. 그러나 결속이 단단한 만큼 애정은 더 해이되어 있다는 것을 알아야 한다. 로마에서 사람들이 오랫동안 영예롭고 안정된 부부생활을 영위해 온 것은 언제든지 서로 헤어질 수 있는 자유를 부여하였기 때문이다. 그들은 언제 아내와 이혼하여 헤어질지도 모르므로 그만큼 더 아내를 사랑하게 되었다. 그러므로 언제나 이혼을 할 수 있는 자유가 있었음에도 불구하고 500년 동안에 이 권리를 행사하는 사람은 별로 없었다.

허용된 일에는 매력이 없다.
금지된 일은 욕구를 자극한다. (오비디우스)

징벌은 악덕을 없애느니 오히려 이를 조장한다. 그것은 옳은 일을 하려는 마음을 일으키지 않는다. 징벌이 이성에 부합되고 마음은 훈련시키는데 어떤 성과가 있다고 하더라도 나쁜 짓을 하고서도 발각되지 않으려는 마음만 북돋아 줄 뿐이라고 말한 옛사람들의 견해를 여기 결부시켜 생각해 볼 수 있다.

뿌리째 뽑아버렸다고 생각한 약은
더욱 멀리 뻗어나갔다. (루틸리우스)

나는 형벌로 정치가 나아지지 않는다는 것을 경험을 통하여 알고 있다. 풍속을 소화하고 조절하려면 다른 방도를 강구하여야 한다.

그리스 역사를 보면, 스키타이족의 이웃에 사는 아르기피아인들의 이야기가 나오는데 그들은 사람을 치는 회초리나 몽둥이를 모르고 살아왔다고 한다. 그들은 아무도 침범할 생각을 하지 않았으며 또 누가 그곳에 쳐들어가도 그들의 의롭고 거룩한 생활에 곧 동화되어 위해를 가하지 못하게 된다는 것이었다. 따라서 그들에게 감히 손을 댈 자가 없다고 한다. 그리하여 다른 고장에 사는 사람들 사이에 무슨 시끄러운 분쟁이라도 일어나면, 이를 조정해 달라고 그들에게 의뢰해 오는 것이었다.

어느 나라에서는 정원이나 밭을 둘러싼 담장이 무명실 한 오라기로 되어 있지만 그것이 우리네 도랑이나 울타리보다도 더 견고하고 안전하다는 것이다.

「자물쇠를 채워두면 도적을 유발한다. 강도는 대문이 열린 집에는 들어가지 않는다.」(세네카) 내가 우리나라 내란의 소동에서 오는 피해를 면한 것은 집 대문을 개방하였기 때문일 것이다. 방비는 공격을 유인하고, 불신은 침해를 유인한다. 나는 장병들이 군사적 영예를 얻을 이유와 모험을 무릅쓸 조건을 없애버렸다. 그리하여 그들에게 공로를 세울 일거리를 제공하지 않음으로써 그들의 공격 의도를 약화시켰던 것이다. 정의가 땅에 떨어진 시대에는 용감한 행동은 으레 영예로운 대접을 받게 마련이다. 나는 장병들이 우리 집에 쳐들어오는 것이 비굴하고 배신적인 행위가 되도록 마련해 놓았다. 즉 우리 집은 누가 찾아와도 닫혀 있는 일이 없다. 그 대문은 전부터 부려온 예의 바른 문지기가 지키고 있는데 그는 문을 지키는 것이 아니라 문을 공손히 열어주는 일밖에 하지 않는다. 그러므로 나의 파수를 보아주는 것은 별들뿐이다.

귀족이라면 자기 집 방비가 완벽하지 않는 한 그 방어태세를 뽐내어서는 안 된다. 한쪽이라도 터져 있으면 사방이 터진 셈이다. 우리 조상들은 요새를 만들 생각을 하지 않았었다. 우리들의 집을 침범하는 방법은, 군대와 대포를 운운한 것 없이 언제나 수비를 증가하여 날로 발전되어가고 있다. 사람들의 머리가 대체로 이 방면에 예리하게 발달되어 가기 때문이다. 침범할 생각은 모든 사람들이 갖는데, 방비는 부유한 사람들에게만 문제시된다. 우리 집은 지은 당시만 하더라도 방비가 엄중한 편이었다. 그러나 나는 이 방면에 조금도 힘을 기울이지 않았을 뿐만 아니라 방비가 오히려 해를 가져오는 것을 두렵게 생각하고 있다. 그러므로 내란이 가라앉으면 방비를 한결 소홀히 할 생각이다. 우리가 집을 다시 침범할 수 없도록 튼튼히 방비함은 위태로운 일이며, 이렇게 하여 집을 보호하기란 매우 어려운 일이다. 난리 때에는 자기 하인도 반대파에 속할 수 있으니 말이다. 그리고 신앙문제가 원인이 되어 있을 때에는 친척들까지도 정의를 위한다는 탈을 쓰고 나서게 되므로 믿을 수가 없다. 국가의 재정은 우리네 개인의 사병까지 보살펴 주지는 않는다. 그렇게 하다가는 나라의 재산이 고갈되기 때문이다. 그렇다고 우리의 힘으로 파수병을 기르려면 패가하기 십상일 뿐더러 더욱 언짢은 일은 백성들의 생활을 위험하게 되는 것이다. 이 경우에 폐단은 자기 집이 망하는 이유가 아니다.

그런데 당신의 집안이 망해 보라. 당신 친구들은 가엾다고 동정하기는커녕 재미있어 할 것이며, 그것은 당신의 불찰이요, 자기 일에 무식하고 나태하였다고 비난할 것이다.

우리 집은 그대로 보존되어 있는데, 방비에 만전을 기한 많은 집들이 쓰러진 것은 어찌된 일일까? 그들은 집을 튼튼히 방비하였기 때문에 오히려 패가한 것이 아닐까? 그것은 침범자에게 공격하려는 욕구와 구실을 제공한다. 모든 방비는 도전적인 모습을 하고 있다. 원한다면 누구나 내 집에 쳐들어올 것이다. 아무튼 나는 쳐들어오도록 유인할 생각은 없다. 그곳은 내가 전쟁을 피하여 휴식할 은둔처이다. 내 마음속에 한 공백을 미리 마련해 두는 것처럼 우리 집은 국가의 동란에서 제외시키고 싶다. 우리들의 분쟁이 아무리 그 형태를 달리하고 그 도수가 빈번하고 새로운 당파로 나뉘어 법석을 떨어도 나는 개의치 않으려고 한다. 무장을 튼튼히 한 그 많은 지체 있는 가문들 중에서 내가 알기에는 프랑스에서 오직 나만이 집의 보호를 하늘에 맡기고 있다. 그리하여 이권에 대한 문서는 물론 은수저 하나도 다른 데 옮겨놓은 적이 없다. 나는 나 개인의 일을 두려워하여 애써 구원의 손길을 뻗치려고 하지 않는다. 만일 하느님께 대한 감사가 거룩한 은총을 받을 수 있다면, 그것은 언제까지나 지속될 것이며 설혹 그렇지 못하더라도 나는 이에 오랜 생애를 흡족하게 살아온 것이다. 아닌 게 아니라 나는 30년[4] 동안이나 무사히 견디어낸 것이다.

---

4) 종교전쟁이 30년간(1560~1590) 계속됨을 말함.

29. 영광에 대하여

이 세상 모든 사물에는 이름이 있다. 이름은 사물에 일정한 의미를 준다. 그것은 사물의 한 부분이 아니며, 더구나 그 실체는 아니다. 그것은 외부에서 사물에 관여하고 있다.

하느님은 그 자체가 충만하고 완벽한 존재이므로 내부가 증가되거나 성장할 수도 없다. 그러나 그 이름을 우리가 외부에서 드리는 축복과 찬미로 해서 증가되고 성장할 수 있다. 하느님께서는 새삼 선을 취할 수 없는 완성체인 만큼 찬미도 그 자신에게는 부합되지 않는다. 그러므로 우리는 그에게 가장 가까이 있는 외적인 이름에 돌리는 수밖에 없다. 이 영광과 찬미는 하느님에게만 속해 있는 것으로 우리가 자기 자신을 위해 영광을 찾으려고 애쓰는 것은 사리에 맞지 않는 일이다. 인간의 본질을 내적으로 무기력하고 가난하고 불완전하여 부단히 애써야 할 점은 바로 여기에 있다.

우리는 저마다 속이 비어 있는 공동에 불과하다. 우리는 이 공동을 바람소리로 채워서는 안 된다. 우리에게는 저마다 자기 자신을 시정해 나가기 위한 보다 완전무결한 실체가 필요하다.

굶주린 사람이 맛좋은 음식보다도 훌륭한 옷을 찾는다면 얼마나 어리석은 일인가. 급한 것부터 해결하는 것이 당연하다. 우리가 평소에 기도할 때에 「영광은 하늘의 보좌에 계신 하느님께 돌리오며, 지상의 인간에게는 평화를 주시옵소서.」하고 말하는 것과 같다. 우리는 미와 건강과 예지와 정의감 등등의 본질적인 것에 굶주리고 있다. 우리는 우선 이런 긴요한 것부터 갖춘 연후에 외부의 장식을 찾아야 할 것이다. 신학은 이 문제를 더욱 충분히 그리고 철저하게 다루지만 나는 거기에 소양이 부족하다.

크리시포스[1]와 디오게네스[2]는 이 영광을 경멸한 최초의 학자이다. 이들은 모든 쾌락에서 남의 칭찬에서 오는 것보다 더 위험한 것은 없으니 기대해야 한다고 말하였다. 우리에게 해로운 배신행위는 얼마든지 있다는 것을 경험은 가르쳐 주고 있다. 아첨보다 더 왕공들을 해치는 것은 없다. 또한 악인들에게 아첨보다 더 왕공들의 신임을 얻는 수단도 없다. 여자를 함락시키는 데도 찬사만큼 효과 있는 것은 없다. 인어들이 오디세우스를 속일 때 사용한 최초의 마술은 이런 것이었다.

---

[1] B. C. 280~209. 그리스 철학자. 스토아학파의 체계를 세워 7,005권의 저서가 있었으나 오늘날 남아 있는 것은 단법뿐이다.
[2] B. C. 5세기경의 그리스 철학자. 물법적 일원론을 주장함.

이리로 오라, 오, 찬양할지어다. 오디세우스여
그리스가 영광으로 아는 최대의 명예여. (호머)

철학자들은 말하기를, 이 세상의 모든 영광은—지각 있는 자라면—그것을 얻으려고 손을 내밀 구실도 못 된다는 것이다.

영광이 아무리 위대하더라도,
그것은 한낱 영광에 그치나니. (유베날리스)

나는 여기서 영광에 대해서만 말하고자 한다. 영광에는 탐낼 만한 여러 가지 이득이 따라다니니까 말이다. 그것은 뭇사람들의 호감을 사며, 남의 멸시나 모욕이나 그 밖에 이와 비슷한 일을 좀처럼 당하지 않는다.

이것은 또한 에피쿠로스의 주요한 학설의 하나였다. 그 학파의 가르침에 의하면, 「네 생활을 숨어서 하라.」는 것이며, 사람들이 공직이나 외교를 맡아서 번거로움을 사는 것을 금함은 우리의 행동에 대하여 세상에서 표시하는 칭찬의 일종인 영광을 경멸한다는 것을 예측케 한다. 그들은 우리에게 자기 자신을 숨기며, 자기 일만 보살피라고 한다. 사실 남에게 알려지기를 원치 않는 사람은 남에게서 명예와 영광을 받기를 싫어한다. 그리하여 에피쿠로스는 이도메네오스에게 충고하여 말하기를, 사람들에게서 경멸을 당할지도 모를 우발적인 구설을 피하기 위해서만 자기 행동을 세상 사람들의 소문에서 옹호하라고 하였다.

내가 보기에는 이러한 견해가 진실하고 타당하다. 그런데 어찌된 영문인지 우리는 이중으로 되어 있어 우리가 믿는 것을 실은 믿지 않고, 우리가 견책하는 것을 우리가 물리치지 못한다. 에피쿠로스가 죽어가면서 남긴 마지막 말은 철학자다운 훌륭한 말이지만 거기에는 은근히 자기 명성을 높이려는 속셈과 자기 교훈의 흔적을 엿볼 수 있는데, 그가 죽기 직전에 받아쓰게 한 편지 내용은 이러하다.

헤르마쿠스에게
나는 행복스럽게 살아온 생애의 마지막 날에 이 글을 쓰고 있다. 나는 상한 방광과 내장으로 큰 고통을 느끼고 있으나 그것은 내가 생각해 낸 철학적 업적에 대한 추억이 주는 즐거움과 상쇄되어 있다. 한데 당신은 어릴 적부터 나와 함께 품어온 견학에의 애정이 요구하는 대로 메트로도로스의 자식들을 맡으라. (에피쿠로스)

이것이 편지 내용이다. 그런데 그가 자기 철학에 대하여 마음속으로 느낀다는 그 기쁨이란, 죽은 후에 명성을 얻기를 바라는 마음과 어느 정도 관련된다고 생각하는 것은 그가 유언에 남긴 당부 때문인데 그는 이 유언에서 그의 후계자인 아미노마코스가 티모크라테스에게 해마다 정월이 되거든 그의 생일을 축하하기 위해 그리고 매달 20일에는 자기와 메트로도로스의 추억을 기념하기 위해 자기와 가까이 지낸 철학자들의 모임에 드는 접대비를 헤르마쿠스가 요구하는 대로 제공하라고 당부한 것이다.

카르네아데스는 영광에 대하여 반대 의견을 주장하여 영광은 바람직한 것으로 그것은 우리가 후손들이 어떻게 되는지 알지도 못하고 또한 그들이 하는 일에 기쁨을 나눌 길도 없으면서 자손을 보기를 원하는 것과 마찬가지라고 말하였다. 이러한 견해는 이치에 잘 닿는 것으로 일반 사람들에게 받아들여질 것이다. 아리스토텔레스는 영광을 외적인 보물 중에서 가장 처음에 올려놓고 「절도 없이 영예를 탐내는 것과 회피하는 것은 모두가 악덕이다.」라고 말하였다. 내가 생각하기에는 키케로가 이 문제를 다룬 글이 남아 있으면 재미있는 견해를 찾아볼 수 있을 것 같다. 그는 명예욕이 너무 강하여 남들이 이 때문에 겪은 실수를 저질렀으리라고 생각된다. 그의 견해에 의하면 도덕도 그 뒤에 명예가 따르지 않으면 바람직한 것이 못 된다는 것이다.

숨은 덕행은 매장된 거나 마찬가지이다. (호라티우스)

이것은 그릇된 생각이다. 나는 도대체 어떻게 철학자라는 영광을 지닌 이해력이 깊은 인물의 머리에 이러한 견해가 떠오를 수 있는지 격분을 금할 길이 없다.

그렇다면 우리는 사람들이 보는 앞에서만 도덕을 숭상하면 될 것이다. 또한 참된 도의심도 남들이 알아주지 않으면 아무리 덕행률에 맞춰서 행동하여도 소용이 없을 것이다.

그러니 나쁜 짓도 재주껏 교묘히 하면 무방하단 말인가?「이곳에 뱀이 한 마리 숨어 있는 것을 당신이 알고 있으며 이 세상에서 없어져야 당신에게 이로운 자가 거기 앉으려고 할 때, 당신이 시치미를 떼고 있으면 당신은 악을 저지르는 것이다. 그 뱀은 당신밖에 아는 자가 없기 때문에 더욱 그렇다.」라고 카르네아데스는 말하였거니와 만일 우리가 마음속으로 선을 좇는 것이 아니라 벌을 받지 않기 위해 선을 좇는다면, 우리는 악한 일을 얼마나 많이 저지를 것인가. 페두세우스가 플로티우스의 재산을 맡은 연후에 자기 혼자 알고 있는 일이지만 나중에 깨끗이 돌려준 것은—나도 그와 비슷한 일을 더러 하지만—그다지 칭찬할 만한 일로 보이지 않으며, 만일 그가 그렇게 하지 않았더라면 악한 일이라 마땅히 미움을 샀어야 했을 것이다. 섹스틸리우스 루푸스가 법에는 위반되지 않지만 법에 의하여 자기 양심에 위배되는 재산을 상속받았다고 해서 키케로가 비난한 말은 오늘날에도 상기해 볼 만한 것이다. 또한 크라수스와 호르텐시우스는 각각 자신의 권위와 세도를 가진 인물이었으므로 어떤 이방인이 위조 유언서의 상속에 자기가 한몫 차지할 수 있도록 힘을 빌려주는 동시에 그들도 분배에 함께 참여하라는 청을 받고 이 협잡을 단호히 거절하는 것으로 만족하였다. 「그들은 신을 즉 자기 양심을 증인으로 삼았음을 상기할 일이다.」(키케로)

도덕적 행위는 명예롭기 때문에 권장된다면 실로 허망하고 경박한 일이 아닐 수 없다. 그렇게 되면 도덕에 대하여 특별한 지위를 부여하고 그것을 세상의 조류와 분리시켜 존중하는 것은 쓸데없는 짓일 것이다. 세상의 풍조보다 더 우연한 것이 없기 때문이다. 「실로 우연은 모든 사물을 지배하는 힘을 갖고 있다. 그를 얼마나 섬기느냐에 따라서 어떤 자는 올려주고 어떤 자는 내려준다.」(살루스티우스) 어떤 행동이 세상에 알려지고 남의 눈에 띠게 되는 것은 순전히 우연한 일이다.

자기 멋대로 영광을 부여해 주는 것은 우연에 속한다. 나는 영광이 흔히 참된 가치에 앞질러 나가며 그 가치를 상당히 뛰어넘는 것을 목격하였다. 영광이란 한낱 그림자에 불과하다고 생각하는 사람은 정당하고도 남음이 있다. 그것은 허황된 것이다.

영광은 때로는 본체보다 훨씬 앞서 줄달음치기도 하며, 때로는 본체보다 훨씬 초과하기도 한다.

귀족들에게 용기 속에서 찾을 것은 영광밖에 없다고 가르치는 사람들은 즉 마치 「행동이 유행해지지 않으면 도덕적이 못 되는 것처럼」 말하는 자들은 사람들의 눈에 뜨이지 않을 경우에도 용감한 일을 할 기회가 얼마든지 있는 데도 사람들이 알아주지 않으면 모험을 하지 말고, 그 용감성에 대하여 사람들에게 알려줄 증인이 있는가를 알아보라고 가르치는 격이다. 전투가 벌어져 혼란한 가운데 용감한 개인 행동이 얼마나 많이 매장되었던가? 이런 혼란 가운데서 남의 일을 지켜본 자는 자기는 그 혼란 속에서 한가히 보냈다는 것을 반증하며 따라서 동료의 용감한 행동을 알려주는 것은 자기에게 불리한 일이다.

「참된 위대성은 우리의 본성이 추구하는 선을 행동에 두고 명성에 두지 않는다.」(키케로) 내가 갖고 있는 영광은 평안한 생활을 해왔다는 것이다. 그것은 메트로도로스[3]나 아르케실라오스나 아리스티포스의 영광이 아니라, 내 나름의 영광이다. 철학은 모든 사람에게 한결같이 평화로운 삶을 영위하는 방도를 찾아내지 못한 이상 각자가 독자적으로 그것을 찾아야 할 것이다.

카이사르와 알렉산더는 그 엄청난 명성을 운에서 얻은 것이 아니고 무엇인가? 운은 얼마나 많은 사람들을 어려서 매장해 버렸던가? 만일 운명적인 불행이 그들의 인생 계획을 어려서

---

3) 에피쿠로스의 친구이며 제자이지만 그보다 먼저 별세하였다.

잘라버리지 않았던들 그들도 저 영웅들과 같은 용기를 그들의 사업에 발휘할 기회가 있었을 터인데 우리는 그들에 대하여 아는 것이 하나도 없다. 그 많은 모험 가운데서도 카이사르가 한 번이라도 부상을 당했다는 말을 나는 들어본 적이 없다. 그가 당한 가장 보잘것없는 위험보다도 더 사소한 위험 속에서 수천 명의 인사가 목숨을 잃었던 것이다.

아무도 알아주지 않는 가운데 사라진 위대한 행동들이 얼마든지 있을 것이다. 용사가 성벽을 기어오르거나 군대의 선두에서 달릴 경우에 마치 발판 위에 올라선 것처럼 장군의 눈에 뜨이는 것은 아니다. 병사들은 참호나 성 안에서도 곧잘 기습을 당한다. 그리고 빈약한 성의 요새를 하나 공격하는 데도 목숨을 내걸어야 한다. 때로는 헛간 위에 숨어 있는 3, 4명의 비겁한 병졸들을 끌어내리기도 하고, 경우에 따라서는 혼자서 부대에 남아 일을 처리해야 한다. 유의해 보면 전쟁에서는 대수롭지 않은 때가 오히려 제일 위험하며 허다한 인물들이 버젓한 싸움터가 아니라 허술한 성벽을 사이에 두고 싸우다가 별로 위태롭지도 않는데 많이 죽어갔다는 사실을 알 수 있다.

빛나는 싸움터에서 전사하지 않으면 개죽음을 당한다고 생각하는 것은 오산이다. 그것은 자기 죽음을 빛나게 하려다가 오히려 모험을 무릅쓸 좋은 기회를 놓치고 자진해서 자기 생애를 헛되이 매장하기 쉽다. 의로운 자들은 저마다 충분히 그 이름을 빛내고 있는 것이다. 자기 양심이 다른 사람들에게 나팔을 불고 다니기 때문이다. 「영광은 양심이 입증함으로써 얻어진다.」(바울, 고린도)

자기가 의로운 사람임을 남들이 알아주고 자기를 존경하지 않는 한 결코 의로운 자가 될 수 없고, 자기의 선행이 사람들에게 알려지지 않는 한 선행을 하려 들지 않는 자는 없어도 무방한 존재이다.

> 오를란도는 이 겨우내 사뭇 남의 기억에 남을 만한 일을 하였다.
> 그러나 그가 한 일은 비밀에 묻혀 있었다고 해서
> 내가 증언하지 않은 것은 잘못이 아니다.
> 그는 언제나 빛나는 행동을 하는 데만 열중하고
> 남에게 알릴 생각은 조금도 없었던 것이다.
> 무슨 일이든지 현장에서 목격하지 않는 한,
> 사람들의 입에 오르내리기는 어려운 것이다.
> (아리오스토)

전쟁할 때에는 의무감에서 돌진해 나가야 하며 그 공로가 비밀 속에 묻혀 있더라도 훌륭한 행동이나 생각에까지도 반드시 돌아오는 보상을 기다릴 일이다. 그 보상이란 양심이 선행 자체에서 받는 만족감이다. 인간은 용감성 자체를 위하여 그리고 운명의 침범에 항거하여 확고부동한 자세를 취하기 위해 용감해야 하는 것이다.

> 수치스러운 실패를 맛보지 않는 용기는
> 아름다운 영광으로 빛난다.
> 그리하여 속인들의 인기에 따라서
> 무기를 함부로 손에 들지 않는다. (호라티우스)

우리는 남에게 보이기 위해 행동을 하는 것이 아니라, 우리 자신의 눈만이 들여다보는 내부에서 알아주는 자가 없어도 행동하는 것이다. 그 내부에서 우리의 심령은 죽음과 고통의 두려움은 물론 수치의 두려움에 대하여서도 우리를 보호한다. 그 속에서 심령은 자식이나 친구나 재물을 잃은 재난에 대한 슬픔도 가라앉혀 준다. 또한 심령은 때가 되면 전쟁의 모험 속에도 우리를 데려가기를 꺼리지 않는다. 「어떤 이득을 위해서가 아니라 도덕 자체의 명예를 위하여.」 이 소득은 명예와 영광—그것은 사람들이 우리에게 내린 유리한 판단에 불과하다—보다도 더 위대하고 더 가치가 있는 것이다.

한 아르팡의 땅을 감정하려면 나라에서 사람 열 두어 명만 파견하면 족하다. 그러나 우리의 성향과 행위를 판별하는 것은 세상에서 가장 어렵고 중요한 일인데, 우리는 무지와 불의와 무절제의 근원인 속인들의 여론에 일임하고 있는 것이다. 현자의 인생을 광인들의 판단에 맡기다니 말문이 막힌다.

「누구나 개개인은 경멸하면서도 집단이 되면 존경하는 것보다 더 몰지각한 일이 어디 있는가?」(키케로)

누구든지 그들을 좋게 평하는 것은 무모한 일이다. 그것은 형체도 없고 잡히지도 않는 목표이다.

「군중의 마음보다 더 알기 어려운 것은 없다.」(티투스 리비우스)

데메트리오스는 백성들의 아우성을 듣고 그들은 위에서 내려오는 소리와 아래서 올라오는 소리를 분간하지 못한다고 핀잔을 하였다. 그런데 키케로는 더 심하게 말하였다. 「나는 조금도 수치스럽지 않는 것도 군중의 칭찬을 받으면 수치스럽게 생각한다.」

아무리 신기한 기술도 또 아무리 자유로운 정신도 이렇게 주책없이 탈선하는 안내자를 따라 발길을 옮길 수는 없을 것이다. 사실 우리는 전해지는 소문과 세상 사람들의 풍설이 바람처럼 밀어 닥치는데 말려들어가서는 흑백을 가려낼 수 없을 것이다. 이렇게 들떠 있는 영예를 얻으려고 할 것이 무엇인가? 우리는 언제나 이성의 지시대로 행동하자. 대중의 여론이 이성을 따라올 일이다. 그런데 이 여론이라는 것은 오로지 운에 달려 있으므로 그것이 올바른 길로 들어서기를 바랄 수는 없다.

내가 가려는 길은 반드시 정도이기 때문이라기보다도 일반적으로 가장 평탄하고 또한 유리하다는 것을 경험을 통하여 알고 있기 때문이다. 「하느님의 눈에 명예로운 것은 가장 유익함을 인간들에게 선물로 주셨다.」(퀸틸리아누스) 옛날의 사공들은 심한 풍파를 만나면 바다의 신에게 이렇게 기도하였다. 「오, 신이여! 당신께서 원하시면 저를 살려주소서. 또한 당신이 원하시면 저를 죽여주소서. 저는 언제나 저의 키를 바로잡겠나이다.」

나는 오늘날 수많은 사람들이 약삭빠르고 겉과 속이 달라 나보다 훨씬 총명하다고 생각하였으나 나는 생명을 보존하였는데 그들이 패가망신하는 것을 보았다.

나는 간사하고 꾀가 많은 자도 곧잘 실패하는 것을 목격하였다. (오비디우스)

파울루스 아에밀리우스는 그의 명예로운 마케도니아 원정을 떠나면서 로마의 국민들에게 자기가 없는 동안에 자기의 행동에 대하여 왈가왈부하지 말라고 당부하였다. 어설픈 판단은 중대한 사업에 큰 재앙이 되는 것이다. 민중의 여론이 자기를 배척하는 경우에 파비우스만한 굳은 신념이 없는 한 마음이 동요되기 쉽다. 그는 자기 직책을 그릇 수행하면서까지 민중의 좋은 평판과 호감을 사느니 차라리 자기 권위가 사람들의 헛된 망상 때문에 여지없이 무너지는 편을 택하였다.

인간은 남의 칭찬을 받으면 자연히 마음이 흐뭇해진다. 그리하여 우리는 그것을 과대평가하는 경향이 있다.

> 나는 남의 칭찬받기를 두려워하지는 않으련다.
> 내 마음은 모가 나지 않았다.
> 그러나 당신들이 외치는 「잘한다!」 「훌륭하다!」 또는 선의 극치니 종국이니 하는 말을 나는 부인한다.
> (페르시우스)

나는 내가 나에게 어떻게 보이는가에 대하여 염려하듯이 남이 나를 어떻게 보는가를 염려하지 않는다. 나는 남의 것을 빌려다가 부유해지기를 원치 않고, 내 것으로 부유해지기를 원한다. 사람들은 외적인 사건들과 겉모습밖에는 보지 않는다. 그들은 마음이 열병과 두려움으로 가득 차 있으면서도 겉으로는 태평한 체할 수 있다. 그들은 내 속을 들여다보지 않고 내 외모만 훑어본다.

우리는 자기 이름이 여러 사람의 입에 오르내리게 되는 것을 유명하게 되는 징조라고 생각한다. 그리하여 사람들이 자기 이름을 잘 기억하여 명성이 커지게 되면 자기에게 이로울 줄 알고 있다. 여기에는 그럴듯한 구실이 많이 따른다. 그러나 이러한 폐단이 지나치면 사람들이 자기를 언제나 화제에 올리기를 바라게 된다. 폼페이우스가 헤로스트라투스에 대하여 그리고 리비우가 카피톨리누스에 대하여 말한 바에 의하면 그들은 호평을 얻는 것보다는 이름이 널리 알려지는 것을 원하였다고 한다. 이러한 악덕은 이해하기 곤란하다. 우리는 사람들이 우리를 어떻게 평하느냐보다도 우리에 대하여 말해주는 것 자체에 관심이 많으며 따라서 우리의 이름이 널리 알려진다는 것은 무엇을 뜻하는가? 그것은 자기 생명이 남의 손에 보존됨을 의미한다.

그런데 나는 어디까지나 나 자신으로만 존재한다고 생각한다. 그리하여 내 친지들의 기억 속에 깃들어 있는 내 생명을 적나라하게 생각해 보면 허황하기 짝이 없는 허영으로만 그것을 즐길 수 있는 것이다. 그리고 내가 죽은 다음에는 더구나 그것을 덜 느낄 것이다. 우연히 죽음 뒤에 따르는 이 명성의 참된 효과를 맛볼 기회가 완전히 사라질 것이다. 나는 이 명성을 찾아볼 건덕지도 없을 것이며, 따라서 그 명성은 내게 닿을 길이 없게 될 것이다.

왜냐하면 내게는 이 명성을 받아들일 이름이 없기 때문이다. 나의 두 이름[4] 중에서 하나는 내 가문 전체에 공통되며, 또한 다른 사람의 이름도 된다. 파리와 몽펠리에에는 몽테뉴라

---

[4] 성과 이름을 가리킴.

는 성을 가진 집안이 있으며 부르타뉴와 생통쥬에는 드 라 몽테뉴라는 성이 있다. 철자 하나만 바꾸면 우리 계보와 혼동이 되므로 나는 그들의 영광에 참여하게 될 것이며 그들은 아마 내가 받는 수치에 한몫 낄 것이다. 또한 우리 가문은 옛날에 「에켐」이라는 성을 가졌었는데, 그것은 영국에서 이름 있는 한 가문에 속하고 있다.

다음에 또 하나[5])의 내 이름은 누구나 원하면 가질 수 있다. 그러므로 나는 나대신 한 짐꾼에게 명예를 줄 수도 있을 것이다. 내가 자신의 특징을 갖고 있어도 내가 이미 이 세상에 있지 않는 한 아무런 의미도 없는 것이다. 그것은 무에 불과하니 어떻게 우대할 수 있겠는가?

> 비석은 내 유골을 한결 가볍게 누를 수 있는가?
> 후세가 나를 칭송하다니 웬 말인가?
> 이제 이 영광스러운 망령들에서 무덤의 복된 잿더미에서
> 앉은뱅이꽃이 피어나리. (페르시우스)

나는 이 문제에 대하여 다른 데서 언급한 바가 있다.

만여 명의 병사들이 다리 병신이 되고 죽어가기도 하는 전쟁터에서 사람들의 입에 오르내리는 이름은 불과 열댓이 될까

---

5) 미셀을 가리킴.

말까이다. 사람들이 말하는 뛰어난 용기나 중대한 결과란 행운에 결부되어 있음을 생각할 때 무명 병사나 창병의 사사로운 부동도 높이 평가해야 한다. 목숨을 내걸고 사람을 한 둘, 또는 열 명쯤 죽인다는 것은 우리에게 중대한 일이 아닐 수 없다. 그것은 그 사람의 전 생애를 내던지고 있기 때문이다. 그러나 세상 사람들에게는 흔히 볼 수 있는 일로 생각되며 어떤 큰 전과를 올리기 위해서는 당연히 요청되는 일이기 때문에 별로 칭찬할 것도 없는 것으로 알고 있다.

> 그것은 많은 사람들에게 널리 알려진 사건으로,
> 흔히 있는 운명의 와중에서 얼마든지 찾아볼 수 있다.
> (유베날리스)

과거 1500년 동안에 우리나라에서 무기를 손에 들고 죽어간 수만 명의 용사들 가운데서 우리에게 알려진 이름은 100명도 되지 않는다. 장수들의 기억력뿐만 아니라 전투와 승리의 추억도 희미하다. 이 세상에서 일어나는 과반수의 사건들은 기록이 없기 때문에 그대로 매장되기가 일쑤이다. 이 미지의 사건들을 내가 알고 있다면 나는 이미 알려진 사건들과 쉽사리 대치시킬 수 있을 것이다.

많은 그리스, 로마의 작가들이 희귀하고 고상한 업적들을 남겼지만 그 가운데서 우리 시대까지 알려진 사람은 불과 몇 사람 되지 않는다.

　　극히 미약한 입김이 그들의 명성을
　　우리들의 귀에까지 전해준다. (베르길리우스)

지금부터 100년 후에 프랑스에 내란이 있었다는 것을 사람들이 윤곽이나 기억해 준다면 참으로 희귀한 일일 것이다.

라케데모니아인들은 전쟁하러 나가기 전에 그들의 공적이 잘 기록되기를 원하면서 여신들에게 제물을 바쳤다. 그들은 자기네의 위대한 행동을 뭇사람들의 기억 속에 남겨줄 수 있는 증인을 얻은 것을 거룩한 은총으로 생각하였던 것이다.

우리가 참가한 총격전이나 우리가 겪는 위험한 사건마다 서기가 옆으로 급히 달려와서 기록해 줄 것을 믿는단 말인가? 가령 100여 명의 서기들이 그것을 기록한다고 하더라도 그것은 사흘도 못 가서 온데 간데 없어질 것이다. 우리는 옛날 문서의 1000분의 1도 보존하고 있지 않다. 운이 좋아야 그 문서의 생명이 길어지며 또한 그 은총에 따라서 그 생명이 짧아지기도 하고 길어지기도 한다. 또한 우리가 갖고 있는 기록은 우리가 그 밖의 것은 볼 수 없으니만큼 대수롭지 않은 사건이 아니었던가 하고 의심해 볼 여지가 있는 것이다. 역사는 이렇게 적은 인원으로 이루어지지 않는다. 한 제국이나 왕국을 정복하는 데는 대장을 비롯하여 많은 희생이 필요하다. 카이사르는 언제나 열세에 있는 군대로 52회에 걸친 전투에서 승리를 거두었던 것이다. 만여 명의 선량한 병정들과 많은 장수들이 그와 함께 용감하게 싸우다가 죽어갔으며, 그들의 이름은 처자들이 살아 있는 동안에나 기억되었을 뿐이다.

그들은 어두운 영광 속에 사라져 갔다. (베르길리우스)

우리가 눈으로 본 훌륭한 용사들까지도 그들이 싸움터에서 목숨을 잃은 지 3개월 내지 3년이 지나면 마치 그들은 이 세상에 태어나지 않았던 것처럼 전혀 사람들의 입에 오르내리지 않게 된다. 우리에게 전해진 책들 속에 어떤 인물의 어떤 업적들이 기록되는 영광을 차지하는가를 정당한 척도로 고찰해 보는 자라면 행동이나 인격 면에서 오늘날 우리 시대에 떳떳이 영광을 보여줄 수 있는 인물이 극히 드물다는 사실을 알게 될 것이다. 우리는 용기와 인덕을 겸비한 인물들이 일찍이 정당하게 얻은 명예와 영광이 그들의 생존시에 사라지는 것을 보고 환멸을 느낀다. 실로 그 명성은 그들의 수명만큼도 유지되지 못하였던 것이다. 이 명성은 고작해야 3년쯤 지속되는 허황된 것이다. 이를 위해 우리는 참된 인생을 죽음으로 청산해야 하는가?

그러므로 현자들은 이런 중대한 문제에 대하여 더욱 훌륭하고 타당한 견해를 갖고 있는 것이다.

「선행에 대한 보상은 그것을 수행하였다는 사실이다.」(세네카)「어떤 봉사의 과실은 그 봉사 자체이다.」(키케로) 화가나 조각가 또는 문학가나 언어학자까지라도 명성을 얻기 위해 노력하는 것은 탓할 것이 못 된다. 그러나 도덕적 행위는 그 자체가 너무나 고상하기 때문에 그 자체의 가치밖에는 그 대가가 될 수 없다. 더구나 허영에 가득 찬 인간의 가치 판단 속에서 그 대가를 찾아서는 안 된다. 모든 명예로운 자들은 자기 양심을 속이느니 차라리 명예를 잃는 편을 택한다.

30. 교만에 대하여

 이 세상에는 또 하나의 자랑이 있으니, 그것은 우리가 자기 자신에 대하여 과대평가하는 일이다. 그것은 자기를 지나치게 존중하는 터무니없는 심정으로 자기를 사실보다 더 훌륭하게 보는 점에서 애인의 경우와 흡사하다. 즉 누구나 애인에 대하여는 사람의 정열로 인하여 사실을 올바르게 판단하지 못하며 한결 아름답고 단정하고 완벽하게 보는 것이다.

 그렇다고 나는 이런 실수를 저지르지 않기 위해 자기를 그릇 평가하거나 사실보다 못하게 생각한다는 것은 아니다. 우리는 모든 면에 올바른 판단을 내려야 한다. 따라서 자기에 대하여도 사실 그대로 평가해야 한다. 카이사르가 자기를 세상에서 가장 위대한 장수로 생각한 것은 당연하다.

 우리는 흔히 사물의 형식에 얽매인다. 형식에 끌려서 그 알맹이를 놓치는 수가 많다. 즉 지엽적인 일에 구애되어 본체를 저버리는 것이다. 우리는 부인들에게 그녀들이 침실에서 실천에 옮기기를 조금도 서슴지 않는 일도 입 밖에 내는 것으로 얼굴을 붉히도록 요구하고 있다. 우리는 육체의 어느 일부를 감히 입 밖에 내는 것도 꺼리지만 그 기관을 모든 방탕한 행동에 사용하기를 주저하지 않는다. 예의범절은 우리에게 합리적이고 자연스러운 사물들을 말로 표현하는 것을 금하는데 우리는 당연한 것으로 알고 있다. 이성으로 판단하건대 그것은 조금도 불합리하거나 흉악하지 않다. 그러나 아무도 이 이성의 소리를 곧이듣지 않는다. 나도 예의범절에 얽매어 있다. 그리하여 나는 자기를 좋게 말할 수도 없고 또한 나쁘게 말할 수도 없다. 아무튼 예의범절에 대한 문제는 더는 건드리지 말기로 하자.

운(그것을 좋게 부르건 나쁘게 부르건)이 좋아서 높은 지위를 차지한 자들은 공적인 행동을 통하여 그들이 어떤 인물인가를 남에게 보여줄 수 있다. 그러나 운이 민중의 지위밖에 주지 않아 자기가 자기를 이야기하지 않으면 아무도 귀를 기울이지 않는 그러한 자들은 자기에게 흥미를 갖고 있는 사람들에게 루킬리우스처럼 과감하게 자기소개를 해도 무방할 것이다.

> 그는 친구에게 말하듯이 모든 비밀을 글로 서술하였다.
> 행복하였건 또는 불행하였건,
> 다른 아무데도 감회를 말하지 않고
> 봉납 현판을 아로새기듯이
> 그는 노령에 이르러 여생을
> 오직 여기에 바쳤다. (호라티우스)

그는 종이에 자기 행동과 사상을 느낀 그대로 기록하였다. 또한 「루틸리우스와 스카우루스는 그렇게 함으로써 신용을 잃거나 멸시를 당한 일은 없었다.」(타키투스)

나는 어릴 적부터 내 태도에 어리석게도 어딘가 교만한 데가 있다고 사람들이 말하던 일이 생각난다. 나는 우선 우리 자신의 몸에 배어 자기가 느끼고 생각해 낼 도리가 없을 정도로 된 천성을 갖는 것은 나쁜 일이 아니라는 것을 말하고 싶다. 이러한 타고난 특징은 자신이 알지도 못 하고 따라서 긍정도 하지 못하는 사이에 몸에 배어 있는 수가 종종 있다. 알렉산더는 언제나 머리를 한쪽으로 약간 기울이고 다녔으며 알키비아데스의 말투가 남달리 부드러우면서도 걸쭉하였던 것은 의식적으로 자기의 미모를 뽐내기 위한 태도였다. 카이사르는 언제나 무슨 어려운 생각에 잠긴 사람처럼 손가락으로 머리를 긁적이고 있었다. 그리고 키케로는 콧등을 찌푸리는 버릇이 있었는데 이것은 그가 타고난 익살꾼임을 말해준다. 우리는 부지불식간에 이런 몸짓을 하는 수가 있다.

사람들은 인사나 경례를 할 때 일부러 정중히 하여 겸손하고 예의 바르다는 호평을 얻기도 한다. 인간은 교만으로 겸손할 수도 있다. 나는 여름철에는 보통 모자를 벗고 인사를 하며 내가 부리는 하인 이외에는 누구든지 인사를 해오면 반드시 답례한다. 내가 잘 아는 어느 군주는 인사를 좀 아껴주었으면 한다. 그렇게 인사를 남발하면 무게가 없어지기 때문이다. 분별 없는 인사는 효과를 내지 못한다.

콘스탄티누스 황제의 존대는—싱겁기는 하지만—잊을 수 없다. 그는 군중들 앞에서도 언제나 고개를 똑바로 쳐들고 한눈을 파는 법이 없었다. 누가 옆에서 인사를 하여도 거들떠보지 않았으며 몸을 부동의 자세로 하고 심지어 마차가 흔들려도 움직이지 않았다. 그리하여 아무도 그 앞에서는 침도 못 뱉고 코도 못 풀며 땀도 씻지 못하였던 것이다.

사람들이 비난한 나의 태도가 이런 부류에 속하는 것이었는지 혹은 내게도 그런 악덕이 은밀히 숨어 있었는지—그것은 있을 수 있는 일이다— 알 수 없다. 그러므로 내 몸가짐에 대하여는 책임을 질 수 없으나 마음의 움직임에 대하여는 내가 느낀 그대로 고백하고자 한다.

무릇 교만에는 두 가지 종류가 있다. 즉 자기를 높이는 일과 남을 낮추는 일이 그것이다. 전자의 경우는 나로서는 불쾌하고 부당하기 짝이 없으며 더구나 이러한 폐단을 초래하는 심령의 과오에 나는 커다란 압박감을 느끼는 것이다.

나는 이 점을 시정하려고 노력해 보지만, 그 뿌리를 뽑아버릴 수는 없다. 내가 소유하고 있는 사물들은—소유하고 있기 때문에—그 가치를 깎아내리게 되며 내 손에 있지 않은 사물에 대하여는—그것을 내가 소유하고 있지 않기 때문에—그 가치를 올리는 것이다. 이러한 심정은 상당히 광범위하게 일어난다.

그런데 누구나 내가 나 자신을 평가하는 것만큼은 자기 자신을 평가한다. 또한 아무도 나를 나보다 못하게 평가하기는 어려운 일이다.

나는 나를 평범한 사람이라고 생각한다. 그리하여 속되고 천한 일을 저지른 적은 있지만 이를 감추거나 변명해 본 일은 없다. 그리고 내가 지닌 값어치 이상으로 나를 평가하지도 않는다.

그래도 교만하다면 그것은 내 기질이 나에게 피상적으로 주입한 것으로 내 눈에 띌 만큼 뚜렷한 것이 못 된다. 그러므로 나는 거기 물들어 침해를 당하고 있는 것이 아니다.

나는 결코 나한테서 정신적으로 나를 만족시켜 주는 것을 찾아내지 못 하고 있다. 남들이 칭찬해 주는 일은 있으나, 그것은 내가 나를 칭찬할 구실이 못 된다. 내 성미는 나약하고 꽤 까다롭다. 특히 내 자신에 대하여 그렇다. 나는 언제나 내 자신을 부인한다. 그리고 성격이 허약하기 때문에 줏대가 없이 매사에 곧잘 휘어지곤 한다. 그러므로 내 것으로 만족을 느낄 만한 것은 하나도 없다. 나는 꽤 예리하고 끈기 있는 관찰력을 갖고 있지만, 실제로 일에 부딪치면 갈팡질팡하기가 일쑤이다. 특히 시를 쓸 때에 그렇다. 나는 시를 무던히 좋아한다. 그리하여 남의 작품은 곧잘 이해하지만 막상 내가 시를 쓰려고 들면 어린애의 수작처럼 되는 것을 어찌할 도리가 없다. 사람은 다른 데서는 에누리가 통하지만 적어도 시에 있어서는 어림도 없다.

> 신도 인간도, 그리고 작품을 써 붙이는 기둥까지도
> 시인들의 속됨은 용납하지 않는다. (호라티우스)

모든 출판사 입구에 이 격언을 써 붙이고 그 많은 사이비 시인들이 감히 작품이랍시고 하여 들고 드나들지 못하도록 하면 얼마나 좋을까?

> 용렬한 시인보다 더 자신 있는 자는 없다. (마르티알리스)

디오니시오스[1]는 무엇보다도 시 짓는 재주를 가장 자랑스럽게 여겼다. 그리하여 올림픽 경기 때에는 가장 화려한 수레를 타고 나타나 제왕답게 금박에 수를 놓은 천막을 치고 깃발을 날리며 시인과 음악가들을 시켜서 자기 시를 대중 앞에 읽히는 것이었다. 처음에는 어휘가 우아하여 뭇사람들의 주의를 끌었으나 곧 그 내용이 빈약함을 알고는 차차 경멸하기 시작

---

1) B. C. 430~367. 참주가 되어 카르타고와 대결. 문예를 장려하여 플라톤을 초청한 일도 있으며, 몸소 비극을 써서 아테네의 상을 받기도 하였다.

하다가 점점 혹평을 가하더니 울화통을 터뜨린 끝에 달려가 그 깃발을 모 두 찢어 팽개치는 것이었다. 그런데 그의 수석도 경기에서 별로 성적이 시원치 않았으며 부하들을 실어 나르던 배는 시실리아로 돌아가지 못하고 폭풍우에 밀려서 타렌토의 바닷가에서 난파한 것을 보자 백성들은 신 이 그 엉터리 시에 대하여 분개한 탓이라고 생각하였다. 그런데 그 난파에서 목숨을 건진 뱃사람들까지도 그렇게 생각하는 것이었다.

그런데 그의 죽음을 예언한 신탁도 역시 그 백성들의 식견에 가담 하는 것 같았다. 그 신탁에는 디오니시오스가 자기보다 뛰어난 자들에게 승리를 거두면 죽게 될 것이라고 되어 있었다. 그는 카르타고인들을 자기보다 뛰어난 자들로 간주하고 그들과 싸울 때 그는 이 예언에 거스르지 않으려고 승리할 기회를 여러 번 놓치곤 하였다. 이것은 잘못된 허식이었다. 신은 그가 아테네에서 자기보다 뛰어난 비극 시인들과 겨루어 〈레네이아 사람들〉이라는 타이틀의 작품을 상연시키고 불법 수단으로 매수하여 승리를 거두는 때를 가리키고 있었던 것이다. 그는 이렇게 해서 승리를 거두고 나서 갑자기 죽어버렸다. 그가 죽은 것은 그가 그때 느낀 지나친 기쁨 때문이기도 하였다.

나는 내 작품에 대하여 변명할 여지가 있다면 그 작품의 내용에 대해서가 아니라 남들의 호평은 받으나 내가 보기에는 보잘것없는 다른 작품들과 비교해 보는 경우이다. 나는 자기 작품이 잘 되었다고 해서 기뻐하는 자들이 부럽게 생각된다. 그들은 자기 자신으로부터 손쉽게 그런 기쁨을 찾아내니 말이다. 특히 그들의 자부심에 고집이 깃들어 있을 경우에 그러하다. 내가 아는 어느 시인은 유식한 자들에 대해서나 무식한 자들에 대하여 그리고 군중들 속에서나 방구석에서—하늘과 땅 사이에 있는 모든 사람들로부터 그는 시가 무엇인지 모른다는 꾸중을 받고 있다. 그는 누가 뭐라고 하든지 자기가 쓴 말 한마디 고치려 들지 않고 자기 견해를 끝내 고집한다. 그는 자기 견해를 지지하는 자가 오직 자기 하나뿐이기 때문에 더욱 고집을 부린다. 그런데 내 작품은 내게 기쁨을 주기에는 너무나 부족하여 다시 읽어볼수록 화만 치민다.

나는 다시 읽을 적마다 얼굴을 붉힌다.
내가 쓴 그 글이 많이 삭제되어야 하겠기에,
(오비디우스)

나는 언제나 마음속에 어떤 생각과 함께 한 영상을 갖고 있다. 그것은 마치 꿈속에 나타난 광경처럼 내가 쓴 것보다 더 아름답다. 나는 그것을 여실히 묘사할 수 없다. 그리고 나는 상상력이 상당히 부족하다. 지난날에도 위대한 작가들이 남긴 작품들은 내 상상력과 의욕의 극한을 훨씬 넘는 것이다. 그들의 문장은 나를 만족시켜 줄 뿐만 아니라 나를 놀라게 하여 감탄하여 정신을 잃게 한다. 나는 그들의 예술적인 미를 눈으로 목격할 수 있다. 그 전부를 이해한다고 볼 수는 없어도 적어도 내가 그런 글을 쓰려고 갈망하여도 불가능하다는 것을 알 수 있을 만큼은 이해하고 있다.

플루타르코스는 어떤 사람에게 모든 일을 제쳐놓고 미의 여신에게 은총을 베풀어 줄 것을 요청하라고 말하였거니와 나도 그 신에게 제물을 드려야 할 것이다.

> 인간의 감각을 달콤하게 자극하여
> 즐겁게 하여주는 것은
> 모두가 미의 여신의 혜택이로다. (작자 미상)

그런데 이 여신은 어디 가나 나를 저버리기가 일쑤이다. 그리하여 나의 글은 모두가 거칠기만 하다. 조금도 부드럽고 아름다운 맛이 없다. 나는 한낱 사물에 지닌 값어치밖에는 더 표현할 줄 모른다. 나는 소재에 조금도 보태주지 못한다. 그러므로 나한테는 소재 자체가 다채롭고 빛나야 한다. 내가 평범하고 통쾌한 소재를 잘 다루는 것은 그것이 내게 어울리기 때문이다. 나는 남들처럼 엄숙하고 침통한 예지를 좋아하지 않는다. 장중하고 근엄한 소재를 곧잘 택하여 문체(나의 두서없는 말투며 아마 파니우스와 라비리우스와 같은 속된 사투리며 무질서한 서식 또는 구분도 결론도 없는 혼란된 글을 문체라고 할 수 있다면)를 꾸미느니 나 자신을 즐겁게 하기를 원한다.

나는 사람들의 마음을 흐뭇하게도, 즐겁게도, 간지럽게도 해주지 못한다. 세상에서 제일 재미있는 이야기도 내 손에 잡히면 싱거워지고 흐리멍덩해진다. 나는 정직하게 말한다. 나는 많은 내 동료들처럼 아무하고나 닥치는 대로 이야기를 나누며, 사람들의 주의를 끌지 못한다. 또한 그들과는 달리 아무 소재나 다룰 줄 모르며, 독자들의 기분과 이해력에 맞추어 글을 쓸 줄 모른다. 그들처럼 소재에 궁핍을 느끼지 않고 임금의 귀를 여러 가지 말로 즐겁게 하는 재주가 나한테는 없다. 임금들은 딱딱한 이야기는 즐기지 못한다. 그런데 나는 이야기를 꾸며댈 줄 모른다. 즉 일반 독자들의 구미에 제일 맞는 가장 쉬운 글을 나는 쓸 줄 모른다. 그러므로 민중의 설교사로는 낙제생이다. 나는 모든 소재에 대하여 내가 제일 잘 아는 것을 기록할 뿐이다. 키케로는 철학 논문에서 제일 어려운 부분은 서론이라고 말하였는데 그렇다면 나는 차라리 결론에 착념하고자 한다.

그러나 우리는 모든 곡조의 줄을 잘 맞추어 놓아야 한다. 그런데 연주에서 가장 높은 곡조는 흔치 않는 법이다. 빈약한 소재를 다루려면 무게 있는 제목을 다루는 것과 마찬가지로 뛰어난 재주가 필요하다. 즉 때로는 피상적으로 다루기도 하고 또

때로는 깊이 파고들어야 한다. 그런데 사람들은 대체로 사물의 껍데기만 핥느라고 얕은 단계에 머무르고 있다. 그러나 크세노폰이나 플라톤과 같은 위대한 스승들은 흔히 이들의 위치에서 평범하게 이야기하면서도 독자에게 무궁무진한 아취와 흥미를 준다.

내가 사용하는 어휘는 평범하여 멋이 없다. 또한 그것은 거칠고 야유조이며 방종한 경향도 갖고 있다. 그런데 그것이 내 비위에 맞는다. 나는 가끔 지나치게 이런 투로 나가면서 기교와 허식을 피하려고 하다가 도리어 다른 면에서 그 함정에 빠지곤 한다.

나는 간명한 필치로 쓰려다가
오히려 글이 거칠어진다. (호라티우스)

플라톤은 글의 가치는 문장이 길고 짧은 데 있지 않다고 말하였다.

내가 만일 아름답게 정리한 그의 문체를 따른다면 도저히 그 경지에 도달하지 못할 것이다. 그리고 간결미와 억양이 있는 살루스티우스[2]의 글이 내 마음에 들지만, 카이사르의 문체는 더 위대하고 모방하기 어렵다. 그리고 내 글은 세네카의 문

---

2) B. C. 86~34. 로마의 역사가이며 정치가.

체를 모방하려는 경향이 있지만, 플루타르코스의 문장을 더 높이 평가한다. 나는 언행에 있어서도 타고난 내 나름의 방식을 좇는다. 나는 아마 글을 쓰는 것보다 말하는 것이 더 능할 것이다. 동작과 행동은 말에 활기를 준다.

미모는 교제에 큰 몫을 하며 피차의 화목을 가져오는 큰 방편이 된다. 아무리 거칠고 퉁명스러운 사람이라도 미모의 날씬한 모습에 감명을 받게 마련이다. 그만큼 육체는 인생에 커다란 몫을 하며 그 역할은 크다. 그러므로 신체의 됨됨과 기질을 존중하는 것은 당연하다. 우리가 인간의 두 가지 중요한 부분을 분리시켜 생각하는 것은 잘못이다. 오히려 이 둘을 짝을 지어놓아야 한다. 영혼은 육체에서 떨어져 나와 육체를 경멸하고 등한시할 것이 아니라(영혼이 그렇게 하려고 하여도 그것은 결국 원숭이 억지재롱밖에 되지 않을 것이다), 육체와 짝지어 육체를 포옹하고 애지중지하여 협조하고 제어하며 충고하고 이끌어 주며 길잡이가 되어주고 하다가 결국에 가서는 육체와 결혼하여 남편 노릇을 하여야 한다. 그러므로 양자는 그 역할이 다르고 반대되는 것이 아니라, 서로 조화를 이루어 한길로 나가도록 해야 한다. 우리는 특히 영혼에 대하여 이것을 당부하여야 할 것이다.

기독교인들은 영혼과 육체의 통합에 대하여 특수한 가르침을 받고 있다. 그들은 하느님이 영육의 협조와 결합을 허용하며 육체에 대하여 영원한 보상을 받을 수 있게끔 하여주시고 모든 인간이 그 공적에 따라서 벌이나 상을 받을 것을 원하심을 잘 알고 있다……

나는 내가 손해 보는 것을 되도록 잘 느끼지 못하도록 내가 갖고 있는 재물이 얼마나 되는지 모르고 지내기를 좋아한다. 나는 나와 함께 살면서 정이 붙지 않고 일에 능률을 올리지 못하는 자들에게 나를 속여서라도 외모만은 잘 가꾸도록 하라고 당부한다.

나는 일이 뜻대로 되지 않아 일어나는 귀찮은 사건—우리가 자주 당하는 바와 같이—들을 감내할 만큼 마음이 억세지 못하다. 그리고 언제나 긴장하여 일을 규모 있게 처리해 나갈 수 없기 때문에 되도록 내 일을 전적으로 운에 맡기며 모든 일이 숫제 뜻대로 되지 않는 것으로 단정해 둔다. 그리하여 그 최악의 상태를 순조롭게 그리고 참을성 있게 이끌어 나가기를 작정하였다. 내가 노력하는 일이 있다면 오직 이것뿐이며 나의 모든 관심을 여기 쏟고 있다.

나는 어떤 위험에 직면하면 그것을 면할 방도를 생각하기에 앞서 면하여도 별수 없다고 생각하기로 한다. 그런 일을 당하여도 상관이 무엇인가? 나는 사건을 조절할 능력이 없으므로 내 마음을 조절하여 사건들이 내 비위를 맞추지 않으면 내가 사건들에 적응해 나간다. 나는 액운을 피하여 용케 모면하거나 액운에 거슬러 밀어내며 조심스레 사물을 나에게 맞추어 나가는 재주는 전혀 갖지 못하였다. 특히 이에 필요한 힘에 겨운 수고를 참아 나가는 힘이 없다.

그리고 위급한 일에 부딪치면 재빨리 손을 쓰지 못하고 공포와 희망 사이에서 갈팡질팡하는 것도 큰 탈이다.(실은 대수롭지 않은 일이고 보니 그걸 심사숙고하는 것도 귀찮은 일이다. 나는 성격상 무슨 일을 저지르게 되면 결과야 어찌되건 일단 팽개쳐두는 것이 오히려 뱃속이 편하지, 마음에 충격을 받아 이모저모로 따지고 캐는 일은 힘에 겨워 감당하기 어렵다. 그러므로 나는 아무리 큰 충격을 받아도 잠을 이루지 못하는 일은 드물다. 조금이라도 무슨 일을 깊이 생각해 보면 정신이 얼떨떨해진다.

나는 길을 가도 낭떠러지나 가파른 데는 피한다. 비록 흙구덩이에 발이 빠지더라도 언제나 발길을 아래로 돌려 평평한 길을 걷는 것이 마음 편하다. 아무튼 나는 불행을 섣불리 제거하려다가 오히려 곤경에 빠져 더 큰 시련을 당하지 않도록 조심하여 차라리 대뜸 고통 속에 뛰어들게 하는 불행을 잠자코 감수하기로 작정한다.

나는 시골에서 출생하여 농부들 틈에서 성장하였다. 나는 재산을 상속받은 후로 집안 살림을 맡아보고 있지만 수판을 놓거나 펜을 들어 계산할 줄 모른다. 그리고 우리는 사용하고 있는 돈의 종류도 거의 알지 못하며 곡식들은 밭에 묻혀 있는지 광 속에 들어 있는지 알려고 들지 않는다. 밭에서 자라는 양배추와 상치의 구별도 못하여 간단한 세간의 이름도 모른다. 요컨대 어린아이들도 알고 있는 농사의 기초 지식도 나에게는 없다. 그러니 까다로운 기계의 기술이나 무역의 내막, 상품에 대한 지식, 과일이며 포도주며 그 밖의 식료품 등 그 많은 종류와 품질에 대하여 알 턱이 없다. 모르는 것은 이에 그치지 않는다. 새를 기르는 법도 모르고 말이나 개에게 약을 쓰는 법도 모른다.

이왕 나의 흉을 내가 보는 판이니 더 말하기로 한다. 나는 무엇으로 빵을 만들며 포도주를 어떻게 발효시키는지 몰라 사람들 앞에서 망신을 당한지 한 달도 못 된다. 옛날에 아테네에서는 나뭇단을 잘 묶는 사람은 수학에 재능이 있다고 하였는데 내게서는 이와 정반대되는 결론을 얻을 것이다. 나는 식사를 준비하는 도구를 다 차려주어도 앉아서 굶을 수밖에 없는 위인이니 말이다.

이런 고백을 읽고 사람들은 이 밖에도 내가 지닌 여러 가지 못마땅한 점을 추측할 수 있을 것이다. 그러나 나는 거리끼지 않고 그대로 써나가는 것이다. 나는 변명을 하지 않고 이렇게 천하고 경박한 이야기도 펜 끝에 옮기는 것이다. 제목이 비속하니 그럴 수밖에 없다. 나의 의도를 비난한다면 할 수 없지만 내 태도는 비난하지 못할 것이다. 이런 일이 무게와 값어치가 없는 것이요, 내 의도가 미친 수작임을 나도 잘 알고 있다. 다만 내 판단이 잘못되지만 않으면 그만이 아니겠는가? 이 글은 바로 그러한 하나의 시도이다.

31. 순수성에 대하여

 인간은 천성이 연약하기 때문에 사물을 단순하게 또 순수하게 받아들이지 못한다. 우리가 다루는 모든 요소가 변질되어 있다. 금속도 마찬가지이다. 황금도 다른 금속을 섞어서 더 나쁘게 변질시켜야만 사용할 수 있다.

 도덕도 그렇게 단순치가 않다. 그리하여 아리스토텔레스와 피론, 그리고 스토아학파에서 인생의 목적으로 삼던 도덕도 키레네학파와 아리스티포스의 쾌락도 다른 요소를 배합하지 않고서는 통용될 수 없었던 것이다.

 우리가 지닌 쾌락과 재물에는 다소의 괴로움과 불편이 내포되어 있다.

 쾌락의 샘에서 더러운 물이 솟아나고
 꽃밭 속에서도 목을 조인다. (루크레티우스)

 우리의 탐락은 극도에 이르면 괴로움과 눈물이 기다리고 있다. 그것은 고민 속에 사라진다고 말할 수도 있다. 그 절정에 이른 모습을 보건대 오뇌, 나약, 허망, 실의, 병폐 등등 병적이고 고통스러운 낱말들을 발견하게 된다. 즉 탐락은 이러한 낱말들과 혈연적으로나 질적으로 긴밀한 연관성을 갖고 있다는 것을 말해준다.

커다란 기쁨 속에는 즐거움보다는 냉혹함이 깃들어 있다. 만족함이 극도로 충만하면 기쁨보다 안정된 느낌이 앞선다.「절도 없는 행복감은 그 자체를 파괴한다.」안일은 인간을 파멸로 인도한다.

그리스의 옛 시도 이런 뜻을 지니고 있다.「신들은 우리에게 내리는 은총을 팔고 있다.」즉 신들은 순수하고 완벽한 선물은 결코 우리에게 주는 법이 없으며 반드시 우리는 어떤 대가를 지불해야만 그나마 손에 넣을 수 있다는 것이다.

노고와 쾌락은 성질상 상반되지만 어딘가 모르게 자연스럽게 결합되어 서로 협조하고 있다.

소크라테스는 이에 대하여 말하기를, 신이 고통과 쾌락을 한데 뭉쳐놓으려고 하다가 잘 되지 않으므로 그 둘을 꽁지로 붙들어 매어놓았다고 하였다.

또한 메트로도로스의 말에 의하면 슬픔 속에는 다소의 쾌락이 섞여 있다고 한다. 그는 다른 뜻에서 그런 말을 했는지 모르지만 나는 우울증 속에는 일종의 호의가 깃들어 있다고 생각한다. 이 밖에 거기에는 어떤 야욕도 섞여 있을지도 모르지만 이에 대하여는 덮어두기로 한다. 아무튼 우울증의 무릎 위에는 우리에게 눈웃음치며 아부하는 고소하고 달콤한 무엇이 있다. 이놈을 영양소로 섭취할 수는 없을까?

눈물 속에는 일종의 쾌감이 깃들어 있다. (오비디우스)

세네카의 작품에서 아탈루스라는 자가 말하기를 「잃어버린 친구의 추억은 묵은 포도주의 맛과 같다.」고 하였다.

활레르나의 해묵은 포도주 가운데서도
동자야, 제일 쓴 놈으로 내 잔을 채워라. (카툴루스)

자연은 이런 혼란을 곧잘 드러내 보인다. 화가들은 인간이 웃을 때에도 울 때와 마찬가지로 얼굴에 주름이 진다는 것을 잊지 않는다. 이 두 가지 그림이 완성되어 가는 모습을 살펴보면, 어느 쪽을 그리는 것인지 의심이 날 것이다. 그런데 웃음의 절정에 이르면 울음이 섞이게 된다.

「세상에 보상해 주지 않는 불행은 없다.」(세네카) 인간이 소원을 다 이룬 상태(그의 육체의 모든 부분이 마치 성행위의 극치에 도달하였을 때와 같은 쾌감을 느끼는 경우)를 상상해 보라. 그는 육중한 쾌감의 무게에 짓눌려 쓰러져 버릴 것이다. 그렇게 순수하고 견고하고 합당한 쾌락을 무슨 수로 감당할 수 있겠는가. 그런 지경에 이르면 그는 마치 발을 제대로 디딜 수 없어 진창에 빠져 들어갈까 두려워하는 사람처럼 조급한 나머지 거기서 도망쳐 버릴 것이다.

나는 경건한 마음으로 고백하거니와 내가 지닌 최고선에는 언제나 악이 물들어 있음을 찾아볼 수 있다. 플라톤도 그가 주장한 가장 순수한 도덕(나도 이러한 도덕을 남 못지않게 성실한 마음으로 높이 평가한다)을 좀 더 자세히 고찰하였던들 거기 인간적인 요소가 뒤섞여 어색한 조화를 이루고 있다는 것을 알게 되었을 것이다. 인간은 무슨 일에 대해서나 또 어느 곳에서나 완성을 기대할 수 없다. 거기에는 언제나 미봉과 난점이 따른다.

정의에 입각한 법률에도 다소의 부정이 섞이지 않으면 존속될 수 없다. 플라톤은 법률에서 그 모든 결함과 폐단을 제거하려고 하는 자는 히드라의 머리를 자르려는 것처럼 무모한 짓이라고 말하였다. 「모든 형벌은 수형자에게 공평을 기할 수 없지만 공공의 이익으로 보상된다.」고 타키투스는 말하였다.

32. 카이사르의 전쟁법에 대하여

 사람들은 고명한 장수들이 즐겨 애독한 책에 대하여 이야기한다. 즉 알렉산더가 호머를 애독하였고, 스키피오가 크세노폰을, 브루투스가 폴리비우스를, 칼 5세가 필리프 드 코민을 각각 애독하였다는 것이다. 그리고 사망한 스트로찌 원수는 카이사르를 택하였는데 이것은 분명히 잘한 일이다. 그는 전술의 최고 권위자이므로 그의 작품은 모든 무관들이 애독할 만한 가치가 있기 때문이다. 그리고 그가 그 풍부한 소재에 얼마나 아름다운 옷을 입혔는지는 하느님이 입증하신다. 조리가 빈틈없고 정묘하고 완벽하여 이 세상의 어느 누구의 글도 그 부문에서는 그와 견줄 수 없을 정도이다.

 나는 여기 내 기억을 더듬어 전쟁에서 세운 그의 희귀한 업적에 대하여 기록하고자 한다. 일찍이 주바왕이 그와 싸우려고 대군을 이끌고 쳐들어온다는 소문이 나돌자 그의 군대가 공포에 싸여 떠는 것을 보고, 그는 휘하 장병들로 하여금 공포심을 물리치고 적을 대수롭지 않게 생각게 하는 대신에 전혀 다른 방도를 강구하는 것이었다. 즉 그는 병사들을 안심시키고 용기를 북돋아 주기 위해 한자리에 소집하고는 적의 군세가 어느 정도인지 이미 분명한 보고를 받았다고 말하고는 크세노폰에 나오는 키로스의 충고대로 떠도는 소문보다, 그러니까 실제보다 훨씬 그 수를 늘여서 말하였다. 적과 부딪쳤을 때 생각했던 것보다 적의 군세가 약하다는 것은 적을 깔보다가 실제로 강한 것을 알게 되는 것보다는 낫기 때문이었다.

그는 병사들에게 장수의 의도를 캐어물으며 간섭하는 일이 없이 단지 명령에 복종하도록 습관을 붙여왔었다. 그의 의도는 교전하려는 마당에 와서 비로소 공개하였으며 그의 계획의 일부라도 누설되었을 때에는 금세 전술을 바꾸는 것이었다. 그리고 이렇게 전술을 바꿀 경우에는 흔히 어느 한 지점을 야영지로 정해놓고서는 다른 곳을 택하곤 하였는데, 특히 비가 오거나 날씨가 궂으면 행군을 연장시키곤 하였다.

골 전쟁 초기에 스위스 군대가 로마 땅을 지나가도록 길을 빌려달라는 교섭을 하러 사자를 보내왔을 때 그는 그들을 무력으로 막을 작정이었으나 겉으로는 기꺼이 맞이하여 며칠 후에 대답하겠다고 말하고, 그 동안에 군대를 대비시켰던 것이다. 이 가련한 사자들은 그가 시간을 잘 이용하는 장수인 줄 전혀 모르고 있었다. 그는 기회를 노려 번개같이 날래게 공략하는 것이 장수의 가장 큰 역할이라고 몇 번이고 강조하였으며 이런 재주가 그로 하여금 초인간적인 큰 공훈을 남기게 하였던 것이다.

그는 협상이라는 가면을 쓰고 적을 침공할 유리한 태세를 갖추곤 하였으며 군병들에게 용기 이외의 도덕을 요구하지 않고 반역과 불복종 이외의 어떠한 행패도 처벌하지 않는 것은 양심적인 군략가라고 할 수는 없다. 그는 일단 승리를 거둔 다음에는 군병들이 방자한 행동을 멋대로 하여도 묵인하여 한동안 군율을 풀어주었지만 그래도 훈련을 잘 시켜 몸에 향수를 바르고 사향을 풍기면서도 일단 적과 싸우게 되면 저마다 용감하게 돌진하는 것이었다. 그는 휘하 군병들을 되도록 훌륭히 무장하게 하여 각자 자기 무기를 적의 손에 빼앗기지 않으려는 마음에서 더욱 세차게 싸우게 하였다. 그리하여 예컨대 마구만 하여도 조각을 하고 금과 은으로 장식하도록 하는 것이 보통이었다. 그는 부하들을 흔히 「동무」라고 불렀는데 이러한 관습은 현재 우리 사이에도 전해지고 있다. 그런데 이것을 그의 후계자 아우구스투스는 개혁하였다. 그것은 카이사르가 필요에 따라서 또한 자진하여 자기를 따르는 자들의 마음을 사기 위한 수단이지만 그 방법은 일국의 황제요, 장수인 자기 위신을 떨어뜨리는 처사라고 생각하여 「병사들」이라고 부르기로 하였던 것이다.

라인강가에서 카이사르는 우리의 장수였으며 이곳에서

는 동지이다.
 죄악에 물들면 누구나 똑같이 인간이 되는 것이다.
 (루카누스)

 카이사르는 군병들에게 이런 선심도 곧잘 썼으나, 한편 그들을 단속할 때에는 매우 엄하였다. 플라켄티아 근처에서 휘하의 제 9군단이 반란을 일으키자 집요하게 버티는 폼페이우스의 군대들을 감히 무찌르겠다는 그들의 누차에 걸친 탄원을 받고서야 겨우 용서하였다. 그는 그들을 선심보다 권위와 용기로 진압시켰던 것이다.

 그가 라인강을 건너 독일에 쳐들어갈 때 자기 군대가 배로 도강한다는 것은 로마 국민의 위신에 걸린다고 하여 군대가 걸어서 강을 건너도록 다리를 놓게 하였다. 그때 그는 몸소 다리의 가설법을 상세히 설명해 주었다. 그는 이러한 작업에 대하여 자기의 신묘한 생각을 피력할 경우에 한하여만 꼬치꼬치 설명하고 그의 공훈에 대하여는 일체 입을 다무는 것이었다.

 그가 전투가 시작되기 전에 군병들의 사기양양을 매우 중요시한 것은 주목할 만한 일이다. 그는 적의 기습을 당하거나 급격한 추격을 받은 대목에 가서는 언제나 군병들에게 연설할 틈이 없었다고 변명하고 있다. 예컨대 투론족들과 큰 전투를 벌이기 전에 「카이사르는 전투의 모든 명령을 내리고 나서 부하들을 독전하기 위해 허겁지겁 달려갔다. 그리하여 제 10군단 군병들을 만나서는 그들에게 오래 몸에 익혀온 용감성을 발휘하여 겁내지 말고 과감히 적의 공격을 지지하라고밖에 다른 말을 할 여가가 없었다. 그때 이미 적군은 화살이 닿는 거리에 접근하였으므로 그는 전투의 신호를 내리고 다른 군단을 독전하기 위해 급히 달려가니 그들은 벌써 전투를 개시하고 있었다.」는 것이다. 이것이 전투를 설명하는 그의 격식이다. 그의 구변은 곳곳에서 그에게 큰 공을 세워주었다. 그의 당대에도 그의 군사상의 웅변은 유명하였으며 심지어 군병들 중에는 그의 연설을 필기해 두는 자도 있었다. 이렇게 하여 모은 기록이 몇 권의 책이 되어 그가 죽은 뒤에 후세의 사람들이 애독하게 된 것이다. 그의 말에는 독특한 개성이 있었으므로 그의 친지들, 특히 아우구스투스 같은 분은 누가 기록한 그의 연설을 읽는 것을 들으면 그가 친히 말하지 않은 구절이나 심지어 낱말까지도 가려내는 것이었다.

그가 공직을 맡고 처음으로 로마를 떠났을 때 여드레 만에 론강에 도달하였는데 그동안에 그가 탄 마차 속에는 두 명의 서기가 앞에서 그의 글을 받아쓰고 있었으며 뒤에는 칼을 든 자가 서 있었다. 그는 항상 승전을 거듭하면서 골을 떠나 폼페이우스를 쫓아서 브룬디시움으로 가고 그 후 18일 만에 이탈리아를 정복하고 브룬디시움에서 로마로 돌아왔다가 다시 로마에서 아프라니우스와 페트레이우스를 추격하여 스페인의 벽지까지 가서 커다란 곤경에 빠졌다가 곧 마르세이유에 돌아와 오래 벼르던 공략전을 치렀다. 아마도 그를 뒤쫓아 그냥 여행하여도 그렇게 빨리 돌지 못할 것이다. 그는 마르세이유에서 마케도니아를 거쳐 화르살리아의 싸움에서 로마군을 격파하고 다시 폼페이우스를 추격하여 이집트로 건너가서 이 나라를 정복해 버렸다. 그는 이집트에서 다시금 시리아로, 시리아에서 폰토스의 나라로 가서 파르나케스를 무찌른 후에 아프리카로 되돌아와 스키피오와 주바를 격파하고 이탈리아를 거쳐 스페인에 이르러 폼페이우스의 아들 일당을 소탕시켰다.

　번개보다 더 날래게
　새끼를 지키는 호랑이보다도 더 빨리 (루카누스)
　사나운 바람결에 뿌리가 뽑히고, 눈비에 무너지고,
　세월에 침식되어 산꼭대기에서 깎아지는 벼랑에 굴러 떨어지며 맞부딪치고
　숲과 양의 무리와 목자들까지도 휩쓸어가며
　대지를 뒤흔드는 바윗덩이와 같도다. (베르길리우스)

그는 아바리쿰 전투를 이야기하여 자기가 부리던 노무자들과 밤낮 함께 지내는 것이 습관이었다고 한다. 그는 중대한 작전에서는 자기가 직접 탐정을 하여 확인한 곳이 아니면 군대를

통과시키지 않았다. 그리고 수에토니우스의 말에 의하면 그가 영국으로 건너가려고 하였을 때 처음에 상륙할 지점을 탐정한 것은 바로 카이사르 자신이었다고 한다.

그는 무력보다도 지략으로 승리하기를 즐긴다고 입버릇처럼 이야기하였다. 그리하여 페트레이우스와 아프라니우스를 상대로 싸울 때에는 좋은 기회가 있었는데도 좀 더 위험이 적을 때를 기다려 공략하기 위해 다른 기회를 기다리기로 하였다. 그리고 그는 그때 놀라운 일을 하였다. 즉 그는 자기 군병들을 이렇다 할 이유도 없이 헤엄쳐서 강을 건너게 하였던 것이다.

군병들은 떼 지어 쳐들어왔다.
그들의 안중에는 도망칠 길이 있을 수 없었다.
그들은 물에 젖은 몸에 무장을 다시 하고
쏜살같이 줄달음쳐서 차디찬 강물에 굳어버린 다리를
녹인다. (루카누스)

그는 이런 처사에 알렉산더보다 훨씬 신중을 기하였다. 알렉산더는 전투에서 마치 개울물이 닥치는 대로 모든 오물을 단숨에 휩쓸어 내리듯이 솔선하여 모험을 곧잘 하였던 것이다.

아풀리아의 다우누스의 영토를 흐르는
아우피두스강은 우기에는 황소같이 돌진하여

잘 가꾼 평원을 홍수로 휩쓸어 버리려고 위협한다.
(호라티우스)

　알렉산더는 혈기왕성한 청춘시절에 이렇게 행동하였으나, 카이사르는 그와 반대로 이미 나이가 지긋하여 일을 시작하였다. 알렉산더는 다혈질이라 화를 잘 내고 혈기가 대단하였으며, 술을 많이 마셔 이러한 기질을 더욱 북돋아 주었다. 그러나 카이사르는 술을 몹시 절제하였다. 그렇지만 일단 유사시에는 카이사르만큼 자기 생명을 가볍게 여긴 자도 없었다.

　그는 커다란 공훈에 비추어 패배하는 굴욕을 면하기 위해서는 목숨을 내던질 굳은 결심을 하였던 것이다. 그런 태도를 그의 글에서 읽을 수 있다. 예컨대 그는 투르네족들과의 커다란 전투에서 자기 전위 부대의 사기가 동요되는 것을 목격하자 방패도 들지 않고 적군의 선두까지 앞질러 달려갔던 것이다. 이런 일은 자주 있었다. 그는 부하들이 포위당했다는 말을 듣고 변장을 하고 적진에 뛰어들어 사기를 북돋아 주기도 하였다. 그런가 하면 변변치 않은 병사를 거느리고 디라키움으로 건너갔다가 안토니우스에게 맡긴 나머지 부대들이 자기를 얼른 따르지 않는 것을 보자, 혼자서 심한 폭풍이 몰아치는 바다를 다시 건너가려고 기도하였다. 맞은편 항구는 물론 바다 전체를 폼페이우스가 장악하고 있었지만 그는 몰래 빠져나가 나머지 부대를 이끌고 돌아왔었다.

그리고 무장을 튼튼히 한 군병들을 거느리고 싸울 때에는 군사적 이론을 무시한 모험도 곧잘 하였다. 그는 너무나 보잘 것없는 군대를 거느리고도 이집트 왕국을 굴복시키려고 하였으며, 자기 군대보다 열 배는 더 우세한 스키피오와 주바의 군대를 물리치려고도 하였다. 이런 인물들은 자기 운명에 대하여 어떤 자신을 갖고 있었던 모양이다.

그는 큰일은 수행하는 것뿐이지 깊이 생각할 것이 못 된다고 말하였다. 파르살리아 전쟁을 끝내고 그는 자기 군대를 아시아로 먼저 보내놓고 자신은 다만 배 한 척을 타고 헬리스폰토스 해협을 건너다가 바다에서 큰 전함 열 척을 거느리고 오는 루키우스 카시우스를 만났다. 그는 즉시 기다렸다가 그에게 다가가서 항복하라고 호통을 치는 것이었다. 이 때에도 그는 자기 목적을 무난히 달성하였다.

그가 저 알렉시아의 격전을 전개하였을 때 8만의 방비군을 비롯해서 골 전체가 들고 일어나 그에게 대적하여 10만9천 마리의 말과 24만의 보병으로 그의 포위망을 뚫으려고 하였다. 그러나 그는 무슨 용기와 자신이 있었던지 양측에서 밀어닥치는 불리한 곤경을 모면하려고 끝까지 버티는 것이었다. 이 커다란 전투에서 외부의 적을 소탕한 연후에는 그가 포위한 자들을 마음대로 처치할 수 있었다. 루쿨루스도 티그라네스왕과 대결한 티그라노케르타 전투에서 카이사르와 같은 위치에 놓여 있었다. 그러나 상대방의 군세가 약하였으니 사정이 다르다.

이 알렉시아 전투에서도 두 가지 희귀한 점을 찾아볼 수 있다. 하나는 골족이 카이사르와 대전하기 위해 전 군대를 검열하고 나서 혼란을 일으키지 않을까 염려하여 그 병력의 상당한 부분을 제거해 버리기로 결정한 일이다. 병력의 수가 너무 많은 것을 두려워한 예는 희귀한 일이 아닐 수 없다. 그러나 잘 생각해 보면, 너무 인원이 많으면 경비도 많이 들고 질서 있게 지휘하기 어려우므로 적당한 규모로 한정되어 있어야 하는 것은 당연하다. 무엇보다도 이 막대한 군병들은 전투에서 별로 이렇다 할 전과를 올리지 못하였다는 사실이 이것을 입증하고 있다.

크세노폰에 나오는 키로스의 말에 의하면, 일은 많은 사람이 하는 것이 아니라 오직 유능한 사람만이 하게 마련이며 나머지 사람은 일에 도움이 되지 않고 오히려 장애가 된다는 것이다. 바자제가 모든 장수들의 의견에 반대하고 티무르와 대전하려고 한 주요한 근거는 적의 병력이 너무 많아 반드시 혼란에 빠지리라는 데 있었다. 스칸데르베그는 예리한 판단력을 가진 뛰어난 전략가로서 전투에 능란한 장수라면 만이나 만 이천 명의 충성스런 병력만 있으면 모든 전투에 자기 명성을 유지해 나가기에 족하다고 입버릇처럼 말하는 것이었다.

전쟁에 관례나 이치에 벗어난 한 예는, 항거하여 총궐기한 골족의 수령이요, 장수로 임명된 베르생제토릭스가 알렉시아 성에 들어가서 농성하려고 결심한 일이다. 한 국가를 통솔하는 자라면 마지막 발붙일 곳이 없어질 우려가 있어 그 자리를 방어할 수밖에 없는 극단의 경우가 아니라면 결코 자기 자신을 매어두어서는 안 되는 법이다. 그렇게 막바지에 도달하지 않는 한, 모든 전략 대비하기 위해 몸을 자유롭게 풀어두어야 한다.

　우리는 이제 카이사르의 이야기로 다시 돌아가자. 그의 친구인 오피우스의 말에 의하면, 카이사르는 나이를 먹음에 따라 모든 일을 깊이 생각하여 신중히 처리하느라고 상당히 시간이 걸렸다고 한다. 그 많은 승리를 거둔 빛나는 명성을 또 한 번의 불운으로 송두리째 상실할 수도 있으니 모험을 해서는 안 된다고 생각하였을 것이다. 이탈리아 사람들은 혈기에 넘치는 젊은이의 당돌한 용맹을 책망할 때에는 「명예에 굶주렸다.」고 한다. 명성을 전혀 얻지 못하고 있는 동안에는 어떤 희생을 해서라도 손에 넣으려고 할 테지만, 이미 그 명성을 손에 넣은 자들은 그래서는 안 된다는 것이다. 이 영예를 얻으려는 욕망에도 절도가 있어야 하고, 또한 그 욕망을 달성했을 때에는 충족감을 느껴야 한다. 실상 많은 사람들이 명성에 대하여는 이 점에 유의해 왔었다.

　카이사르는 옛날의 로마인들이 전쟁 때에는 단순하고 소박한 도덕밖에 숭상하지 않으려던 태도와는 달리 이 방면에도 많은 관심을 갖고 있었다. 그는 오늘의 우리보다도 양심적으로 행동하였으며 승리를 위해 수단과 방법을 무시하지는 않았다. 아리오비스투스와의 전쟁에서는 그와 협상하는 동안에 아리오비스투스의 기병들의 잘못으로 양편 군대 사이에 동요가 일어나 카이사르는 전략상 매우 유리한 입장에 서게 되었다. 그러나 그는 신의에 어긋난 일을 하였다는 비난을 받을까 염려하여 그 기회를 이용하려고 하지 않았었다.

그는 전투에 나설 때에는 언제나 색깔이 찬란하고 주목을 끌려고 하였다. 그리고 적진에 가까이 있으면 병사들을 더욱 엄하게 단속하였다.

옛날 그리스인들은 무능한 사람을 욕할 때에는 흔히 「읽을 줄도 헤엄칠 줄도 모른다.」고 말하였는데 카이사르도 전쟁에 수영 기술을 중요시하여 많은 편의를 보는 것이었다. 그는 급한 때에는 대개 강물을 헤엄쳐 건너갔다. 그는 알렉산더 대왕처럼 걸어서 여행하기를 즐겼다. 이집트에서는 달아나기 위해 작은 배를 타게 되었는데 너무 많은 군병들이 와 달려들어 배가 가라앉을 위험이 보이자 그는 차라리 바닷물에 뛰어들 생각에서 이미 나이도 상당히 들어 있었는데 왼손으로 서판을 물 위에 쳐들고, 적이 빼앗지 못하도록 갑옷을 이빨로 물고 끌면서 200보가 넘는 거리에 있는 자기 함대로 헤엄쳐 갔었다.

장수로서 그만큼 군병들의 신망을 얻은 자는 없었다. 그가 처음 내란을 일으켰을 때 백부장(소대장)들은 각자 자기 비용으로 병졸 한 명씩 고용하여 그에게 바치겠다고 제의하였으며 보병들은 봉급을 받지 않고 그를 섬기겠다고 나서는가 하면, 가계가 좀 더 넉넉한 자들은 남의 궁한 처지를 돌봐주겠다고 열성을 보이는 것이었다. 드 샤티용 제독은 최근에 우리나라 내란에서 이와 비슷한 모습을 보여주었다. 그의 부하로 있는 프랑스 병정들은 자기 비용으로 외국인 용병들의 급료를 지불하였던 것이다. 아마도 이렇게 열렬히 상관에게 충성한 예는 종래의 법질서를 답습해 온 자들 사이에는 좀처럼 찾아볼 수 없을 것이다.

정열은 이성보다 훨씬 더 우리를 강하게 지배한다. 한니발의 부하들도 전쟁 때에 로마 시민의 관후함을 본받아 부대장들은 급료를 받지 않았으며 마르켈루스의 진영에서는 급료를 받는 자들을 용병이라고 불렀다.

카이사르가 디라키움 부근에서 패배하였을 때 그의 병사들은 자진하여 징계해 달라고 애걸하였으므로 그는 그들을 처벌하기는커녕 위로하기 위해 힘썼다. 그의 군대의 한 부대가 폼페이우스의 네 군단과 대전하여 네 시간 이상이나 버티다가 결국 화살에 맞아 거의 전멸되었으며 참호에는 화살이 13만 대나 꽂혀 있었던 것이다. 그 입구를 파수하던 병사 스카에바의

한 눈은 찌그러지고 어깨와 허벅지에 화살을 맞고, 방패는 230군데나 뚫렸는데도 그대로 버티며 자기 자리를 지키고 있었다. 그의 군병들은 적의 포로가 되면 거의가 손수 목숨을 끊어버리는 것이었다. 페트로니우스가 아프리카에서 스키피오에게 사로잡혔을 때의 일이다. 스키피오가 그의 동료들을 살해하고 나서 그는 귀족이요 경리관이기 때문에 목숨은 붙여둔다고 말하자, 그는 「카이사르의 병사들은 목숨을 남에게 주기는 하여도 받는 일은 없다.」고 말하고 자기 손으로 목숨을 끊어 버렸다.

카이사르에 대한 부하들의 충성심에 대하여는 할 말이 많다. 폼페이우스에 대항하여 카이사르의 편을 든 살로나 시민들이 옥타비우스에게 포위되었을 때 일어난 일이다. 시민들은 극도의 궁핍에 몰려 거의가 죽었거나 부상을 당하였으므로 인원을 보충하기 위해 노예를 모조리 해방하였으며 식량 부족에서 오는 기근 외에도 기계조작에 필요한 밧줄을 꼬는 데 사용하려고 여자의 머리털까지 모조리 깎아야만 하였다. 이러한 곤경을 겪으면서도 항복할 생각은 하지 않았다. 그리하여 포위된 성을 오래 유지 하게 되자 옥타비우스 편에서 사기가 저하되어 작전을 게을리 하였으므로 성 안에 있던 자들은 어느 날 정오 때를 기하여 짐짓 태평스러운 태도로 성벽 위에 여자들과 어린애들을 죽 늘어놓고 포위군에 대하여 맹공격을 가하여 제1, 제2, 제3 수비군의 전열을 비롯하여 나머지 전열을 모조리 뚫고 참호를 부숴버림으로써 적군을 배 속으로 쫓아버렸다. 그리하여 옥타비우스는 폼페이우스가 있는 디라키움으로 도망쳤다. 이처럼 포위당한 자들이 포위군을 송두리째 무찌르고 전세를 압도하거나 또는 한 번 출격하여 완전히 승리를 거둔 전투의 예를 기억하지 못하고 있다.

33. 위대한 인물에 대하여

누가 나더러 가장 뛰어난 인물을 골라보라고 하면 나는 세 사람을 들 수 있다.

한 사람은 호머이다. 아리스토텔레스나 바로[1]가 (예컨대) 그만큼 박식하지 못하다는 것이 아니다. 또한 베르길리우스[2]가 그의 예술을 따르지 못 한다는 말도 아니다. 나는 이 두 분에 대하여는 잘 알고 있는 사람들에게 그 인물명을 맡기고자 한다. 다만 내가 알기에는 시의 신들까지도 이 로마의 시인을 능가하지 못하리라고 본다.

> 그는 아폴론이 조절한 곡조
> 정묘한 거문고에 맞춰 시를 읊조린다.
> (프로페르티우스)

우리는 베르길리우스의 안내자요, 스승은 호머이며 그가 호

---

1) B. C. 116~27. 키케로의 친구요, 고대 로마의 철학자. 철학의 근본 문제를 인간의 최고선이 무엇인가를 탐구하는 데 두었다.
2) B. C. 70~19. 로마 최대의 서사시인.

머로부터 많이 배웠다는 점을 잊어서는 안 될 것이다. 실로 〈일리아드〉3)의 한 줄이 저 위대한 〈아이네이스〉에 테마와 소재를 제공하였던 것이다. 그러나 나는 이런 것을 높이 평가하여 그를 논하려는 것이 아니다. 그에게는 그의 초인간적인 놀라운 면이 많은 것이다.

나는 자기 권위로 여러 신들을 세상에 내놓고 사람들을 믿게 한 그가 왜 자기는 신의 위치에 오르지 못했는지 알 수 없다. 그는 학문이 아직 조직적으로 기록되어 있지 않은 시대에 소경이요 궁핍한 생활을 하면서 모든 학예에 능통하였다. 그리하여 나라를 다스리고 전쟁을 지휘하고 어느 학파에 속하여 종교와 철학을 논하고 정묘한 기술을 다루는 일에 종사하던 자들은 저마다 그를 모든 사물에 통달한 스승처럼 생각하며 그의 작품을 모든 정신 능력의 온상으로 이용하였던 것이다.

   그는 무엇이 명예롭고 무엇이 수치스럽고 무엇이 유용한가를
   크리시포스나 크란토르보다 더 충실하게 더 훌륭하게 가르쳐 준다.
   (호라티우스)

---

3) 호머의 작품명.

그는 다른 사람의 말과 같이,

> 마치 무궁무진한 생물인 양
> 시인들은 피에리아의 물줄기에 목을 축인다.
> (오비디우스)

또 다른 자는 말하기를,

> 헬리코니아둠[4]의 뮤즈들을 공경하는 자들 가운데
> 오직 호머는 별과 어깨를 나란히 하고 있다.
> (루크레티우스)

그리고 또 한 사람은 말한다.

> 그의 풍부한 샘에서
> 후세의 시인들은 목을 축였나니
> 한 사람의 재화로 뭇사람들이 부유해졌도다.
> 그는 많은 지류를 거느린 대하로다. (마닐리우스)

호머가 이 세상에서 가장 뛰어난 작품을 냈다는 것은 자연의 질서에 위배되는 일이다. 모든 사물은 태어날 때 대체로 불

---

[4] 뮤즈들의 고향.

완전하며, 차차 성장해 감에 따라 완성되어 가는 법인데 그는 시를 비롯하여 다른 많은 학문을 유년기에 이미 완전히 성숙시켰던 것이다. 이러한 이유로 옛사람들은 그를 가리켜 자기 앞에 아무도 모방할 자가 없었기 때문에 자기 뒤에도 자기를 모방할 자를 두지 않았다고 말하였다. 우리는 이 아름다운 증언에 의하여 그를 최초이며 최후의 시인이라고 할 수 있다. 아리스토텔레스에 의하면, 그가 구사한 언어에는 생기가 뛰놀고 있다는 것이다. 그것은 진정한 언어이다. 알렉산더 대왕은 다리우스왕의 전리품 중에서 아름답게 장식된 상자 하나를 발견하고 그 상자 속에 호머를 넣어두라고 분부하며 그는 자기의 가장 훌륭한 군사 고문이라고 말하였다. 그리하여 아낙산드리다스의 아들 클레오메네스는 호머가 군사 훈련에 훌륭한 솜씨를 보여주는 스승이므로 라케데모니아인들의 시인인 셈이라고 말하였다. 플루타르코스의 말에 의하면, 그는 독자의 눈앞에 언제나 전혀 다른 모습으로 나타난다는 것이다. 그리하여 새로운 아취를 풍겨 독자들을 싫증나게 하지 않는 유일무이한 작가라고 말하였는데 이러한 찬사는 지금도 그의 몫으로 남아 있다. 저 경박한 알키비아데스는 문인으로 자처하는 어떤 자에게 호머 한 권만 빌려달라고 하였던바 가진 것이 없다고 대답하니까 대뜸 따귀를 한 대 갈겨주었다. 그는 마치 상대편이 성서를 갖지 않은 신부처럼 보였던 것이다.

크세노파네스는 어느 날 시라쿠사의 폭군 히에론에게 자기에게는 두 사람의 하인도 먹여 살릴 거리가 없다고 불평을 하자「뭐라구? 당신보다 훨씬 더 가난하던 호머는 만 명도 더 되는 문인들을 먹여 살리고 있소.」라고 말하였다. 그리고 피나이티오스는 플라톤을 가리켜 철학의 호머라고 말하였다.

그는 영광의 정상을 차지하였다. 그의 이름과 작품보다 더 사람들의 입에 생생하게 살아 있는 것은 없다. 트로이와 헬레나 때문에 일어난 가공의 전쟁만큼 사람들에게 잘 알려진 일이 있는가? 우리는 그가 3000년 전에 지은 이름을 우리 자식들에게도 사용하고 있다. 헥토르와 아킬레우스를 모를 자가 어디 있겠는가? 한 가문뿐만 아니라 대부분의 국민들은 그가 꾸며진 이야기 속에서 자기네 사상 감정의 근원을 찾고 있다. 모하메드라는 이름을 가진 터키 황제가 교황 피우스 2세에게 편지를 써 보내기를「우리[5]는 같은 조상인 트로이 사람들에게서 태어났습니다. 그리하여 나도 그들과 같이 그리스도인들에게 헥토르의 원수를 피로써 갚으려고 합니다. 그런데 어찌하여 이탈리아인들이 한데 뭉쳐 내게 대항하는지 알 수 없습니다.」라고 말하였다. 이 작품은 여러 국가와 제왕들이 오랜 세기에 걸

---

[5] 터키 왕은 트로이가 자기 땅에 있었으므로 자기네가 트로이 후손이라고 자처하며, 로마인은 트로이 전쟁 때에 거기서 도망쳐 온 아이네아스의 후손이라는 전설에서 로마인을 동족이라고 부른 것이다.

쳐 자기들의 역할을 연출하였는데 이 우주가 그 무대로 되어 있다. 그리스의 일곱 개의 도시가 서로 그의 출생지가 되려고 다투었다. 확실히 알 수 없는 출생지까지도 이렇게 영광스러운 대접을 받았던 것이다.

　스미르나, 로도스, 콜로폰, 살라미스, 키오스, 아르고스, 아테나에6) (아울루스겔루스)

또 한 분은 알렉산더 대왕이다. 그가 큰일에 착수한 나이가 어리고 그토록 큰 영광을 얻는 수법이 평범하며 그 나이에 세상에서 가장 위대하고 노련한 장수들로 하여금 자기를 따르게 할 만큼 권위를 세운 점을 계산에 넣고 그 모험적인 행동이며 놀라울 정도로 큰 공적을 낳게 한 하늘의 은총 등등을 생각해 볼 때.

　그의 무한한 욕구를 가로막는 모든 장애를 쳐부수고
　혈로를 뚫은 기쁨을 맛보며, (카툴루스)

그 위대성은 33세의 나이에 인간이 살 수 있는 모든 지역을 승리자로서 지나간 것에서 찾아볼 수 있다. 그는 반생 동안에

---

6) 보이오티아 접경에 있는 산으로, 뮤즈들의 경계가 있다.

인간이 도달할 수 있는 궁극에 도달하였다. 그리하여 초인의 행동이 무엇인가를 이해하지 못 하는 일반적인 상식을 가지고서는 그의 생애를 이해할 수 없다. 그렇게 뛰어난 생애를 마친다는 것은 상상하기 어려운 일이기 때문이다. 그는 자기 병사들 속에서 여러 왕실이 가지를 치게 하였으며, 죽은 후에는 자기가 거느린 부대장에 불과한 네 명의 상속자에게 세계를 분할하여 주고 그 후손들로 하여금 그 방대한 영토를 오랫동안 다스리게 하였다. 정의와 절제와 관용과 신의와 그리고 가족에 대한 사랑과 피정복자에 대한 인간성 등등 그는 많은 덕성을 지니고 있었다.

그의 성격은 탓할 거리가 없을 것 같다. 그의 온당치 않은 사사로운 행동은 있을 수 있는 성질의 것이다. 그러나 그렇게 위대한 행동을 하려면 정의를 따르는 것만으로는 불가능한 일이다. 이런 인물의 행동은 그 목표를 보고 판단해야 한다. 테베시의 파괴와 메난드로스와 헤파이스티온의 의사 살해와 수정은 페르시아 포로들을 일격하여 살육한 것이라든지, 배신한 협의가 있는 인도군의 살해와 코세이아인들을 어린애까지 죽인 일 등은 용서하기 어려운 과격한 행위이다. 그러나 이러한 과오는 보상되고도 남음이 있다. 이러한 행동은 무엇보다도 그의 기질이 호탕함을 입증하거니와 그 기질 자체는 뛰어난 미덕으로 장식되어 있었다. 그리고 그를 가리켜 천성으로는 도덕을 이어받고, 운명으로는 악덕을 이어받았다고 한 것은 묘한 말이다. 그는 허풍도 곧잘 떨었다. 그리고 남이 자기를 욕하면 참지 못하는 성미였다. 그는 인도에서 병사들로 하여금 구유통과 무기와 말고삐 등을 사방에 뿌리고 다니게 하였다.—이 모든 일들은 그의 나이나 다채로운 운으로 보아 용서할 만한 일이다.

그의 근면, 통찰력, 인내심, 단련, 책략, 호방, 결단성 그리고 우리가 한니발의 권위를 알고 있음에도 불구하고 그가 단연 인간의 제1인자임을 말해주는 행운과 여러모로 뛰어난 기사도, 기적에 가까울 정도의 아름다운 용모와 성품, 불그레한 화색이 감도는 얼굴을 한 존귀한 자태는 경탄할 만하다.

> 저 샛별이 바다에 몸을 씻고
> 그 숭고한 얼굴을 하늘에 쳐들어 밤안개를 거둘 때
> 비너스는 유독 이 별을 사랑하노니. (베르길리우스)

그는 학문에도 탁월한 능력을 발휘하였다. 그는 순수하고 명쾌한 성격의 소유자였다. 남을 시기하거나 그 밖의 여러 가지 성격적인 오점으로 하여 더럽혀지지 않은 그의 위대한 영광으로 하여 사람들로 하여금 그가 죽은 뒤에 그의 초상을 새긴 메달을 몸에 지니면 행운이 온다고까지 믿게 하였던 것이다. 그리고 여러 나라 임금들도 직접 그의 공적에 대하여 기록하였으니 그 내용은 일찍이 역사가들이 많은 임금들의 공적을 서술한 것을 합친 것보다도 더 풍부한 것이다. 그리하며 다른 모든 역사를 무시하는 회교도들까지도 그의 업적에 대해서만은 특별히 인정하여 우러러보고 있다. 이 모든 것을 생각해 볼 때 내가 카이사르보다도 그를 택한 것이 옳다는 생각이 든다. 나는 이 점에 대하여 의문을 품은 적이 있다. 카이사르의 공적에는 그 자신의 힘이 많이 작용하였다면 알렉산더의 공적에는 운의 힘이 컸다는 것을 부정할 수는 없다. 그들은 여러 가지 면에서 대등하였다. 그리고 카이사르가 더 위대한 점도 있었다. 그들은 이 세상의 여러 지역을 휩쓸고 지나간 불길이 아니면 분류였다.

> 메마른 숲과 우거진 월계수를 불사르고
> 곳곳에서 맹위를 떨치는 불길과도 같이,
> 또는 높은 봉우리에서 떨어져 포말을 던지는 힘찬 물줄기가
> 소란스레 대해로 달려가며 모든 것을 휩쓸어 버리듯이.
> (베르길리우스)

그런데 카이사르의 야심에 절제가 더 많았다고 하여도 그것은 자기 나라를 짓밟고 동시에 세계도 황폐케 하려는 비루한 의도에서 커다란 불행을 초래하였으므로 모든 점을 종합해 보

면 나는 역시 알렉산더의 편으로 기울어지지 않을 수 없다.

셋째로 가장 뛰어난 인물은 에파미논다스[7]이다

영광으로 말하면 그는 다른 사람에게 미치지 못한다(그런데 이것은 그를 평가하는 중심문제가 될 수 없다). 그는 용기와 결단성을 아울러 지니고 있었다. 그리고 야심으로 고조된 것이 아니라 예지와 이성이 잘 조화된 심령의 소유자였으며 이러한 심령이 지닐 수 있는 모든 미덕을 겸비하고 있었다. 그가 덕성으로 세운 업적은 알렉산더만 못하지 않으며 카이사르와 대등하였다. 그가 전생에서 세운 공훈은 별로 많지 않지만 모든 사정을 계산에 넣을 때, 이들과 같은 비중을 갖고 있다. 무엇보다도 그의 용감한 군사적 지도능력이 이를 입증하고 있는 것이다. 그리하여 그리스인들은 그를 자기들 가운데서 단연 제 1인자로 간주하는 데 조금도 이의가 없다. 그런데 그리스인들 가운데서 제 1인자라면 쉽사리 세계의 제1인자가 될 수 있는 것이다.

그는 매우 유식한 사람이었다. 당대의 사람들은 누구나 그만큼 많이 아는 사람이 없고 또 그만큼 말이 적은 사람도 없다고 하였다. 그는 피타고라스학파[8]에 속해 있었다. 아무도 그의

---

7) B. C. 416~362. 테베의 정치가, 전략가.
8) B. C. 570년경 피타고라스가 이 학파를 창시함. 그는 수를 우주의 원형이라고 보고 도덕에서는 금욕설을 주장하였다.

구변을 따를 사람이 없을 정도로 그는 탁월한 웅변가로서 설득력도 대단하였다.

그는 또한 어느 누구보다도 선량한 성격을 가진 양심적인 인물이었다. 그는 이 점에서는 어느 철학자에게도 아마 소크라테스와 견주어 보아도 떨어지지 않을 것이다. 그런데 한 인간을 평가할 때 이 이상이 가치기준이 될 수는 없는 것이다. 그러므로 우리는 이것과 다른 모든 업적을 함께 뭉친 것과 바꾸기를 주저하는 바이다. 그의 순진성은 지상의 고유하고도 항구적인 불가침의 소질이다. 알렉산더의 순진성을 여기에 비교해 보면 미흡하고 불투명하고 잡다하고 헤프고 우발적이다.

고인들의 말에 의하면, 위대한 장수들을 상세히 살펴보면 각각 유명하게 된 특수한 소질이 있다는 것이다. 그런데 이 인물에게는 모든 덕성과 능력이 골고루 충만하여 공적으로나 사적으로나 평화시나 전시나 또는 위대하고 영광스러운 삶을 지속하거나 마치거나 간에 조금도 탓할 데가 없다. 그러므로 나는 인간의 됨됨에 있어서나 그 운으로나 이 인물만큼 존경하고 사랑할 만한 자가 없다고 생각한다. 그의 청빈한 생활에 대하여 그의 친구들이 서술한 것을 보면 그가 지나치게 조심스럽게 처신한 것 같이 보인다. 이러한 처신은 매우 고매하고 감탄할 만한 나로서는 마음속으로 모방하기 어려울 것 같다.

만일 스키피오나 아에밀리아누스에게 이 인물만큼 고귀하고 빛나는 죽음과 심오한 탐문이 있었던들 나는 이 인물을 택하기에 주저하였을 것이다. 오, 플루타르코스의 《영웅전》 첫머리에 나오는 가장 고귀한 한 쌍의 인물의 전기가 세월의 흐름 속에 소실된 채 우리 눈에 별로 띄지 않은 것은 얼마나 유감스러운 일인가? 이 한 쌍의 인물이란 한 사람은 그리스의 제1인자요, 한 사람은 로마의 제1인자임은 세상 사람들이 다 인정하는 바이다. 인물의 소재도 풍부하거니와 작자도 훌륭하였다. 성자 아닌 인간으로서 그러나 멋진 남아로서 세상 인습 속에서 가장 풍부한 생애를 마친 자는 알키비아데스9)였다. 그러나 나는 여기서 에파미논다스의 훌륭한 덕성의 예를 몇 가지 들고자 한다.

그가 한평생 마음속에 가장 큰 만족을 느껴본 것은 레우크트라의 승리로 부모를 기쁘게 한 일이었다. 그가 이런 영광스러운 업적에 대하여 자기보다도 부모님의 기쁨을 더 소중히 생각하였다는 것은 우리에게 일깨워 주는 점이 많다.

그는 자기 나라의 자유를 회복하려는 마당에서도 한 사람의 생명이나마 함부로 희생시키려고 들지 않았다. 그리하여 그는 테베시를 해방시키려는 동료 펠로피다스의 기도에 매우 냉담하였다. 또한 그는 전투에서 한 친구가 반대편에서 있는 것을 보면 그의 생명을 아끼려고 싸움을 피하려고 하였다.

---

9) 인격이 고결하고 웅변가로도 알려졌음. 테베의 세력 확대에 노력. 레우크트라 싸움에서 스파르타 격퇴. 만티네이아에서 전사.

뿐만 아니라 그는 적에 대해서는 인간애를 잊지 않았었다. 그는 코린토스 근처에 있는 모레아의 입구를 수비하려는 라케데모니아군의 기도를 기적적으로 분쇄하고 그 요로를 지나 적진의 복판을 뚫은 것만으로 만족하여 적을 끝까지 추격하지 않은 관계로 보이오티아인들의 의혹을 사게 되어 총대장의 자리에서 물러났다. 이것은 그에게 커다란 영광이 되었으나 보이오티아인들에게는 큰 수치가 되었다. 그러나 그들은 이윽고 긴박한 사태를 맞이하여 그를 다시 복직시키지 않을 수 없었으며 그가 지휘하는 곳에는 승리가 그림자처럼 따르게 되었다. 그러므로 그들도 자기들의 영광과 평안이 얼마나 그에게 달려 있는가를 절실히 느끼게 되었다. 그의 조국의 번영은 그와 함께 흥하였다가 그와 함께 사라졌던 것이다.

34. 후회에 대하여

다른 저자들은 인간을 형성하지만 나는 인간을 이야기한다. 게다가 대단히 못생긴 한 인간의 모습을 묘사한다. 만일 내가 그 인간을 새로 고쳐 만든다면 나는 전혀 다르게 만들어 놓을 것이다. 그러나 이제는 해볼 도리가 없다. 그런데 내가 그려나가는 인간의 모습은 여러모로 변해가지만 거기에 거짓은 없다. 세상은 영원한 동요에 불과하다. 만물은 끊임없이 움직이고 있다. 대지도, 코카사스의 바윗돌도, 이집트의 피라미드도 흔들리고 있다. 영속성 자체도 좀 완만한 동요에 불과하다.

나는 나의 대상, 즉 나 자신을 확보하지 못하고 있다. 그는 언제나 원래 잠에 취한 상태로 혼돈 속에 비틀거리고 있다. 나는 내가 그에게 흥미를 느끼는 일면을 사실 그대로 파악한다. 나는 그 본체를 묘사하지 않고, 그 추이를 묘사한다. 해마다의 추이나 이른바 7년마다의 추이가 아니라 매일 매순간의 추이를 묘사한다. 나의 이야기는 그때그때의 시간에 맞춰 나가야 한다. 나는 우연히 변해갈 뿐만 아니라 때로는 고의로 변해 나가기도 할 것이다. 나는 여러 가지 사건들과 질서 없는, 아니

때로는 상반되는 여러 가지 생각들을 기록해 나간다. 그런데 나는 곧잘 모순되는 말을 하나 보다. 그것은 내 자신이 변하거나 혹은 사물을 다른 입장이나 다른 견지에서 파악하기 때문일까? 그런데 데마데스가 말한 바와 같이 나는 사실을 거꾸로 말하지는 않는다. 만일 내 심령이 동요되지 않고 고정되어 있다면 나는 이런 글을 쓰지 않고 매사를 자기 입장에서 자신 있게 처리해 나갈 것이다. 그러나 내 심령은 언제나 수련 중에 있다.

나는 변변치 못하고 광채 없는 생활을 드러내 보여준다. 하긴 그래도 무방하다. 처세 철학은 평민의 사생활 속에서도 그보다 더 충실한 생활 속에서와 마찬가지로 찾아볼 수 있는 것이다. 아무튼 작자는 인간이 무엇인가를 여실히 보여준다.

작가들은 어떤 특징에 의해 자기를 독자들에게 전한다. 나는 우선 몽테뉴로서의 보편적인 존재인 나를 독자들에게 보여주는 것이며 결코 문법 학자나 시인이나 법률가로서의 나를 보여주는 것은 아니다. 세상 사람들이 내가 자기에 대하여 너무 말이 많다고 탓한다면, 나는 그들이 자기에 대하여 별로 생각조차 하지 않는다고 탓하련다.

그런데 나와 같이 나날을 무질서하게 보내는 사람이 자기를 널리 공개하는 것이 과연 옳은 일일까? 게다가 예의범절이 대단히 존중되는 세상에 타고난 그대로의 단순한 본성을 그대로 보여주어도 무방할까? 학식도 없는데다가 기교도 부리지 않고 글을 쓴다는 것은 돌을 마련하지 않고 담을 쌓는 것과 비슷한 일이 아닐까? 음악가의 환상은 예술적인 각도에서 인도되거니와 나는 우연에 의해 인도된다. 다만 다음과 같은 점에서는 나도 일반적인 규범에 할당할 것이다. 즉 일찍이 아무도 다루기 좋아하지 않는 주제를 나처럼 유감없이 서술한 사람은 없으며 그런 의미에서 나도 천하에 제일가는 학자이다. 그리고 어느 누구도 자기가 다루는 주제를 나만큼 깊이 파고들지 못하였으며, 그 각 부분을 나처럼 상세히 비판하지 못하였다. 따라서 그 저술의 목적을 나만큼 충분히 이루지 못하였다. 나는 저술을 완성하기 위해서는 다만 거기에 충실하기만 하면 된다. 그런데 이 「충실」은 이미 순수한 형태로 마련되어 있다. 나는 진실을 말한다. 내가 하고 싶은 말을 실컷 하지는 못하지만, 적어도 말할 수 있는 데까지는 붓을 놀린다. 그리고 나이를 먹어갈수록 점점 대담한 말을 하게 된다. 내 나이가 되면 자기 자신에 대하여 자유롭게 이야기하는 무례가 용납되나 보다. 여기에는 내가 가끔 다른 데서 목격하는 바와 같은 일, 즉 제작자와 제작물이 서로 보조를 달리하는 일은 일어나지 않는다. 그러므로 「저런 지체 높은 사람이 이런 어리석은 책을 썼는가?」 또는 「이런 고상한 책을 저런 보잘것없는 자가 썼는가?」 하고 지탄을 받을 우려는 없다. 평상시에 저속한 말만 하는 자가 희귀한 책을 냈다면 그 내용이 남의 것임을 입증한다. 유식한 자라고 해서 모든 면에서 유식한 것은 아니지만 현자는 무슨 일에나 현자이다. 아무것도 몰라도 현자이다.

나와 나의 글은 보조를 같이하여 걸어간다. 다른 사람의 글은 그 저자를 떠나서 칭찬하기도 하고 욕하기도 할 수 있지만, 내 글은 그렇지 못하다. 내 글에 관계 있는 것은 곧 나 자신에 관계되기 때문이다. 이러한 점을 망각하고 내 글을 비판하는 자는 나에게 불만을 줄 뿐만 아니라 그 이상으로 자기 자신이 손해를 볼 것이다. 그러나 이 점을 잘 이해하는 자의 말이라면 나는 기꺼이 귀를 기울이고자 한다. 만일 세상 사람들이 내 글을 칭찬하는 말 가운데 지각 있는 사람들이 인정한 바와 같이 「만일 그가 유식한 사람이었더라면 혹은 그가 좀 더 기억력이 좋았더라면 반드시 이러저러한 것을 이용하였을 것이다.」라는 대목이 들어 있다면 나로서는 영광이다.

나는 여기서 내가 때때로 말하는 것에 대하여, 즉 「나는 후회하는 일이 드물다.」 「나의 양심—천사 또는 말의 양심이 아니라 바로 인간의 양심으로서—나 자신에 대하여 만족하고 있다.」는 데 대하여 양해를 구하고자 한다. 그리고 다음과 같은 말을 첨가하고자 한다. 그것은 의례적인 말이 아니라 순박하고 참된 겸손에서 나오는 말이다. 즉 그것은 무식하기 때문에 물어가면서 입 밖에 내는 자의 말이며, 단지 일반 사람들의 적절한 신조에 의거하고 있다고 나는 결코 남을 가르치지 않는다. 다만 서

술할 뿐이다.

악덕은 반드시 사람들의 비위를 거스르게 마련이며, 올바른 판단의 비난을 사게 마련이다. 그렇지 않다면 그것은 악덕이 아니다. 악덕에는 추하고 부당한 점이 분명히 드러난다. 그러므로 그것은 우매와 무지의 소산이라고 보는 편이 나을 것이다. 그러므로 악덕임을 아는 이상 그것을 미워하지 않을 수 없는 것이다.

악의는 자기 독소를 거의 다 들이마시고 중독에 걸리게 마련이다. 그것은 몸에 종기를 남기는 것처럼 심령에 후회를 남긴다. 그리하여 이 후회는 언제나 자기 상처를 긁어서 피를 흘린다. 이성은 여러 가지 비애나 고통을 해소시키는 역할을 하는 대신에 회한의 슬픔을 낳는다. 그런데 이 슬픔은 내부에서 오는 것이므로 더욱 괴롭다. 마치 열병에서 오는 오한이 밖의 온도에서 오는 것보다 더 심한 것과 같은 이치이다. 나는 이성이나 본성이 배격하는 것은 물론, 법률이나 습관상 당연한 일로 간주되는 일이라도 사람들의 여론이 꾸며낸 그릇된 것들(각각의 정도에 따라서)을 다 악덕이라고 본다.

마찬가지로 선행은 타고난 착한 본성을 반드시 즐겁게 해준다. 사실 우리는 선행을 하였을 때 일종의 만족감에서 기쁨을 느끼며 나아가서 고결한 자랑까지도 느낀다. 불의를 예사로 저지르는 심령은 도저히 그 기쁨과 만족을 느끼지 못하는 법이다. 자기는 썩어빠진 오늘날의 악풍에 물들어 있지 않다고 자부하고 다음과 같이 말할 수 있는 사람의 기쁨은 이만저만한 것이 아니다. 즉「사람들이 내 영혼의 밑바닥까지 들여다보아도 나에게는 남을 슬프게 하거나 괴롭힌 일이 없고 원망이나 질투를 느끼게 한 적이 없으며 법에 거슬러 세상에 해를 끼친 일이 없고 내란에 가담한 일이 없으며 언약을 저버린 일이 없음을 알 것이다. 오늘의 해이된 풍조가 세상 사람들에게 허용하고 가르친 내용이 무엇이든 나만은 아직 프랑스인의 재물에 손을 댄 적이 없다. 그리고 전시건 평시건, 나는 오로지 자기 돈으로만 생활해 왔다. 보수를 주지 않고 남을 부린 적도 없다.」고. 이러한 양심의 증언은 환영할 만한 일이다. 이런 자연스러운 기쁨은 우리가 누릴 수 있는 커다란 선물이 아닐 수 없다. 또한 그것은 우리에게 유일한 보수이기도 하다.

　유덕한 행위의 보수를 남의 칭찬으로 받으려는 것은 너무나 그 근거가 불확실하다. 더구나 오늘날과 같이 인심이 부패하고 무지한 시대에는 민중의 호평은 도리어 위해하다는 것을 알아야 한다. 당신은 그 칭찬한 일을 누구더러 보아달라는 것인가? 저마다 자찬하면서 내세우는 그런 선인이 되어서는 안 될 것이다.「옛날의 부덕은 오늘의 풍조가 되었도다.」(세네카)

　나의 친구 몇몇 사람은 때때로 흉금을 털어놓고 나에게 훈계와 책망을 하려고 하였다. 그것은 그들이 자진하여 또는 내

청을 받아서 그렇게 하는 것이었다. 아닌 게 아니라 솔직한 책망은 선인에게는 비단 유익할 뿐만 아니라 감미롭기까지 하며, 우애는 최상의 봉사가 될 수 있다는 것을 절실히 느끼게 된다. 나는 그러한 충고를 언제나 감사하는 마음에서 쌍수로 환영하곤 하였다. 그러나 지금 그 점에 대하여 솔직히 말하면 나는 때때로 그들의 비난이나 칭찬 가운데 많은 착각이 깃들어 있음을 발견하였다. 나는 그들이 말하는 소위 선행을 좇지 않고, 오히려 그들이 말하는 악행을 함으로써 과오를 면한 정도였다. 특히 우리와 같이 사생활을 자기 자신에게나 보여줄 수밖에 없는 은둔자들은 행위의 기준을 우리 자신 속에 세우고 이에 의하여 자기 행위를 비판하고 자기를 위로하고 때로는 자기를 책망해야 한다. 나는 자신의 법률과 법정을 갖고 자기를 재판한다. 나는 다른 어디보다도 여기에 호소한다. 물론 나는 남의 눈을 위해서도 나의 행위를 제한하지만 이 행위를 확대하는 것은 오직 나 자신의 명령에 의해서이다. 당신이 비겁하고 잔인하냐 또는 충성스럽고 경건하냐, 이에 대하여 잘 알고 있는 것은 당신 자신뿐이다. 남들은 당신 속을 보지 못하고 정확하지 못한 추측에 의해 판단하는 것이다. 그들은 당신의 본성을 당신의 능력만큼 보지 못한다. 그러므로 그들의 판단에 의존하지 말고 당신 자신의 판단에 의존하라. 「당신 자신의 판단이야말로 믿을 만하다.」(키케로) 「덕과 악덕에 대한 자기 양심이 중요하다.

이것을 제거하면 남는 것은 전혀 없다.」(키케로)

그러나 「후회는 죄악 뒤에 따라다닌다.」는 말은 우리 안에 자기 집이나 되는 것처럼 도사리고 있는 죄악과는 상관이 없는 것 같다. 격정이 우리를 갑자기 사로잡아 몰아넣는 악덕은 자기 것이 아니라고 부인할 수도 있다. 그러나 오랜 습관에 의해 억센 의사로서 깊이 뿌리박고 있는 악덕은 도저히 부정한 길이 없다. 후회란 우리들의 의지의 부인이요, 우리의 생각—우리를 아무 데나 이끌고 가는—에 대한 반항에 불과하다. 그것은 사람으로 하여금 지난날에 지녔던 덕성과 그 순결성을 의심하게 한다.

    어찌하여 오늘의 내 심정은 젊은 날의 그것이 아닌가.
    어찌하여 오늘의 내 양 볼은 지난날의 아름다움을 상실하였는가. (호라티우스)

혼자 있을 때에도 법도에 어긋남이 없는 생활은 훌륭한 인간에게서만 찾아볼 수 있다. 인간은 누구나 광대놀이에 참가하여 무대 위에서는 점잔을 뺄 수 있으나 우리에게 모든 일이 허용되고 모든 일이 감추어진 내부의 가슴속에서 올바르게 행동하는 것이 중요하다. 그 다음 단계는 집 안에서 남의 눈치를 전혀 볼 필요가 없고 아무런 가면도 부릴 필요가 없는 평소의 행동을 올바르게 하는 일이다. 그러므로 비아스는 훌륭한 가정 생활을 가리켜 「훌륭한 가정의 주인은 집에 혼자 있을 때나 밖에서 법률과 세평을 두려워할 때에도 그 태도에 변함이 없어야 한다.」고 말하였다. 또한 율리우스 드루수스가 「3천 에퀴만 내면 이웃에서 집 안을 들여다볼 수 없는 집을 지어드리겠습니다.」 하고 말하는 목수들에게 「6천 에퀴를 줄 터이니 이웃에서 우리 집을 구석구석 들여다볼 수 있는 집을 지어 주게.」 하고 부탁한 것이다. 아게실라오스는 여행할 때에 숙소를 사원에 정하고 여신이나 사람들이 그의 사사로운 행동을 낱낱이 볼 수 있게 한 것은 칭송할 만한 일이다. 아내나 하인이 보아도 그에게서 별로 흠 잡을 데가 없었던 것이다. 그러나 자기 집 식구들의 존경을 받은 자는 극히 드문 것이다.

아무도 자기 집에서나 자기 고향에서는 예언자 노릇을 못하였다. 이것은 역사가 입증하는 바이다. 언짢은 일에 있어서도 마찬가지이다. 이런 비근한 예에서 위인들의 모습이 엿보인다. 우리 가스코뉴 지방에서는 내 글이 인쇄되어 나오는 것이 우스꽝스럽게 보인다. 내 글의 가치는 우리 집에서 멀어질수록 증대된다. 나는 기엔에서는 내 돈을 써가면서 책을 내었다. 다른 고장에서는 출판사에서 돈을 지불해 준다. 이러한 사실들을 보고 살아 있을 동안은 숨어 지내다가 죽은 연후에 아낌을 받으려는 사람들이 있다. 나는 그렇게 하고 싶지는 않다. 나는 세상에서 대접을 받는 데까지 받고 세상 사람들과 어울린다. 이 세상을 떠난 연후에는 아무래도 무방하다.

사람들은 공적인 공훈을 세운 사람을 그의 집 문 앞까지 환송해 준다. 그러면 그 사람은 집에 들어가 옷과 더불어 그의 역할도 벗어버린다. 이리하여 그는 명성의 높이만큼 아래로 굴러 떨어진다. 그 집의 내부를 보면 모두가 엉망진창이다. 그런 속에도 어떤 질서가 있는지 모르지만, 그런 사적인 행동 속에서 그것을 찾아보려면 상당히 예리한 판단력을 지니고 있어야 할 것이다. 질서란 워낙 희미한 미덕인 것이다.

성벽을 무찌른다. 외국에서 사적의 중책을 다한다. 국민을 다스린다—등의 일은 빛나는 행동이나 잔소리를 하거나, 웃거나, 팔거나, 사랑하거나, 미워하거나, 또는 온순한 얼굴로 또는 엄한 얼굴로 가족들과 이야기를 주고받으면서 난잡하게 굴지 않고 거짓이 없는 생활을 하는 것은 남의 눈에 드러나지 않지만 더욱 어려운 일이다.

그러므로 누가 뭐라고 하건 은퇴한 자의 생활은 어느 사람의 일상생활과 마찬가지로, 아니 그 이상으로 긴장된 의무를 지탱해 나가야 하는 것이다.

아리스토텔레스는 「들에 묻혀 있는 사람은 관직에 있는 사람보다 더 힘들고 고상한 도덕을 섬기게 마련」이라고 말하였다. 우리가 좋은 찬스를 노리는 것은 흔히 양심의 만족을 위해서가 아니라 영광을 보기 위해서이다. 영광에 이르는 가장 가까운 길은 우리가 영광을 위해 하는 일을 양심을 위하는 데 있다. 알렉산더가 그의 생활 무대에서 보여준 덕성이 소크라테스가 그 평범한 숨은 위치에 올려놓고 생각하기는 쉬우나, 후자를 전자의 위치에 올려놓고 생각하기는 도저히 불가능하다. 알렉산더에게 「당신에게 능한 일은 무엇입니까?」하고 물어보라. 「세계를 정복하는 일」이라고 대답할 것이다. 같은 말을 후자에게 물어보라. 「인생을 분수에 알맞게 살아가는 일」이라고 대답할 것이다. 이것이야말로 더욱 넓고 무겁고 올바른 학문이다. 영혼의 가치는 높이 치솟는 데 있지 않고 올바로 행동하는 데 있다……

오늘날 새로운 사상으로 국민의 악습을 시정하려고 하는 자들은 피상적인 악덕은 개혁하지만 본질적인 악덕은 조장하지 않으면 그대로 남겨둔다. 그런데 우리나라에서는 악덕이 점점 성행하니 탈이다. 사람들이 별로 힘을 들이지 않고 명성을 얻는 외부적이고 독단적인 개혁사상 때문에 다른 모든 착한 일들은 거들떠보지 않는다. 그리하여 내면적으로 뿌리박힌 악덕들을 적당히 덮어둔다.

35. 대화술에 대하여

　다른 사람에게 본때를 보여주기 위해 어떤 자를 처벌하는 것이 우리나라 법률의 관례가 되어 있다.
　플라톤이 말한 바와 같이 잘못을 저질렀기 때문에 벌을 준다는 것은 어리석은 수작이다. 왜냐하면 일단 잘못을 저지르면 그만이지, 다시 돌이킬 수 없는 노릇이기 때문이다. 오히려 그들이 다시는 같은 잘못을 저지르지 않도록 또는 사람들로 하여금 그런 일을 피하도록 처벌을 한다고 보아야 할 것이다.
　죄인을 목매어 죽인다고 해서 그 사람의 행실이 고쳐지는 것은 아니다. 다만 그와 같은 극형으로 인하여 다른 사람들이 행실을 고치게 되는 것이다. 나의 경우도 마찬가지이다. 내가 저지른 잘못은 나의 천성에서 오는 경우가 있다. 그러므로 그것은 거의 숙명적인 것이다. 그러나 나는 아마 이 잘못으로 인하여 사람들이 나를 본받지 않도록 함으로써 사람들에게 이득을 줄 것이다. 선량한 사람이 사람들에게 본보기가 되어줌으로써 그들을 감화시키는 것과는 정반대이다.

> 그대는 알비우스의 아들이 얼마나 방탕하게 살아갔으며
> 바루스는 또 얼마나 비참한 꼴을 하고 있었는지 목격하
> 였으리라.
> 그것은 어버이 유산을 낭비하여서는 안 된다는 산 교훈
> 이니라. (호라티우스)

나의 결점을 이렇게 공공연히 때리면 아마도 두려워할 사람은 있을 것이다. 그러나 나는 자기를 추켜세우기보다 비난하는 것을 영광으로 여기고 있다. 그것은 무엇보다도 내가 존중하는 나의 조그마한 장점이기도 하다. 그 때문에 나는 자주 내 이야기를 하게 되는데, 그것은 역시 나의 손해이다. 사람들은 나에게서 비난할 거리는 점점 더 많이 얻게 되는 반면에 칭찬할 거리는 점점 더 적어질 테니 말이다.

아마 나처럼 시범보다는 반발에서, 추종보다는 회피에서 자기를 길러나가는 사람은 드물 것이다. 일찍이 늙은 카토는 어리석은 자가 현명한 자에게서 배우는 것보다 현명한 자가 어리석은 자에게서 배우는 것이 더 많다고 말하였으며 파우사니아스는 한 노 음악가가 제자를 시켜 앞집에 사는 서투른 악사의 연주를 억지로 듣게 함으로써 불협화음과 그릇된 박자를 싫어하게끔 길렀다고 하였는데 모두가 이런 종류의 훈련 방법이다.

나는 모범적인 관용에 감화되기보다도 잔인성을 미워하는 데서 관대한 심정을 길러간다. 승마에 능숙한 사람보다도 매우

서투른 검사나 베니스인에게서, 나는 말 타는 법을 더 많이 배우게 된다. 마찬가지로 유창한 대화술보다도 미숙한 대화술에서 배울 점이 더 많다. 아무튼 나는 언제나 남들의 못난 꼴을 보고 나를 바로잡곤 한다. 기분이 좋은 일보다 언짢은 일이 더욱 나를 잘 일깨워 준다. 그리고 이 시대는 일종의 후퇴로 즉 긍정보다도 부정으로, 순응보다도 거역으로 우리에게 개선의 길을 열어준다. 좋은 본보기에 의하여 배울 점이 적기 때문에 나는 재료를 사용할 수밖에 없는 것이다. 나는 남에게 피해를 끼치는 자들을 많이 보았기 때문에 남에게 좋게 하려고 힘쓰며 되는대로 살아가는 자들이 많이 눈에 뜨이기 때문에 더욱 진실하게 살아가려고 하는 동시에 난폭한 자들을 많이 보아 왔기 때문에 더욱 점잖게 행동하려고 노력하고 있다. 그런데 나는 결코 손쉽게 도달할 수 없는 목표를 세운 셈이다.

우리의 마음을 단련하는 가장 효과적이고 가장 자연스러운 방법은 내가 알기에는 이야기이다. 이야기한다는 것은 다른 어떤 행위보다도 나에게는 기쁨을 안겨준다. 그러므로 만일 나더러 택하라면 귀나 혀 대신에 눈을 잃는 편을 취할 것이다. 아테네인들과 로마인들은 그 아카데미 학교에서 이 대화술의 수련을 존중하였다. 오늘에 와서는 이탈리아인들이 이 방면에 다소 힘쓸 정도이다. 그리하여 이들은 적지 않은 이득을 얻고 있다. 그것은 우리의 사고력을 그들과 견주어 보면 곧 알 수 있을 것이다. 책만 파고드는 것은 활기 없는 행위로 사람을 좀처럼 흥분시키지 못하지만 대화에 있어서는 동시에 배워주고 또한 훈련을 시킨다. 만일 내가 뛰어난 심령을 지닌 놀라운 논객과 이야기를 나누게 되면, 그는 반드시 나에게 육박하여 좌우를 찌르고 그의 사상은 나를 약동케 할 것이다. 그리하여 질투와 명예욕과 경쟁심이 내 키보다 더 크게 북받쳐 오를 것이다. 그러므로 담화에서 적당히 맞장구를 친다는 것은 금물이다.

우리의 정신은 고상하고 강한 정신과 교통함으로써 성장되는 반면에 비천하고 연약한 정신과 교통하면 헤아릴 수 없는 손해를 본다. 이보다 더 쉽게 퍼지는 전염병은 없다. 나는 경험으로 그 정도가 얼마나 심한가를 잘 알고 있다. 나는 토론과 변론을 즐기지만 그것은 극히 소수의 사람들을 상대로 무엇보다도 나 자신을 위해 하는 것이다. 세도가가 앞을 다투어 자기 기지와 말주변을 늘어놓는 것은 점잖은 사람이 할 짓이 못되기 때문이다.

어리석음은 고약한 소질이다. 그러나 그것을 참고 견디지 못하여 나와 같이 개탄하는 것도 일종의 병으로 그것은 어리석음보다 더 사람을 괴롭힌다. 이것은 내가 지금도 내 자신에게 책망하고 싶은 점이다.

나는 자유롭게 그리고 손쉽게 변론과 토론에 들어간다. 내 마음은 남의 주장이 깊이 뿌리를 박기에는 너무나 딱딱한 터전이다. 어떠한 주장에도 나는 놀라지 않는다. 어떠한 신앙도—그것이 내 신앙과 아무리 다르더라도—나를 침범할 수 없다. 그리고 아무리 터무니없는 사상도 인간 정신의 소산으로 생각되지 않는 것은 없다. 나의 판단력에 어떤 결정을 내릴 권한을 주지 않는 나로서는 여러 가지 반대되는 사상도 눈감아 준다. 그리고 그것을 이러니저러니 참견을 하지 않더라도 곧잘 귀를 기울여 준다. 저울의 한쪽 접시가 비어 있을 때에도 나는 거기 어느 할머니의 허망한 꿈이라도 있어서 다른 접시와 균형이 잡히게 한다. 그리고 내가 기수를 쉽사리 받아들이고, 금요일보다는 목요일을 택하며, 식탁에서도 열셋째보다는 열두째나 열넷째를 좋아하고, 여행할 때에는 토끼가 길을 건너는 것보다 같은 방향의 길가를 도망치는 것을 좋아하며, 신발을 신을 때에는 왼발을 먼저 내놓더라도 나쁠 것이 없다고 생각한다. 우리 주위에서 맹신하고 있는 그러한 종류의 어리석은 망상도 일단 들어둘 만한 값어치는 있는 것이다. 나로서는 이런 일도 무위보다는 낫다. 어쨌든 거기에는 무엇이고 취할 건더기가 있다. 비속하고 터무니없는 이야기들도 저울에 달아보면 다소 무게가 나간다. 그러므로 그런 것을 전혀 외면하는 자들은 아마도 「미신」이라는 부덕을 피하려다가 「완고성」의 악덕에 사로잡힐 것이다.

어쨌든 여러 가지 이설은 나를 손상시키지도 않고 또 변화시키지도 않는다. 오히려 나를 자각하게 하고 나를 단련한다. 우리는 견책을 피하려고 한다. 그러나 우리는 자진하여 견책을 받아야 한다. 특히 그것이 어떤 교훈의 형식을 취하지 않고 담화의 형식을 취할 때에는 더욱 그러하다. 사람들은 어떤 반대 의견에 부딪치면 흔히, 과연 그것이 정당한지 혹은 부당한지 잘 생각해 보지 않고 무작정 그것을 누르고 나가려고 한다. 우리가 팔을 내미는 대신에 발톱을 내미는 격이다. 나는 친구가 「이 바보 자식아! 너는 잠꼬대를 하는 거냐!」 하고 욕을 먹더라도 묵묵히 견딜 수 있을 것이다. 나는 신사들끼리 서슴지 않고 자기의 소신을 피력하여 말과 생각이 거침없이 어깨동무해 나가기를 원한다. 우리는 점잖고 고상한 말에 귀를 단련하여야 한다. 나는 사나이다운 교제를 좋아한다. 피가 흐르도록 물어뜯는 것을 자랑삼는 연애와 함께 나는 그 관계가 엄함을 자랑하는 우정을 좋아한다.

담화가 핏대를 올리는 대신 의젓하고 노련하게 오고가며, 충돌이 두려워 적당히 맞장구를 친다면 활기가 결여되어 있는 것이다.

논박을 하지 않는 토론이란 있을 수 없나니. (키케로)

누가 내 의견에 반대하면 내 노여움을 도발하는 것이 아니라 내 주의를 끌게 한다. 나는 나에게 반대하여 나를 일깨워 주는 자를 환영한다. 진리의 탐구가 피차의 공통된 목적이라야 한다. 그런데 대꾸하기 전에 판단력이 이미 분노와 격정에 사로잡혀 있는 사람을 종종 볼 수 있다. 이성이 손쓸 여지도 없이 분별력이 일찌감치 혼란에 빠져 있는 것이다.

우리가 논쟁을 할 때 내기를 하여 물질적인 손해나 이득이 있도록 하는 것도 재미있을 것 같다. 그리하여 하인이 나더러 「나으리께서는 지난해에도 20번이나 턱없이 고집을 부리다가 100에퀴나 잃으셨습니다.」하고 푸념할 수 있도록 했으면 좋겠다.

나는 진리가 어떤 사람의 손에서 발견되든 이를 환영하고 아끼며 이에 고개를 숙이는 자이다. 진리가 가까이 다가오는 것을 멀리서 바라보기만 하여도 나는 곧 항복하고 무기를 그 앞에 내놓는다. 그리고 너무 거만하게 굴지 않는 한 사람들이 내 글에 대하여 비평하는 것을 환영한다. 그리하여 수정을 해야겠다는 필요에 의해서가 아니라, 상대방에 대한 예의상 나의 주장을 변경한 적도 있다. 이렇게 쉽사리 양보하는 것은 남의 의견을 존중하여 누구나 자유롭게 내게 충고하도록 하기 위해서이다. 이 경우에 나에게 다소 손해가 오더라도 나는 개의치 않는다.

그러나 현대인들을 이런 심경으로 인도하기는 쉬운 일이 아니다. 그들은 스스로 자기 생각을 시정하려는 용기를 갖고 있지 않기 때문이다. 그들은 언제나 사람 앞에서 말을 꾸며댄다. 나는 다만 올바른 판단에 의해 사리를 아는 것을 좋아하므로 어떠한 형식으로 알게 되든 개의치 않는다. 내가 가끔 나의 청각을 비난하는 경우가 많으니 남이 비난한들 어떤가? 하긴 나는 사람들이 나에게 가하는 책망에 대하여 내가 주고 싶은 권위밖에 인정하지 않는다. 그러나 나는 너무 콧대가 센 사나이와는 사귀지 않는다. 내가 아는 어떤 사나이는 자기 충고를 상대방이 받아들이지 않는다고 해서 이를 개탄하고, 남이 그의 의견에 따르지 않으면 무례한 놈이라고 생각하였는데 나는 이런 사나이는 질색이다.

소크라테스는 언제나 웃는 얼굴을 하고 자기 의견에 반대하는 자의 이야기에 귀를 기울였는데, 이것은 그의 인격의 탓이 아니면, 어차피 자기 주장이 옳으니 남의 반대의견도 새로운 영광의 재료로서 받아들이자는 심산에서 나온 태도였으리라. 그런데 자기 우월감과 상대방에 대한 경멸감보다 더 사람을 민감하게 하는 것은 없다. 또한 약한 편이 자기를 바로 잡아 주는 반대의견을 고맙게 받아들이는 것이 당연한 일이다. 나는 나를 어려워하는 자보다 나를 공박하는 자와 사귀고 싶다. 우리를 숭배하여 자리를 양보하는 자들과 상종하는 것은 멋쩍고 해롭다. 안티스테네스는 어린아이들에게 자기를 추켜주는 자들을 고맙게 생각하지 말라고 훈계하였거니와, 나는 한창 열을 올리며 토론하다가 드디어 상대방이 손을 들 때의 쾌감보다도 상대방의 정당한 이론 앞에 내가 굴복하여 내 자신에게서 얻는 만족감에 자랑을 느낀다.

어쨌든 나는 직접 정면으로 부딪치는 공박이라면 아무리 미약한 것이라도 다 받아들일 용의가 있지만 뒤에서 몰래 수근거리는 비평에는 반항하지 않을 수 없다. 내용이 문제되지 않는다. 어떠한 의견이든 무방하다. 또한 주제가 무엇이든 관계없다. 다만 토론이 질서 있게 전개되면 나는 하루 종일이라도 점잖게 상대해 준다. 내가 요구하는 것은 논법의 박력이나 기술이 아니고 이 질서이다. 이 질서는 날마다 양치는 목동들이나 점원 아이들이 떠드는 속에서도 찾아볼 수 있는데 우리들 가운데서는 좀처럼 찾아볼 수 없다. 그들이 탈선을 하는 것은 욕지거리를 할 때이다. 이것은 우리도 마찬가지이다. 그러나 그들의 욕지거리나 짜증은 결코 주제 밖으로 벗어나가지 않는다. 즉 그들의 말은 언제나 주제를 따라간다. 그들은 남의 대답을 기다리지 않고 앞질러 말하는 경우가 있어도 서로 곧잘 이해한다. 어쨌든 적절히 대답만 하면 되는 것이다. 그런데 나는 논쟁이 복잡해지면 곧잘 내용에서 이탈한다. 그리하여 울분에 넘쳐서 형식만 따지려 들다가 이윽고 고집스럽고 심술궂고 억지로 생떼를 쓰기도 한다. 나중에 생각해 보면 얼굴이 화끈거릴 지경이다.

어리석은 자와 정색을 하고 토론을 하는 것은 불가능한 일이다. 이런 벽창호와 상대하게 되면 내 분별력뿐만 아니라 양심까지도 썩어 들어간다.

우리의 논쟁도 다른 언어상의 범죄와 마찬가지로 처벌하는 것이 마땅할 줄 안다. 그것은 노발대발하기가 일쑤이므로 여러 가지 폐단을 초래한다. 우리는 논쟁을 시작할 때에는 상대방의 견해에서 반박하지만 나중에는 상대방 자체에게 덤벼든다. 우리가 대화술을 배우는 것은 다만 남의 말을 반박하려는 데 목적이 있는 것은 아니리라. 그럼에도 불구하고 서로 옥신각신하던 끝에 결국은 진리마저 놓치고 만다. 그러므로 플라톤은 그의 《국가론》에서 웅변 연습을 하는 것을 고약한 자에게는 금하였던 것이다.

당신들은 그런 비틀걸음을 하는 자와 함께 진리탐구에 나서려고 하는가? 잠시 주제를 떠나 이 주제를 논하는 방법에 대하여 생각해 보는 것은 결코 주제를 등한히 하는 소행이 아니다. 나는 여기서 스콜라학파의 연구방법을 두고 하는 말이 아니라 건전한 분별력에서 오는 자연스러운 방법에 대하여 하는 말이다.

그런데 논쟁할 때에 한 사람은 동쪽으로 가고, 다른 한 사람은 서쪽으로 간다면 어떤 결과를 가져오겠는가? 각각 이야기 테마를 여러 기로 속에서 상실하고 말 것이다. 그리하여 한 시간 동안 쏟아지던 폭풍우가 그치면 그들은 이미 무엇 때문에 논쟁을 하는지도 잊어버리게 된다. 한 사람은 아래에, 한 사람은 위에, 또 한 사람은 옆에 각각 도사리고 있다. 이 사람은 하나의 낱말과 비유에 집착하고, 저 사람은 벌써 상대방의 논지를 잊어버리고 있다. 혼자서 자기 고집만 부리며 상대방의 주장에 귀를 기울이려고 하지 않는다. 어떤 자는 자기 주장이 약함을 알고 두려운 나머지 모든 것을 배격하며 처음부터 주제를 속이려고 든다. 그런가 하면 어떤 자는 한창 논쟁이 클라이맥스에 이르렀을 때 갑자기 입을 다물어 버린다. 그것은 자기의 무지에 울화가 치밀어 상대를 짐짓 거만하게 경멸하는 체하거나 또는 바보처럼 겸손을 피우며 논쟁을 회피하자는 수작이다. 또 어떤 자는 무작정 공박하기만 하고 자기 자신의 주장에 무슨 구멍이 뚫리는지 전혀 생각하지 않는다. 어떤 자는 자기 말을 곧 진리로 간주하고, 어떤 자는 오직 자기 목청과 폐의 힘만 믿는다.

자기 의사와 반대되는 결론을 내리는 자가 있는가 하면, 쓸데없는 서론과 잡담으로 현자와의 논쟁을 끌어내려는 자도 있다. 이 제일 나중에 속하는 자는 도리나 이치는 안중에 없고 그 논쟁을 변증법적으로 끝냄으로써 스콜라학파의 공식에 의해 상대방을 궁지에 몰아넣었다고 생각한다.

그런데 우리가 학문의 용도를 생각해 볼 때 의심을 품지 않을 수 없다. 「아무것도 치유할 수 없는 글자.」(세네카)—누가 논리학에서 이해력을 기를 수 있었던가? 그 아름다운 약속은 어디에 있는가? 그것은 「더 잘사는 방법도 아니고 더 잘 추리하는 방법도 못 된다.」(키케로) 생선 장수 아낙네가 떠드는 소리 가운데는 과연 논리학을 전문적으로 연구하는 자들의 공개 토론 때보다 터무니없는 말들이 더 많단 말인가? 나는 내 자식이 웅변학원보다도 선술집에서 학술을 배우기를 바란다. 시험 삼아 한 지식인을 데려다가 이야기를 나눠보라. 그는 결코 우리에게 학자다운 우수성을 느끼게 하지 못할 것이다. 웬일일까? 어찌하여 그는 아낙네나 우리와 같은 무식한 인간으로 하여금 조리 있는 대화술에 감탄하게 못하는가? 어찌하여 우리를 탄복케 하도록 자기 견해를 분명히 납득시키지 못하는가? 그 학식이나 그 논법에 있어서 그렇게 뛰어난 그가 어찌하여 그 이야기 속에 무절제한 욕설과 광분을 섞는가? 그 각모를, 그 가운을, 그 라틴어를 집어 팽개치게 하라. 섣불리 아리스토텔레스를 끄집어내어 우리의 귀를 위협하지 말라. 그도 우리네와 마찬가지 인간이다. 아니 우리만도 못할지 모른다. 그들이 언어의 유희로 우리를 궁지에 몰아넣는 것을 보니 마치 요술쟁이같이 생각된다. 그들의 부드러운 논조는 우리의 감각을 정복하지만 우리의 신념을 뒤집어 놓지는 못한다. 이 요술을 제외하면 그들의 언행은 실상 평범하기 짝이 없는 것이다. 우리보다 교묘한 면은 있지만 우리보다 현명하다고는 볼 수 없다.

나도 학문을 그들 못지않게 사랑하고 또 존중한다. 그것은 올바로 사용하기만 하면 가장 고상하고 강력한 힘을 발휘할 수 있다. 그러나 나는 자기 기본적인 능력과 가치를 학문에 두고 그 이해력을 기억에 의존하며 책에 의하지 않고서는 모르는 자들(이런 사람은 상당히 많다)에 대하여 솔직히 말하면 그 지식을 우매한 무지보다 더 미워한다. 「남의 그늘에 숨어서 행세하려는 자들(세네카).」이란 이들을 두고 하는 말이다. 오늘날 우리나라에서는 학문은 돈벌이에 상당히 유용하지만 영혼의 양식을 기르는 일은 극히 드물다. 학문은 우세한 심령들을 만나면 마치 소화되지 않을 설익은 음식이 위 속에 들어간 것처럼 짓눌러 질식시켜 버린다. 그리고 만일 예민한 심령을 만나면 언제나 이를 정화하고 명석하게 하고, 섬세하게 하다가 드디어는 아주 파멸시켜 버린다. 그리하여 그것은 다루기가 어렵다. 천성이 뛰어난 심령에게는 유익한 부속품이 될 수 있지만 그렇지 않은 심령에게는 해로운 것이다. 그것은 소중히 다루어야지 값싸게 굴릴 성질의 것이 못 된다. 어떤 사람의 손에서는 왕홀이 되기도 하고, 어떤 사람의 손에서는 광대의 방울이 되기도 한다. 좀 더 계속해서 이야기하기로 하자.

당신은 적에게 「너는 도저히 나를 이길 수 없다.」는 것을 알려주는 것보다 더 큰 승리가 있다고 기대할 수는 없다. 당신의 견해로 하여 승리를 거두었다면 그것은 진리가 승리한 것이다. 그리고 조리 있는 논리로 설복시켰다면 당신 자신이 이긴 것이다. 플라톤과 크세노폰의 글에 보면, 소크라테스는 토론 자체보다도 그 상대방을 위해 토론한다. 그리고 에우티데모스와 프로타고라스에게 그들의 논리 자체가 부당하다기보다 그들 자신이 부당한 자임을 지적해 주기 위해 토론한 그는 어떤 문제를 밝혀 주기보다도 더 큰 목적에서, 즉 그가 연관시키려는 정신의 정체를 드러내 보여주기 위해 토론한다.

불만에서 탐구로 나아가는 것은 합당한 일이다. 그런데 그 탐구를 서투른 솜씨로 언짢게 하여서는 안 된다. 진리를 파악하고 못하고가 문제가 아니다. 우리는 어쨌든 진리를 탐구하려고 태어난 것이다. 그런데 진리를 소유하는 것은 한층 더 위대한 능력을 지닌 자의 소관이다. 데모크리토스의 말과 같이 진리는 심연 속에 감추어져 있는 것이 아니고, 훨씬 높이 신의 지혜 속에 놓여 있다. 세계는 진리 탐구의 학교이다. 그런데 우리는 과녁을 맞추기 위해 경쟁하는 것이 아니고, 가장 옳은 길을 가려고 경쟁하는 것이다. 진실을 말하는 자도 거짓을 말하는 자와 마찬가지로 바보짓을 하는 수가 있다. 이 경우에 우리는 말하는 내용보다도 그 형식을 문제 삼는 것이다. 알키비아네스의 말과 같이, 실체와 형식을 똑같이 중요시하며 소송내용 못지않게 변호사의 태도를 주시하고 싶다.

나는 날마다 여러 작가들의 작품을 읽고 있는데 그들의 지식이 아니라 수법에 유의하고 있다. 따라서 주제는 문제시하지 않는다. 또한 나는 작가의 위대한 정신과 사귀고 싶다. 그러나 그것은 무슨 가르침을 받기 위해서가 아니라 그 인간을 알기 위해서이다.

누구나 사실을 그대로 말하기는 쉽지만 조리 있게 잘 말하는 것은 아무나 하기 어려운 일이다. 거기에는 기본지식이 필요하다. 따라서 나는 무지에서 오는 과오는 나무라지 않고 다만 불성실을 미워한다. 나는 가끔 상대방의 불성실한 토론에 화가 나서 교우관계를 몇 번이나 끊은 일이 있다. 나는 내 밑에서 일하는 자들이 잘못을 저질렀을 때에 화를 내는 일은 1년에 한 번도 없다. 그러나 그들의 변명이 너무나 불성실하고 완강하고 부당하고 보면 날마다 성화를 하여도 모자랄 것이다. 아닌 게 아니라 그들은 가끔 남의 잔소리를 듣지 않을 뿐만 아니라, 그 이유도 알려고 하지 않으며 말대꾸만 넙죽넙죽한다. 실은 화가 치밀어 못 견딜 지경이다.

내 머리는 남의 머리와 부딪쳐야 비로소 아픈 것을 안다. 나는 가족들의 부덕을 곧잘 용서해 주지만, 그들이 어리석고 완고하고 비열한 때에는 결코 용납하려 들지 않는다…….

나는 날마다 얼마나 어리석은 말을 많이 주고받는지 모르겠다. 그러니 남의 귀에는 얼마나 귀찮게 들릴까? 내가 그 때문에 끙끙 앓고 있다면 다른 사람들은 어떻게 할 것인가?

감각은 사물의 겉모양밖에는 알아보지 못하는 우리의 일차적인 심판자이다. 그러므로 우리의 사회활동의 모든 분야에 피상적인 외모와 격식과 절차 등이 중요한 비중을 차지한다고 해서 놀랄 것은 못 된다. 정치의 중요한 부분은 이런 피상적인 것으로 구성되어 있다. 그런데 우리에게는 언제나 인간 자체가 문제된다. 그리고 인간의 조건은 놀라울 정도로 육체적인 점에 있다.

근년에 와서 오직 명상적이며 비물질적인 신앙으로 생활원칙을 세우려는 자들은 종교가 그 진리 자체보다도 인간 사회에 분열과 도당을 조성하여 행세하는 방편이나 수단으로서 유지되지 않았던들 그 믿음은 그들의 손가락 사이로 새어서 빠져나갔을 것이라는 사실을 알아야 한다.

변론에 있어서도 마찬가지다. 말하는 자의 위엄과 의복과 재산이 흔히 그 말의 허망한 내용에 일종의 권위를 부여한다. 추종자가 많아 저마다 두려워하는 자의 머릿속에 세속적인 처세 능력밖에 없다고 생각하기는 어려운 노릇이며, 큰 사명과 책임을 맡고 거만하게 남을 대하는 자가 그에게는 감히 가까이 가서 인사도 못 드리며 아무도 거들떠보지 않는 사람보다 더 뛰어난 어떤 재간이 있다고 추측할 수는 없는 것이다. 그리하여 이러한 인물들은 말뿐만 아니라 찌푸리는 상이나 웃는 얼굴까지도 그럴싸하게 보여 거기 무슨 비범한 주석을 붙이려고 든다. 그들이 일반 사람들의 토론에 개입하였을 때의 태도를 보라. 사람들이 그들의 견해에 「지당한 말씀입니다.」하고 경의를 표하는 이외에 다른 말을 입 밖에 내게 되면 그들은 「나는 들었다. 보았다. 행하였다.」하는 식으로 자기 경험의 권위로써 당신에게 핀잔을 줄 것이다…….

우리를 지배하고 지휘하며 세상을 자기네 손아귀에 쥐고 흔드는 자들도 마찬가지이다. 그들은 보통 이해력을 갖고 우리가 할 수 있는 일을 처리하는 것만으로는 부족하다. 재미있는 현상은 그들이 우리보다 훨씬 뛰어난 능력을 갖지 못하면 우리보다 훨씬 못한 구실밖에 하지 못한다는 사실이다. 그들은 백성들에게 많은 약속을 하고 있는 만큼 부담이 많다. 그리하여 그들에게는 때때로 침묵이 존경과 위엄뿐만 아니라 실속있는 풍모를 보여준다. 메가비주스는 아펠레스가 그림을 그리는 것을 보기 위해 그의 화실로 찾아갔을 때, 오랫동안 한 마디의 말도 하지 않고 있다가 그 작품에 대하여 이야기하다가 혹독한 핀잔을 받았다. 「당신이 침묵을 지키고 있을 때에는 그 목걸이를 비롯하여 화려한 장식으로 해서 훌륭하게 보였으나, 당신의 말을 듣고 보니 삼척동자도 경멸하지 않을 수 없소.」 그 화려한 장식과 위풍이 당당한 몸차림을 한 자가 평민과 마찬가지로 그림에 대하여 무식한 말을 하는 것은 용납될 수 없었던 것이다.

그러므로 차라리 그는 묵묵히 이 외적인 힘을 과시하고 있어야 했을 것이다. 우리 시대에 와서도 얼마나 많은 어리석은 자들이 냉철하고 과묵한 자세로 일관함으로써 예지와 능력을 가장하는 것일까?

그런데 위엄이나 지위는 그 인물의 능력보다도 흔히 운으로 얻게 마련이다. 그렇다고 해서 임금을 원망하는 것은 잘못이다. 반대로 별로 특별한 기능이 없는 임금이 그만큼이라도 사람을 선택한 데 대하여 감탄할 일이다.

임금의 첫째 임무는 신하를 아는 일이다. (마르티알리스)

자연은 임금들에게 그렇게 많은 사람들 가운데서 우수한 자를 식별하여 그 뱃속까지 들여다보는 능력을 부여하지 않았던 것이다. 뱃속까지 꿰뚫어보지 못하고는 그 의사나 가치를 파악할 수 없다. 임금들은 상대방의 혈통, 재산, 학식, 세평 등을 기준으로 추측하여 직위에 선발할 것이다. 그러나 이러한 기준은 심히 근거가 박약한 것이다. 누가 이성의 힘으로 사람을 공정하게 분간하는 방법을 생각해 내었다면 그 한 가지만으로도 완전한 국가를 세울 수 있을 것이다.

생각건대 행복과 불행은 두 개의 최고 위력이다. 인간의 지혜가 운명의 역할을 대행할 수 있다고 생각하는 것은 어리석은 일이다. 원인과 결과를 아울러 파악하고 자기 손으로 일을 추진하고 있노라고 자부하는 자는 일을 망칠 것이다. 특히 전쟁에 있어서 그렇다. 우리가 가끔 목격하는 바와 같이 가장 용의주도하게 추진하는 것은 군사상의 일이다. 도중에서 쓰러지는 것을 그토록 두려워함은 이 연극의 마지막 국면까지 살아남아 있고 싶기 때문일까?

나는 한 걸음 나아가서 우리의 지혜나 사고력 자체도 거의가 우연에 의해 인도되고 있다고 말하고 싶다. 나의 의사와 이성은 때로는 이쪽 또 때로는 저쪽으로 이동하면서 「나」 없이 멋대로 논다. 그리고 나의 이성은 날마다 그때그때의 충동을 갖고 있다.

> 영혼은 끊임없이 변화하나니
> 정욕에 의해 요동하기를
> 흡사 바람에 나부끼는 뜬구름 같도다. (베르길리우스)

보라, 도시에서 가장 권세 있는 자는 누구인가? 사업이 가장 흥성한 자는 누구인가? 그것은 흔히 가장 무능한 자들이다. 여자나 어린아이나 바보가 뛰어난 군주처럼 대국을 지배한 적이 있었다. 투키디테스는 영리한 자보다도 아둔한 자가 오히려 더욱 성공한다고 말하였다. 그런데 우리는 그들의 행운을 총명에서 오는 것이라고 생각하기 쉽다.

> 인간이 성공하는 것은 행운의 덕분이다.
> 그러나 우리는 성공한 자의 지혜를 칭찬하게 마련이다.
> (플라우투스)

　나는 말하고 싶다. 어떤 결과를 그 장본인의 공적으로 돌리는 것은 인간이 가치 판단을 하는 능력이 연약하다는 증거라고.
　나는 「성공한 자를 보라.」고 외친다. 그는 사흘 전만 하여도 대수롭지 않게 여긴 사나이였는데 어느새 우리 마음속에는 「훌륭하다」느니 「유능하다」느니 하는 관념이 침투되어 있지 않은가. 그의 지위와 권위가 증대되었으니 인품도 따라서 훌륭해졌다고 생각하게 되는 것이다. 따라서 우리는 그들의 값어치로 평가하는 것이 아니라, 그의 직위에 따라서 평가한다. 그의 운이 사나워 그 직위에서 떠나 군중들 틈에 전락되면 어떻게 될까? 사람들은 그가 무슨 재주로 그렇게 높은 자리에 올라앉았던가 하고 의아하게 생각할 것이다. 「이 자가 바로 그분이었나? 그 자리에 앉아 있을 때에도 요만한 정도의 능력밖에 없었던가? 임금을 이런 변변찮은 인물로 만족한단 말인가? 우리는 잘난 사람의 요술에 걸렸군 그래.」 이런 일은 오늘날 가끔 찾아볼 수 있는 일이다. 아닌 게 아니라 우리는 연극무대에서 보는 위대한 인물의 가면에도 어떤 위엄을 느끼고 곧잘 속는다. 내가 임금들을 보고 감탄하는 것은 그들에게 숭배자가 많다는 점이다. 우리는 그들 앞에 고개를 숙이게끔 되어 있다. 그러나 분별력까지도 고개를 숙이는 것은 아니다. 나의 이성은 그 앞에 무릎을 꿇게끔 되어 있지 않다. 그들의 앞에 굴하는 것은 오직 무릎뿐이다.

멜란티오스는 누가 디오니시오스[1]의 비극을 어떻게 생각하느냐고 물었더니 「나는 그것을 보지 않았소. 말이 너무 많아서 알 수 있어야죠.」라고 대답하였다. 이와 마찬가지로 권세가들의 견해를 알아보려는 자들도 「나는 그의 견해를 들어보지 못했소. 원체 그 엄숙하고 위대하고 어마어마한 위풍에 눌려서 알아볼 도리가 있어야죠.」라고 말해야 할 것이다.

안티스테네스[2]가 어느 날 아테네 사람들에게 나귀를 밭갈이에 부려보라고 하였더니 그들은 이 짐승은 그런 데에 쓰이려고 태어난 것이 아니라고 대답하였다. 그러자 그는 「그놈도 마찬가지요. 당신들이 할 탓에 달려 있소. 전쟁 때 무식하고 무능한 인간에게 지휘를 맡겨도 당당히 그 임무는 수행하는 법이오.」라고 타일렀다.

---

1) 시라쿠사의 참주. 비극을 써서 아테네의 상을 받음.
2) 그리스의 철학자. 플라톤의 이데아설에 반대, 쾌락으로부터의 자유를 강조함. 큐니크학파의 개조.

이것도 우리네 풍습의 하나이지만 백성들은 자기네가 뽑아서 섬기는 임금에게 영광스러운 명예를 주는 것만으로는 만족하지 않고 그를 숭배하지 않고서는 못 견딘다. 멕시코의 국민들은 임금의 대관식이 끝나면 감히 그 얼굴도 쳐다보지 못하는 것이었다. 그들은 임금을 신격화하여 국가의 종교와 법률과 자유를 유지하게 한다. 그리하여 어디까지나 정의의 편인 임금은 당당히 백성들에게 말한다. 즉 자기는 태양으로 하여금 그 광명을 가져오게 하고, 구름으로 하여금 때 맞춰 비가 오게 하며, 강물로 하여금 하류를 따라 흐르게 하고, 땅으로 하여금 백성들에게 필요한 모든 필수품을 생산케 하겠다고.

36. 경험에 대하여

 세상에 지식의 욕망보다 더 자연스러운 것은 없다. 그리하여 우리는 지식을 얻는 모든 방법을 취해 본다. 이성의 힘이 미치지 못할 때에는 경험을 사용한다.

  경험은 각각 기술을 낳는다.
  사례가 방도를 가르쳐 주는 것이다. (마닐리우스)

 그것은 물론 옹졸한 방법이기는 하다. 그러나 진리는 너무나 위대하기 때문에 우리를 그리로 인도해 주는 것이라면 수단 방법을 가리지 말아야 한다. 그런데 이론으로 말하면 하도 많기 때문에 어느 것을 취해야 할지 모를 지경이다. 경험도 이에 못지않게 다채롭다. ……철학적인 탐구와 명상은 우리들의 호기심을 북돋아 줄 따름이다. 철학자들이 우리에게 자연의 법칙을 좇으라고 권유하는 것은 매우 옳은 일이다. 그런데 이 법칙을 아는 데는 그렇게 고매한 지식이 필요 없다. 철학자들은 이 법칙을 변모시켜 색채를 칠함으로써 동떨어진 모습으로 그려 보여준다. 그들은 단순한 재료를 갖고 너무나 복잡하게 꾸민다. 자연은 인간에게 걸어다니라고 발을 만들어 준 것처럼 예지로 인생의 길을 가르치고 있다. 그것은 철학자들이 머릿속에서 생각해 낸 것처럼 교묘하고 복잡하고 화려한 것이 아니라 순응하기 쉽고 이로우며, 순박하고 질서 있게, 즉 자연스런 행동으로 잘 따르게끔 한다. 순박하게 본성을 의지하는 것은 현명한 일이다. 무지와 호기심에서 떠난다는 것은 산뜻한 머리를 폭신하고 기분 좋은 베개에 얹은 것처럼 몸에 이로운 것이다. 아마도 착실한 학도라면 나 하나의 경험을 갖고도 자기를 현명하게 만들 수 있을 것이다. 그리고 지난날의 격분이 얼마나 제정신을 잃은 처사였던가를 기억 속에 담아두고 있는 자라면 아리스토텔레스를 읽는 것보다도 더 잘 이 격정의 추악상을 깨닫고 증오심을 풀 것이다. 자기가 당한 불행이나, 또 그 불행을 당할 위협을 느껴 어찌할 바를 몰라 망설이던 일들을 상기하는 자라면 그것으로 능히 앞날에 닥칠 운의 변천과 환경의 변동에 대비할 수 있을 것이다. 카이사르의 일생은 우리에게 우리 자신의 경험보다 더 나은 본보기가 될 수 없다. 제왕의 인생이건 범인의 인생이건 한결같이 인간적인 사건에 관련되어 있는 것이다. 그러므로 이 인간의 소리에 귀를 기울이자. 우리는 우리에게 필요한 모든 것을 우리 자신에게 말하고 있는 것이다…….

하느님이 사람들의 목숨을 앗아가는 것은 그들에게 내리는 은총이다. 이것은 젊은이들에게 허용된 유일한 특전이다. 인생의 마지막에 오는 죽음은 한결 가볍고 마음 편할 것이다. 그것은 벌써 그 사람의 반쪽이나 반의 반쪽밖에 죽이는 것이 아닐 것이다. 이제 내 이가 아프지도 않고 저절로 빠졌다. 그것은 그 이빨이 지닌 수명의 자연스러운 한계점에 도달한 것이다. 사실 내 육체의 이 부분과 다른 부분들은 이미 죽어 있는 데가 많다. 일찍이 내가 혈기왕성하던 때 가장 생기발랄하던 부분들도 반은 죽어 있다. 나는 이렇게 무너져가며 나에게서 서서히 빠져나가고 있다. 이미 이렇게 추락해 버린 육체를 마치 죽음으로 말미암아 높은 곳에서 별안간 추락하는 것처럼 느낀다면 내 분별력은 얼마나 어리석은 것일까! 나는 이러한 어리석은 짓은 원치 않는다.

사실 나는 자기 죽음을 생각할 때 「그것은 지극히 자연스러운 현상일 것이다.」라는 데서, 즉 「나는 이미 한계에 도달한 이 수명 이상으로 더 오래 살 것을 바랄 수는 없다.」는 데서 일종의 커다란 위안을 느낀다. 사람들은 옛날에는 인간의 키가 컸던만큼 더 오래 살았으리라고 생각하고 있다. 그러나 솔론[1]은 옛날 사람이지만 인간 수명의 한계를 70세로 잡고 있었다. 나는 모든 일에 옛날의 저 「중용의 전도」를 찬미하고 가장 완벽

---

1) B. C. 647?~558?. 그리스의 7현의 한 사람.

한 것으로 간주하는 만큼 분수없이 부자연스러운 장수를 바랄 수는 없다. 자연에 거역하여 오는 것은 모두가 불쾌하기 짝이 없지만 자연에 순응하여 오는 것은 반드시 유쾌한 법이다. 「자연에 따르는 것은 모두가 선하니라.」(키케로) 그러므로 플라톤은 「상해나 신병으로 오는 죽음은 격렬하지만 서서히 늙어가는 우리에게 닥쳐오는 죽음은 가볍고 어느 의미에서는 감미롭기까지 하다.」고 말하였다. 「저 젊은이의 생명을 빼앗는 것은 폭력이지만 늙은이는 성숙함으로 빼앗긴다.」(키케로)

죽음은 언제나 우리들의 생명 속에 섞여 있다. 노쇠는 죽음의 도래에 앞서 우리를 성숙케 한다. 나는 25세 때의 초상과 35세 때의 초상을 갖고 있는데 양자를 비교해 보면 그 변화에 놀랄 정도이다. 현재의 나는 그때의 모습에서 멀리 떠나 죽음편으로 기울어지고 있다. 우리가 자연을 너무 학대한 나머지 자연으로 하여금 우리들의 지도권을—우리의 눈, 이, 다리 그 밖의 모든 부분에 걸친—포기하고, 우리와 어깨동무 하는 일에 지쳐서 외부에 원조, 즉 의술의 손에 넘겨준 채 우리를 버리게 하다니 그것은 자연을 너무나 학대하는 일이다.

평범하게 살아가는 나는 육체의 보호를 경멸하고 적대시하는 비인간적인 지혜를 미워한다. 나는 자연스러운 쾌락을 혐오하는 자나 지나치게 여기 얽매어있는 자를 똑같이 잘못이라고 생각한다. 크세르크세스[2]는 바보였다. 그는 모든 인간적인 쾌락 속에 묻혀 있으면서도 더욱 큰 쾌락을 제공해 주는 자에게 상을 주겠다고 선포하였던 것이다. 그렇다고 자연이 주는 쾌락까지도 거절하는 자도 역시 바보임에 틀림없다. 쾌락은 듬뿍 좇아도 피해도 안 된다. 다만 받아들일 일이다. 나는 어느 편인가 하면 쾌락을 듬뿍 그리고 기꺼이 즐기고 있다. 그리하여 기꺼이 본능 쪽으로 이끌려 간다. 우리는 쾌락의 헛됨을 과장해 보아도 소용없다. 쾌락은 충분히 느낄 수 있으며 또 분명히 드러내 보여준다. 즐거움을 모르는 병든 정신은 그 자체와 함께 완곡히 거부하고 그 정신을 만족할 줄 모르고 끝없이 방황하여 변화무쌍한 본질로 하여 그 자체와 그것이 받아들이는 사물들을 때로는 우대하고 또 때로는 학대한다.

그릇이 더러우면 무엇을 담아도 썩어버린다.
(호라티우스)

나는 철학사상들 중에서 가장 견실한 것, 즉 가장 인간적인 가장 우리들다운 것을 기꺼이 받아들인다. 그러므로 내 이야기는 이러한 내 성격대로 천하다. 내가 보기에는 철학은 아이들처럼 철학자니까 없는 말을 곧잘 한다. 철학은 의기양양하게 설교를 한다. 「신성한 것을 세속적인 것에, 합리적인 것을 비

---

2) 재위 B. C. 486~465. 페르시아의 왕, 다리우스 1세의 아들.

합리적인 것에, 엄격한 것을 관대한 것으로, 정직을 부정직에 결합시키는 것은 무리한 짓이다.」「쾌락은 야수적인 것으로 현자가 가까이할 것이 못 된다.」「그가 아름다운 신부에게서 받을 수 있는 유일한 쾌락은 마치 말을 탈 때에 장화를 신는 것처럼 정당한 일을 한다는 양심의 만족이다.」 등. 마치 그의 제자들은 그의 가르침에 의해서만 아내의 처녀성을 범할 권리도 정력도 있을 수 있다는 말투이다.

그런데 이것은 철학자의 스승이요, 또한 우리의 스승이기도 한 소크라테스의 말은 아니다. 그는 육체적인 쾌락을 정당하게 평가하고 있다. 다만 정신적인 쾌락을 더 힘차고 견실하고 아늑하고 다채롭고 품위가 있다고 해서 더욱 존중했을 따름이다. 그에 의하면(그는 그렇게 허망한 생각을 하지 않는다), 이 정신적 쾌락만이 전부가 아니다. 그것은 다만 우선한다. 그에게는 절제란 쾌락에 대적하는 것이 아니라 조절해 주는 것이다.

자연은 친절한 안내자이다. 친절할 뿐만 아니라 현명하고 올바른 안내자이다. 우리는「만물의 본성을 통찰하여 그 요구하는 바를 정확하게 알아야 한다.」(키케로) 나는 곳곳에서 자연의 발자취를 찾아본다. 그런데 인간은 그것을 인공적인 발자취와 혼동해 왔다. 그 때문에「본성에 따라서 살아가야 한다.」는 아카데미(플라톤)학파나 페리파토스(아리스토텔레스)학파의 최고선은 설명하기가 어렵게 된다. 그리고「자연에 찬동한다.」는 전자에 가까운 스토아학파의 최고선도 역시 그렇다. 어떤 행위를 다만 그것이 필연적이라는 이유에서 무가치하다고 단정하는 것은 잘못이다. 그러므로 아무도 자연과 쾌감의 결합은 이상적인 배필이라는 견해를 내 머릿속에서 몰아내지 못할 것이다. 옛사람들의 말에 의하면, 신은 언제나 이 자연과 손을 잡고 일을 해왔다고 한다. 어찌하여 이렇게 형제처럼 밀접한 결합을 생나무 쪼개듯 갈라놓아야 하느냐 말이다. 오히려 서로 봉사하게끔 결합시킬 일이다. 정신은 그 둔중한 육체를 잠깨워 활기를 넣어주어야 하며, 육체는 정신의 경박성을 결박해 줄 일이다. 「영혼을 최고의 선으로서 숭상하고 육채를 악으로 혐오하는 것은, 영혼을 관능적으로 사랑하고, 육체를 관능적으로 피하는 자이다. 왜냐하면 그는 영혼과 육체를 인간적인 망상으로 판단하고, 신의 진리로 판단하지 않기 때문이다.」(아우구스티누스)

하느님이 우리에게 주신 이 선물에는 우리가 아끼지 않아도 무방한 것은 하나도 없다. 한 오라기 털까지도 아껴야 한다. 인간을 타고난 본성대로 인도해야 한다는 것은 다만 형식적인 사명이 아니다. 그것은 명백하고 솔직하고 매우 중요한 명령이다. 조물주는 우리에게 이것을 진실한 태도로 엄숙하게 부여한 것이다. 평범한 분별력은 권위만을 존중한다. 그리고 외국어로 표현된 것은 더욱 무게가 있어 보인다. 「인간이 마땅히 해야 할 일을 마지못해 불평을 하면서 행하는 것과, 육체와 영혼을 상반되는 두 편으로 나누는 것은 가장 어리석은 짓이다.」(세네카)

그런 사람들의 머릿속에 언제나 가득 차 있는 것은 무엇일까? 그러한 사상 때문에 맛좋은 식사를 하는 것도 잊고 식사시간까지 아끼는 것은 무엇 때문일까? 당신은 그가 말하는 귀중한 영혼의 양식이라는 것이 식탁 위에 놓인 제일 맛없는 음식만도 못함을 알게 될 것이다.

그의 사상이나 뜻은 당신의 잡채요리만도 못한 것이다. 비록 그것이 아르키메데스를 황홀케 한 것3)이라고 한들 무슨 소용이 있겠는가? 나는 여기서 열렬한 신앙심에 의하여 거룩한 일들에 대하여 끊임없이 양심적인 명상에 도달하는 저 존엄한 영혼에 대하여 이야기하려는 것이 아니다. 그러한 영혼을 우리와 같은 속중의 그것과 같다고 간주하거나 우리가 열중하는 저 공허한 욕망이나 명상과 혼동하려고는 하지 않는다. 그러한 높은 영혼은 기독교도가 바라는 최후의 목적이요, 언제나 변함없는 유일한 소망이다. 그런 영원한 마음의 양식은 불타는 욕구에 의해서만 손에 넣을 수 있는 성질의 것이기 때문에 우리가 바라는 물과 같은 구름과 같은 행복은 자연히 거들떠보지 않게 마련이다. 그리하여 감각적 현세적 양육은 깨끗이 육체에 맡겨

---

3) 아르키메데스가 목욕탕 속에서 부력의 원리를 발견하고 「알았다!」하고 크게 외치며 벌거벗고 뛰어나왔다는 고사를 가리킴.

버리는데 이러한 일은 특수한 사람들만이 할 수 있는 것이다. 우리들과 같은 평범한 사람들에게서는 천상의 사상과 지상의 생활이 긴밀하게 결합되어 있는 것을 언제나 찾아볼 수 있다.

저 위대한 이솝은 자기 선생이 걸어가며 오줌을 깔기는 것을 보고「선생까지도 저 모양이다. 우리와 같은 사람은 달려가면서 똥을 싸도 무방할 것이다.」라고 말하였다.

시간을 아낄지어다. 우리에게는 아직도 많은 시간을 헛되이 보내고 있다. 우리의 정신은 보통 시간만으로는 자기 일을 하는 데는 부족할 것이다. 언제나 육체를 떠나려고 한다. 정신은 육체가 그 욕구를 충족시키기 위해 필요로 하는 약간의 시간도 아까운 모양이다. 사람들은 곧잘 자기 자신을 탈피하여 인간 자체로부터 벗어나려고 한다. 실로 어리석은 짓이다. 그들은 천사가 되는 대신 짐승이 되는 것이 고작이다. 비약하기는커녕 기어 다니기가 일쑤이다. 저 초월적인 성격은 좀처럼 가까이 다가갈 수 없는 험한 산봉우리처럼 나를 두렵게 한다. 아닌 게 아니라 소크라테스에게서 황홀감이니 수호신이니 하는 말보다 더 이해하기 어려운 것이 없으며, 플라톤에게서는 사람들이 그를 신성하다고 부르는 면만큼 인간적인 것은 없다. 그리고 학문 가운데서는 가장 고매하다는 것이 나에게는 가장 저속하게 보인다. 그리고 알렉산더에게서는 자기를 신격화하려는 생각보다 더 천한 것은 찾아볼 수 없다. 필로타스는 이 점에 대하여 그를 재미있게 풍자하였다. 그는 알렉산더를 신격화한 주피터 암몬신의 신탁에 대하여 편지로 그에게 축하의 뜻을 피력하기를 「그대에게 축하를 드리오. 그러나 인간을 초월하여 인간의 척도로 만족하지 않는 사람에게 복종해야 하는 자들을 불쌍히 생각하시오.」라고 말하였다. 「그대는 신들에게 복종함으로써 세상에 군림할 수 있다.」(호라티우스)

아테네의 사람들이 폼페이우스의 방문을 환영하며 적은 명문은 내 뜻과 맞다.

그대는 자기를 인간으로 인정하니 그만큼 같은 존재로다.
(플루타르코스)

자기 자신을 올바르게 향락할 줄 아는 것은 이를테면 신과 같은 완벽한 경지이다. 우리가 환경이 바꾸기를 원하는 것은 자기 입장을 잘 이용할 줄 모르기 때문이다. 또한 자기를 벗어나려고 하는 것은 자기 내부가 어떻게 되었는지 모르기 때문이다. 그러므로 우리는 죽마를 타고 아무리 높이 올라가도 소용이 없다. 왜냐하면 죽마 위에서도 결국 자기 다리로 걸어야 하기 때문이다. 또한 세상에서 가장 높은 옥좌에 앉았다고 하더라도 우리는 자기 궁둥이 위에 앉은 것에 불과하다.

내가 생각하기에는 가장 아름다운 인생은 보통 인간의 본보기에 따라서 처신함으로써 이루어진다. 그것은 기적을 원치 않고 자연에 거역하지 않는 인생이다. 그런데 노년기에는 좀 더 친절한 대접을 받을 필요가 있다. 건강과 예지의 수호신이요, 유쾌하고 사교적인 성격의 수호신인 아폴론에게 축원하자.

> 라토나의 아들이여, 나에게 건강을 달라.
> 나에게 온전한 지혜를 달라.
> 내 비록 늙었어도 추악한 꼴이 되지 않도록
> 나에게 음악을 탈 수 있게 하라. (호라티우스)

후기

몽테뉴는 기름진 옥토 위에 뿌리박은 르네상스 당시 프랑스를 대표하는 지성의 한 거목이다. 그 옥토가 얼마나 기름졌던가는 그가 소년시절에 특별히 독일인 라틴어 선생을 집으로 초빙하여 공부할 때, 부모는 물론 하인이나 심지어 동네사람들까지도 프랑스어를 못하고 라틴어를 하도록 되어 있었다는 사실 하나만으로도 넉넉히 짐작할 수 있다.

그는 대궐 같은 성 안에서 왕자 못지않게 호강을 하며 성장하여 한때 보르도 시장까지 지낸 일이 있지만 평생을 주로 서재 안에서 읽고 쓰고 생각하는 생활에 젖어 왔었다. 유명한 그의 에세는 그러한 생활의 열애라고 하겠다. 이 책은 그 방대한 글 가운데서 특히 알찬 주옥들을 골라 엮은 것이다.

'글은 인간'이라고도 말하거니와, 그의 에세는 자기의 알몸을 적나라하게 비추고 있는 산 거울이라고 하겠다. 그는 여기서 조금도 자기를 감추려 들지 않고 또 구태여 자기를 꾸미려고 하지도 않는다. 다만 그때그때 자기가 보고 듣고 느낀 것을 그대로 적어 나갔을 뿐이다. 이 생활 수기가 하나의 고전으로서 세계 문학사를 장식하게 된 것은 그만큼 그의 그릇이 크기 때문이기도 하지만 줄줄이 절박한 인간미가 흐르고 있기 때문이다. 거기에는 유머와 기지로 엮어진 발랄한 재치가 넘쳐흐르는가 하면, 익살과 아이러니로 점철된 날카로운 센스가 엿보인다. 때로는 기상천외의 진담을 들려주기도 하고 구수한 시정의 인정미가 우리를 사로잡기도 한다. 구슬픈 장송곡을 연상케 하는 애절한 비화도 있다. 손에 땀을 쥐게 하는 스릴도 있다.

아무튼 이 에세는 우리가 잠 못 이루는 긴 밤에도 좋은 말동무가 되어줄 것이다. 뜻있는 여러분들에게 독서를 권유하는 이유이다.

역자

옮긴이 **박순만**

서울대학교 불문과 졸업

고려대학교, 한양대학교, 서울대학교 강사 역임, 문교부 편수관 역임

역서: 파스칼 『명상록』, 몽테뉴 『에세』 등